DU VRAI
DU BEAU ET DU BIEN

PAR

M. VICTOR COUSIN

DEUXIÈME ÉDITION
AUGMENTÉE D'UN APPENDICE SUR L'ART FRANÇAIS

I. DU VRAI. — De l'existence, de l'origine et de la valeur des principes universels et nécessaires. — Dieu, principe des principes. — Du mysticisme.
II. DU BEAU. — Du beau dans l'esprit de l'homme et dans les objets. — De l'art. — Des différents arts. — De l'art français.
III. DU BIEN. — Réfutation de la morale de l'intérêt. — Vrais fondements de la morale. — Morale privée et publique. — Dieu principe du bien. Théodicée. Résumé de la doctrine. — Appendice.

PARIS
DIDIER, LIBRAIRE-ÉDITEUR,
35, quai des Augustins.

1854

DU VRAI
DU BEAU ET DU BIEN

Paris.—Imp. Bonaventure et Ducessois, quai des Grands Augustins, 55.

AVANT-PROPOS.

Depuis quelque temps on nous demande de divers côtés de rassembler en un corps de doctrine les théories dispersées dans nos différents ouvrages, et de résumer, en de justes proportions, ce qu'on veut bien appeler notre philosophie.

Ce résumé était tout fait. Nous n'avions qu'à reprendre des leçons déjà bien anciennes, mais assez peu répandues parce qu'elles appartiennent à un temps où les cours de la Faculté des lettres n'avaient guère de retentissement au delà du quartier latin, et aussi parce qu'on ne pouvait les trouver que dans un recueil considérable, comprenant tout notre premier enseignement de 1815 à 1821[1]. Ces leçons étaient là comme perdues dans la foule. Nous les en avons tirées, et nous les donnons à part,

---

[1]. Ire série de nos ouvrages, *Cours de l'Histoire de la philosophie moderne*, cinq volumes.

sévèrement corrigées, dans l'espérance qu'ainsi elles seront accessibles à un plus grand nombre de lecteurs, et que leur vrai caractère paraîtra mieux.

Les dix-huit leçons qui composent le présent volume ont en effet ce trait particulier que, si l'histoire de la philosophie en fournit le cadre, la philosophie elle-même y occupe la première place, et qu'au lieu de recherches d'érudition et de critique elles présentent une exposition régulière de la doctrine, dès lors arrêtée dans notre esprit, qui depuis n'a cessé de présider à tous nos travaux.

Ce livre contient donc l'expression abrégée mais exacte de nos convictions sur les points fondamentaux de la science philosophique. On y verra à découvert la méthode qui est l'âme de notre entreprise, nos principes, nos procédés, nos résultats.

Sous ces trois chefs, le Vrai, le Beau, le Bien, nous embrassons la psychologie, placée par nous à la tête de la philosophie tout entière, l'esthétique, la morale, le droit naturel, le droit public même en une certaine mesure, enfin la théodicée, ce périlleux rendez-vous de tous les systèmes, où les différents principes sont condamnés ou justifiés par leurs conséquences.

C'est l'affaire de notre livre de plaider lui-même sa cause. Nous souhaitons seulement qu'il soit apprécié et jugé sur ce qu'il est réellement, et non sur une opinion trop accréditée.

On s'obstine à représenter l'éclectisme comme la doctrine à laquelle on daigne attacher notre nom. Nous le déclarons : l'éclectisme nous est bien cher, sans doute, car il est à nos yeux la lumière de l'histoire de la philosophie, mais le foyer de cette lumière est ailleurs. L'éclectisme est une des applications les plus importantes et les plus utiles de la philosophie que nous professons, mais il n'en est pas le principe.

Notre vraie doctrine, notre vrai drapeau est le spiritualisme, cette philosophie aussi solide que généreuse, qui commence avec Socrate et Platon, que l'Évangile a répandue dans le monde, que Descartes a mise sous les formes sévères du génie moderne, qui a été au XVIIe siècle une des gloires et des forces de la patrie, qui a péri avec la grandeur nationale au XVIIIe, et qu'au commencement de celui-ci M. Royer-Collard est venu réhabiliter dans l'enseignement public, pendant que M. de Chateaubriand, Mme de Staël, M. Quatremère de Quincy la transportaient dans la littérature et dans les arts. On lui donne à bon droit le nom de spiritualisme, parce que son caractère est en effet de subordonner les sens à l'esprit, et de tendre, par tous les moyens que la raison avoue, à élever et à agrandir l'homme. Elle enseigne la spiritualité de l'âme, la liberté et la responsabilité des actions humaines, l'obligation morale, la vertu désintéressée, la dignité de la justice, la beauté de la charité; et par delà les limites de ce monde elle montre un Dieu, auteur et type de l'humanité, qui, après l'avoir faite évidemment pour une fin excellente, ne l'abandonnera pas dans le développement mystérieux de sa destinée. Cette philosophie est l'alliée naturelle de toutes les bonnes causes. Elle soutient le sentiment religieux; elle seconde l'art véritable, la poésie digne de ce nom, la grande littérature; elle est l'appui du droit; elle repousse également la démagogie et la tyrannie; elle apprend à tous les hommes à se respecter· et à s'aimer, et elle conduit peu à peu les sociétés humaines à la vraie république, ce rêve de toutes les âmes généreuses, que de nos jours en Europe peut seule réaliser la monarchie constitutionnelle.

Concourir, selon nos forces, à relever, à défendre, à propager cette noble philosophie, tel est l'objet qui de bonne heure nous a suscité, et qui nous a soutenu dans le cours d'une carrière déjà longue, où les difficultés ne nous ont pas manqué. Grâce à Dieu, le temps a plutôt augmenté qu'affaibli nos convictions, et nous finissons comme nous avons commencé : cette nouvelle édition d'un de nos premiers ouvrages est un dernier effort en faveur de la sainte cause pour laquelle nous combattons depuis près de quarante années.

Puisse notre voix être entendue des générations nouvelles comme autrefois elle le fut de la sérieuse jeunesse de la Restauration ! Oui, c'est à vous que nous adressons particulièrement cet écrit, jeunes gens qui ne nous connaissez plus, mais que nous portons dans notre cœur, parce que vous êtes la semence et l'espoir de l'avenir. Nous vous montrons ici le principe de nos maux et leur remède. Si vous aimez la liberté et la patrie, fuyez ce qui les a perdues. Loin de vous cette triste philosophie qui vous prêche le matérialisme et l'athéisme comme des doctrines nouvelles destinées à régénérer le monde : elles tuent, il est vrai, mais elles ne régénèrent point. N'écoutez pas ces esprits superficiels qui se donnent comme de profonds penseurs parce qu'après Voltaire ils ont découvert des difficultés dans le christianisme : vous, mesurez vos progrès en philosophie par ceux de la tendre vénération que vous ressentirez pour la religion de l'Évangile. Soyez aussi très-persuadés qu'en France la démocratie traversera toujours la liberté, qu'elle mène tout droit au désordre, et par le désordre à la dictature. Ne demandez donc qu'une liberté modérée, et attachez-vous-y de toutes les puissances de votre âme. Ne fléchissez pas le genou devant la fortune, mais accoutumez-vous à vous incliner devant la loi. Entretenez en vous le noble sentiment du respect. Sachez admirer : ayez le culte des grands hommes et des grandes choses. Repoussez cette littérature énervante, tour à tour grossière et raffinée, qui se complaît dans la peinture des misères de la nature humaine, qui caresse toutes nos faiblesses, qui fait la cour aux sens et à l'imagination, au lieu de parler à l'âme et d'élever la pensée. Défendez-vous de la maladie de votre siècle, ce goût fatal de la vie commode, incompatible avec toute ambition généreuse. Quelque carrière que vous embrassiez, proposez-vous un but élevé, et mettez à son service une constance inébranlable. *Sursum corda*, tenez en haut votre cœur, voilà toute la philosophie, celle que nous avons retenue de toutes nos études, que nous avons enseignée à vos devanciers, et que nous vous laissons comme notre dernier mot, notre suprême leçon.

V COUSIN.

15 juin 1853.

Un trop indulgent accueil ayant promptement rendu nécessaire une nouvelle édition de ce livre, nous nous sommes efforcé de le rendre moins indigne des suffrages qu'il a obtenus, en le revoyant avec une attention sévère, en y introduisant une foule de corrections de détail, et un certain nombre d'additions parmi lesquelles les seules qui méritent d'être ici indiquées sont quelques pages sur le christianisme à la fin de la XVIe leçon, et les notes placées en Appendice à la fin du volume sur divers ouvrages de maîtres français que nous avons vus tout récemment en Angleterre, et qui ont confirmé et accru notre vieille admiration pour notre art national du xviie siècle.

1er novembre 1853.

LEÇONS

SUR

LE VRAI, LE BEAU ET LE BIEN.

DISCOURS

PRONONCÉ A L'OUVERTURE DU COURS,

LE 4 DÉCEMBRE 1817.

DE LA PHILOSOPHIE AU XIXe SIÈCLE.

Esprit et principes généraux du cours. — Objet des leçons de cette année : application des principes exposés aux trois problèmes du vrai, du beau et du bien.

Il semble assez naturel qu'un siècle à ses débuts emprunte sa philosophie au siècle qui le précède. Mais, comme êtres intelligents et libres, nous ne sommes pas nés pour continuer seulement nos devanciers, mais pour accroître leur œuvre et pour faire aussi la nôtre. Nous ne pouvons accepter leur héritage que sous bénéfice d'inventaire. Notre premier devoir est donc de nous rendre compte de la philosophie du XVIIIe siècle, de reconnaître son caractère et ses principes, les problèmes qu'elle agitait et les solutions qu'elle en a données, de discerner enfin ce qu'elle nous transmet de vrai et de fécond, et ce qu'elle laisse aussi de stérile et de faux, pour embrasser l'un et rejeter l'autre d'un choix réfléchi[1]. Placés à l'entrée de temps nouveaux, sachons avant tout dans quelles voies nous nous voulons engager. Pourquoi, d'ailleurs, ne le dirions-nous pas? Après deux années d'un enseignement où le professeur se cherchait en quelque sorte lui-même, on a bien le droit de lui demander quel il est, quels sont ses principes les plus généraux sur toutes les parties essentielles de la science philosophique, quel drapeau enfin, au milieu de partis qui se combattent si violemment, il vous propose de suivre, jeunes gens qui fréquentez cet auditoire, et qui êtes appelés à partager la destinée si incertaine encore et si obscure du XIX° siècle.

Ce n'est pas le patriotisme, c'est le sentiment profond de la vérité et de la justice qui nous fait placer toute la philosophie aujourd'hui répandue dans le monde sous l'invocation du nom de Descartes. Oui, la philosophie moderne tout entière est l'œuvre de ce grand homme : car elle lui doit l'esprit qui l'anime et la méthode qui fait sa puissance.

Après la chute de la scholastique et les déchirements

1. Nous avons tellement senti la nécessité de bien connaître la philosophie du siècle auquel le nôtre succède, que trois fois nous avons entrepris l'histoire de la philosophie du XVIII° siècle, ici d'abord, en 1818, puis en 1819 et 1820, et c'est là le sujet des trois derniers volumes de la Ire série de nos ouvrages; enfin nous l'avons reprise en 1829, t. II et III de la II° série

douloureux de xvie siècle, le premier objet que se proposa le bon sens hardi de Descartes fut de rendre la philosophie une science humaine, comme l'astronomie, la physiologie, la médecine, soumise aux mêmes incertitudes et aux mêmes égarements, mais capable aussi des mêmes progrès.

Descartes rencontra devant lui le scepticisme répandu de tous côtés à la suite de tant de révolutions, des hypothèses ambitieuses, nées du premier usage d'une liberté mal réglée, et les vieilles formules échappées à la ruine de la scholastique. Dans sa passion courageuse de la vérité, il résolut de rejeter, provisoirement au moins, toutes les idées qu'il avait reçues jusque-là sans les contrôler, bien décidé à ne plus admettre que celles qui, après un sérieux examen, lui paraîtraient évidentes. Mais il s'aperçut qu'il y avait une chose qu'il ne pouvait rejeter, même provisoirement, dans son doute universel : cette chose était l'existence même de son doute, c'est-à-dire de sa pensée ; car quand même tout le reste ne serait qu'illusion, ce fait, qu'il pensait, ne pouvait pas être une illusion. Descartes s'arrêta donc à ce fait, d'une évidence irrésistible, comme à la première vérité qu'il pouvait accepter sans crainte. Reconnaissant en même temps que la pensée est le nécessaire instrument de toutes les recherches qu'il pouvait jamais se proposer, ainsi que celui du genre humain dans l'acquisition de ses connaissances naturelles, il s'attacha à l'étude régulière, à l'analyse de la pensée comme à la condition de toute philosophie légitime, et sur ce solide fondement il éleva une doctrine d'un caractère à la fois certain et vivant, capable de résister au scepticisme, exempte d'hypothèses, et affranchie des formules de l'école.

C'est ainsi que l'analyse de la pensée, et de l'esprit qui en est le sujet, c'est-à-dire la psychologie, est devenue le point de départ, le principe le plus général, la grande méthode de la philosophie moderne [1].

Toutefois, il faut bien l'avouer, la philosophie n'a pas entièrement perdu et elle reprend encore quelquefois, après Descartes et dans Descartes même, ses anciennes habitudes. Il appartient rarement au même homme d'ouvrir et de parcourir la carrière, et d'ordinaire l'inventeur succombe sous le poids de sa propre invention. Ainsi Descartes, après avoir si bien posé le point de départ de toute recherche philosophique, oublie plus d'une fois l'analyse et revient, au moins dans la forme, à l'ancienne philosophie [2]. La vraie méthode s'efface bien plus encore entre les mains de ses premiers successeurs, sous l'influence toujours croissante de la méthode mathématique.

On peut distinguer deux périodes dans l'ère cartésienne : l'une où la méthode, en sa nouveauté, est souvent méconnue ; l'autre où l'on s'efforce au moins de ren-

---

1. Sur la méthode de Descartes, voyez Ire série de nos ouvrages, t. IV, leçon xx; IIe série, t. I, leçon II; t. II, leçon xi; IIIe série, t. III, *Philosophie moderne*, ainsi que les *Fragments de philosophie cartésienne;* V^e série, *Instruction publique*, t. II, *Défense de l'Université et de la philosophie*, p. 112, etc.

2. Sur ce retour à la forme scholastique dans Descartes, voyez Ire série, t. IV, leçon xii, surtout trois articles du *Journal des Savants*, août, septembre et octobre 1850, où nous avons examiné de nouveau les principes du cartésianisme à propos des *Leibnitii Animadversiones ad Cartesii principia philosophiæ*,

trer dans la voie salutaire ouverte par Descartes. A la première appartiennent Malebranche, Spinoza, Leibnitz lui-même ; à la seconde, les philosophes du xviiie siècle.

Sans doute Malebranche est, sur quelques points, descendu très-avant dans l'observation intérieure ; mais la plupart du temps il se laisse emporter dans un monde imaginaire, et il perd de vue le monde réel. Ce n'est pas une méthode qui manque à Spinoza, mais c'est la bonne. Son tort est d'avoir appliqué à la philosophie la méthode géométrique, qui procède par axiomes, définitions, théorèmes, corollaires; nul n'a moins pratiqué la méthode psychologique : c'est là le principe et aussi la condamnation de son système. Les *Nouveaux Essais sur l'entendement humain* montrent Leibnitz opposant observation à observation, analyse à analyse ; mais son génie plane ordinairement sur la science, au lieu de s'y avancer pas à pas : voilà pourquoi les résultats auxquels il arrive ne sont souvent que de brillantes hypothèses, par exemple l'harmonie préétablie, aujourd'hui reléguée parmi les hypothèses analogues des causes occasionnelles et du médiateur plastique. En général, la philosophie du xviie siècle, faute d'employer avec assez de rigueur et de fermeté la méthode dont Descartes l'avait armée, n'a guère produit que des systèmes ingénieux sans doute, hardis et profonds, mais souvent aussi téméraires, et qui ne sont pas demeurés dans la science[1]. Il n'y a de durable, en effet, que ce qui est fondé sur une

---

1. Voyez sur Malebranche, Spinoza et Leibnitz, IIe série, t. II, leçons xi et xii; IIIe série, t. IV, *Introduction aux Œuvres philosoph -*

saine méthode ; le temps emporte tout le reste ; le temps, qui recueille, féconde, agrandit les moindres germes de vérité déposés dans les plus humbles analyses, frappe sans pitié, engloutit les hypothèses, même celles du génie. Il fait un pas, et les systèmes arbitraires sont renversés ; les statues de leurs auteurs restent seules debout sur leurs ruines. La tâche de l'ami de la vérité est de rechercher les débris utiles qui en subsistent, et peuvent servir à de nouvelles et plus solides constructions.

La philosophie du xviiie siècle ouvre la seconde période de l'ère cartésienne ; elle se proposa surtout d'appliquer la méthode trouvée et trop négligée : elle s'attacha à l'analyse de la pensée. Désabusé de tentatives ambitieuses et stériles, et dédaigneux du passé comme Descartes lui-même, le xviiie siècle osa croire que tout était à refaire en philosophie, et que, pour ne pas s'égarer de nouveau, il fallait débuter par l'étude modeste de l'homme. Au lieu donc de bâtir tout d'un coup des systèmes hasardés sur l'universalité des choses, il entreprit d'examiner ce que l'homme sait et ce qu'il peut savoir ; il ramena la philosophie entière à l'étude de nos facultés, comme la physique venait d'être ramenée à l'étude des propriétés des corps : c'était donner à la philosophie, sinon sa fin, du moins son vrai commencement.

Les grandes écoles qui partagent le xviiie siècle sont l'école anglaise et française, l'école écossaise, l'école alle-

---

ques de *M. de Biran*, p. 288, et les *Fragments de philosophie cartésienne*, passim.

mande, c'est-à-dire l'école de Locke et de Condillac, celle de Reid, celle de Kant. Il est impossible de méconnaître le principe commun qui les anime, l'unité de leur méthode. Quand on examine avec impartialité la méthode de Locke, on voit qu'elle consiste dans l'analyse de la pensée, et c'est par là que Locke est un disciple, non de Bacon et de Hobbes, mais de notre grand compatriote, de Descartes [1]. Étudier l'entendement humain tel qu'il est en chacun de nous, reconnaître ses forces et aussi ses limites, tel est le problème que le philosophe anglais s'est proposé et qu'il essaye de résoudre. Je ne veux pas juger ici la solution qu'il en donne; je me borne à bien marquer quel est pour lui le problème fondamental. Condillac, le disciple français de Locke, se fait partout l'apôtre de l'analyse; et l'analyse, ici, c'est encore ou du moins ce devrait être l'étude de la pensée. Nul philosophe, pas même Spinoza, ne s'est plus éloigné que Condillac [2] de la vraie méthode expérimentale, et ne s'est plus égaré dans la route des abstractions, et même des abstractions verbales; mais, chose étrange, nul n'est plus sévère à l'endroit des hypothèses, sauf à aboutir à celle de l'homme-statue. L'auteur du *Traité des Sensations* a très-infidèlement pratiqué l'analyse, mais il en parle sans cesse. L'école écossaise combat Locke et Condillac; elle les combat, mais avec leurs propres armes, avec la même méthode qu'elle

---

1. Sur Locke, voyez Ire série, t. III, leçon I, surtout IIe série, t. III, *Examen du système de Locke*.
2. Sur Condillac, voyez surtout Ire série, t. III, leçons II et III.

prétend appliquer mieux[1]. En Allemagne, Kant veut remettre en lumière et en honneur l'élément supérieur de la connaissance humaine, laissé dans l'ombre et décrié par la philosophie de son temps. Pour cela que fait-il ? il entreprend un examen approfondi de la faculté de connaître; son principal ouvrage a pour titre : *Critique de la raison pure*[2]; c'est une critique, c'est-à-dire encore une analyse : la méthode de Kant n'est donc pas autre que celle de Locke et de Reid. Suivez-la jusque entre les mains de Fichte[3], le successeur de Kant, mort à peine depuis quelques années : là encore l'analyse de la pensée est donnée comme le fondement de la philosophie. Kant s'était si bien établi dans le sujet de la connaissance qu'il avait eu de la peine à en sortir, et qu'il n'en sortit même jamais légitimement. Fichte s'y enfonça si avant qu'il s'y ensevelit, et absorba dans le *moi* humain toutes les existences comme toutes les sciences ; triste naufrage de l'analyse, qui en signale à la fois le plus grand effort et l'écueil !

Le même esprit gouverne donc toutes les écoles du XVIIIe siècle : ce siècle dédaigne les formules abstraites; il a horreur de l'hypothèse; il s'attache ou prétend

---

[1]. Voyez Ire série, t. IV, les leçons sur l'école écossaise.
[2]. Voyez, sur Kant et la *Critique de la raison pure*, le t. V de la Ire série, où ce grand ouvrage est examiné avec autant d'étendue que celui de Reid dans le t. IV, et l'*Essai* de Locke dans le t. III de la IIe série.
[3]. Sur Fichte, IIe série, t. I, leçon xu; IIIe série, t. IV, *Introduction aux OEuvres de M. de Biran*, p. 324.

s'attacher à l'observation des faits, et particulièrement à l'analyse de la pensée.

Reconnaissons-le avec franchise et avec douleur : le xviii⁰ siècle a appliqué l'analyse à toutes choses sans pitié et sans mesure. Il a cité devant son tribunal toutes les doctrines, toutes les sciences ; ni la métaphysique de l'âge précédent avec ses systèmes imposants, ni les arts avec leur prestige, ni les gouvernements avec leur vieille autorité, ni les religions avec leur majesté, rien n'a trouvé grâce devant lui. Quoiqu'il entrevît des abîmes au fond de ce qu'il appelait la philosophie, il s'y est jeté avec un courage qui n'est pas sans grandeur; car la grandeur de l'homme est de préférer ce qu'il croit la vérité à lui-même. Le xviii⁰ siècle a déchaîné les tempêtes. L'humanité n'a plus marché que sur des ruines. Le monde s'agite encore dans cet état de désordre où déjà il a été vu une fois, au déclin des croyances antiques et avant le triomphe du christianisme, quand l'homme errait à travers tous les contraires, sans pouvoir se reposer nulle part, livré à toutes les inquiétudes de l'esprit et à toutes les misères du cœur, fanatique et athée, mystique et incrédule, voluptueux et sanguinaire[1]. Mais si la philosophie du dernier siècle nous a laissé le vide pour héritage, elle nous a laissé aussi un amour énergique et fécond de la vérité. Le xviii⁰ siècle a été l'âge de la cri-

---

[1]. Nous nous exprimions de cette sorte en 1817, quand, à la suite des grandes guerres de la révolution et après la chute de l'empire, la monarchie constitutionnelle, encore mal affermie, laissait obscur l'avenir de la France et du monde. Il est triste d'avoir à tenir le même langage en 1853, sur les ruines accumulées autour de nous.

tique et des destructions; le xixᵉ doit être celui des réhabilitations intelligentes. Il lui appartient de trouver dans une analyse plus profonde de la pensée les principes de l'avenir, et avec tant de débris d'élever enfin un édifice que puisse avouer la raison.

Ouvrier faible, mais zélé, je viens apporter ma pierre; je viens faire ma journée, je viens retirer du milieu des ruines ce qui n'a pas péri, ce qui ne peut pas périr. Ce cours est à la fois un retour sur le passé et un effort vers l'avenir. Je ne me propose ni d'attaquer ni de défendre aucune des trois grandes écoles qui partagent le xviiiᵉ siècle; je ne chercherai point à perpétuer et à envenimer la guerre qui les divise, en signalant complaisamment les différences qui les séparent, sans tenir compte de la communauté de méthode qui les unit. Je viens, au contraire, soldat dévoué de la philosophie, ami commun de toutes les écoles qu'elle a produites, offrir à toutes des paroles de paix.

L'unité de la philosophie moderne réside, comme nous l'avons dit, dans sa méthode, c'est-à-dire dans l'analyse de la pensée, méthode supérieure à ses propres résultats, car elle contient en elle le moyen de réparer les erreurs qui lui échappent, et d'ajouter indéfiniment de nouvelles richesses aux richesses acquises. Les sciences physiques elles-mêmes n'ont pas d'autre unité. Les grands physiciens qui ont paru depuis deux siècles, bien qu'unis entre eux par le même point de départ et par le même but publiquement acceptés, n'en ont pas moins marché avec indépendance et dans des voies souvent opposées. Le temps a recueilli dans leurs diverses théories la part de vérité qui les a fait naître et qui les a soutenues ; il a négligé les erreurs auxquelles elles n'ont pu se soustraire, et, rattachant les unes aux autres toutes les découvertes dignes de ce nom, il en a formé peu à peu un ensemble vaste et harmonieux. La philosophie moderne s'est aussi enrichie depuis deux siècles d'une multitude d'observations exactes, de théories solides et profondes, dont elle est redevable à la commune méthode. Que lui a-t-il manqué pour marcher d'un pas égal avec les sciences physiques dont elle est la sœur ? Il lui a manqué d'entendre mieux ses intérêts, de tolérer des diversités inévitables, utiles même, et de mettre à profit les vérités que contiennent toutes les doctrines particulières pour en tirer une doctrine générale, qui s'épure et s'agrandisse successivement et perpétuellement.

Non, certes, que je conseille ce syncrétisme aveugle qui perdit l'école d'Alexandrie, et qui tentait de rapprocher forcément des systèmes contraires ; ce que je recommande, c'est un éclectisme éclairé qui, jugeant avec équité et même avec bienveillance toutes les écoles, leur emprunte ce qu'elles ont de vrai, et néglige ce qu'elles ont de faux. Puisque l'esprit de parti nous a si mal réussi jusqu'à présent, essayons de l'esprit de conciliation. La pensée humaine est immense. Chaque école ne l'a considérée qu'à son point de vue. Ce point de vue n'est pas faux, mais il est incomplet, et, de plus, il est exclusif. Il n'exprime qu'un côté de la vérité, et rejette tous les autres. Il ne s'agit pas aujourd'hui de décrier et de recommencer l'ouvrage de nos devanciers, mais de le perfectionner en réunissant et en fortifiant par cette réunion toutes les vérités éparses dans les différents systèmes que nous a transmis le xviii° siècle.

Tel est le principe auquel peu à peu nous ont conduit deux années d'études sur la philosophie moderne depuis Descartes jusqu'à nos jours. Ce principe, mal dégagé d'abord, nous l'avons appliqué une première fois dans les limites les plus étroites et aux seules théories relatives à la question de l'existence personnelle[1]. Nous l'avons ensuite étendu à un plus grand nombre de questions et de théories; nous avons touché les principaux points de l'ordre intellectuel et de l'ordre moral[2]; et en même temps que nous poursuivions les recherches de notre illustre prédécesseur, M. Royer-Collard, sur les écoles de France, d'Angleterre et d'Écosse, nous avons commencé l'étude, nouvelle parmi nous, l'étude difficile, mais intéressante et féconde, du philosophe de Kœnigsberg. Nous pouvons donc aujourd'hui embrasser toutes les écoles du xviii° siècle et tous les problèmes qu'elles ont agités.

La philosophie, dans tous les temps, roule sur les idées fondamentales du vrai, du beau et du bien. L'idée du vrai, philosophiquement développée, c'est la psychologie, la logique, la métaphysique; l'idée du bien, c'est la morale privée et publique; l'idée du beau, c'est cette science qu'en Allemagne on appelle l'esthétique,

---

1. Ire série, t. I, cours de 1816.
2. *Ibid.*, cours de 1817.

dont les détails regardent la critique littéraire et la critique des arts, mais dont les principes généraux ont toujours occupé une place plus ou moins considérable dans les recherches et même dans l'enseignement des philosophes, depuis Platon et Aristote jusqu'à Hutcheson et Kant.

Sur ces points essentiels qui composent le domaine entier de la philosophie, nous interrogerons successivement les principales écoles du xviiie siècle.

Lorsqu'on les examine toutes avec attention, on les ramène aisément à deux : l'une qui, dans l'analyse de la pensée, sujet commun de tous les travaux, fait à la sensibilité une part excessive ; l'autre qui dans cette même analyse, se jetant à l'extrémité opposée, tire la connaissance presque tout entière d'une faculté différente de la sensibilité, la raison. La première de ces écoles est l'école empirique, dont le père ou plutôt le représentant le plus sage est Locke, et Condillac le représentant extrême ; la seconde est l'école spiritualiste ou rationaliste, comme on voudra l'appeler, qui compte à son tour d'illustres interprètes, Reid, le plus irréprochable, et Kant le plus systématique. Évidemment il y a du vrai dans ces deux écoles, et la vérité est un bien qu'il faut prendre partout où on le rencontre. Nous admettons volontiers avec l'école empirique que les sens ne nous ont pas été donnés en vain ; que cette admirable organisation, qui nous élève au-dessus de tous les êtres animés, est un instrument riche et varié qu'il serait insensé de négliger. Nous sommes convaincu que le spectacle du monde est un foyer permanent d'instruction saine et sublime. Sur ce point, ni Aristote ni Bacon ni Locke ne nous auront pour adversaire, mais pour disciple. Nous avouons ou plutôt nous proclamons que dans l'analyse de la connaissance humaine, il faut faire aux sens une grande part. Mais quand l'école empirique prétend que tout ce qui passe leur portée est une chimère, alors nous l'abandonnons, et nous allons nous joindre à l'école opposée. Nous faisons profession de croire, par exemple, que, sans une impression agréable, jamais nous n'aurions conçu le beau, et que pourtant le beau n'est pas seulement l'agréable; que, grâce à Dieu, le plaisir ou du moins le bonheur s'ajoute ordinairement à la vertu, mais que l'idée même de la vertu est essentiellement différente de celle du bonheur. Là-dessus nous sommes ouvertement de l'avis de Reid et de Kant. Nous avons aussi établi et nous établirons encore que l'esprit de l'homme est en possession de principes que la sensation précède mais n'explique point, et qui nous sont directement suggérés par la puissance propre de la raison. Nous suivrons Kant jusque-là, mais pas au delà. Loin de le suivre, nous le combattrons, lorsque, après avoir défendu victorieusement contre l'empirisme les grands principes en tout genre, il les frappe de stérilité, en prétendant qu'ils n'ont aucune valeur au delà de l'enceinte de la raison qui les aperçoit, condamnant ainsi à l'impuissance cette même raison qu'il vient d'élever si haut, et ouvrant la porte à un scepticisme raffiné et savant qui, après tout, aboutit au même abîme que le scepticisme ordinaire.

Vous le voyez, nous serons tour à tour avec Locke, avec Reid et avec Kant dans cette juste et forte mesure qu'on appelle l'éclectisme.

L'éclectisme est à nos yeux la vraie méthode historique, et il a pour nous toute l'importance de l'histoire de la philosophie; mais il y a quelque chose que nous mettons encore au-dessus de l'histoire de la philosophie et par conséquent de l'éclectisme : c'est la philosophie elle-même.

L'histoire de la philosophie ne porte pas sa clarté avec elle, et elle n'est point son propre but. Comment l'éclectisme, qui n'a pas d'autre champ que l'histoire, serait-il notre seul, notre premier objet[1] ?

Il est juste sans doute, il est de la plus haute utilité de bien discerner dans chaque système ce qu'il a de vrai d'avec ce qu'il a de faux, d'abord pour bien apprécier ce système, ensuite pour rendre le faux au néant, dégager et recueillir le vrai, et ainsi enrichir et agrandir la philosophie par l'histoire. Mais vous concevez qu'il faut savoir déjà quelle est la vérité, pour la reconnaître quelque part et la distinguer de l'erreur qui y est mêlée; en sorte que la critique des systèmes exige presque un système, et que l'histoire de la philosophie est contrainte d'emprunter d'abord à la philosophie la lumière qu'elle doit lui rendre un jour avec usure.

---

1. Sur l'emploi légitime et les conditions impérieuses de l'éclectisme, voyez IIIe série, *Fragments philosophiques*, t. IV, préface de la 1re édition, p. 41, etc., surtout l'article intitulé : *De la philosophie en Belgique,* p. 228 et 229.

Enfin l'histoire de la philosophie n'est qu'une branche ou plutôt un instrument de la science philosophique. Évidemment c'est l'intérêt que nous portons à la philosophie qui seul nous attache à son histoire ; c'est l'amour de la vérité qui nous fait poursuivre partout ses vestiges, et interroger avec une curiosité passionnée ceux qui avant nous ont aimé aussi et cherché la vérité.

Ainsi la philosophie est à la fois l'objet suprême et le flambeau de l'histoire de la philosophie. A ce double titre, il lui appartient de présider à notre enseignement.

A cet égard, un mot d'explication, je vous prie.

Celui qui porte aujourd'hui la parole devant vous n'est, il est vrai, officiellement chargé que du cours de l'histoire de la philosophie ; là est notre tâche, et là, encore une fois, notre guide sera l'éclectisme. Mais, nous le confessons, si la philosophie n'a pas le droit de se présenter ici en quelque sorte sur le premier plan, si elle n'y paraît que derrière son histoire, en réalité elle y domine, et c'est à elle que se rapportent tous nos vœux comme tous nos efforts. Nous tenons sans doute en très-grande estime et Brucker et Tennemann[1], si savants, si judicieux ; cependant nos modèles, nos véritables maîtres, toujours présents à notre pensée, ce sont dans l'antiquité Platon et Socrate, chez les modernes Descartes, et, n'hésitons pas à le dire, c'est chez nous et dans notre temps l'homme illustre qui a bien voulu nous appeler à cette chaire. M. Royer-

---

[1]. Nous avons traduit son excellent *Manuel de l'histoire de la philosophie*. Voyez la seconde édition, 1839, 2 vol. in-8°.

Collard n'était aussi qu'un professeur de l'histoire de la philosophie; mais il prétendait bien avoir une opinion en philosophie : il servait une cause qu'il nous a transmise, et nous la servons à notre tour.

Cette grande cause vous est connue : c'est celle d'une philosophie saine et généreuse, digne de notre siècle par la sévérité de ses méthodes et répondant aux besoins immortels de l'humanité, partant modestement de la psychologie, de l'humble étude de l'esprit humain, pour s'élever aux plus hautes régions et parcourir la métaphysique, l'esthétique, la théodicée, la morale et la politique.

Notre entreprise n'est donc pas seulement de renouveler l'histoire de la philosophie par l'éclectisme; nous voulons aussi, nous voulons surtout, et l'histoire bien entendue, grâce à l'éclectisme, nous y servira puissamment, faire sortir de l'étude des systèmes, de leurs luttes, de leurs ruines même, un système qui soit à l'épreuve de la critique, et qui puisse être accepté par votre raison et aussi par votre cœur, noble jeunesse du xixe siècle!

Pour remplir ce grand objet, qui est notre mission véritable, nous oserons cette année, pour la première et pour la dernière fois, franchir les étroites limites qui nous sont imposées. Dans l'histoire de la philosophie du xviiie siècle, nous avons résolu de laisser un peu dans l'ombre l'histoire de la philosophie pour faire paraître la philosophie elle-même, et, tout en mettant sous vos yeux les traits distinctifs des principales doctrines du siècle dernier, de vous exposer la doctrine qui semble convenir aux besoins et à l'esprit de notre temps, et encore de vous l'exposer brièvement mais dans toute son étendue, au lieu d'insister sur quelqu'une de ses parties, ainsi que nous l'avons fait jusqu'ici. Avec les années, nous corrigerons, nous tâcherons d'agrandir et d'élever notre œuvre. Aujourd'hui nous vous la présentons bien imparfaite encore, mais établie sur des fondements que nous croyons solides, et déjà marquée d'un caractère qui ne changera point.

Vous verrez donc ici, rassemblés en un court espace, nos principes, nos procédés, nos résultats. Nous souhaitons ardemment vous les persuader, jeunes gens, qui êtes l'espérance de la science aussi bien que de la patrie. Puissions-nous du moins, dans la vaste carrière que nous avons à parcourir, rencontrer en vous la même bienveillance qui jusqu'à présent nous a soutenu !

PREMIÈRE PARTIE.

DU VRAI.

PREMIÈRE LEÇON.

DE L'EXISTENCE DE PRINCIPES UNIVERSELS ET NÉCESSAIRES.

Deux grands besoins, celui de vérités absolues, et celui de vérités absolues qui ne soient pas des chimères. Satisfaire ces deux besoins est le problème de la philosophie de notre temps. — Des principes universels et nécessaires. — Exemples de tels principes en différents genres. — Distinction des principes universels et nécessaires et des principes généraux. — Que l'expérience est incapable d'expliquer toute seule les principes universels et nécessaires, et aussi de s'en passer même pour arriver à la connaissance du monde sensible. — De la raison comme étant celle de nos facultés qui nous découvre ces principes. — Que l'étude des principes universels et nécessaires nous introduit dans les parties les plus hautes de la philosophie.

Aujourd'hui, comme de tout temps, deux grands besoins se font sentir à l'homme.

Le premier, le plus impérieux, est celui de principes fixes, immuables, qui ne dépendent ni des temps ni des lieux ni des circonstances, et où l'esprit se repose avec une confiance illimitée. Dans toutes les recherches, tant qu'on n'a saisi que des faits isolés, disparates, tant qu'on ne les a pas ramenés à une loi, on possède les matériaux d'une science, mais la science n'est pas encore. La physique elle-même commence seulement là où paraissent des vérités universelles auxquelles on peut rattacher tous les faits du même ordre que l'observation nous découvre dans la nature. Platon l'a dit : il n'y a point de science de ce qui passe.

Voilà notre premier besoin. Mais il en est un autre, non moins légitime, c'est le besoin de ne pas être dupe de principes chimériques, d'abstractions vides, de combinaisons plus ou moins ingénieuses mais artificielles, le besoin de s'appuyer sur la réalité et sur la vie, le besoin de l'expérience. Les sciences physiques et naturelles, dont les conquêtes rapides frappent et éblouissent les plus ignorants, doivent leurs progrès à la méthode expérimentale. De là l'immense popularité de cette méthode, portée à ce point qu'on ne daignerait pas même aujourd'hui prêter la moindre attention à une science à laquelle cette méthode ne semblerait pas présider.

Unir l'observation et la raison, ne pas perdre de vue l'idéal de la science auquel l'homme aspire, et le chercher et le trouver par la route de l'expérience, tel est le problème de la philosophie.

Or nous nous adressons à vos souvenirs des deux dernières années : n'avons-nous pas établi, par la méthode expérimentale la plus sévère, par la réflexion appliquée à l'étude de l'esprit humain, avec la lenteur et la rigueur qu'exigent de pareilles démonstrations, n'avons-nous pas établi qu'il y a dans tous les hommes, sans distinction de savants et d'ignorants, des idées, des notions, des croyances, des principes que le sceptique le plus déterminé peut bien nier du bout des lèvres, mais qui le gouvernent lui-même à son insu et malgré lui dans ses discours et dans sa conduite, qu'on trouve en soi pour peu qu'on s'interroge, et qui, par un contraste frappant avec nos autres connaissances, sont marqués de ce caractère à la fois merveilleux et incontestable qu'ils se rencontrent dans l'expérience la plus vulgaire, et qu'en même temps, au lieu d'être circonscrits dans les limites de cette expérience, ils la surpassent et la dominent, universels au milieu des phénomènes particuliers auxquels ils s'appliquent, nécessaires quoique mêlés à des choses contingentes, infinis et absolus à nos propres yeux, tout en nous apparaissant dans cet être relatif et fini que nous sommes? Ce n'est pas là un paradoxe inattendu que nous vous présentons; nous ne faisons qu'exprimer ici le résultat de nombreuses leçons[1].

Il ne nous a pas été difficile de faire voir qu'il y a des principes universels et nécessaires à la tête de toutes les sciences.

Il est trop évident qu'il n'y a point de mathématiques sans les axiomes et sans les définitions, c'est-à-dire sans principes absolus.

Que deviendrait la logique, ces mathématiques de la pensée, si vous lui ôtez un certain nombre de principes, un peu barbares peut-être dans leur forme scholastique, mais qui doivent être universels et nécessaires pour présider à tout raisonnement, à toute démonstration?

Y a-t-il même une physique possible, si tout phéno-

---

1. Voyez 1re série, t. I.

mène qui commence à paraître ne suppose pas et une cause et une loi?

Sans le principe des causes finales, la physiologie pourrait-elle faire un seul pas, se rendre compte d'un seul organe, déterminer une seule fonction?

Le principe sur lequel repose toute morale, le principe qui oblige l'homme de bien et fonde la vertu, n'est-il pas de la même nature? Ne s'étend-il pas à tous les êtres moraux sans distinction de temps et de lieu? Concevez-vous un être moral qui ne reconnaisse au fond de sa conscience que la raison doit commander à la passion, qu'il faut garder la foi jurée, et, contre l'intérêt le plus pressant, restituer le dépôt qui nous a été confié?

Et ce ne sont pas là des préjugés métaphysiques et des formules d'école : j'en appelle au sens commun le plus vulgaire.

Si je vous disais qu'un meurtre vient d'avoir lieu, pourriez-vous ne pas me demander quand, où, par qui, pourquoi? Cela veut dire que votre esprit est dirigé par les principes universels et nécessaires du temps, de l'espace, de la cause et même de la cause finale.

Si je vous disais que c'est l'amour ou l'ambition qui a commis ce meurtre, ne concevriez-vous pas à l'instant même un amant, un ambitieux? Cela veut dire encore qu'il n'y a pas pour vous d'acte sans agent, de qualité et de phénomène sans une substance, sans un sujet réel.

Si je vous disais que l'accusé prétend que ce n'est pas en lui la même personne qui a conçu, voulu, exécuté ce meurtre, et que, dans les intervalles, sa personne s'est plus d'une fois renouvelée, ne diriez-vous pas qu'il est fou s'il est sincère, et que, si les actes et les accidents ont varié, la personne et l'être sont restés les mêmes?

Supposé que l'accusé se défende sur ce motif, que le meurtre commis doit servir à son bonheur; que d'ailleurs la personne tuée était si malheureuse que la vie lui était un fardeau; que la patrie n'y perd rien, puisque, au lieu de deux citoyens inutiles, elle en acquiert un qui lui devient utile; qu'enfin le genre humain ne périra pas faute d'un individu, etc.; à tous ces raisonnements n'opposerez-vous pas cette réponse bien simple, que ce meurtre, utile peut-être à son auteur, n'en est pas moins injuste, et qu'ainsi sous nul prétexte il n'était permis?

Le même bon sens qui admet des vérités universelles et nécessaires les distingue aisément de celles qui ne le sont pas, et qui sont seulement générales, c'est-à-dire qui s'appliquent seulement à un plus ou moins grand nombre de cas.

Par exemple, voici une vérité fort générale : le jour succède à la nuit; mais est-ce une vérité universelle et nécessaire? S'étend-elle à tous les pays? Oui, à tous les pays connus. Mais s'étend-elle à tous les pays possibles? Non; car il est possible de concevoir des pays plongés dans une nuit éternelle, étant donné un autre système du monde. Les lois du monde sensible sont ce qu'elles sont; elles ne sont pas nécessaires. Leur auteur aurait pu en choisir d'autres. Avec un autre système du monde on conçoit une autre physique, mais on ne conçoit ni d'autres mathématiques ni une autre morale. Ainsi il est possible de concevoir que le jour et la nuit ne soient plus dans les rapports où nous les voyons ; donc cette vérité, le jour succède à la nuit, est une vérité très-générale, peut-être même une vérité universelle, mais non pas une vérité nécessaire.

Montesquieu a dit que la liberté n'est pas un fruit des climats chauds. J'accorde, si l'on veut, que la chaleur énerve l'âme, et que les pays chauds portent difficilement des gouvernements libres ; mais il ne s'ensuit point qu'il n'y ait pas d'exception possible à ce principe : d'ailleurs il y en a eu ; ce n'est donc pas un principe absolument universel, et encore bien moins un principe nécessaire. En pouvez-vous dire autant du principe de la cause ? Pouvez-vous concevoir, quelque part, en quelque temps et en quelque lieu, un phénomène qui commence à paraître sans une cause, physique ou morale ?

Et quand il serait possible de ramener les principes universels et nécessaires à des principes généraux, pour employer et appliquer ces principes même ainsi rabaissés et y appuyer un raisonnement quelconque, il faudrait admettre ce qu'on appelle en logique le principe de contradiction, à savoir qu'une chose ne peut pas à la fois être et n'être pas, afin de maintenir entière chacune des parties du raisonnement, ainsi que le principe de la raison suffisante, qui seul établit leur lien et la légitimité de la conclusion. Or, ces deux principes, sans lesquels il n'y pas de raisonnement, sont eux-mêmes des principes universels et nécessaires; en sorte que le cercle est manifeste.

Alors même qu'on détruirait par la pensée toutes les existences pour ne laisser sur leurs débris qu'un seul esprit, on serait forcé de placer dans cet esprit-là, pour peu qu'il s'exerçât, et l'esprit n'est tel qu'à la condition qu'il pense, plusieurs principes nécessaires; on ne saurait au moins le concevoir dépourvu du principe de contradiction et du principe de la raison suffisante.

Combien de fois n'avons-nous pas démontré la vanité des efforts de l'école empirique pour ébranler l'existence ou affaiblir la portée des principes universels et nécessaires! Écoutez cette école : elle vous dira que le principe de la cause, donné par nous comme universel et nécessaire, n'est, après tout, qu'une habitude de l'esprit qui, voyant dans la nature un fait suivre un autre fait, met entre eux cette connexion que nous avons appelée la relation de l'effet à la cause. Mais cette explication n'est autre chose que la destruction, non pas seulement du principe des causes, mais de la notion même de cause. Les sens me montrent deux boules, l'une qui commence à se mouvoir, l'autre qui se meut après elle. Supposez que cette succession se renouvelle et persiste, ce sera la constance ajoutée à la succession, ce ne sera pas là le moins du monde la connexion d'une puissance causatrice et de son effet, celle par exemple que la conscience nous atteste dans le moindre effort volontaire. Aussi un empiriste conséquent, tel que Hume[1], prouve aisément

---

1. 1re série, t. I.

qu'aucune expérience sensible ne donne légitimement l'idée de cause.

Ce que nous disons de la notion de cause, nous pourrions le dire de toutes les notions du même genre. Citons au moins celles de substance et d'unité.

Les sens n'aperçoivent que des qualités, des phénomènes. Je touche l'étendue, je vois la couleur, je sens l'odeur ; mais l'être étendu, coloré, odorant, est-ce que nos sens l'atteignent ? Hume plaisante agréablement là-dessus. Il demande sous lequel de nos sens tombe la substance. Qu'est-ce donc, selon lui et dans le système de l'empirisme, que la notion de substance ? Une illusion comme la notion de cause.

Les sens ne donnent pas davantage l'unité ; car l'unité c'est l'identité, c'est la simplicité, et les sens nous montrent tout successif et composé. Les ouvrages de l'art ne possèdent l'unité que parce que l'art, c'est-à-dire l'esprit de l'homme, l'y a mise ; quant à ceux de la nature, si nous l'y apercevons, ce ne sont pas les sens qui la découvrent. L'arrangement des diverses parties d'un objet peut contenir de l'unité, mais c'est une unité d'organisation, une unité idéale et morale que l'esprit seul conçoit et qui échappe aux sens.

Si les sens ne peuvent expliquer de simples notions, ils peuvent bien moins encore expliquer les principes où ces notions se rencontrent, et qui sont universels et nécessaires. En effet, les sens aperçoivent bien tels et tels faits, mais il répugne qu'ils embrassent ce qui est universel ; l'expérience atteste ce qui est, elle n'atteint point à ce qui ne peut pas ne pas être.

Allons plus loin. Non-seulement l'empirisme ne peut expliquer les principes universels et nécessaires ; mais nous prétendons que, sans ces principes, l'empirisme ne peut pas même rendre compte de la connaissance du monde sensible.

Otez le principe des causes, l'esprit humain est condamné à ne jamais sortir de lui-même et de ses propres modifications. Toutes les sensations de l'ouïe, de l'odorat, du goût, de la vue, du toucher, du tact même, ne vous peuvent apprendre quelle est leur cause ni si elles en ont une. Mais rendez à l'esprit humain le principe des causes, admettez que toute sensation, ainsi que tout phénomène, tout changement, tout événement, a une cause, comme évidemment nous ne sommes pas la cause de certaines sensations, et qu'il faut bien pourtant que ces sensations en aient une, nous sommes conduits naturellement à reconnaître à ces sensations des causes différentes de nous-mêmes, et voilà la première notion du monde extérieur. C'est le principe universel et nécessaire des causes qui seul la donne et la justifie. D'autres principes du même ordre l'accroissent et la développent.

Dès que vous savez qu'il y a des objets extérieurs, je vous demande si vous ne les concevez pas dans un lieu qui les contient. Pour le nier, il vous faudrait nier que tout corps est dans un lieu, c'est-à-dire rejeter une vérité de physique, qui est aussi un principe de métaphysique en même temps qu'un axiome du sens commun. Mais le lieu qui contient tel corps est souvent lui-même un corps qui seulement est plus compréhensif que le premier. Ce nouveau corps est à son tour dans un lieu. Ce nouveau lieu est-il aussi un corps? Alors il est contenu dans un autre lieu plus vaste, et ainsi de suite; en sorte qu'il vous est impossible de concevoir un corps qui ne soit pas dans un lieu; et vous arrivez à la conception d'un lieu illimité et infini, qui contient tous les lieux limités et tous les corps possibles : ce lieu illimité et infini, c'est l'espace.

Et je ne vous dis rien là qui ne soit très-simple. Voyez. Niez-vous que cette eau soit dans un vase? — Niez-vous que ce vase soit dans cette salle? — Niez-vous que cette salle soit dans un lieu plus grand, lequel est à son tour dans un autre plus grand encore? Je puis vous pousser ainsi jusqu'à l'espace infini. Si vous niez une seule de ces propositions, vous les niez toutes, la première comme la dernière; et si vous admettez la première, la dernière est forcée.

On ne peut supposer que la sensibilité toute seule nous élève à l'idée de l'espace, elle qui ne peut pas même nous donner l'idée première de corps. Il faut donc ici l'intervention d'un principe supérieur.

Comme nous croyons que tout corps est contenu dans un lieu, de même nous croyons que tout événement arrive dans un temps. Concevez-vous un événement qui arrive, si ce n'est dans un point quelconque de la durée? Cette durée s'étend et s'agrandit successivement aux yeux de votre esprit, et vous finissez par la concevoir illimitée comme l'espace. Niez la durée, vous niez toutes les sciences qui la mesurent, vous détruisez toutes les croyances naturelles sur lesquelles repose la vie humaine. Il est à peine besoin d'ajouter que la sensibilité toute seule n'explique pas plus la notion du temps que celle de l'espace, lesquelles sont pourtant toutes deux inhérentes à la connaissance du monde extérieur.

L'empirisme est donc convaincu et de ne pouvoir se passer des principes universels et nécessaires, et de ne pouvoir les expliquer.

Arrêtons-nous : ou tous nos précédents travaux n'ont abouti qu'à des chimères, ou ils nous permettent de considérer comme un point définitivement acquis à la science, qu'il y a dans l'esprit humain, pour quiconque l'interroge sincèrement, des principes réellement empreints du caractère de l'universalité et de la nécessité.

Après avoir établi et défendu l'existence des principes universels et nécessaires, nous pourrions rechercher et poursuivre cette sorte de principes dans toutes les parties des connaissances humaines, et en essayer une classification exacte et rigoureuse. Mais d'illustres exemples nous ont appris à craindre de compromettre des vérités du plus grand prix en y mêlant des conjectures qui, en faisant briller peut-être l'esprit du philosophe, diminuent aux yeux des sages l'autorité de la philosophie. Nous aussi, à l'exemple de Kant, nous avons, l'année dernière[1], devant vous, tenté une classification, une réduction même des principes universels et nécessaires, et de toutes les notions qui y sont engagées. Ce travail n'a pas perdu pour nous son im-

1. Ire série, t. I, Fragments du cours de 1817.

portance; mais nous ne le reproduirons point. Dans l'intérêt de la grande cause que nous servons, et ne songeant ici qu'à asseoir sur de solides fondements la doctrine qui convient au génie français du xixᵉ siècle, nous fuirons avec soin tout ce qui pourrait paraître personnel et hasardé ; et, au lieu d'examiner, de critiquer[1] et de remplacer la classification que le philosophe de Kœnigsberg a donnée des principes universels et nécessaires, nous préférons, nous trouvons bien autrement utile de vous faire pénétrer davantage dans la nature de ces principes, en vous faisant voir quelle est celle de nos facultés qui nous les découvre, et à laquelle ils se rapportent et correspondent.

Le propre de ces principes, c'est qu'à la réflexion chacun de nous reconnaît qu'il les possède mais qu'il n'en est pas l'auteur. Nous les concevons et les appliquons, nous ne les constituons point. Interrogeons notre conscience. Nous rapportons-nous à nous-mêmes, par exemple, les définitions de la géométrie, comme nous le faisons certains mouvements dont nous nous sentons la cause? Si c'est moi qui fais ces définitions, elles sont donc miennes, je puis donc les défaire, les modifier, les changer, les anéantir même. Il est certain que je ne le puis. Je n'en suis donc pas l'auteur. Il est aussi démontré que les principes dont nous avons parlé ne peuvent dériver de la sensation variable, bornée, incapable de produire et d'autoriser rien d'uni-

---

1. Voyez cette critique, Iʳᵉ série, t. V, *Kant*, leçon viii.

versel et de nécessaire. J'arrive donc à cette conséquence nécessaire aussi : la vérité est en moi et n'est pas à moi. De même que la sensibilité me met en rapport avec le monde physique, ainsi une autre faculté me met en communication avec des vérités qui ne dépendent ni du monde ni de moi, et cette faculté c'est la raison.

Il y a dans l'homme trois facultés générales qui sont toujours mêlées ensemble et ne s'exercent guère que simultanément, mais que l'analyse divise pour les mieux étudier, sans méconnaître leur jeu réciproque, leur liaison intime, leur unité indivisible. La première de ces facultés est l'activité, l'activité volontaire et libre, où paraît surtout la personne humaine, et sans laquelle les autres facultés seraient comme si elles n'étaient pas, puisque nous ne serions pas pour nous-mêmes. Qu'on s'examine au moment où une sensation se produit en nous : on reconnaîtra qu'il n'y a perception qu'autant qu'il y a un degré quelconque d'attention, et que la perception finit au moment où finit notre activité. On ne se rappelle pas ce qu'on a fait dans le sommeil absolu ou dans la défaillance, parce qu'alors on a perdu l'activité, par conséquent la conscience, et par conséquent encore la mémoire. De même, souvent la passion, en nous enlevant la liberté, nous enlève du même coup la conscience de nos actions et de nous-mêmes : alors, pour nous servir d'une expression juste et vulgaire, on ne sait plus ce qu'on fait. C'est par la liberté que l'homme est véritablement homme, qu'il se possède et se gouverne; sans elle il retombe sous le joug de la nature; il n'en est qu'une partie plus admirable et plus belle. Mais, en même temps que je suis doué d'activité et de liberté, je suis passif aussi par d'autres endroits ; je subis les lois du monde extérieur ; je souffre et je jouis sans être moi-même l'auteur de mes joies et de mes souffrances ; je sens s'élever en moi des besoins, des désirs, des passions que je n'ai point faites, et qui tour à tour remplissent ma vie de bonheur ou de misère, malgré que j'en aie et indépendamment de ma volonté. Enfin, outre la volonté et la sensibilité, l'homme a la faculté de connaître, l'entendement, l'intelligence, la raison, peu importe le nom, au moyen de laquelle il s'élève à des vérités d'ordres différents, et entre autres à des vérités universelles et nécessaires qui supposent dans la raison, attachés à son exercice, des principes entièrement distincts des impressions des sens et des résolutions de la volonté[1].

L'activité volontaire, la sensibilité, la raison, sont toutes les trois également certaines. La conscience vérifie l'existence des principes nécessaires qui dirigent la raison tout aussi bien que celle des sensations et des volitions. J'appelle réel tout ce qui tombe sous l'observation. Je souffre : ma souffrance est réelle en tant que

---

[1]. Cette classification des facultés humaines, sauf quelques différences plus nominales que réelles, est aujourd'hui généralement adoptée et fait le fond de la psychologie de notre temps. Voyez nos écrits, entre autres, I^e série, t. I, cours de 1816, leçons XXIII et XXIV : *Histoire du moi*; ibid., *Des faits de conscience*; t. III, leçon III, *Examen de la théorie des facultés dans Condillac*; t. IV, leçon XXI, *Des Facultés selon Reid*; t. V, leçon VIII, *Examen de la théorie de Kant*; IIIe série. t. IV, *Préface de la première édition, Examen des leçons de M. Laromiguière, Introduction aux œuvres de M. de Biran*, etc.

j'en ai conscience ; il en est de même de la liberté ; il en est de même de la raison et des principes qui la gouvernent. Nous pouvons donc affirmer que l'existence des principes universels et nécessaires repose sur le témoignage de l'observation, et même de l'observation la plus immédiate et la plus sûre, celle de la conscience.

Mais la conscience n'est qu'un témoin : elle fait paraître ce qui est, elle ne le crée pas. Ce n'est pas parce que la conscience vous l'annonce que vous avez produit tel ou tel mouvement, éprouvé telle ou telle impression. Ce n'est pas aussi parce que la conscience nous dit que la raison est contrainte d'admettre telle ou telle vérité, que cette vérité existe, c'est parce qu'elle existe qu'il est impossible à la raison de ne pas l'admettre. Les vérités qu'atteint la raison, à l'aide des principes universels et nécessaires dont elle est pourvue, sont des vérités absolues ; la raison ne les fait point, elle les découvre. La raison n'est pas juge de ses propres principes et n'en peut pas rendre compte, car elle ne juge que par eux, et ils sont ses lois à elle-même. Encore bien moins la conscience ne fait-elle ni ces principes, ni les vérités qu'ils nous révèlent ; car la conscience n'a d'autre office ni d'autre puissance que de servir en quelque sorte de miroir à la raison. Les vérités absolues sont donc indépendantes de l'expérience et de la conscience, et en même temps elles sont attestées par l'expérience et la conscience. D'une part, c'est dans l'expérience que se déclarent ces vérités, et de l'autre nulle expérience ne les explique. Voilà comment diffèrent et s'accordent l'expérience et la raison, et comment, au moyen de l'expérience même, on arrive à trouver quelque chose qui la surpasse.

Ainsi la philosophie que nous enseignons ne repose ni sur des principes hypothétiques ni sur des principes empiriques. C'est l'observation elle-même, mais appliquée à la partie supérieure de nos connaissances, qui nous fournit les principes que nous cherchions, un point de départ à la fois solide et élevé [1].

Ce point de départ, nous l'avons trouvé, ne l'abandonnons pas. Demeurons-y inébranlablement attachés. L'étude des principes universels et nécessaires, considérés sous leurs divers aspects et dans les grands problèmes qu'ils soulèvent, est presque la philosophie tout entière ; elle la remplit, la mesure, la divise. Si la psychologie est l'étude régulière de l'esprit humain et de ses lois, il est évident que celle des principes universels et nécessaires qui président à l'exercice de la raison est la partie la plus haute de la psychologie, ce qu'on appelle en Allemagne la psychologie rationnelle, bien différente de la psychologie empirique. Puisque la logique est l'examen de la valeur et de la légitimité de nos divers moyens

---

[1]. Cette leçon sur l'existence des principes universels et nécessaires, qui fut si aisément comprise, en 1818, par un auditoire auquel étaient encore présentes les longues discussions des deux précédentes années, paraissant ici sans l'appui de ces préliminaires, pourra bien ne pas satisfaire entièrement le lecteur. Nous le prions de vouloir bien consulter le Ier volume de la Ire série de nos cours, qui contient en abrégé du moins les nombreuses leçons de 1816 et de 1817 dont celle-ci est le résumé; surtout de lire, dans les tomes III, IV et V de cette Ire série, les analyses développées, où, sous des formes diverses, les principes universels et nécessaires sont démontrés autant qu'ils peuvent l'être, et, dans le tome III de la IIe série, les leçons consacrées à rétablir contre Locke l'autorité de ces mêmes principes.

de connaître, elle ne peut pas ne pas faire son plus considérable emploi d'apprécier la valeur et la légitimité de principes qui sont les fondements de nos plus importantes connaissances. Enfin la méditation de ces mêmes principes nous conduit à la théodicée et nous ouvre le sanctuaire de la philosophie, si nous voulons remonter jusqu'à leur véritable source, jusqu'à cette raison souveraine, première et dernière explication de la nôtre.

DEUXIÈME LEÇON.

DE L'ORIGINE DES PRINCIPES UNIVERSELS ET NÉCESSAIRES.

Résumé de la leçon précédente. Question nouvelle : de l'origine des principes universels et nécessaires. — Danger de cette question et sa nécessité. — Des diverses formes sous lesquelles se présente à nous la vérité, et de l'ordre successif de ces formes : théorie de la spontanéité et de la réflexion.— De la forme primitive des principes ; de l'abstraction qui les en dégage et leur donne leur forme actuelle. — Examen et réfutation de la théorie qui tente d'expliquer l'origine des principes par une induction fondée sur des notions particulières.

Nous pouvons considérer comme une conquête assurée de la méthode expérimentale et de la vraie analyse psychologique l'établissement de principes qui, en même temps qu'ils nous sont donnés par la plus certaine de toutes les expériences, celle de la conscience, ont une portée supérieure à l'expérience, et nous ouvrent des régions inaccessibles à l'empirisme. Nous avons reconnu de tels principes à la tête de presque toutes les sciences ; puis, recherchant parmi nos diverses facultés celle qui pouvait nous les avoir donnés, nous avons trouvé qu'il était impossible de les rapporter à aucune autre faculté qu'à cette faculté de connaître que nous appelons la raison, bien différente du raisonnement auquel elle fournit ses lois.

Voilà où nous en sommes. Mais pouvons-nous nous arrêter là ?

Dans l'intelligence humaine, telle qu'elle est aujourd'hui développée, les principes universels et nécessaires s'offrent à nous sous des formes en quelque sorte consacrées. Le principe des causes, par exemple, s'énonce ainsi : Tout ce qui commence à paraître a nécessairement une cause. Les autres principes ont cette même forme axiomatique. Mais l'ont-ils toujours eue, et sont-ils sortis de l'esprit humain avec cet appareil logique et scholastique, comme Minerve est sortie tout armée de la tête de Jupiter? Avec quels caractères se sont-ils montrés d'abord, avant d'avoir pris ceux dont ils sont maintenant revêtus et qui ne peuvent guère être leurs caractères primitifs? En un mot, est-il possible de retrouver l'origine des principes universels et nécessaires, et la route qu'ils ont dû suivre pour arriver à ce qu'ils sont aujourd'hui? Nouveau problème dont l'importance est facile à sentir; car si on le peut résoudre, quel jour répandu sur ces principes! D'un autre côté, quelles difficultés! comment pénétrer jusqu'à ces sources de la connaissance humaine qui se cachent comme celles du Nil? N'est-il pas à craindre qu'en s'enfonçant dans ce passé obscur, au lieu de la vérité, on ne rencontre une hypothèse; que s'attachant ensuite à cette hypothèse, on ne la transporte du passé dans le présent, et que, pour s'être trompé sur l'origine des principes, on ne soit conduit à méconnaître leurs caractères actuels et certains, ou du moins à mutiler ou à affaiblir ceux que n'expliquerait pas aisément l'origine adoptée? Ce danger est si grand, cet écueil est si célèbre en naufrages, qu'avant de le braver on ne saurait prendre trop de précautions contre les séductions de l'esprit de système. On conçoit même que de grands philosophes, qui pourtant n'étaient pas pusillanimes, aient supprimé le périlleux problème. C'est en effet pour avoir voulu l'emporter d'abord que Locke et Condillac se sont tant égarés[1], et qu'ils ont, il faut bien le dire, corrompu à sa source toute la philosophie. L'école empirique, qui célèbre si fort la méthode expérimentale, y tourne le dos, pour ainsi parler, lorsqu'au lieu de commencer par l'étude des caractères actuels de nos connaissances, tels qu'ils nous sont attestés par la conscience et par la réflexion, elle se jette sans lumière et sans guide à la poursuite de leur origine. Reid[2] et Kant[3] se sont montrés bien autrement observateurs en se renfermant dans les limites du présent, de peur de se perdre dans les ténèbres du passé. Ils traitent abondamment l'un et l'autre des principes universels et nécessaires dans la forme qu'ils ont aujourd'hui, sans se demander quelle a été leur forme primitive. Nous préférons de beaucoup cette sage circonspection à l'esprit d'aventure de l'école empirique. Cependant, lorsqu'un problème est posé, tant qu'il n'est pas résolu, il trouble, il obsède l'esprit humain. La philosophie ne le doit donc pas éluder, mais son devoir est de ne l'aborder qu'avec une prudence extrême et une méthode sévère.

Nous ne saurions trop le rappeler et pour les autres et pour nous-même : l'état primitif des connaissances humaines est loin de nous; nous ne pouvons guère le

---

1. Ire série, t. III, leçons I, II et III.
2. *Ibid.*, t. IV, etc.
3. *Ibid.*, t. V, leçon VIII.

ramener sous nos yeux et le soumettre à l'observation ; l'état actuel au contraire est toujours à notre disposition : il nous suffit de rentrer en nous-mêmes, de puiser par la réflexion dans la conscience et de lui faire rendre ce qu'elle contient. Partant de faits certains, nous serons moins exposés à nous égarer plus tard dans des hypothèses ; ou si, en remontant à l'état primitif, nous tombons dans quelque erreur, nous pourrons et la reconnaître et la réparer à l'aide de la vérité que nous aura donnée une observation impartiale ; toute origine qui n'aboutira pas légitimement au point où nous en sommes est par cela seul convaincue d'être fausse, et méritera d'être écartée [1].

Vous le savez : une grande partie de l'année dernière a passé sur cette question. Nous avons pris un à un les principes universels et nécessaires soumis à notre examen, pour déterminer l'origine de chacun d'eux, sa forme primitive, et les formes diverses qu'il a successivement revêtues ; ce n'est qu'après avoir ainsi opéré sur un assez grand nombre de principes que nous sommes

---

1. Nous avons partout rappelé, maintenu et confirmé par les erreurs où sont tombés ceux qui ont osé l'enfreindre, cette règle de la vraie analyse psychologique, qu'avant de passer à la question de l'origine d'une idée, d'une notion, d'une croyance, d'un principe quelconque, il faut avoir longuement étudié et bien constaté les caractères actuels de cette idée, de cette notion, de cette croyance, de ce principe, avec la ferme résolution de ne les altérer sous aucun prétexte en voulant les expliquer. Nous croyons avoir fait sur ce point ce que Leibnitz appelle un établissement. Voyez Ire série, t. I, Programme du cours de 1817 et Discours d'ouverture ; t. III, Ire leçon, *Locke* ; IIe leçon, *Condillac*, la IIIe leçon presque entière, et la VIIe leçon, p. 260 ; IIe série, t. III, *Examen du système de Locke*, XVIe leçon, p. 77-87 ; IIIe série, t. IV, *Examen des leçons de M. Laromiguière*, p. 268.

lentement arrivés à une conclusion générale ; et cette conclusion, nous nous croyons reçus à l'exprimer ici brièvement comme le solide résultat de l'analyse la plus circonspecte et du travail au moins le plus méthodique. Il faut renouveler devant vous ce travail, cette analyse, et par là nous exposer à ne pouvoir parcourir tout entière la longue carrière que nous nous sommes tracée, ou il faut bien nous borner à vous rappeler les traits essentiels de la théorie à laquelle nous sommes parvenus.

Cette théorie d'ailleurs est en elle-même si simple que, sans l'appareil des démonstrations régulières sur lesquelles elle est fondée, son évidence propre l'établira suffisamment. Elle repose tout entière sur la distinction des formes diverses sous lesquelles se présente à nous la vérité. La voici dans sa généralité un peu sèche :

1° On peut apercevoir la vérité de deux manières différentes. Quelquefois on l'aperçoit dans telle ou telle circonstance particulière. Par exemple, en présence de deux pommes ou de deux pierres, et de deux autres objets semblables placés à côté des deux premiers, j'aperçois cette vérité de la plus absolue certitude que ces deux pierres et ces deux autres pierres font quatre pierres : c'est là l'aperception en quelque sorte concrète de la vérité, parce que la vérité nous y est donnée sur des objets réels et déterminés. Quelquefois aussi j'affirme d'une manière générale que deux et deux valent quatre, en faisant abstraction de tout objet déterminé : c'est la conception abstraite de la vérité.

Or, de ces deux manières de connaître la vérité, laquelle précède l'autre dans l'ordre chronologique de la connaissance humaine? N'est-il pas certain et peut-il ne pas être avoué par tout le monde que le particulier précède le général, que le concret précède l'abstrait, que nous commençons par apercevoir telle ou telle vérité déterminée, dans tel ou tel cas, dans tel ou tel moment, dans tel ou tel lieu, avant de concevoir une vérité générale, indépendamment de toute application et des différentes circonstances de lieu et de temps?

2° On peut apercevoir la même vérité sans se faire cette question : Pourrais-je ne pas admettre cette vérité? On l'aperçoit alors par la seule vertu de l'intelligence qui nous a été départie et qui entre spontanément en exercice. Ou bien on essaye de mettre en doute la vérité qu'on aperçoit, on essaye de la nier; on ne le peut, et alors elle se présente à la réflexion comme supérieure à toute négation possible; elle nous apparaît, non plus seulement comme une vérité, mais comme une vérité nécessaire.

N'est-il pas évident aussi que nous ne débutons pas par la réflexion, que la réflexion suppose une opération antérieure, et que cette opération, pour n'être pas réfléchie et n'en pas supposer encore une autre avant elle, doit être entièrement spontanée; qu'ainsi l'intuition spontanée et instinctive de la vérité précède sa conception réfléchie et nécessaire?

La réflexion est un progrès plus ou moins tardif dans l'individu et dans l'espèce. C'est la faculté philosophique par excellence; elle engendre tantôt le doute et le scepticisme, tantôt des convictions qui, pour être raisonnées, n'en sont que plus profondes. Elle bâtit les systèmes, elle crée la logique artificielle, et toutes ces formules dont nous nous servons aujourd'hui, à force d'habitude, comme si elles nous étaient naturelles. Mais l'intuition spontanée est la vraie logique de la nature. Elle préside à l'acquisition de presque toutes nos connaissances. L'enfant, le peuple, les trois quarts du genre humain ne la dépassent guère, et s'y reposent avec une sécurité illimitée.

La question de l'origine des connaissances humaines est ainsi résolue pour nous de la façon la plus simple : il nous a suffi de déterminer l'opération de l'esprit qui précède toutes les autres, sans laquelle nulle autre ne pourrait avoir lieu, et qui est le premier exercice et la première forme de notre faculté de connaître [1].

Puisque tout ce qui porte le caractère de la réflexion ne peut être primitif et suppose un état antérieur, il s'ensuit que les principes qui sont le sujet de notre étude n'ont pas pu posséder d'abord le caractère réfléchi et abstrait dont ils sont aujourd'hui marqués, qu'ils

---

1. Cette théorie de la spontanéité et de la réflexion, qui est à nos yeux la clef de tant de difficultés, revient sans cesse dans nos ouvrages. On la peut voir, t. I de la Ire série, dans un Programme du cours de 1817 et dans un fragment intitulé : *De la spontanéité et de la réflexion*; t. IV de cette même série, *Examen de la philosophie de Reid*, passim; t. V, *Examen du système de Kant*, leçon VIII; IIe série, t. I, *passim*; t. III, les leçons *Sur le jugement*; IIIe série, *Fragments philosophiques*, t. IV, Préface de la Ire édition, p. 37, etc.; on la retrouvera dans diverses leçons du présent volume, entre autres dans la IIIe, *De la valeur des principes universels et nécessaires*, dans la Ve, *Du mysticisme*, et dans la XIe, *Premières données du sens commun*.

ont dû se montrer à l'origine dans quelque circonstance particulière, sous une forme concrète et déterminée, et qu'avec le temps ils s'en sont dégagés pour revêtir leur forme actuelle, abstraite et universelle. Voilà les deux extrémités de la chaîne ; il nous reste à rechercher comment l'esprit humain a été de l'une à l'autre, de l'état primitif à l'état actuel, de l'état concret à l'état abstrait.

Comment va-t-on du concret à l'abstrait ? Évidemment par cette opération bien connue qu'on nomme l'abstraction. Jusqu'ici rien de plus simple. Mais il faut distinguer deux sortes d'abstraction.

En présence de plusieurs objets particuliers, vous mettez de côté les caractères qui les distinguent, et vous considérez à part un caractère qui leur est commun à tous : vous abstrayez ce caractère. Examinez la nature et les conditions de cette abstraction ; elle procède par voie de comparaison, et elle est fondée sur un certain nombre de cas particuliers et divers. Prenons un exemple : examinons comment nous formons l'idée abstraite et générale de couleur. Placez devant mes yeux pour la première fois un objet blanc : puis-je ici, dès le premier pas, arriver immédiatement à l'idée générale de couleur ? Puis-je d'abord mettre d'un côté la blancheur et de l'autre la couleur ? Analysez ce qui se passe en vous. Vous éprouvez une sensation de blancheur. Otez ce que cette sensation a d'individuel, vous la détruisez tout entière ; vous ne pouvez pas négliger la blancheur, et réserver ou abstraire la couleur ; car, une seule couleur étant donnée, qui est une couleur blanche, si vous ôtez celle-là, il ne vous reste absolument rien en fait de couleur. A cet objet blanc faites succéder un objet bleu, puis un objet rouge, etc.; ayant alors des sensations différentes les unes des autres, vous pouvez négliger leurs différences, et ne considérer que ce qu'elles ont de commun, d'être des sensations de la vue, c'est-à-dire des couleurs, et vous obtenez ainsi l'idée abstraite et générale de couleur. Prenons un autre exemple : si vous n'aviez jamais senti qu'une seule fleur, l'œillet, auriez-vous l'idée de l'odeur en général? Non. L'odeur d'œillet serait pour vous la seule odeur, au delà de laquelle vous n'en chercheriez, vous n'en soupçonneriez même aucune autre. Mais si à l'odeur d'œillet succède l'odeur de rose, et d'autres odeurs différentes en plus ou moins grand nombre, pourvu qu'il y en ait plusieurs et qu'il puisse y avoir comparaison, et par suite connaissance de leurs différences et de leurs ressemblances, alors vous pourrez vous former l'idée générale d'odeur. Qu'y a-t-il de commun entre l'odeur d'une fleur et celle d'une autre fleur, sinon qu'elles ont été senties à l'aide du même organe et par la même personne? Ce qui rend ici la généralisation possible, c'est l'unité du sujet sentant qui se souvient d'avoir été modifié, en restant le même, par des sensations différentes; or, ce sujet ne peut se sentir identique sous des modifications diverses, et il ne peut concevoir dans les qualités de l'objet senti quelque chose de semblable et quelque chose de dissemblable, qu'à la condition d'un certain nombre de sensations éprouvées, d'odeurs perçues. Dans ce cas, mais dans ce cas seul, il peut y avoir comparaison, abstraction et généralisation, parce qu'il y a des éléments divers et semblables.

Pour arriver à la forme abstraite des principes universels et nécessaires, nous n'avons pas besoin de tout ce travail. Reprenons pour exemple le principe de la cause. Si vous supposez six cas particuliers desquels vous ayez abstrait ce principe, il ne sera chargé de plus ni de moins d'idées que si vous l'aviez tiré d'un seul cas. Pour pouvoir dire : l'événement que je vois doit avoir une cause, il n'est pas indispensable d'avoir vu plusieurs événements se succéder. Le principe qui me fait porter ce jugement est déjà tout entier dans le premier comme dans le dernier événement ; il peut changer d'objet, il ne change pas en soi ; il ne s'accroît ni ne décroît avec le nombre plus ou moins étendu de ses applications. La seule différence qu'il peut soutenir relativement à nous, c'est que nous l'appliquions sans le remarquer ou en le remarquant, sans le dégager ou en le dégageant de son application particulière. Il ne s'agit donc que d'éliminer la particularité du phénomène où il nous apparaît, soit la chute d'une feuille, soit le meurtre d'un homme, etc., pour concevoir immédiatement, d'une façon générale et abstraite, la nécessité d'une cause pour tout ce qui commence d'exister. Ici, ce n'est pas parce que j'ai été le même ou affecté de la même manière en plusieurs cas différents, que j'arrive à cette conception générale et abstraite. Une feuille tombe : à l'instant même je pense, je crois, je déclare qu'il doit y avoir une cause à cette chute. Un homme a été tué : à l'instant même je crois et je proclame qu'il doit y avoir une cause à cette mort. Chacun de ces faits contient des circonstances particulières et variables, et quelque chose d'universel et de nécessaire, à savoir : que l'un et l'autre ne peuvent pas ne pas avoir une cause. Or, je puis parfaitement dégager l'universel du particulier à propos du premier fait comme à propos du second, car l'universel est tout aussi bien dans le premier que dans le second. En effet, si le principe des causes n'est pas universel dans le premier fait, il ne le sera pas davantage dans un second, ni dans un troisième, ni dans un millième ; car mille ne sont pas plus près que un de l'infini, de l'universalité absolue. Il en est de même, et plus évidemment encore, de la nécessité. Pensez-y bien : si la nécessité n'est pas au premier fait, elle ne peut survenir dans aucun ; car il répugne que la nécessité se forme pièce à pièce et par un accroissement successif. Si au premier meurtre que je vois je ne m'écrie pas que ce meurtre a nécessairement une cause, au millième meurtre, quand il aura été prouvé que tous les autres ont eu des causes, j'aurai le droit de penser que ce meurtre nouveau a très-probablement aussi sa cause ; je n'aurai jamais le droit de prononcer qu'il a sa cause nécessairement. Mais dès que la nécessité comme l'universalité sont déjà dans un seul cas, ce seul cas suffit pour qu'on les en tire[1].

Nous avons constaté l'existence des principes uni-

---

1. Sur l'abstraction immédiate et l'abstraction comparative, voyez, Ire série, t. I, Programme du cours de 1817, et partout dans nos autres cours.

versels et nécessaires; nous avons marqué leur origine; nous avons fait voir qu'ils nous apparaissent d'abord à propos d'un fait particulier, et par quel procédé, par quelle sorte d'abstraction l'esprit les dégage de la forme déterminée et concrète qui les enveloppe et ne les constitue pas. Notre tâche semble donc achevée. Mais elle ne l'est point : il nous faut défendre la solution que nous venons de vous présenter du problème de l'origine des principes contre une théorie partie d'un métaphysicien éminent dont la juste autorité pourrait vous séduire. M. Maine de Biran[1] est comme nous l'adversaire déclaré de la philosophie de la sensation : il admet les principes universels et nécessaires; mais l'origine qu'il leur assigne les met, suivant nous, en péril, et ramènerait par un détour à l'école empirique.

Les principes universels et nécessaires, si on les exprime en propositions, comprennent dans leur sein plusieurs termes. Par exemple, dans le principe, tout phénomène suppose une cause, et dans cet autre, toute qualité suppose une substance, à côté des idées de qualité et de phénomène se rencontrent les idées de cause et de substance qui semblent le fond de ces deux principes. M. de Biran prétend que les deux idées sont antérieures aux deux principes qui les contiennent, que nous puisons d'abord ces idées en nous-mêmes, dans la connaissance de la cause et de la substance que nous sommes, et qu'une fois ces idées ainsi acquises,

---

1. Sur M. de Biran, sur ses mérites et ses défauts, voyez notre *Introduction* à la tête de ses œuvres.

l'induction les transporte hors de nous, nous fait concevoir des causes et des substances partout où il y a des phénomènes et des qualités, et qu'ainsi s'expliquent les principes de la cause et de la substance. J'en demande bien pardon à mon illustre ami; mais il m'est impossible d'admettre le moins du monde cette explication.

Il ne suffit pas du tout d'avoir l'origine de l'idée de cause pour avoir celle du principe des causes; car l'idée et le principe sont des choses essentiellement différentes. Vous avez établi, dirai-je à M. de Biran, que l'idée de cause est puisée dans celle de la volonté productrice : vous voulez produire certains effets et vous les produisez; de là l'idée d'une cause, de la cause particulière que vous êtes; soit! mais de ce fait à cet axiome : Tous les phénomènes qui paraissent ont nécessairement une cause, il y a un abîme.

Vous croyez le franchir par l'induction. Une fois l'idée de cause trouvée en nous-mêmes, l'induction l'applique, dites-vous, partout où paraît un phénomène nouveau. Mais ne soyons pas dupe des mots, et rendons-nous compte de cette induction extraordinaire. Voici le dilemme que je soumets avec confiance à la loyale dialectique de M. de Biran :

L'induction dont vous parlez est-elle universelle et nécessaire? Alors c'est un nom différent pour la même chose. Une induction qui nous force universellement et nécessairement d'associer l'idée de cause à celle de tout phénomène qui commence à paraître, est précisément ce qu'on appelle le principe des causes. Au contraire, cette induction n'est-elle ni universelle ni nécessaire?

elle ne peut pas remplacer le principe de la cause, et l'explication détruit la chose à expliquer.

Il suit de là que le seul vrai résultat de ces curieuses recherches psychologiques, c'est que l'idée de la cause personnelle et libre précède tout exercice du principe des causes, mais sans l'expliquer.

La théorie que nous combattons est bien autrement impuissante devant d'autres principes qui, loin d'entrer en exercice après les idées dont on prétend les tirer, les précèdent et même leur donnent naissance. Comment avons-nous acquis l'idée du temps et celle de l'espace, sinon à l'aide du principe que les corps et les événements que nous voyons sont dans un temps et dans un espace? Nous l'avons vu[1] : sans ce principe, et réduits aux données des sens et de la conscience, jamais ni le temps ni l'espace ne seraient pour nous. D'où avons-nous tiré l'idée de l'infini, sinon de ce principe que le fini suppose l'infini, que toutes les choses finies et défectueuses que nous apercevons par nos sens et que nous sentons en nous, ne se suffisent point à elles-mêmes et supposent quelque chose d'infini et de parfait? Otez le principe, c'en est fait de l'idée d'infini. Évidemment cette idée dérive de l'application du principe, et ce n'est pas le principe qui dérive de l'idée.

Insistons un peu plus sur le principe des substances. La question est de savoir si l'idée de sujet, de substance, précède ou suit l'exercice du principe. A quel titre l'idée de substance pourrait-elle être antérieure à ce principe :

---

1. Ire leçon, p. 27 et 28.

Toute qualité suppose une substance ? A ce titre seul que la substance fût un objet d'observation intime comme on le dit de la cause. Lorsque je produis un certain effet, il se peut que je m'aperçoive en action et comme cause ; dans ce cas, il n'y aurait besoin de l'intervention d'aucun principe ; mais il n'en est pas, il n'en peut pas être de même quand il s'agit de la substance qui soutient les phénomènes de conscience, nos qualités, nos actes, nos facultés même ; car cette substance n'est pas directement observable ; elle ne s'aperçoit pas, elle se conçoit. La conscience aperçoit la sensation, la volition, la pensée ; elle n'aperçoit pas leur sujet. Qui a jamais aperçu l'âme ? Et n'a-t-il pas fallu, pour atteindre cette essence invisible, partir d'un principe qui ait la vertu de rattacher le visible à l'invisible, le phénomène à l'être, à savoir le principe des substances [1] ? L'idée de substance est nécessairement postérieure à l'application du principe, et par conséquent elle n'en peut expliquer la formation.

Entendons-nous bien : nous ne voulons pas dire que nous ayons dans l'esprit le principe des substances avant d'apercevoir un phénomène, tout prêts à appliquer le principe au phénomène, dès que celui-ci se présentera ; nous disons seulement qu'il nous est impossible d'apercevoir un phénomène sans concevoir à l'instant même une substance, c'est-à-dire qu'au pouvoir de percevoir directement un phénomène, soit par

---

[1]. Voyez le tome I de la Ire série, cours de 1816, et IIe série, t. III, leçon xviii, p. 140-146.

les sens, soit par la conscience, se joint celui de concevoir la substance qui lui est inhérente. C'est ainsi que se passent les faits : la perception des phénomènes et la conception de la substance qui les soutient ne sont pas successives, elles sont simultanées. Devant cette impartiale analyse tombent à la fois deux erreurs égales et contraires : l'une, que l'expérience, extérieure ou intérieure, peut engendrer les principes ; l'autre, que les principes précèdent l'expérience[1].

En résumé, la prétention d'expliquer les principes par les idées qu'ils contiennent est une prétention chimérique. En supposant que toutes les idées qui entrent dans les principes leur fussent antérieures, il faudrait montrer comment de ces idées on tire des principes ; c'est la première et radicale difficulté. De plus, il est faux que dans tous les cas les idées précèdent les principes, et ce sont souvent les principes qui précèdent les idées ; seconde difficulté, également insurmontable. Mais que les idées soient antérieures ou postérieures aux principes, les principes en sont toujours indépendants ; ils les surpassent de toute la supériorité de principes universels et nécessaires sur de simples idées[2].

---

1. Nous avons développé cette analyse et mis en lumière ces résultats dans la leçon XVII du t. III de la II⁰ série.
2. Nous sommes revenus deux fois encore, et dans le plus grand détail, sur l'impossibilité d'expliquer légitimement les principes universels et nécessaires par une association ou induction quelconque fondée sur aucune idée particulière, II⁰ série, t. III, *Examen du système de Locke*, leçon XIX, p. 166, et III⁰ série, t. IV, *Introduction aux OEuvres de M. de Biran*, p. 319. Nous avons fait connaître aussi l'opinion de Reid, I⁰ série, t. IV, leçon XXII, p. 489. Enfin le plus profond des dis-

DEUXIÈME LEÇON.

Nous aurions presque à vous demander grâce pour l'austérité de cette leçon. Mais les questions philosophiques veulent être traitées philosophiquement : il ne nous appartient pas d'en changer le caractère. D'autres sujets, un autre langage. La psychologie a le sien, dont tout le mérite est une précision sévère, comme la loi suprême de la psychologie est la fuite de toute hypothèse et le respect inviolable des faits. Cette loi, nous l'avons suivie avec religion. En recherchant l'origine des principes universels et nécessaires, nous nous sommes surtout proposé de ne pas détruire la chose à expliquer par une explication systématique. Les principes universels et nécessaires sont sortis entiers de notre analyse. Nous avons fait l'histoire des formes diverses qu'ils revêtent successivement, et nous avons montré que dans toutes ces vicissitudes ils demeurent les mêmes et avec la même autorité, soit qu'ils entrent spontanément et involontairement en exercice, et qu'ils s'appliquent à des objets particuliers et déterminés, soit que la réflexion les replie en quelque sorte sur eux-mêmes pour les interroger sur leur nature, ou que l'abstraction les fasse paraître sous la forme où éclatent leur universalité et leur nécessité. Leur certitude est la même sous toutes leurs formes, dans toutes leurs applications ; elle n'a ni génération ni origine ;

---

ciples de Reid, le juge le plus éclairé que nous connaissions des choses philosophiques, M. Hamilton, professeur de logique à l'Université d'Édimbourg, n'a point hésité à adopter les conclusions de notre discussion, à laquelle il veut bien renvoyer ses lecteurs : *Discussions on philosophy and literature*, etc., by sir William Hamilton, London, 1852, Appendice I, p. 588.

DE L'ORIGINE DES PRINCIPES.   53

elle n'est pas née tel ou tel jour, et elle ne s'accroît pas avec le temps, car elle ne connaît point de degrés : nous n'avons pas commencé par croire un peu au principe des causes, des substances, du temps, de l'espace, de l'infini, etc.; nous n'y avons pas cru ensuite un peu plus, et enfin tout à fait. Ces principes ont été, dès le premier jour, ce qu'ils seront encore le dernier, tout-puissants, nécessaires, irrésistibles. La conviction qu'ils entraînent est toujours absolue; seulement elle n'est pas toujours accompagnée d'une conscience claire. Leibnitz lui-même n'a pas plus de confiance dans le principe des causes, et même dans son principe favori de la raison suffisante, que le plus ignorant des hommes; mais celui-ci applique ces principes sans réfléchir sur leur pouvoir, qui le gouverne à son insu, tandis que Leibnitz s'étonne de ce pouvoir, l'étudie, et, pour toute explication, le rapporte à la nature de l'esprit humain et à la nature des choses, c'est-à-dire qu'il élève l'ignorance du commun des hommes jusqu'à sa source la plus haute, pour emprunter la belle expression de M. Royer-Collard[1]. Telle est, grâce à Dieu, la seule différence qui sépare le pâtre du philosophe, par rapport à ces grands principes en tout genre qui, d'une manière ou d'une autre, découvrent aux hommes les mê-

---

1. *OEuvres de Reid*, t. IV, p. 435. « Quand on se révolte contre les faits primitifs, on méconnaît également la constitution de notre intelligence et le but de la philosophie. Expliquer un fait, est-ce donc autre chose que de le dériver d'un autre fait, et ce genre d'explications, s'il doit s'arrêter quelque part, ne suppose-t-il pas des faits inexplicables ? La science de l'esprit humain aura été portée au plus haut degré de perfection qu'elle puisse atteindre, elle sera complète, quand elle saura dériver l'ignorance de sa source la plus élevée. »

mes vérités indispensables à leur existence physique, intellectuelle et morale, et dans leur vie éphémère, sur le point circonscrit de l'espace et du temps où le sort les a jetés, leur révèlent quelque chose d'universel, de nécessaire, d'infini.

TROISIÈME LEÇON.

DE LA VALEUR DES PRINCIPES UNIVERSELS ET NÉCESSAIRES.

Examen et réfutation du scepticisme de Kant. — Retour sur la théorie de la spontanéité et de la réflexion.

Après avoir reconnu l'existence des principes universels et nécessaires, leurs caractères actuels et leurs caractères primitifs, nous avons à examiner leur valeur, et la légitimité des conclusions qu'on en peut tirer : nous passons de la psychologie à la logique.

Nous avons défendu contre Locke et son école la nécessité et l'universalité de certains principes. Nous voici maintenant devant Kant qui reconnaît avec nous ces principes, mais qui en renferme la puissance dans les limites du sujet qui les conçoit, et, en tant que subjectifs, les déclare sans application légitime à aucun objet, c'est-à-dire sans objectivité, pour parler la langue du philosophe de Kœnigsberg qui, à tort ou à raison, commence à passer dans la langue philosophique de l'Europe.

Comprenons bien la portée de cette nouvelle discussion. Les principes qui gouvernent nos jugements, qui président à la plupart des sciences, qui règlent nos actions, ont-ils en eux-mêmes une vérité absolue ou ne sont-ils que les lois régulatrices de notre pensée? Il s'agit de savoir s'il est vrai en soi que tout phénomène a une cause et toute qualité un sujet, si toute étendue est réellement dans l'espace, et toute succession dans le temps, etc. S'il n'est pas absolument vrai que toute qualité a son sujet d'inhérence, il n'est donc pas certain que nous ayons une âme, substance réelle de toutes les qualités que la conscience atteste. Si le principe des causes n'est qu'une loi de notre esprit, le monde extérieur, que ce principe nous découvre, perd sa réalité; il n'est plus qu'une succession de phénomènes, sans aucune action effective les uns sur les autres, ainsi que le voulait Hume, et les impressions mêmes de nos sens manquent de causes. La matière n'existe pas plus que l'âme. Rien n'existe; tout se réduit à des apparences mobiles, livrées à un perpétuel devenir, qui encore s'accomplit on ne sait où, puisqu'il n'y a réellement ni temps ni espace. Dès que le principe de la raison suffisante ne sert qu'à mettre en mouvement la curiosité humaine, une fois en possession de ce fatal secret qu'elle ne peut atteindre à rien de réel, cette curiosité serait bien bonne de se fatiguer à chercher des pourquoi qui lui échappent invinciblement, et à découvrir des rapports qui correspondent seulement aux besoins de notre esprit et nullement à la nature des choses. Enfin, si le principe des causes, des substances, des causes finales, de la raison suffisante, ne sont que nos propres manières de concevoir, le Dieu, que tous ces principes nous révèlent, ne sera plus que la dernière des chimères, qui s'évanouit avec toutes les autres au souffle de la Critique.

Kant a établi, comme Reid et comme nous, l'existence des principes universels et nécessaires; mais, disciple involontaire de son siècle, serviteur à son insu de l'école empirique dont il se porte l'adversaire, il lui fait cette concession immense que ces principes ne s'appliquent qu'aux impressions de la sensibilité, que leur rôle est de mettre ces impressions dans un certain ordre, mais qu'au delà de ces impressions, au delà de l'expérience, leur puissance expire. Cette concession a ruiné toute l'entreprise du philosophe allemand.

Cette entreprise était à la fois honnête et grande. Kant, affligé du scepticisme de son temps, se proposa de l'arrêter en lui faisant une juste part. Il crut désarmer Hume en lui accordant que nos conceptions les plus hautes ne s'étendent pas hors de l'enceinte de l'esprit humain; et en même temps il pensa avoir assez vengé l'esprit humain en lui restituant les principes universels et nécessaires qui le dirigent. Mais, selon la forte parole de M. Royer-Collard, « on ne fait point au scepticisme sa part : aussitôt qu'il a pénétré dans l'entendement humain, il l'envahit tout entier. » Autre chose est une circonspection sévère, autre chose le scepticisme. Le doute n'est pas seulement permis, il est commandé par la raison sur l'emploi et les applications légitimes de nos diverses facultés; mais dès qu'il tombe sur la légitimité même de nos facultés, il n'éclaire plus la raison, il l'accable. En effet, avec quoi voulez-vous qu'elle se défende, dès que vous l'avez mise elle-même en question ? Kant a donc renversé lui-même le dogmatisme qu'il se proposait à la fois de contenir et de sauver, au moins en morale, et il a engagé la philosophie allemande dans une route au bout de laquelle était un abîme. En vain ce grand homme, car ses intentions et son caractère, sans parler de son génie, lui méritent ce nom, a-t-il institué avec Hume une lutte ingénieuse et savante; c'est lui qui a été vaincu dans cette lutte, c'est Hume qui est resté le maître du champ de bataille.

Qu'importe, en effet, qu'il y ait ou qu'il n'y ait pas dans l'esprit humain des principes universels et nécessaires, si ces principes ne nous servent qu'à classer nos sensations, et à nous faire monter, de degré en degré, jusqu'aux idées les plus sublimes mais qui n'ont de réalité que pour nous-mêmes? L'esprit humain est alors, ainsi que le dit très-bien Kant lui-même, comme un banquier qui prendrait des billets rangés avec ordre dans sa caisse pour des valeurs réelles : il ne possède que du papier. Nous voilà donc revenu à ce conceptualisme du moyen âge qui, concentrant la vérité dans l'intelligence humaine, fait de la nature des choses un fantôme de l'intelligence, se projetant partout hors d'elle-même, triomphante à la fois et impuissante, puisqu'elle produit tout et ne produit que des chimères[1].

Le reproche qu'une saine philosophie se contentera de faire à Kant, c'est que son système est en désaccord

1. Sur le conceptualisme, ainsi que sur le nominalisme et le réalisme, voyez l'*Introduction aux écrits inédits d'Abélard*, et aussi 1re série, t. IV, leçon XXI, p. 457; IIe série, t. III, leçon XX, p. 215, et l'écrit déjà cité *De la Métaphysique d'Aristote*, p. 49 : « Rien n'existe en ce monde qui n'ait sa loi plus générale que soi-même. Il n'y a point d'individu qui ne se rapporte à un genre, point de phénomènes liés ensemble qui ne tiennent à un plan. Et il faut bien qu'il y ait réellement dans la nature des genres et un plan, si tout a été fait *cum pondere et mensura*, sans quoi nos idées mêmes de genres et de plan ne

avec les faits. La philosophie peut et doit se séparer de la foule pour l'explication des faits ; mais, on ne saurait trop le répéter, il faut que dans l'explication elle ne détruise pas ce qu'elle prétend expliquer ; sans quoi elle n'explique point, elle imagine. Ici, le grand fait qu'il s'agit d'expliquer, c'est la croyance même du genre humain, et le système de Kant l'anéantit.

En fait, quand nous parlons de la vérité des principes universels et nécessaires, nous ne croyons pas qu'ils ne soient vrais que pour nous : nous les croyons vrais en eux-mêmes, et vrais encore quand notre esprit ne serait pas là pour les concevoir. Nous les considérons comme indépendants de nous ; ils nous paraissent s'imposer à notre intelligence par la force de la vérité qui est en eux. Ainsi, pour exprimer fidèlement ce qui se passe en nous, il faudrait renverser la proposition de Kant, et au lieu de dire avec lui : ces principes sont les lois nécessaires de notre esprit, donc ils n'ont point de valeur absolue en dehors de notre esprit ; nous devrions dire bien plutôt : ces principes ont une valeur absolue en eux-mêmes, voilà pourquoi nous ne pouvons pas ne pas y croire.

Et même cette nécessité de la croyance, dont le nou-

---

seraient que des chimères, et la science humaine une illusion régulière. Si on prétend qu'il y a des individus et point de genre, des choses juxtaposées et pas de plan, par exemple des individus humains plus ou moins différents, et pas de type humain, et mille autres choses de cette sorte, à la bonne heure ; mais en ce cas il n'y a plus rien de général dans le monde, si ce n'est dans l'entendement humain, c'est-à-dire, en d'autres termes, que le monde et la nature sont dépourvus d'ordre et de raison, et qu'il n'y a de raison et d'ordre que dans la tête de l'homme. »

veau scepticisme se fait une arme, n'est pas la condition indispensable de l'application des principes. Nous l'avons établi[1] : la nécessité de croire suppose la réflexion, l'examen, l'effort de nier et l'impuissance de le faire; mais avant toute réflexion, l'intelligence saisit spontanément la vérité, et dans l'aperception spontanée n'est point le sentiment de la nécessité, ni par conséquent ce caractère de subjectivité dont parle tant l'école allemande.

Revenons donc ici sur cette intuition spontanée de la vérité que Kant n'a point connue, dans le cercle où le retenaient captif ses habitudes profondément réfléchies et un peu scholastiques.

Est-il vrai qu'il n'y ait pas de jugement, même affirmatif dans la forme, qui ne soit mêlé d'une négation ?

Il semble bien que tout jugement affirmatif est en même temps négatif; en effet, affirmer qu'une chose existe, c'est nier sa non-existence; comme tout jugement négatif est en même temps affirmatif, car nier l'existence d'une chose, c'est affirmer sa non-existence. S'il en est ainsi, tout jugement, quelle que soit sa forme, affirmative ou négative, puisque ces deux formes reviennent l'une à l'autre, suppose un doute préalable sur l'existence de la chose en question, un exercice quelconque de la réflexion, à la suite duquel l'esprit s'est senti contraint de porter tel ou tel jugement, de sorte qu'à ce point de vue le fondement du jugement paraît être dans sa nécessité; et alors re-

---

[1]. Voyez la leçon précédente, p. 40, etc.

vient l'objection célèbre : si vous ne jugez ainsi que parce qu'il vous est impossible de ne pas le faire, vous n'avez pour garant de la vérité que vous-mêmes et vos propres manières de concevoir ; c'est l'esprit humain qui transporte ses lois hors de lui ; c'est le sujet qui fait l'objet à son image, sans jamais sortir de l'enceinte de la subjectivité.

Nous répondons en allant droit à la racine de la difficulté : il n'est pas vrai que tous nos jugements soient négatifs. Nous accordons que dans l'état réfléchi tout jugement affirmatif suppose un jugement négatif, et réciproquement. Mais la raison ne s'exerce-t-elle qu'à la condition de la réflexion? N'y a-t-il pas une affirmation primitive qui n'implique pas de négation? De même que nous agissons souvent sans délibérer sur notre action, sans la préméditer, et que nous manifestons dans ce cas une activité libre encore, mais libre d'une liberté non réfléchie; de même la raison aperçoit souvent la vérité sans traverser le doute ou l'erreur. La réflexion est un retour sur la conscience, ou sur toute autre opération différente d'elle. Il répugne donc qu'elle se rencontre dans aucun fait primitif : tout jugement qui la renferme en présuppose un autre où elle n'est point. On arrive ainsi à un jugement pur de toute réflexion, à une affirmation sans mélange de négation, à l'intuition immédiate, fille légitime de l'énergie naturelle de la pensée, comme l'inspiration du poëte, l'instinct du héros, l'enthousiasme du prophète. Tel est le premier acte de la faculté de connaître. Que si on contredit cette affirmation primitive, la faculté de connaître se replie sur elle-même, elle s'examine, elle essaye de révoquer en doute la vérité qu'elle a aperçue ; elle ne le peut ; elle affirme de nouveau ce qu'elle avait affirmé d'abord ; elle adhère à la vérité déjà reconnue, mais avec un sentiment nouveau, le sentiment qu'il n'est pas en elle de se dérober à l'évidence de cette même vérité ; alors, mais alors seulement, paraît ce caractère de nécessité et de subjectivité qu'on veut tourner contre la vérité, comme si la vérité perdait de sa valeur propre en pénétrant davantage dans l'esprit et en y triomphant du doute ; comme si l'évidence réfléchie en était moins l'évidence ; comme si d'ailleurs la conception nécessaire était la forme unique, la forme première de l'aperception de la vérité ! Le scepticisme de Kant, dont le bon sens fait si aisément justice, est poussé à bout et forcé dans son retranchement par la distinction de la raison spontanée et de la raison réfléchie. La réflexion est le théâtre des combats que la raison soutient avec elle-même, avec le doute, le sophisme et l'erreur. Mais au-dessus de la réflexion est une sphère de lumière et de paix, où la raison aperçoit la vérité sans retour sur soi, par cela seul que la vérité est la vérité, et parce que Dieu a fait la raison pour l'apercevoir, comme il a fait l'œil pour voir et l'oreille pour entendre.

Analysez en effet avec impartialité le fait de l'aperception spontanée, et vous vous assurerez qu'il n'a de subjectif que ce qu'il est impossible qu'il n'ait pas, à savoir le moi qui se mêle au fait sans le constituer. Le moi entre inévitablement dans toute connaissance, puisqu'il en est le sujet. La raison aperçoit directement la vérité; mais elle se redouble en quelque sorte dans la conscience, et voilà la connaissance. La conscience y est comme témoin, et non comme juge; le juge unique est la raison, faculté subjective et objective tout ensemble, suivant le langage de l'Allemagne, qui atteint immédiatement la vérité absolue, presque sans nulle intervention personnelle de notre part, bien qu'elle ne puisse entrer en exercice si la personne ne la précède ou ne s'y ajoute [1].

L'aperception spontanée constitue la logique naturelle. La conception réfléchie est le fondement de la logique proprement dite. L'une repose sur elle-même, *verum index sui;* l'autre, sur l'impossibilité où est la raison, malgré tous ses efforts, de ne pas se rendre à la vérité et de ne pas y croire. La forme de la première est une affirmation accompagnée d'une sécurité absolue, et sans soupçon même d'une négation possible; la forme de la seconde est l'affirmation réfléchie, c'est-à-dire l'impossibilité de nier et la nécessité d'affirmer. L'idée de négation domine la logique ordinaire, dont les affirmations ne sont que le produit laborieux de deux négations. La logique naturelle procède par des affirmations empreintes d'une foi naïve, que l'instinct seul produit et soutient.

Maintenant Kant répliquera-t-il que cette raison, bien autrement pure que celle qu'il a connue et décrite, toute pure qu'elle est, quelque dégagée qu'on la conçoive de la réflexion, de la volonté, de tout ce qui fait plus par-

[1]. Sur les justes limites de la personnalité et de l'impersonnalité de la raison, voyez la leçon qui suit, p. 101.

ticulièrement la personne, est personnelle pourtant, puisque nous en avons conscience, et qu'ainsi elle est encore frappée de subjectivité? A cet argument nous n'avons rien à répondre, sinon qu'il se détruit dans l'excès de sa prétention. En effet, si, pour que la raison ne soit pas subjective, il faut que nous n'en participions en aucune façon, et que nous n'ayons pas même conscience de son exercice, alors il n'y a pas moyen d'échapper jamais à ce reproche de subjectivité, et l'idéal d'objectivité que poursuit Kant est un idéal chimérique, extravagant, au-dessus ou plutôt au-dessous de toute vraie intelligence, de toute raison digne de ce nom; car c'est demander que cette intelligence, que cette raison, cessent d'avoir conscience d'elles-mêmes, tandis que c'est là précisément ce qui caractérise l'intelligence et la raison[1]. Kant veut-il donc que la raison, pour posséder une puissance véritablement objective, ne fasse pas son apparition dans un sujet particulier, qu'elle soit, par exemple, tout à fait en dehors du sujet que je suis? Alors elle n'est rien pour moi; une raison qui n'est pas mienne, qui, sous le prétexte d'être universelle, infinie et absolue dans son essence, ne tombe pas sous la perception de ma conscience, est pour moi comme si elle n'était pas. Vouloir que la raison cesse entièrement d'être subjective, c'est demander une chose impossible à Dieu lui-même. Non, Dieu lui-même ne peut rien connaître qu'en le sachant, avec son intelligence et avec la conscience de cette intel-

---

1. Partout nous avons établi que la conscience est la condition ou plutôt la forme nécessaire de l'intelligence. Pour ne pas sortir de ce volume, voyez plus bas, leçon v, p. 104.

ligence. Il y a donc de la subjectivité dans la connaissance divine elle-même ; et si cette subjectivité-là entraîne le scepticisme, Dieu aussi est condamné au scepticisme, et il n'en peut pas plus sortir que nous autres hommes ; ou bien, si cela est trop ridicule, si la conscience que Dieu a de l'exercice de son intelligence n'entraîne pas pour lui le scepticisme, la conscience que nous avons de l'exercice de notre intelligence, et la subjectivité attachée à cette conscience, ne l'entraînent pas davantage pour nous.

En vérité, lorsqu'on voit le père de la philosophie allemande se perdre ainsi dans le dédale du problème de la subjectivité et de l'objectivité des premiers principes, on est bien tenté de pardonner à Reid d'avoir dédaigné ce problème, de s'être borné à répéter que l'absolue vérité des principes universels et nécessaires repose sur la véracité de nos facultés, et que sur la véracité de nos facultés nous en sommes réduits à prendre leur témoignage. « Expliquer, dit-il, pourquoi nous sommes persuadés par nos sens, par la conscience, par toutes nos facultés, est une chose impossible ; nous disons : cela est ainsi, cela ne peut pas être autrement, et nous sommes à bout. N'est-ce pas là l'expression d'une croyance irrésistible, d'une croyance qui est la voix de la nature et contre laquelle nous lutterions en vain ? Voulons-nous pénétrer plus avant, demander à chacune de nos facultés quels sont ses titres à notre confiance, et la lui refuser jusqu'à ce qu'elle les ait produits ? Alors, je crains que cette extrême sagesse ne nous conduise à la folie, et que pour n'avoir pas voulu subir le sort commun de l'humanité, nous ne soyons tout à fait privés de la lumière du sens commun[1]. »

Appuyons-nous encore sur ce passage admirable de celui qui est pour nous le maître vénéré de la philosophie française du xixe siècle : « La vie intellectuelle, dit M. Royer-Collard, est une succession non interrompue, non pas seulement d'idées, mais de croyances, explicites ou implicites. Les croyances de l'esprit sont les forces de l'âme et les mobiles de la volonté. Ce qui nous détermine à croire, nous l'appelons évidence. La raison ne rend pas compte de l'évidence; l'y condamner, c'est l'anéantir, car elle-même a besoin d'une évidence qui lui soit propre. Ce sont les lois fondamentales de la croyance qui constituent l'intelligence, et comme elles découlent de la même source, elles ont la même autorité; elles jugent au même titre; il n'y a point d'appel du tribunal des unes à celui des autres. Qui se révolte contre une seule se révolte contre toutes, et abdique toute sa nature[2]. »

Tirons les conséquences des faits que nous venons d'exposer.

1° L'argument de Kant qui se fonde sur le caractère de nécessité des principes pour infirmer leur autorité objective, ne tombe que sur la forme imposée par la réflexion à ces principes, et n'atteint point leur application spontanée, où le caractère de nécessité ne paraît pas encore.

2° Après tout, conclure avec le genre humain de la

1. Ire série, t. IV, leçon xxii, p. 494.
2. OEuvres de Reid, t. III, p. 450.

nécessité de croire à la vérité de ce qu'on croit, n'est pas mal conclure; car c'est raisonner de l'effet à la cause, du signe à la chose signifiée.

3° D'ailleurs, la valeur des principes est au-dessus de toute démonstration. L'analyse psychologique surprend dans le fait de l'intuition une affirmation absolue, inaccessible au doute, elle la constate, et cela équivaut à une démonstration. Demander une autre démonstration que celle-là, c'est demander à la raison l'impossible, puisque les principes absolus, étant nécessaires à toute démonstration, ne pourraient se démontrer que par eux-mêmes[1].

1. Nous n'avons pas jugé à propos de grossir cette leçon d'une exposition et d'une réfutation détaillée de la *Critique de la raison pure* et de sa triste conclusion; le peu que nous en disons suffit à notre objet, qui est bien moins historique que dogmatique. Nous renvoyons au volume que nous avons consacré au père de la philosophie allemande, Ire série, t. V, où nous avons repris et développé quelques-uns des arguments qui sont ici, et où nous croyons avoir mis dans une lumière irrésistible ce défaut capital de la logique transcendentale de Kant et de toute la philosophie allemande, qu'elle conduit au scepticisme parce qu'elle élève des problèmes surhumains, chimériques, extravagants, et que, bien entendu, elle ne peut pas les résoudre. Voyez surtout la leçon vi et la leçon viii.

QUATRIÈME LEÇON.

DIEU PRINCIPE DES PRINCIPES.

Objet de la leçon : Quel est le dernier fondement de la vérité absolue ? — Quatre hypothèses : La vérité absolue peut résider ou dans nous, ou dans les êtres particuliers et dans le monde, ou en elle-même, ou en Dieu. 1° Nous apercevons la vérité absolue, nous ne la constituons pas. 2° Les êtres particuliers participent de la vérité absolue, mais ils ne l'expliquent pas ; réfutation d'Aristote. 3° La vérité n'existe pas en elle-même ; apologie de Platon. 4° La vérité réside en Dieu. Platon ; saint Augustin ; Descartes ; Malebranche ; Fénelon ; Bossuet ; Leibnitz. — La vérité médiatrice entre Dieu et l'homme. — Distinctions essentielles.

Nous avons justifié les principes qui dirigent notre intelligence, nous nous sommes assurés qu'il y a hors de nous de la vérité, des vérités dignes de ce nom, que nous pouvons apercevoir, mais que nous ne faisons pas, qui ne sont pas seulement des conceptions de notre esprit, mais qui seraient encore quand même notre esprit ne les apercevrait point. Maintenant se présente naturellement cet autre problème : que sont-elles donc en elles-mêmes ces vérités universelles et nécessaires? où résident-elles? d'où viennent-elles? Ce n'est pas nous qui soulevons ce problème et ceux qu'il renferme dans son sein, c'est l'esprit humain lui-même qui se les propose, et il n'est pleinement satisfait que quand il les a résolus, et qu'il a touché la dernière limite du savoir auquel il peut atteindre.

Il est certain que les principes qui, dans tous les ordres

de connaissances, nous découvrent les vérités universelles et nécessaires, font partie de notre raison, laquelle fait assurément sa demeure en nous et est liée intimement à la personne dans les profondeurs de la vie intellectuelle. Il s'ensuit que la vérité, que la raison nous révèle, tombe par là en une étroite relation avec le sujet qui l'aperçoit et ne semble qu'une conception de notre esprit. Cependant, ainsi que nous l'avons établi, nous apercevons la vérité, nous n'en sommes pas les auteurs. Si la personne que je suis, si le moi individuel n'explique peut-être pas toute la raison, comment expliquerait-il la vérité, et la vérité absolue? L'homme borné et passager aperçoit la vérité nécessaire, éternelle, infinie; c'est là pour lui un assez beau privilége; mais il n'est ni le principe qui la soutient ni celui qui lui donne l'être. L'homme peut dire : Ma raison; rendons-lui cette justice qu'il n'a jamais osé dire : Ma vérité.

Si les vérités absolues sont hors de l'homme qui les aperçoit, encore une fois, où sont-elles donc? Un péripatéticien répondrait : Dans les choses. Est-il besoin, en effet, de leur chercher un autre sujet que les êtres mêmes qu'elles régissent? Qu'est-ce que les lois de la nature, sinon certaines propriétés que notre esprit dégage des êtres et des phénomènes où elles se rencontrent, pour les considérer à part? Les principes mathématiques ne sont rien de plus. Par exemple, l'axiome ainsi exprimé : Le tout est plus grand que la partie, se trouve dans un tout et dans une partie quelconques. Le principe de contradiction, considéré à juste titre en logique comme la condition de tous nos jugements, de tous nos raisonnements, fait partie de l'essence de tout être, et nul être ne peut exister sans le porter avec soi. L'universel existe, dit Aristote, mais il n'existe pas à part des êtres particuliers [1].

La théorie qui considère les universaux comme ayant leur fondement dans les choses est déjà un progrès sur le pur conceptualisme que nous avons indiqué d'abord et écarté. Aristote est bien plus réaliste qu'Abélard et Kant. Il a bien raison de prétendre que les universaux sont dans les choses particulières; car les choses particulières ne seraient point sans eux : ce sont eux qui leur donnent leur fixité, même d'un jour, et leur unité. Mais de ce que les universaux sont dans les êtres particuliers, en faut-il conclure qu'ils y résident tout entiers et exclusivement, et qu'ils n'ont pas d'autre réalité que celle des objets où ils s'appliquent? Il en est de même des principes dont les universaux sont les éléments constitutifs. C'est, il est vrai, dans le fait particulier d'une cause particulière produisant un événement particulier que nous est donné le principe universel des causes; mais ce principe est bien plus étendu que le fait, car il s'applique non-seulement à ce fait-là, mais à mille autres. Le fait particulier contient le principe; mais il ne le contient pas tout entier, et il se fonde sur le principe, bien loin de le fonder. On en peut dire autant des autres principes.

Peut-être répliquera-t-on que si un principe est cer-

---

[1]. Voyez notre écrit intitulé : *De la Métaphysique d'Aristote*, 2ᵉ éd., *passim*. Dans Aristote lui-même, voyez surtout *Métaphysique*, livre VII, chap. XII, et livre XIII, chap. IX.

tainement plus étendu que tel fait ou tel être, il n'est pas plus étendu que tous les faits et tous les êtres, et que la nature, considérée dans son ensemble, peut expliquer ce que chaque être en particulier n'explique pas. Mais la nature, dans sa totalité, n'est encore qu'une chose finie et contingente, tandis que les principes qu'il s'agit d'expliquer ont une portée nécessaire et infinie. L'idée de l'infini ne peut venir ni d'aucun être particulier ni de l'ensemble des êtres. La nature entière ne nous fournira pas l'idée de la perfection, car tous les êtres de la nature sont imparfaits. Les principes absolus dominent donc tous les faits et tous les êtres ; ils n'en relèvent point.

Faudra-t-il en arriver à cette opinion que les vérités absolues, n'étant explicables ni par l'humanité ni par la nature, subsistent par elles-mêmes, et sont à elles-mêmes leur propre fondement et leur propre sujet?

Mais cette opinion renferme plus d'absurdités encore que les précédentes ; car, je le demande, qu'est-ce que des vérités, absolues ou contingentes, qui sont par elles-mêmes, hors des choses où elles se rencontrent et de l'intelligence qui les conçoit? La vérité n'est alors qu'une abstraction réalisée. Il n'y a point de métaphysique quintessenciée qui puisse prévaloir contre le bon sens ; et si telle est la théorie platonicienne des idées, Aristote a raison contre elle. Mais une pareille théorie n'est qu'une chimère qu'Aristote a créée pour avoir le plaisir de la combattre.

Hâtons-nous de faire sortir les vérités absolues de cet état ambigu et équivoque. Et comment? En leur appliquant à elles-mêmes un principe qui maintenant doit vous être familier.

Oui, la vérité appelle nécessairement quelque chose au delà d'elle. Comme tout phénomène a son sujet d'inhérence, comme nos facultés, nos pensées, nos volitions, nos sensations n'existent que dans un être qui est nous, de même la vérité suppose un être en qui elle réside, et les vérités absolues supposent un être absolu comme elles, où elles ont leur dernier fondement. Nous parvenons ainsi à quelque chose d'absolu qui n'est plus suspendu dans le vague de l'abstraction, mais qui est un être substantiellement existant. Cet être, absolu et nécessaire, puisqu'il est le sujet des vérités nécessaires et absolues, cet être qui est au fond de la vérité comme son essence même, d'un seul mot on l'appelle Dieu[1].

Cette théorie, qui conduit de la vérité absolue à l'être absolu, n'est pas nouvelle dans l'histoire de la philosophie : elle remonte jusqu'à Platon.

Platon[2], en recherchant les principes de la connaissance, vit bien, avec Socrate son maître, que la moindre définition, sans laquelle nulle connaissance précise ne

---

1. Il y a sans doute bien d'autres voies encore pour arriver à Dieu, comme nous le verrons successivement ; celle-ci est la voie de la métaphysique. Nous n'excluons aucune des preuves connues et accréditées de l'existence de Dieu, mais nous commençons par celle qui domine toutes les autres. Voyez plus bas, IIe partie, *Dieu, principe du beau*, et IIIe partie, *Dieu, principe du bien*, et la dernière leçon, qui résume le cours entier.

2. Nous avons dit un mot de la théorie platonicienne des idées, Ire série, t. IV, p. 461 et 522. Voyez encore, t. II de la IIe série, la leçon vii sur Platon et sur Aristote, surtout IIIe série, t. I, un morceau *Sur la langue de la théorie des Idées*, p. 121 ; notre écrit *De la Métaphysique d'Aristote*, p. 48 et 149, et notre traduction de Platon, *passim*.

peut avoir lieu, suppose quelque chose d'universel et d'un, qui ne tombe pas sous les sens et que la raison seule découvre; ce quelque chose d'universel et d'un, il l'appela l'*Idée*.

Les Idées qui possèdent l'universalité et l'unité ne viennent pas des choses matérielles, changeantes et mobiles; elles s'y appliquent, et par là nous les rendent intelligibles. D'un autre côté, ce n'est pas l'esprit humain qui constitue les Idées; car l'homme n'est point la mesure de la vérité.

Platon appelle les Idées les véritables êtres, τὰ ὄντως ὄντα, parce que seules elles communiquent aux choses sensibles et aux connaissances humaines leur vérité et leur unité. Mais s'ensuit-il que Platon donne aux Idées une existence substantielle, qu'il en fasse des êtres à proprement parler[1]? Il importe de ne laisser aucun nuage sur ce point fondamental de la théorie platonicienne.

D'abord, si quelqu'un prétendait que dans Platon les Idées sont des êtres subsistant par eux-mêmes, sans lien entre eux et sans rapport à un centre commun, on lui opposerait les nombreux endroits du *Timée*, où Platon parle des Idées comme formant dans leur ensemble une unité idéale qui est la raison de l'unité du monde visible[2].

Dira-t-on que ce monde idéal forme une unité dis-

1. C'est Aristote qui le premier a dit cela. Les péripatéticiens modernes l'ont répété, et après eux tous ceux qui ont voulu décrier la philosophie ancienne, et la philosophie en général, en prêtant l'apparence d'une absurdité à son plus illustre représentant.
2. Voyez particulièrement page 121 du *Timée*, t. XII de notre traduction.

tincte, séparée de Dieu? Mais, pour soutenir cette assertion, il faut oublier tant de passages de la *République* où les rapports de la vérité et de la science avec le Bien, c'est-à-dire avec Dieu, sont marqués en caractères éclatants.

Ne se souvient-on pas de cette magnifique comparaison où, après avoir dit que le soleil produit dans le monde physique la lumière et la vie, Socrate ajoute : « De même tu peux dire que les êtres intelligibles ne tiennent pas seulement du BIEN ce qui les rend intelligibles, mais encore leur être et leur essence[1]. » Ainsi les êtres intelligibles, c'est-à-dire les Idées, ne sont pas des êtres qui existent par eux-mêmes.

On s'en va répétant avec assurance que le Bien, dans Platon, c'est seulement l'idée du bien, et qu'une idée n'est pas Dieu : je réponds que le Bien est en effet une idée, selon Platon, mais que l'idée ici n'est pas une pure conception de l'esprit, un objet de la pensée, comme l'entend l'école péripatéticienne ; j'ajoute que l'Idée du Bien est dans Platon la première des Idées, et qu'à ce titre, tout en restant pour nous un objet de la pensée, elle se confond, quant à l'existence, avec Dieu. Si l'Idée du Bien n'est pas Dieu même, comment expliquera-t-on le passage suivant, tiré aussi de la *République*[2] ? « Aux dernières limites du monde intellectuel, est l'Idée du Bien, qu'on aperçoit avec peine, mais enfin qu'on ne peut apercevoir sans conclure qu'elle est la source de tout ce qu'il y a de beau et de bon ; que dans le monde

---

1. *Rép.*, livre VI, t. X de notre traduction, p. 57.
2. *Ibid.*, livre VII, p. 70.

visible elle produit la lumière et l'astre de qui la lumière vient directement, que dans le monde invisible elle produit directement la vérité et l'intelligence. » Qui peut produire directement d'un côté le soleil et la lumière, de l'autre la vérité et l'intelligence, sinon un être réel?

Mais tout doute disparaît devant ces passages du *Phèdre*, négligés, comme à dessein, par les détracteurs de Platon : « Dans[1] ce trajet, (l'âme) contemple la justice, elle contemple la sagesse, elle contemple la science, non point celle où entre le changement, ni celle qui se montre différente dans les différents objets qu'il nous plaît d'appeler des êtres, mais la science telle qu'elle existe dans ce qui est l'être par excellence... » — « Le propre de l'âme est de concevoir l'universel[2], c'est-à-dire, ce qui dans la diversité des sensations peut être compris sous une unité rationnelle. C'est là se ressouvenir de ce que notre âme a vu dans son voyage *à la suite de Dieu*, lorsque, dédaignant ce que nous appelons improprement des êtres, elle élevait ses regards vers le seul être véritable. Aussi est-il juste que la pensée du philosophe ait seule des ailes : car sa mémoire est toujours autant que possible avec les *choses qui font de Dieu un véritable Dieu, en tant qu'il est avec elles.* »

Ainsi les objets de la contemplation du philosophe, c'est-à-dire les Idées, sont en Dieu, et c'est par elles, c'est par son union essentielle avec elles, que Dieu est le Dieu véritable, le Dieu qui, comme parle admirable-

1. *Phèdre*, t. VI, p. 51.
2. *Ibid.*, p. 55.

ment Platon dans *le Sophiste*, participe à *l'auguste et sainte intelligence*[1].

Il est donc assuré que, dans la vraie théorie platonicienne, les Idées ne sont pas des êtres au sens vulgaire du mot, des êtres qui ne seraient ni dans notre esprit ni dans la nature ni dans Dieu, et qui subsisteraient par eux-mêmes. Non, Platon considère les Idées comme étant à la fois les principes des choses sensibles dont elles sont les lois, les principes aussi de la connaissance humaine qui leur doit sa lumière, sa règle et sa fin, et les attributs essentiels de Dieu, c'est-à-dire Dieu même.

Platon est véritablement le père de la doctrine que nous avons exposée, et les grands philosophes qui se rattachent à son école ont tous professé cette même doctrine.

Le fondateur de la métaphysique chrétienne, saint Augustin est un disciple déclaré de Platon : partout il parle comme lui du rapport de la raison humaine à la raison divine et de la vérité à Dieu. Dans la *Cité de Dieu*, livre X, chap. II, et dans le chap. IX du livre VII des *Confessions*, il va jusqu'à rapprocher à cet égard la doctrine platonicienne de celle de saint Jean.

Il adopte sans réserve la théorie des Idées. *Livre des quatre-vingt-trois questions*, question 46 : « Les Idées sont les formes primordiales et comme les raisons immuables des choses ; elles ne sont pas créées, elles sont éternelles et toujours les mêmes : elles sont contenues dans l'intelligence divine; et sans être sujettes à la

---

1. *Phèdre*, t. XI, p. 261.

naissance et à la mort, elles sont les types suivant lesquels est formé tout ce qui naît et meurt[1]. »

« Quel homme pieux et pénétré de la vraie religion oserait nier que tout ce qui est, c'est-à-dire toutes les choses qui, chacune dans leur genre, ont une nature déterminée, ont été créées par Dieu? Une fois ce point accordé, peut-on dire que Dieu a créé les choses sans raison? Si cela ne peut ni se dire ni se penser, reste que toutes choses aient été créées avec raison. Mais la raison de l'existence de l'homme ne peut pas être la même que la raison de l'existence du cheval : cela est absurde; chaque chose a donc été créée en vertu de raisons qui lui sont propres. Or, ces raisons, où peuvent-elles être, sinon dans la pensée du Créateur? Car il ne voyait rien en dehors de lui, dont il pût se servir comme de modèle pour créer ce qu'il créait : une telle opinion serait sacrilége[2].

« Que[3] si les raisons des choses à créer et des choses créées sont contenues dans l'intelligence divine, et s'il n'y a rien dans l'intelligence divine que d'éternel et d'immuable, les raisons des choses que Platon appelle des Idées sont les vérités éternelles et immuables par la

---

1. Edit. Bened , t. VI, p. 17 : *Ideæ sunt formæ quædam principales et rationes rerum stabiles atque incommutabiles, quæ ipsæ formatæ non sunt ac per hoc æternæ ac semper eodem modo sese habentes, quæ in divina intelligentia continentur....*

2. *Ibid.*, p. 18. *Singula igitur propriis creata sunt rationibus. Has autem rationes ubi arbitrandum est esse nisi in mente Creatoris? non enim extra se quidquam intuebatur, ut secundum id constitueret quod constituebat : nam hoc opinari sacrilegum est.*

3. *Ibid.* Voyez aussi le livre X des *Confessions*, le IIe du *Libre Arbitre*, le XIIe de *la Trinité*, le VIIe de *la Cité de Dieu*, etc.

participation desquelles tout ce qui est est tel qu'il est. »

Saint Thomas lui-même, qui ne connaissait guère Platon, et qu'Aristote retient assez souvent dans un certain empirisme, entraîné par le christianisme et par saint Augustin, s'échappe jusqu'à dire « que notre raison naturelle est une sorte de participation de la raison divine, que c'est à cette participation que nous devons nos connaissances et nos jugements, et que voilà pourquoi on dit que nous voyons tout en Dieu[1]. » Et il y a dans saint Thomas bien d'autres passages semblables, d'un platonisme peut-être excessif, qui n'est pas celui de Platon, mais des Alexandrins.

La philosophie cartésienne, malgré sa profonde originalité et son caractère tout français, est pleine de l'esprit platonicien.

Descartes ne songe pas à Platon, qu'apparemment il n'avait jamais lu; il ne l'imite et il ne lui ressemble en rien : cependant, dès les premiers pas, il se rencontre avec lui dans les mêmes régions où il parvient par un chemin différent.

La notion de l'infini et du parfait est à Descartes ce que l'universel, l'Idée est à Platon. A peine Descartes a-t-il trouvé par la conscience qu'il pense, et de là conclu qu'il existe, que par la conscience encore il se reconnaît imparfait, plein de défauts, de limites, de misères, et en

---

1. *Summa totius theologiæ*. Primæ partis quæst. XII, art. 11 : *Ad tertium dicendum, quod omnia dicimus in Deo videre, et secundum ipsum de omnibus judicare, in quantum per participationem sui luminis omnia cognoscimus et dijudicamus. Nam et ipsum lumen naturale rationis participatio quædam est divini luminis.*

même temps il conçoit quelque chose d'infini et de parfait. Il possède l'idée d'infini et de parfait; mais cette idée n'est point son ouvrage à lui qui est imparfait; il faut donc qu'elle ait été mise en lui par un autre être doué de la perfection qu'il conçoit et qu'il n'a pas : cet être, c'est Dieu. Voilà le procédé par lequel Descartes, parti de sa pensée et de son être propre, s'élève à Dieu. Ce procédé si simple, et qu'il expose si simplement dans le *Discours de la Méthode*, il le mettra successivement, dans les *Méditations*, dans les *Réponses aux objections*, dans les *Principes*, sous les formes les plus diverses; il l'accommodera, s'il le faut, au langage de l'école pour l'y faire pénétrer. Après tout, ce procédé se réduit à conclure de l'idée de l'infini et du parfait à l'existence d'une cause de cette idée, adéquate au moins à l'idée elle-même, c'est-à-dire infinie et parfaite. La première différence entre Platon et Descartes, c'est que les idées qui sont à la fois dans Platon les conceptions de notre esprit et les principes des choses ne sont pour Descartes, comme pour toute la philosophie moderne, que nos conceptions, parmi lesquelles celle de l'infini et du parfait occupe la première place; la seconde différence, c'est que Platon va des idées à Dieu par le principe des substances, si l'on veut bien me passer ce langage technique de la philosophie moderne; tandis que Descartes emploie plutôt le principe des causes, et conclut, bien entendu sans syllogisme, de l'idée de l'infini et du parfait à une cause parfaite aussi et infinie[1]. Mais sous ces différences, et

---

1. Sur la doctrine de Descartes, sur sa preuve de l'existence de Dieu et le vrai procédé qu'il emploie, voyez Ire série, t. IV, leçon xii,

malgré bien d'autres encore, est un fond commun, un même génie, qui nous élève d'abord au-dessus des sens, et, par l'intermédiaire d'idées merveilleuses qui sont incontestablement en nous, nous porte vers celui qui seul en peut être la substance, qui est l'auteur même infini et parfait de notre idée d'infinité et de perfection. C'est par là que Descartes appartient à la famille de Platon et de Socrate.

Une fois l'idée du parfait et de l'infini introduite dans la philosophie du xviie siècle, elle y est devenue pour les successeurs de Descartes ce qu'avait été la théorie des Idées pour les successeurs de Platon.

Malebranche est l'écrivain français qui peut-être rappelle avec le moins de désavantage, quoique bien imparfaitement encore, la manière de Platon : il en exprime quelquefois l'élévation et la grâce ; mais il est loin de posséder le bon sens socratique, et, il faut en convenir, personne n'a plus nui à la théorie des Idées par les exagérations de tout genre qu'il y a mêlées[1]. Au lieu d'établir qu'il y a dans la raison humaine, toute personnelle qu'elle est par son rapport intime avec nos autres fa-

---

p. 64, leçon xxii, p. 509-518; t. V, leçon vi, p. 205; IIe série, t. II, leçon xi; surtout les trois articles déjà cités du *Journal des Savants*, dans l'année 1859.

1. Voyez sur Malebranche, IIe série, t. II, leçon xi; et IIIe série, t. III, *Philosophie moderne*, ainsi que les *Fragments de philosophie cartésienne*. — Préface de la première édition de notre Pascal : « Sur ce fond si pur se détache Malebranche, excessif et téméraire, je le sais, étroit et extrême, je ne crains pas de le dire, mais toujours sublime, n'exprimant qu'un seul côté de Platon, mais l'exprimant dans une âme toute chrétienne et dans un langage angélique. Malebranche, c'est Descartes qui s'égare, ayant trouvé des ailes divines et perdu tout commerce avec la terre. »

cultés, quelque chose aussi qui n'est pas personnel, quelque chose d'universel qui lui permet de s'élever aux vérités universelles, Malebranche n'hésite point à confondre absolument la raison qui est en nous avec la raison divine elle-même. De plus, selon Malebranche, nous ne connaissons pas directement les choses particulières, les objets sensibles : nous ne les connaissons que par les idées; c'est l'étendue intelligible et non pas l'étendue matérielle que nous apercevons immédiatement; dans la vision l'objet propre de l'esprit, c'est l'universel, l'idée; et comme l'idée est en Dieu, c'est en Dieu que nous voyons toutes choses. On comprend à quel point une pareille théorie dut choquer tous les esprits bien faits; mais il n'est pas juste de confondre Platon avec son brillant et infidèle disciple. Dans Platon, la sensibilité atteint directement les choses sensibles; elle nous les fait connaître telles qu'elles sont, c'est-à-dire très-imparfaites et se décomposant sans cesse dans un perpétuel changement, qui fait de la connaissance que nous en avons une connaissance peu digne de ce nom. C'est la raison, différente en nous de la sensibilité, qui, au-dessus des objets sensibles, nous découvre l'universel, l'idée, et nous donne une connaissance solide et durable. Une fois parvenus aux idées, nous sommes parvenus à Dieu même dans lequel elles reposent, et qui achève et consomme la vraie connaissance. Mais nous n'avons besoin ni de Dieu ni des idées pour apercevoir les objets sensibles, défectueux et changeants : à cela suffisent nos sens. La raison est distincte des sens; elle surpasse la connaissance imparfaite dont ils sont capables; elle atteint l'universel, parce qu'elle possède quelque chose d'universel elle-même; elle participe de la raison divine : mais elle n'est pas la raison divine; elle est éclairée par elle, elle vient d'elle : elle n'est pas elle.

Fénelon s'inspire à la fois de Malebranche et de Descartes dans le traité *de l'Existence de Dieu*. La seconde partie est tout à fait cartésienne par la méthode, par l'ordre et le progrès des preuves. Cependant Malebranche y paraît encore, surtout dans le chapitre iv sur la nature des idées, et il domine dans tous les endroits métaphysiques de la première partie. Après les explications que nous avons données, il ne vous sera pas difficile de discerner ce qu'il y a de vrai et ce qu'il y a parfois d'excessif dans les passages qui suivent[1] :

Ire PARTIE, CHAP. LII. « Oh! que l'esprit de l'homme est grand! Il porte en lui de quoi s'étonner et se surpasser infiniment lui-même. Ses idées sont universelles, éternelles et immuables.... L'idée de l'infini est en moi comme celle des lignes, des nombres, des cercles.... — CHAP. LIV. Outre cette idée de l'infini, j'ai encore des notions universelles et immuables, qui sont la règle de tous mes jugements. Je ne puis juger d'aucune chose qu'en les consultant, et il ne dépend pas de moi de juger contre ce qu'elles me représentent. Mes pensées, loin de pouvoir corriger ou forcer cette règle, sont elles-mêmes corrigées malgré moi par cette règle su-

---

[1]. Nous nous servons après coup de la seule bonne édition du *Traité de l'Existence de Dieu*, celle qu'a donnée M. l'abbé Gosselin dans la collection des *OEuvres de Fénelon*. Versailles, 1820. Voyez t. I, p. 80.

périeure, et elles sont invinciblement assujetties à sa décision. Quelque effort d'esprit que je fasse, je ne puis jamais parvenir à douter que deux et deux ne fassent quatre ; que le tout ne soit plus grand que sa partie ; que le centre d'un cercle parfait ne soit également distant de tous les points de la circonférence. Je ne suis point libre de nier ces propositions ; et si je nie ces vérités, ou d'autres à peu près semblables, j'ai en moi quelque chose qui est au-dessus de moi et qui me ramène par force au but. Cette règle fixe et immuable est si intérieure et si intime que je suis tenté de la prendre pour moi-même ; mais elle est au-dessus de moi, puisqu'elle me corrige, me redresse, me met en défiance contre moi-même, et m'avertit de mon impuissance. C'est quelque chose qui m'inspire à toute heure, pourvu que je l'écoute, et je ne me trompe jamais qu'en ne l'écoutant pas.... Cette règle intérieure est ce que je nomme ma raison....— Chap. LV. A la vérité ma raison est en moi : car il faut que je rentre sans cesse en moi-même pour la trouver. Mais la raison supérieure qui me corrige dans le besoin, et que je consulte, n'est point à moi, et elle ne fait point partie de moi-même. Cette règle est parfaite et immuable : je suis changeant et imparfait. Quand je me trompe, elle ne perd point sa droiture. Quand je me détrompe, ce n'est pas elle qui revient au but : c'est elle qui, sans s'en être jamais écartée, a l'autorité sur moi de m'y rappeler et de m'y faire revenir. C'est un maître intérieur, qui me fait taire, qui me fait parler, qui me fait croire, qui me fait douter, qui me fait avouer mes erreurs ou confirmer mes jugements. En l'écoutant, je m'instruis ; en m'écoutant moi-même, je m'égare. Ce maître est partout, et sa voix se fait entendre, d'un bout de l'univers à l'autre, à tous les hommes comme à moi.... — Chap. lvi.... Ce qui paraît le plus à nous et être le fond de nous-mêmes, je veux dire notre raison, est ce qui nous est le moins propre et qu'on doit croire le plus emprunté. Nous recevons sans cesse et à tous moments une raison supérieure à nous, comme nous respirons sans cesse l'air, qui est un corps étranger.... — Chap. lvii. Le maître intérieur et universel dit toujours et partout les mêmes vérités. Nous ne sommes point ce maître. Il est vrai que nous parlons souvent sans lui et plus haut que lui. Mais alors nous nous trompons, nous bégayons, nous ne nous entendons pas nous-mêmes. Nous craignons même de voir que nous nous sommes trompés, et nous fermons l'oreille de peur d'être humiliés par ses corrections. Sans doute l'homme, qui craint d'être corrigé par cette raison incorruptible, et qui s'égare toujours en ne la suivant pas, n'est pas cette raison parfaite, universelle, immuable, qui le corrige malgré lui. En toutes choses nous trouvons comme deux principes au dedans de nous. L'un donne, l'autre reçoit ; l'un manque, l'autre supplée ; l'un se trompe, l'autre corrige ; l'un va de travers par sa pente, l'autre le redresse.... Chacun sent en soi une raison bornée et subalterne, qui s'égare dès qu'elle échappe à une entière subordination, et qui ne se corrige qu'en rentrant sous le joug d'une autre raison supérieure, universelle et immuable. Ainsi tout porte en nous la marque d'une raison subalterne, bornée, participée, empruntée, et qui a besoin qu'une autre la redresse à chaque moment. Tous les hommes sont raisonnables de la même raison qui se communique à eux selon divers degrés. Il y a un certain nombre de sages; mais la sagesse où ils puisent, comme dans la source, et qui les fait ce qu'ils sont, est unique.... — CHAP. LVIII. Où est-elle cette sagesse? Où est-elle cette raison commune et supérieure tout ensemble à toutes les raisons bornées et imparfaites du genre humain? Où est-il donc cet oracle qui ne se tait jamais, et contre lequel ne peuvent jamais rien tous les vains préjugés des peuples? Où est-elle cette raison qu'on a sans cesse besoin de consulter, et qui nous prévient pour nous inspirer le désir d'entendre sa voix? Où est-elle cette vive lumière qui *illumine tout homme venant en ce monde?*... La substance de l'œil de l'homme n'est point la lumière : au contraire, l'œil emprunte à chaque moment la lumière des rayons du soleil. Tout de même mon esprit n'est point la raison primitive, la vérité universelle et immuable, il est seulement l'organe par où passe cette lumière originale, et qui en est éclairée.... — CHAP. LX. Voilà deux raisons que je trouve en moi : l'une est moi-même, l'autre est au-dessus de moi. Celle qui est en moi est très-imparfaite, fautive, incertaine, prévenue, précipitée, sujette à s'égarer, changeante, opiniâtre, ignorante et bornée; enfin elle ne possède jamais rien que d'emprunt. L'autre est commune à tous les hommes, et supérieure à eux; elle est parfaite, éternelle, immuable, toujours prête à se communiquer en tous lieux, et à redresser tous les esprits qui se trompent, enfin incapable d'être jamais ni épuisée ni partagée, quoiqu'elle se donne à tous ceux qui la veulent. Où est cette raison parfaite, qui est si près de moi, et si différente de moi? Où est-elle? Il faut qu'elle soit quelque chose de réel....Où est-elle cette raison suprême? N'est-elle pas le Dieu que je cherche? »

II⁰ PARTIE, CHAP. 1ᵉʳ, § 28 [1]. « J'ai en moi l'idée de l'infini et d'une infinie perfection.... Donnez-moi une chose finie aussi prodigieuse qu'il vous plaira, faites en sorte qu'à force de surpasser toute mesure sensible, elle devienne comme infinie à mon imagination; elle demeure toujours finie en mon esprit; j'en conçois la borne, lors même que je ne puis l'imaginer. Je ne puis marquer où elle est; mais je sais clairement qu'elle est; et loin qu'elle se confonde avec l'infini, je conçois avec évidence qu'elle est encore infiniment distante de l'idée que j'ai de l'infini véritable. Que si on me vient parler d'indéfini, comme d'un milieu entre ce qui est infini et ce qui est borné, je réponds que cet indéfini ne peut signifier rien, à moins qu'il ne signifie quelque chose de véritablement fini, dont les bornes échappent à l'imagination sans échapper à l'esprit.... § 29. Où l'ai-je prise, cette idée, qui est si fort au-dessus de moi, qui me surpasse infiniment, qui m'étonne, qui me fait disparaître à mes propres yeux, qui me rend l'infini présent? D'où vient-elle? Où l'ai-je prise?... Encore une fois, d'où me vient-elle cette merveilleuse représentation de l'infini, qui tient de l'infini même, et qui ne

---

1. Edit. de Versailles, p. 145.

ressemble à rien de fini? Elle est en moi, elle est plus que moi, elle me paraît tout et moi rien, je ne puis l'effacer, ni l'obscurcir, ni la diminuer, ni la contredire. Elle est en moi : je ne l'y ai pas mise, je l'y ai trouvée; et je ne l'y ai trouvée qu'à cause qu'elle y était déjà avant que je la cherchasse. Elle y demeure invariable, lors même que je n'y pense pas, et que je pense à autre chose. Je la retrouve toutes les fois que je la cherche, et elle se présente souvent quoique je ne la cherche pas. Elle ne dépend pas de moi; c'est moi qui dépends d'elle.... D'ailleurs qui aura fait cette représentation infinie de l'infini pour me la donner? Se sera-t-elle faite elle-même? L'image infinie de l'infini[1] n'aura-t-elle ni original sur lequel elle soit faite, ni cause réelle qui l'ait produite? Où en sommes-nous? Et quel amas d'extravagances! Il faut donc conclure invinciblement que c'est l'être infiniment parfait qui se rend immédiatement présent à moi, quand je le conçois, et qu'il est lui-même l'idée que j'ai de lui.... »

Chap. iv, § 49.... « Mes idées sont moi-même; car elles sont ma raison.... Mes idées et le fond de moi-même ou de mon esprit ne me paraissent qu'une même chose. D'un autre côté mon esprit est changeant, incertain, ignorant, sujet à l'erreur, précipité dans ses jugements, accoutumé à croire ce qu'il n'entend point clai-

---

1. Il est inutile de faire remarquer combien sont vicieuses ces expressions, *représentation de l'infini, image de l'infini*, surtout *image infinie de l'infini* : nous ne nous représentons pas, nous n'imaginons pas l'infini, nous le concevons; ce n'est pas un objet de l'imagination, mais de l'entendement, de la raison. Voyez Ire série, t. V, leç. vi, p. 223-224.

rement, et à juger sans avoir assez bien consulté ses idées, qui sont certaines et immuables par elles-mêmes. Mes idées ne sont donc point moi, et je ne suis point mes idées. Que croirai-je donc qu'elles puissent être?... Quoi donc! mes idées seront-elles Dieu? Elles sont supérieures à mon esprit, puisqu'elles le redressent et le corrigent; elles ont le caractère de la Divinité, car elles sont universelles et immuables comme Dieu; elles subsistent très-réellement, selon un principe que nous avons déjà posé : rien n'existe tant que ce qui est universel et immuable. Si ce qui est changeant, passager et emprunté existe véritablement, à plus forte raison ce qui ne peut changer et qui est nécessaire. Il faut donc trouver dans la nature quelque chose d'existant et de réel qui soit mes idées, quelque chose qui soit au dedans de moi et qui ne soit pas moi, qui me soit supérieur, qui soit en moi lors même que je n'y pense pas, avec qui je croie être seul comme si je n'étais qu'avec moi-même, enfin qui me soit plus présent et plus intime que mon propre fond. Ce je ne sais quoi si admirable, si familier, si inconnu, ne peut être que Dieu. »

Écoutons maintenant le plus solide, le plus autorisé des docteurs chrétiens du xviie siècle, écoutons Bossuet dans sa *Logique* et dans le *Traité de la connaissance de Dieu et de soi-même*[1].

On peut dire que Bossuet a eu trois maîtres en philosophie, saint Augustin, saint Thomas, Descartes. On lui

---

[1]. Par un petit anachronisme, qui nous sera pardonné, nous avons joint ici au *Traité de la connaissance de Dieu et de soi-même*, depuis si longtemps connu, la *Logique*, qui n'a été publiée qu'en 1828.

avait enseigné au collége de Navarre le thomisme, c'est-à-dire un péripatétisme mitigé ; en même temps il s'était nourri de la lecture de saint Augustin, et en dehors des écoles il trouva répandue la philosophie de Descartes. Il l'adopta et n'eut pas de peine à la concilier avec celle de saint Augustin, en gardant aussi sur plus d'un point la doctrine de saint Thomas. Bossuet n'a rien inventé en philosophie ; il a tout reçu, mais tout uni et tout épuré, grâce à ce bon sens suprême qui est encore sa qualité dominante par-dessus la force, la grandeur et l'éloquence[1]. Dans les passages que je vais mettre sous vos yeux et que je voudrais imprimer dans vos mémoires, vous ne trouverez pas la grâce de Malebranche, l'abondance inépuisable de Fénelon ; vous trouverez mieux que

1. IV⁰ série, t. I, préface de la première édition de *Pascal* : « Bossuet, avec plus de mesure et appuyé sur un bon sens que rien ne peut faire fléchir, est, à sa manière, un disciple de la même doctrine dont il ne fuit, selon sa coutume, que les extrémités. Ce grand esprit, qui peut avoir des supérieurs pour l'invention, mais qui n'a pas d'égal pour la force dans le sens commun, s'est bien gardé de mettre aux prises la révélation et la philosophie : il a trouvé plus sûr et plus vrai de leur faire à chacune leur part, d'emprunter à l'une tout ce qu'elle peut donner de lumières naturelles pour les accroître ensuite des lumières surnaturelles dont l'Église a reçu le dépôt. C'est dans ce bon sens souverain, capable de tout comprendre et de tout unir, qu'est la suprême originalité de Bossuet. Il fuyait les opinions particulières comme les petits esprits les recherchent pour le triomphe de leur amour-propre. Lui, ne songeait point à lui-même ; il ne cherchait que la vérité, et partout où il la rencontrait, il l'accueillait volontiers, bien assuré que si le lien des vérités d'ordres différents nous échappe quelquefois, ce n'est point un motif de fermer les yeux à aucune vérité. Si on voulait donner un nom d'école à Bossuet, selon l'usage du moyen âge, il faudrait l'appeler le docteur infaillible. Il n'est pas seulement une des plus hautes, il est aussi une des meilleures et des plus solides intelligences qui furent jamais ; et ce grand conciliateur a bien aisément concilié la religion et la philosophie, saint Augustin et Descartes, la tradition et la raison. »

cela, à savoir la netteté et la précision : tout le reste y est en quelque sorte par surcroît.

Fénelon dégage assez mal le procédé qui conduit des idées, des vérités universelles et nécessaires, à Dieu. Bossuet se rend parfaitement compte de ce procédé et le marque avec force : c'est le principe que nous avons nous-même invoqué, celui qui conclut des attributs au sujet, des qualités à l'être, des lois à un législateur, des vérités éternelles à un esprit éternel qui les comprend et les possède éternellement. Bossuet cite saint Augustin, il cite Platon lui-même, il l'interprète et le défend d'avance contre ceux qui feraient des idées platoniciennes des êtres subsistants par eux-mêmes, tandis qu'elles n'existent réellement que dans l'esprit de Dieu.

Logique, livre I, chap. XXXVI.... « Quand je considère un triangle rectiligne comme une figure bornée de trois lignes droites et ayant trois angles égaux à deux droits, ni plus ni moins; et quand je passe de là à considérer un triangle équilatéral avec ses trois côtés et ses trois angles égaux, d'où s'ensuit que je considère chaque angle de ce triangle comme moindre qu'un angle droit; et quand je viens encore à considérer un rectangle, et que je vois clairement dans cette idée, jointe avec les précédentes, que les deux angles de ce triangle sont nécessairement aigus, et que ces deux angles aigus en valent exactement un seul droit, ni plus ni moins, je ne vois rien de contingent ni de muable, et par conséquent les idées qui me représentent ces vérités sont éternelles. Quand il n'y aurait dans la nature aucun triangle équilatéral ou rectangle, ou aucun triangle quel qu'il fût, tout ce que je viens de considérer demeure toujours vrai et indubitable. En effet, je ne suis pas assuré d'avoir jamais aperçu aucun triangle équilatéral ou rectangle. Ni la règle ni le compas ne peuvent m'assurer qu'une main humaine, si habile qu'elle soit, ait jamais fait une ligne exactement droite, ni des côtés ni des angles parfaitement égaux les uns aux autres. Il ne faut qu'un microscope pour nous faire, non pas entendre, mais voir à l'œil, que les lignes que nous traçons n'ont rien de droit ni de continu, par conséquent rien d'égal, à regarder les choses exactement. Nous n'avons donc jamais vu que des images imparfaites de triangles équilatéraux, ou rectangles, ou isocèles, ou oxygones, ou amblygones, ou scalènes, sans que rien nous puisse assurer ni qu'il y en ait de tels dans la nature, ni que l'art en puisse construire. Et néanmoins, ce que nous voyons de la nature et des propriétés du triangle, indépendamment de tout triangle existant, est certain et indubitable. En quelque temps donné, où en quelque point de l'éternité, pour ainsi parler, qu'on mette un entendement, il verra ces vérités comme manifestes ; elles sont donc éternelles. Bien plus, comme ce n'est pas l'entendement qui donne l'être à la vérité, mais que, la supposant telle, il se tourne seulement à elle pour l'apercevoir, il s'ensuit que, quand tout entendement créé serait détruit, ces vérités subsisteraient immuablement.... »

Chap. xxxvii. « Comme il n'y a rien d'éternel, ni d'immuable, ni d'indépendant que Dieu seul, il faut conclure que ces vérités ne subsistent pas en elles-mêmes, mais en Dieu seul, et dans ses idées éternelles qui ne sont autre chose que lui-même.

« Il y en a qui, pour vérifier ces vérités éternelles que nous avons proposées, et les autres de même nature, se sont figuré, hors de Dieu, des essences éternelles : pure illusion, qui vient de n'entendre pas qu'en Dieu, comme dans la source de l'être, et dans son entendement, où est l'art de faire et d'ordonner tous les êtres, se trouvent les idées primitives, ou, comme parle saint Augustin, les raisons des choses éternellement subsistantes. Ainsi, dans la pensée de l'architecte est l'idée primitive d'une maison qu'il aperçoit en lui-même ; cette maison intellectuelle ne se détruit par aucune ruine des maisons bâties sur ce modèle intérieur ; et si l'architecte était éternel, l'idée et la raison de maison le seraient aussi. Mais, sans recourir à l'architecte mortel, il y a un architecte immortel, ou plutôt un art primitif éternellement subsistant dans la pensée immuable de Dieu, où tout ordre, toute mesure, toute règle, toute proportion, toute raison, en un mot, toute vérité, se trouve dans son origine.

« Ces vérités éternelles que nos idées représentent sont le vrai objet des sciences ; et c'est pourquoi, pour nous rendre véritablement savants, Platon nous rappelle sans cesse à ces idées où se voit, non ce qui se forme, mais ce qui est, non ce qui s'engendre et se corrompt, ce qui se montre et passe aussitôt, ce qui se fait et se défait, mais ce qui subsiste éternellement. C'est là ce monde intellectuel que ce divin philosophe a mis dans l'esprit de Dieu avant que le monde fût construit, et qui est le modèle immuable de ce grand ouvrage. Ce sont donc là ces idées simples, éternelles, immuables, ingénérables et incorruptibles, auxquelles il nous renvoie pour entendre la vérité. C'est ce qui lui a fait dire que nos idées, images des idées divines, en étaient aussi immédiatement dérivées, et ne passaient point par les sens qui servent bien, disait-il, à les réveiller, mais non à les former dans notre esprit. Car si, sans avoir jamais vu rien d'éternel, nous avons une idée si claire de l'éternel, c'est-à-dire d'être toujours le même; si, sans avoir aperçu un triangle parfait, nous l'entendons distinctement et en démontrons tant de vérités incontestables, c'est une marque, dit-il, que ces idées ne viennent pas de nos sens. »

Traité de la connaissance de Dieu et de soi-même[1]. CHAP. IV. § 5. *L'intelligence a pour objet les vérités éternelles qui ne sont autre chose que Dieu même, où elles sont toujours subsistantes et parfaitement entendues.*

« ... Nous avons déjà remarqué que l'entendement a pour objet des vérités éternelles. Les règles des proportions par lesquelles nous mesurons toutes choses sont éternelles et invariables. Nous connaissons clairement que tout se fait dans l'univers par la proportion du plus grand au plus petit, et du plus fort au plus faible, et nous en savons assez pour connaître que ces proportions se

---

1. La meilleure ou plutôt la seule bonne édition est celle qui a été publiée, d'après une copie authentique, en 1846, chez le libraire Lecoffre.

rapportent à des principes d'éternelle vérité. Tout ce qui se démontre en mathématique, et en quelque autre science que ce soit, est éternel et immuable, puisque l'effet de la démonstration est de faire voir que la chose ne peut être autrement qu'elle est démontrée. Aussi pour entendre la nature et les propriétés des choses que je connais, par exemple, ou d'un triangle ou d'un carré ou d'un cercle, ou les proportions de ces figures et de toutes autres figures entre elles, je n'ai pas besoin de savoir qu'il y en ait de telles dans la nature, et je puis m'assurer de n'en avoir jamais ni tracé ni vu de parfaites. Je n'ai pas besoin non plus de songer qu'il y ait quelque mouvement dans le monde pour entendre la nature du mouvement même ou celle des lignes que chaque mouvement décrit, et les proportions cachées avec lesquelles il se développe. Dès que l'idée de ces choses s'est une fois réveillée dans mon esprit, je connais que, soit qu'elles soient ou qu'elles ne soient pas actuellement, c'est ainsi qu'elles doivent être, et qu'il est impossible qu'elles soient d'une autre nature, ou se fassent d'une autre façon. Et pour en venir à quelque chose qui nous touche de plus près, j'entends par ces principes de vérité éternelle, que, quand aucun homme et moi-même ne serions pas, le devoir essentiel de l'homme, dès là qu'il est capable de raisonner, est de vivre selon la raison, et de chercher son auteur, de peur de lui manquer de reconnaissance, si, faute de le chercher, il l'ignorait. Toutes ces vérités, et toutes celles que j'en déduis par un raisonnement certain, subsistent indépendamment de tous les temps. En quelque temps que je mette un entendement humain, il les connaîtra; mais en les connaissant, il les trouvera vérités, il ne les fera pas telles, car ce n'est pas nos connaissances qui font leurs objets, elles les supposent. Ainsi ces vérités subsistent devant tous les siècles, et devant qu'il y ait eu un entendement humain : et quand tout ce qui se fait par les règles des proportions, c'est-à-dire tout ce que je vois dans la nature, serait détruit excepté moi, ces règles se conserveraient dans ma pensée, et je verrais clairement qu'elles seraient toujours bonnes et toujours véritables, quand moi-même je serais détruit avec le reste.

« Si je cherche maintenant où et en quel sujet elles subsistent éternelles et immuables, comme elles sont, je suis obligé d'avouer un être où la vérité est éternellement subsistante, et où elle est toujours entendue; et cet être doit être la vérité même, et doit être toute vérité, et c'est de lui que la vérité dérive dans tout ce qui est et ce qui entend hors de lui.

« C'est donc en lui d'une certaine manière qui m'est incompréhensible[1], c'est en lui, dis-je, que je vois ces vérités éternelles; et les voir, c'est me tourner à celui qui est immuablement toute vérité, et recevoir ses lumières.

« Cet objet éternel, c'est Dieu éternellement subsistant, éternellement véritable, éternellement la vérité même.... C'est dans cet éternel que ces vérités éternelles subsistent. C'est là aussi que je les vois. Tous les

---

1. Ces mots : *d'une certaine manière qui m'est incompréhensible, c'est en lui, dis-je,* ne sont pas dans la première édition de 1722.

autres hommes les voient comme moi, ces vérités éternelles, et nous les voyons toujours les mêmes, et nous les voyons être devant nous. Car nous avons commencé, et nous le savons, et nous savons que ces vérités ont toujours été. Ainsi nous les voyons dans une lumière supérieure à nous-même, et c'est dans cette lumière supérieure que nous voyons aussi si nous faisons bien ou mal, c'est-à-dire si nous agissons ou non selon ces principes constitutifs de notre être. Là donc nous voyons, avec toutes les autres vérités, les règles invariables de nos mœurs, et nous voyons qu'il y a des choses d'un devoir indispensable, et que dans celles qui sont naturellement indifférentes, le vrai devoir est de s'accommoder au plus grand bien de la société humaine. Ainsi un homme de bien laisse régler l'ordre des successions et de la police aux lois civiles, comme il laisse régner le langage et la forme des habits à la coutume. Mais il écoute en lui-même une loi inviolable qui lui dit qu'il ne faut faire tort à personne, et qu'il vaut mieux qu'on nous en fasse que d'en faire à qui que ce soit.... L'homme qui voit ces vérités, par ces vérités se juge lui-même, et se condamne quand il s'en écarte. Ou plutôt, ce sont ces vérités qui le jugent, puisque ce n'est pas elles qui s'accommodent aux jugements humains, mais les jugements humains qui s'accommodent à elles. Et l'homme juge droitement, lorsque, sentant ces jugements variables de leur nature, il leur donne pour règle ces vérités éternelles.

« Ces vérités éternelles que tout entendement aperçoit toujours les mêmes, par lesquelles tout entendement est réglé, sont quelque chose de Dieu, ou plutôt sont Dieu même....

« Il faut nécessairement que la vérité soit quelque part très-parfaitement entendue, et l'homme en est à lui-même une preuve indubitable. Car soit qu'il la considère lui-même ou qu'il étende sa vue sur tous les êtres qui l'environnent, il voit tout soumis à des lois certaines, et aux règles immuables de la vérité. Il voit qu'il entend ces lois, du moins en partie, lui qui n'a fait ni lui-même, ni aucune autre partie de l'univers, pour petite qu'elle soit, et il voit bien que rien n'aurait été fait si ces lois n'étaient ailleurs parfaitement entendues, et il voit qu'il faut reconnaître une sagesse éternelle où toute loi, tout ordre, toute proportion ait sa raison primitive. Car il est absurde qu'il y ait tant de suite dans les vérités, tant de proportion dans les choses, tant d'économie dans leur assemblage, c'est-à-dire dans le monde, et que cette suite, cette proportion, cette économie ne soit nulle part bien entendue : et l'homme, qui n'a rien fait, la connaissant véritablement, quoique non pas pleinement, doit juger qu'il y a quelqu'un qui la connaît dans sa perfection, et que ce sera celui même qui aura tout fait.... »

Le § 6 est tout cartésien : Bossuet y démontre que l'âme connaît par l'imperfection de son intelligence qu'il y a ailleurs une intelligence parfaite.

Dans le § 9, Bossuet met de nouveau en lumière le rapport de la vérité à Dieu.

« D'où vient à mon esprit cette impression si pure de la vérité? D'où lui viennent ces règles immuables qui dirigent le raisonnement, qui forment les mœurs, par lesquelles il découvre les proportions secrètes des figures et des mouvements? D'où lui viennent, en un mot, ces vérités éternelles que j'ai tant considérées? Sont-ce les triangles et les carrés et les cercles que je trace grossièrement sur le papier, qui impriment dans mon esprit leurs proportions et leurs rapports? Ou bien y en a-t-il d'autres, dont la parfaite justesse fasse cet effet? Où les ai-je vus ces cercles et ces triangles si justes, moi qui ne puis m'assurer d'avoir jamais vu aucune figure parfaitement régulière, et qui entends néanmoins si parfaitement cette régularité? Y a-t-il quelque part, ou dans le monde, ou hors du monde, des triangles ou des cercles subsistant dans cette parfaite régularité, d'où elle serait imprimée dans mon esprit? Et ces règles du raisonnement et des mœurs subsistent-elles aussi en quelque part, d'où elles me communiquent leur vérité immuable? Ou bien, n'est-ce pas plutôt que celui qui a répandu partout la mesure, la proportion, la vérité même, en imprime en mon esprit l'idée certaine?... Il faut donc entendre que l'âme, faite à l'image de Dieu, capable d'entendre la vérité, qui est Dieu même, se tourne actuellement vers son original, c'est-à-dire, vers Dieu, où la vérité lui paraît autant que Dieu la lui veut faire paraître.... C'est une chose étonnante que l'homme entende tant de vérités, sans entendre en même temps que toute vérité vient de Dieu, qu'elle est en Dieu, qu'elle est Dieu même.... Il est certain que Dieu est la raison primitive de tout ce qui est et de tout ce qui s'entend dans l'univers ; qu'il est la vérité originale, et que tout est vrai par rapport à son idée éternelle, que cherchant la vérité nous le cherchons, et que la trouvant nous le trouvons.... »

Chap. v, § 14 : « Les sens n'apportent pas à l'âme la connaissance de la vérité. Ils l'excitent, ils la réveillent, ils l'avertissent de certains effets : elle est sollicitée à chercher les causes, mais elle ne les découvre, elle n'en voit les liaisons, ni les principes qui les font mouvoir, que dans une lumière supérieure qui vient de Dieu, ou qui est Dieu même. Dieu donc est la vérité, d'elle-même toujours présente à tous les esprits, et la vraie source de l'intelligence. C'est de ce côté qu'elle voit le jour, c'est par là qu'elle respire et qu'elle vit. »

A la fin du xviie siècle, Leibnitz vient couronner ces grands témoignages et achever leur concert.

Voici un passage de l'important écrit intitulé : *Meditationes de cognitione, veritate et idæis*, où Leibnitz déclare que les notions premières sont des attributs de Dieu. « Je ne sais, dit-il, si l'homme peut se rendre parfaitement compte des idées, sinon en remontant jusqu'aux idées premières dont il n'y a plus à se rendre compte, c'est-à-dire aux attributs absolus de Dieu[1]. »

Même doctrine dans les *Principia philosophiæ seu Theses in gratiam principis Eugenii*. « L'intelligence de Dieu est la région des vérités éternelles et des idées qui en dépendent[2]. »

---

1. *Leibnitzii Opera*, édit. Dutens, t. II, p. 17.
2. *Ibid.*, p. 24.

Théodicée, II⁰ partie, § 184[1]. « Il ne faut pas dire avec quelques scotistes que les vérités éternelles subsisteraient quand il n'y aurait point d'entendement, pas même celui de Dieu. Car c'est à mon avis l'entendement divin qui fait la réalité des vérités éternelles. »

Nouveaux Essais sur l'entendement humain, livre II, chap. XVII. « L'idée de l'absolu est en nous intérieurement comme celle de l'être. *Ces absolus ne sont autre chose que les attributs de Dieu*, et on peut dire qu'ils ne sont pas moins la source des idées que Dieu est en lui-même le principe des êtres. »

Ibid., livre IV, chap. XI. « Mais on demandera où seraient ces idées si aucun esprit n'existait, ce que deviendrait alors le fondement réel de cette certitude des vérités éternelles? Cela nous mène enfin au dernier fondement des vérités, savoir, à cet esprit suprême et universel qui ne peut manquer d'exister, dont l'entendement, à dire vrai, est la région des vérités éternelles, comme saint Augustin l'a reconnu et l'exprime d'une manière assez vive. Et afin qu'on ne pense pas qu'il n'est point nécessaire d'y recourir, il faut considérer que ces vérités nécessaires contiennent la raison déterminante et le principe régulatif des existences mêmes, et en un mot les lois de l'univers. Ainsi ces vérités nécessaires, étant antérieures aux existences des êtres contingents, il faut bien qu'elles soient fondées dans l'existence d'une substance nécessaire. C'est là où je trouve l'original des vérités qui sont gravées dans nos âmes,

---

1. 1ʳᵉ édit., Amsterdam, 1710, p. 354, et édit. de M. de Jaucourt, Amsterdam, 1747, t. II, p. 93.

non pas en forme de propositions, mais comme des sources dont l'application et les occasions feront naître des énonciations actuelles. »

Ainsi, depuis Platon jusqu'à Leibnitz, les plus grands métaphysiciens ont pensé que la vérité absolue est un attribut de l'être absolu. La vérité est incompréhensible sans Dieu, comme Dieu nous serait incompréhensible sans la vérité. La vérité est placée entre l'intelligence humaine et la suprême intelligence, comme une sorte de médiatrice. Au dernier degré comme à la cime de l'être, partout Dieu se rencontre, car partout il y a de la vérité. Étudiez la nature, élevez-vous aux lois qui la régissent et qui font d'elle comme une vérité vivante : plus vous approfondirez ses lois, plus vous vous approcherez de Dieu. Étudiez surtout l'humanité ; l'humanité est encore plus grande que la nature, parce qu'elle vient de Dieu comme elle, et qu'elle le sait, tandis que la nature l'ignore. Cherchez et aimez partout la vérité, et rapportez-la à l'être immortel qui en est la source. Plus vous saurez de la vérité, plus vous saurez de Dieu. Loin que les sciences détournent de la religion, elles y conduisent. La physique avec ses lois, les mathématiques avec leurs notions sublimes, surtout la philosophie qui ne peut faire un pas sans rencontrer des principes universels et nécessaires, sont autant de degrés pour arriver à Dieu, et pour ainsi dire autant de temples où on lui rend perpétuellement hommage.

Mais au milieu de ces hautes considérations, gardons-nous bien de deux erreurs opposées dont de beaux génies n'ont pas toujours su se défendre : ou faire la raison de l'homme purement individuelle, ou la confondre avec la vérité et avec la raison divine [1]. Si la raison de l'homme est purement individuelle parce qu'elle est dans un individu, elle ne peut rien comprendre qui ne soit individuel et qui excède les limites où elle est enfermée. Non-seulement elle ne peut s'élever à aucune vérité universelle et nécessaire, non-seulement elle n'en peut avoir aucune idée, aucun soupçon même, comme un aveugle de naissance ne peut pas soupçonner qu'il y a un soleil; mais il n'y a point de puissance, pas même celle de Dieu, qui par aucun moyen y puisse faire pénétrer aucune vérité de cet ordre absolument répugnante à sa nature; car pour cela, il ne suffirait pas à Dieu d'éclairer lui-même notre esprit; il devrait le changer, y ajouter une faculté nouvelle. D'un autre côté, il

---

1. Nous avons bien des fois signalé ces deux écueils, par exemple, IIe série, t. I, v[e] leçon, p. 92 : « On ne peut s'empêcher de sourire quand, de nos jours, on entend parler contre la raison individuelle. En vérité c'est un grand luxe de déclamation, car la raison n'est point individuelle; si elle l'était, nous la maîtriserions comme nous maîtrisons nos résolutions et nos volontés, nous changerions à toutes les minutes ses actes, c'est-à-dire nos conceptions. Si ces conceptions n'étaient qu'individuelles, nous ne songerions pas à les imposer à un autre individu, car imposer ses conceptions individuelles et personnelles à un autre individu, à une autre personne, serait le despotisme le plus extravagant.... Nous déclarons en délire ceux qui n'admettent pas les rapports des nombres, la différence du beau et du laid, du juste et de l'injuste. Pourquoi ? Parce que nous savons que ce n'est pas l'individu qui constitue ces conceptions, ou en d'autres termes que la raison a quelque chose d'universel et d'absolu, qu'à ce titre elle oblige tous les individus, et qu'un individu, en même temps qu'il se sait obligé par elle, sait que tous les autres sont obligés par elle au même titre. » — *Ibid.*, p. 93 : « La vérité méconnue n'est pour cela ni altérée ni détruite ; elle subsiste indépendamment de la raison qui ne l'aperçoit pas ou l'aperçoit mal. La vérité en elle-même est indépendante de notre raison. Son sujet véritable est la raison universelle et absolue. »

ne faut pas davantage, avec Malebranche, faire la raison de l'homme à ce point impersonnelle qu'elle prenne la place de la vérité qui est son objet et de Dieu qui est son principe. C'est la vérité qui nous est absolument impersonnelle et non pas la raison. La raison est dans l'homme, bien qu'elle vienne de Dieu. Par là elle est individuelle et finie, en même temps que sa racine est dans l'infini ; elle est personnelle par son rapport à la personne où elle réside, et il faut bien aussi qu'elle possède je ne sais quel caractère d'universalité, de nécessité même, pour être capable de concevoir les vérités universelles et nécessaires ; voilà pourquoi elle semble tour à tour, selon le point de vue auquel on la considère, misérable et sublime. La vérité est en quelque sorte prêtée à la raison humaine, mais elle appartient à une tout autre raison, à savoir cette raison suprême, éternelle, incréée, qui est Dieu même. La vérité en nous n'est pas autre chose que notre objet ; dans Dieu, elle est un de ses attributs, comme la justice, la sainteté, la charité, ainsi que nous le verrons plus tard. Dieu est ; en tant qu'il est, il pense, et ses pensées sont les vérités, éternelles comme lui, qui se réfléchissent dans les lois de l'univers, et que la raison de l'homme a reçu le pouvoir d'atteindre. La vérité est la fille, la parole, j'allais dire le verbe éternel de Dieu, si la philosophie peut emprunter ce divin langage à cette sainte religion qui nous apprend à adorer Dieu en esprit et en vérité. Jadis la théorie des idées, qui manifestent Dieu aux hommes et les y rappellent, avait fait surnommer Platon le précurseur ; c'est pour elle qu'il était si cher à saint Augustin, et que Bossuet.l'invoque. C'est par cette même théorie, sagement interprétée, et épurée à la lumière de notre siècle, que la philosophie nouvelle se rattache à la tradition des grandes philosophies et à celle du christianisme.

Le dernier problème que présentait la science du vrai est résolu : nous sommes en possession du fondement des vérités absolues. Dieu est la substance, la raison, la cause suprême, l'unité de toutes ces vérités; Dieu, et Dieu seul, nous est le terme au delà duquel nous n'avons plus rien à chercher.

CINQUIÈME LEÇON.

DU MYSTICISME.

Distinction de la philosophie que nous professons et du mysticisme. Le mysticisme consiste à prétendre connaître Dieu sans intermédiaire. — Deux sortes de mysticisme. — Mysticisme du sentiment. Théorie de la sensibilité. Deux sensibilités, l'une extérieure, l'autre tout intérieure et qui correspond à l'âme comme la sensibilité extérieure correspond à la nature. — Part légitime du sentiment. — Ses égarements. — Mysticisme philosophique. Plotin : Dieu, ou l'unité absolue aperçue sans intermédiaire par la pensée pure. — Extase. — Mélange de la superstition et de l'abstraction dans le mysticisme. — Conclusion de la première partie du cours.

Soit que nous portions notre attention sur les forces et les lois qui animent et gouvernent la matière sans lui appartenir, soit que, comme l'ordre de nos travaux nous appelait à le faire, nous réfléchissions sur les vérités universelles et nécessaires que notre esprit découvre mais qu'il ne constitue pas, l'usage le moins systématique de la raison nous fait conclure naturellement des forces et des lois de l'univers à un premier moteur intelligent, et des vérités nécessaires à un être nécessaire qui seul en est la substance. Nous n'apercevons pas Dieu, mais nous le concevons, sur la foi de ce monde admirable exposé à nos regards, et sur celle de cet autre monde plus admirable encore que nous portons en nous-mêmes. C'est par ce double chemin que nous parvenons à Dieu. Cette marche naturelle est celle de tous les hommes : elle doit suffire à une saine philosophie. Mais il y a des esprits faibles et présomptueux qui ne savent pas aller jusque-là ou ne savent pas s'y arrêter. Enchaînés dans l'enceinte de l'expérience, ils n'osent conclure de ce qu'ils voient à ce qu'ils ne voient pas, comme si tous les jours, à la vue du premier phénomène qui paraît à leurs yeux, ils n'admettaient pas que ce phénomène a une cause, même alors que cette cause ne tombe pas sous leurs sens. Ils ne l'aperçoivent point, ils y croient cependant, par cela seul qu'ils la conçoivent nécessairement. L'homme et l'univers sont aussi des faits qui ne peuvent pas ne pas avoir une cause, bien que cette cause ne puisse être ni vue de nos yeux ni touchée de nos mains. La raison nous a été donnée précisément pour aller, et sans aucun circuit de raisonnement, du visible à l'invisible, du fini à l'infini, de l'imparfait au parfait, et aussi des vérités universelles et nécessaires qui nous environnent de toutes parts à leur principe éternel et nécessaire. Telle est la portée naturelle et légitime de la raison. Elle possède une évidence dont elle ne rend pas compte et qui n'en est pas moins irrésistible à quiconque n'entreprend point de contester à Dieu la véracité des facultés qu'il en a reçues. Mais on ne se révolte pas impunément contre la raison. Elle punit notre fausse sagesse en la livrant à l'extravagance. Quand on a resserré arbitrairement sa croyance dans les limites étroites de ce qu'on aperçoit directement, on étouffe dans ces limites, on en veut sortir à tout prix, et on invoque quelque autre moyen de connaître. On n'avait pas osé admettre l'existence d'un Dieu invisible, et voilà maintenant qu'on aspire à entrer en communication immédiate avec lui, tout comme avec les objets sensibles et les objets de la conscience. C'est une faiblesse extrême pour un être raisonnable de douter ainsi de la raison, et c'est une témérité incroyable, dans ce désespoir de l'intelligence, de rêver une communication directe avec Dieu. Ce rêve désespéré et ambitieux, c'est le mysticisme.

Il nous importe de séparer avec soin cette chimère qui n'est pas sans danger, de la cause que nous défendons. Il nous importe d'autant plus de rompre ouvertement avec le mysticisme qu'il semble nous toucher de plus près, qu'il se donne pour le dernier mot de la philosophie, et que par un air de grandeur il peut séduire plus d'une âme d'élite, particulièrement à l'une de ces époques de lassitude où, à la suite d'espérances excessives cruellement déçues, la raison humaine, ayant perdu la foi en sa propre puissance sans pouvoir perdre le besoin de Dieu, pour satisfaire ce besoin immortel s'adresse à tout, excepté à elle-même, et, faute de savoir aller à Dieu par la voie qui lui est ouverte, se jette hors du sens commun, et tente le nouveau, le chimérique, l'absurde même, pour atteindre à l'impossible.

Le mysticisme renferme un scepticisme pusillanime à l'endroit de la raison, et en même temps une foi aveugle et portée jusqu'à l'oubli de toutes les conditions imposées à la nature humaine. C'est trop à la fois et ce n'est point assez pour le mysticisme de concevoir Dieu sous le voile transparent de l'univers et au-dessus des vérités les plus hautes. Il ne croit pas connaître Dieu s'il ne le connaît que dans ses manifestations et par les signes de son existence : il veut l'apercevoir directement ; il veut s'unir à lui, tantôt par le sentiment, tantôt par quelque autre procédé extraordinaire.

Le sentiment joue un si grand rôle dans le mysticisme que notre premier soin doit être de rechercher la nature et la fonction propre de cette partie intéressante, et jusqu'ici mal étudiée, de la nature humaine.

Il faut bien distinguer le sentiment de la sensation. Il y a en quelque sorte deux sensibilités : l'une tournée vers le monde extérieur, et chargée de transmettre à l'âme les impressions qu'il envoie ; l'autre tout intérieure, qui correspond à l'âme, comme la première correspond à la nature : sa fonction est de recevoir l'impression et comme le contre-coup de ce qui se passe dans l'âme. Avons-nous découvert quelque vérité ? il y a quelque chose en nous qui en éprouve de la joie. Avons-nous fait une bonne action ? nous en recueillons la récompense dans un sentiment de contentement moins vif mais plus délicat et plus durable que toutes les sensations agréables qui viennent du corps. Il semble que l'intelligence ait aussi son organe intime, qui souffre ou jouit, selon l'état de l'intelligence. Nous portons en nous une source profonde d'émotions à la fois physiques et morales qui expriment l'union de nos deux natures. L'animal ne va pas au delà de la sensation, et la pensée pure n'appartient qu'à la nature angélique. Le sentiment qui participe de la sensation et de la pensée est l'apanage de l'humanité. Le sentiment n'est, il est vrai, qu'un écho de la raison ; mais cet écho se fait quelquefois mieux entendre que la raison elle-même, parce qu'il retentit dans les parties les plus intimes et les plus délicates de l'âme, et ébranle l'homme tout entier.

C'est un fait singulier, mais incontestable, qu'aussitôt que la raison a conçu la vérité, l'âme s'y attache et l'aime. Oui, l'âme aime la vérité. Chose admirable! un être égaré dans un coin de l'univers, chargé seul de s'y soutenir contre tant d'obstacles, et qui, ce semble, a bien assez à faire de songer à lui-même, de conserver et d'embellir un peu sa vie, est capable d'aimer ce qui ne se rapporte point à lui, ce qui n'existe que dans un monde invisible. Cet amour désintéressé de la vérité témoigne de la grandeur de celui qui l'éprouve.

La raison fait un pas de plus : elle ne se contente point de la vérité, même de la vérité absolue, convaincue qu'elle la possède mal, qu'elle ne la possède point telle qu'elle est réellement, tant qu'elle ne l'a pas assise sur son fondement éternel; parvenue là, elle s'arrête comme devant sa borne infranchissable, n'ayant plus rien à chercher ni à trouver. Le sentiment suit la raison à laquelle il est attaché; il ne s'arrête, il ne se repose que dans l'amour de l'être infini.

C'est en effet l'infini que nous aimons en croyant aimer les choses finies, même en aimant la vérité, la beauté, la vertu. C'est si bien l'infini lui-même qui nous attire et qui nous charme, que ses manifestations les plus élevées ne nous suffisent pas tant que nous ne les avons point rapportées à leur source immortelle. Le cœur est insatiable parce qu'il aspire à l'infini. Ce sentiment, ce besoin de l'infini est au fond des grandes passions et des plus légers désirs. Un soupir de l'âme en présence du ciel étoilé, la mélancolie attachée à la passion de la gloire, à l'ambition, à tous les grands mouvements de l'âme l'expriment mieux sans doute, mais ne l'expriment pas davantage que le caprice et la mobilité de ces amours vulgaires errant d'objets en objets dans un cercle perpétuel d'ardents désirs, de poignantes inquiétudes, de désenchantements douloureux.

Marquons un autre rapport du sentiment et de la raison.

L'esprit se précipite d'abord vers son objet sans se rendre compte de ce qu'il fait, de ce qu'il aperçoit, de ce qu'il sent. Mais, avec la faculté de penser, de sentir, il a aussi celle de vouloir; il possède la liberté de revenir sur lui-même, de réfléchir et sa pensée et ses sentiments, d'y consentir ou d'y résister, de s'en abstenir, ou de les reproduire en leur imprimant un caractère nouveau. Spontanéité, réflexion, telles sont les deux grandes formes de l'intelligence[1]. L'une n'est pas l'autre; mais, après tout, celle-ci ne fait guère que développer celle-là; elles contiennent au fond les mêmes choses: le point de vue seul est différent. Tout ce qui est spontané est obscur et confus; la réflexion emporte avec elle une vue claire et distincte.

La raison ne débute pas par la réflexion; elle n'aperçoit pas d'abord la vérité comme universelle et nécessaire; par conséquent aussi, quand elle passe de l'idée à l'être, quand elle rapporte la vérité à l'être réel qui

---

1. Voyez plus haut, IIe leç., p. 41, etc.; IIIe leç., p. 61, etc.

en est le sujet, elle n'a pas sondé, elle ne soupçonne pas même la profondeur de l'abîme qu'elle franchit; elle le franchit par la puissance qui est en elle, sauf à s'étonner ensuite de ce qu'elle a fait. Elle s'en étonne plus tard, et elle entreprend, à l'aide de la liberté dont elle est douée, de faire le contraire de ce qu'elle a fait, de nier ce qu'elle avait affirmé. Ici commence la lutte du sophisme et du sens commun, de la fausse science et de la vérité naturelle, de la bonne et de la mauvaise philosophie, qui viennent toutes deux de la libre réflexion. Le privilége triste et sublime de la réflexion, c'est l'erreur; mais la réflexion est le remède au mal qu'elle produit. Si elle peut renier la vérité naturelle, d'ordinaire elle la confirme, elle revient au sens commun par un détour plus ou moins long; elle a beau faire effort contre toutes les pentes de la nature humaine, celle-ci l'emporte presque toujours, et la ramène soumise aux premières inspirations de la raison fortifiées par cette épreuve. Mais il n'y a pas plus à la fin qu'au commencement; seulement dans l'inspiration primitive était une puissance qui s'ignorait elle-même, et dans les résultats légitimes de la réflexion est une puissance qui se connaît : ici le triomphe de l'instinct, là celui de la vraie science.

Le sentiment qui accompagne l'intelligence dans toutes ses démarches présente les mêmes phénomènes.

Le cœur, comme la raison, poursuit l'infini, et la seule différence qu'il y ait dans ces poursuites, c'est que tantôt le cœur cherche l'infini sans savoir s'il le cherche, et que tantôt il se rend compte de la fin dernière du besoin d'aimer qui le tourmente. Quand la réflexion s'ajoute à l'amour, si elle trouve que l'objet aimé est digne en effet de l'être, loin d'affaiblir l'amour, elle le fortifie; loin de couper ses ailes divines, elle les développe, elle les nourrit, comme dit Platon[1]. Mais, si l'objet de l'amour n'est qu'un simulacre de la beauté véritable, capable seulement d'exciter l'ardeur de l'âme sans pouvoir la satisfaire, la réflexion rompt le charme qui retenait le cœur, dissipe la chimère qui l'enchantait. Il faut être bien sûr de ses attachements pour oser les mettre à l'épreuve de la réflexion. O Psyché! Psyché! respecte ton bonheur; n'en sonde pas trop le mystère. Garde-toi d'approcher la redoutable lumière de l'invisible amant dont ton cœur est épris. Au premier rayon de la lampe fatale, l'amour s'éveille et s'envole. Image charmante de ce qui se passe dans l'âme, lorsqu'à la sereine et insouciante confiance du sentiment succède la réflexion avec son triste cortége. C'est là peut-être aussi ce qu'il est permis d'entendre sous le biblique récit de l'arbre de la science[2]. Avant la science et la réflexion sont l'innocence et la foi. La science et la réflexion engendrent d'abord le doute, l'inquiétude, le dégoût de ce qu'on possède, la poursuite agitée de ce qu'on ignore, les troubles de l'esprit et de l'âme, le dur travail de la pensée, et, dans la vie, bien des fautes, jusqu'à ce que l'innocence, à jamais perdue, soit rem-

---

1. Voyez le *Phèdre* et le *Banquet*, t. VII de notre traduction.
2. On ne nous accusera pas d'altérer les saintes Écritures par ces analogies, car nous ne les donnons que pour des analogies, et saint Augustin et Bossuet en sont pleins.

placée par la vertu, la foi naïve par la vraie science, et que, à travers tant d'illusions évanouies, l'amour soit enfin parvenu à son véritable objet.

L'amour spontané a la grâce naïve de l'ignorance et du bonheur. L'amour réfléchi est bien différent; il est sérieux, il est grand, jusque dans ses fautes mêmes, de la grandeur de la liberté. Ne nous hâtons pas de condamner la réflexion : si elle produit souvent l'égoïsme, elle produit aussi le dévouement. Qu'est-ce en effet que se dévouer? C'est se donner librement et en toute connaissance. Voilà le sublime de l'amour, voilà l'amour digne d'une noble et généreuse créature, et non pas l'amour ignorant et aveugle. Quand l'affection a vaincu l'égoïsme, au lieu d'aimer son objet pour elle-même, l'âme se donne à son objet, et, miracle de l'amour, plus elle donne, plus elle possède, se nourrissant de ses sacrifices et puisant sa force et sa joie dans son entier abandon. Mais il n'y a qu'un être qui soit digne d'être aimé ainsi, et qui puisse l'être sans illusions et sans mécomptes, sans borne à la fois et sans regret, à savoir l'être parfait qui seul ne craint pas la réflexion et qui seul aussi peut remplir toute la capacité de notre cœur.

Le mysticisme corrompt le sentiment en exagérant sa puissance.

Le mysticisme commence par supprimer dans l'homme la raison, ou du moins il subordonne et sacrifie la raison au sentiment.

Écoutez le mysticisme : c'est par le cœur seul que l'homme est en rapport avec Dieu. Tout ce qu'il y a de grand, de beau, d'infini, d'éternel, c'est l'amour seul qui nous le révèle. La raison n'est qu'une faculté mensongère. De ce qu'elle peut s'égarer et s'égare souvent, on en conclut qu'elle s'égare toujours. On la confond avec tout ce qui n'est pas elle. Les erreurs des sens et du raisonnement, les illusions de l'imagination, et même les extravagances de la passion qui entraînent quelquefois celles de l'esprit, tout est mis sur le compte de la raison. On triomphe de ses imperfections, on étale avec complaisance ses misères; et le système dogmatique le plus audacieux, puisqu'il aspire à mettre en communication immédiate l'homme et Dieu, emprunte contre la raison toutes les armes du scepticisme.

Le mysticisme va plus loin : il attaque jusqu'à la liberté; il ordonne de renoncer à soi-même pour s'identifier par l'amour avec celui dont l'infini nous sépare. L'idéal de la vertu n'est plus la courageuse persévérance de l'homme de bien, qui, en luttant contre la tentation et la souffrance, accomplit la sainte épreuve de la vie; ce n'est pas non plus le libre et éclairé dévouement d'une âme aimante, c'est l'entier et aveugle abandon de soi-même, de sa volonté, de tout son être, dans une contemplation vide de pensée, dans une prière sans paroles, et presque sans conscience.

La source du mysticisme est dans cette vue incomplète de la nature humaine, qui ne sait pas y discerner ce qu'il y a de plus profond, et qui se prend à ce qu'il y a de plus frappant, de plus saisissant, et par conséquent aussi de plus saisissable. Nous l'avons déjà dit, la raison n'est pas bruyante, et souvent elle n'est pas entendue, tandis que l'écho du sentiment retentit avec éclat. Dans ce phénomène composé, il est naturel que l'élément le plus apparent couvre et offusque le plus intime.

D'ailleurs que de rapports, que de ressemblances trompeuses entre ces deux facultés! Sans doute, dans leur développement, elles diffèrent d'une manière manifeste; quand la raison devient le raisonnement, on distingue aisément sa pesante allure de l'élan du sentiment; mais la raison spontanée se confond presque avec le sentiment : même rapidité, même obscurité. Ajoutez qu'elles poursuivent le même objet et qu'elles marchent presque toujours ensemble. Il n'est donc pas étonnant qu'on les ait confondues.

Une sage philosophie les distingue[1] sans les séparer. L'analyse démontre que la raison précède et que le sentiment suit. Comment aimer ce qu'on ignore? Pour jouir de la vérité, ne faut-il pas la connaître plus ou moins? Pour s'émouvoir à certaines idées, ne faut-il pas les avoir eues en un degré quelconque? Absorber la raison dans le sentiment, c'est étouffer la cause dans l'effet. Quand on parle de la lumière du cœur, on désigne sans le savoir cette lumière de la raison spontanée qui nous découvre la vérité d'une intuition pure et immédiate tout opposée aux procédés lents et laborieux de la raison réfléchie et du raisonnement.

Le sentiment par lui-même est une source d'émotion, non de connaissance. La seule faculté de connaître,

---

1. Voyez la II⁰ partie, DU BEAU, leçon VI, et la III⁰ partie, leçon XIII *De la morale du sentiment*. Voyez aussi notre *Pascal*, préface de la dernière édition, p. 8, etc., t. I de la IV⁰ série.

c'est la raison. Au fond, si le sentiment est différent de la sensation, il tient cependant de toutes parts à la sensibilité générale, et il est variable comme elle ; il a comme elle ses intermittences, ses vivacités et ses langueurs, son exaltation et ses défaillances. On ne peut donc ériger les inspirations du sentiment, essentiellement mobiles et individuelles, en une règle universelle et absolue. Il n'en est pas ainsi de la raison ; elle est constamment la même dans chacun de nous, et la même dans tous les hommes. Les lois qui président à son exercice composent la législation commune de tous les êtres intelligents. Il n'y a pas d'intelligence qui ne conçoive quelque vérité universelle et nécessaire, et conséquemment l'être infini qui en est le principe. Ces grands objets une fois connus excitent dans l'âme de tous les hommes les émotions que nous avons essayé de décrire. Ces émotions participent de la dignité de la raison et de la mobilité de l'imagination et de la sensibilité. Le sentiment est le rapport harmonieux et vivant de la raison et de la sensibilité. Supprimez l'un des deux termes, que devient le rapport ? Le mysticisme prétend élever l'homme directement jusqu'à Dieu, et il ne voit pas qu'en ôtant à la raison sa puissance, il ôte à l'homme précisément ce qui·lui fait connaître Dieu et le met en une juste communication avec lui par l'intermédiaire de la vérité éternelle et infinie.

L'erreur fondamentale du mysticisme est d'écarter cet intermédiaire, comme si c'était une barrière et non pas un lien : il fait de l'être infini l'objet direct de l'amour. Mais un tel amour ne se peut soutenir que par des efforts surhumains qui aboutissent à la folie. L'amour tend à s'unir à son objet : le mysticisme l'y absorbe. De là les extravagances de ce mysticisme intempérant si sévèrement et si justement condamné par Bossuet et par l'Église dans le quiétisme [1]. Le quiétisme endort l'activité de l'homme, éteint son intelligence, substitue à la recherche de la vérité et à l'accomplissement du devoir des contemplations oisives ou déréglées. La vraie union de l'âme avec Dieu se fait par la vérité et par la vertu. Toute autre union est une chimère, un péril, quelquefois un crime. Il n'est pas permis à l'homme d'abdiquer, sous aucun prétexte, ce qui le fait homme, ce qui le rend capable de comprendre Dieu et d'en exprimer en soi une imparfaite image, c'est-à-dire la raison, la liberté, la conscience. Sans doute la vertu a sa prudence, et s'il ne faut jamais céder à la passion, il est diverses manières de la combattre pour la mieux vaincre. On peut la laisser s'user elle-même, et la résignation et le silence peuvent avoir leur emploi légitime. Il y a une part de vérité, d'utilité même, dans les *Lettres spirituelles* et jusque dans les *Maximes des saints*. Mais, en général, il est mal sûr d'anticiper en ce monde sur les droits de la mort, et de rêver l'état des saints quand la vertu seule nous est imposée, et quand la vertu est déjà si rude à accomplir, même très-imparfaitement. Le quiétisme le meilleur ne peut être tout au plus qu'une halte dans la carrière, une trêve dans la lutte, ou plutôt une autre manière de combattre.

1. Voyez l'admirable livre de Bossuet : *Instruction sur les états d'oraison*, 1697.

Ce n'est pas en fuyant qu'on gagne des batailles; pour les gagner, il les faut livrer, d'autant mieux que le devoir est de combattre encore plus que de vaincre. Entre le stoïcisme et le quiétisme, ces deux extrêmes opposés, le premier, à tout prendre, est préférable au second; car s'il n'élève pas toujours l'homme jusqu'à Dieu, il maintient du moins la personne humaine, la liberté, la conscience, tandis que le quiétisme, en abolissant tout cela, abolit l'homme tout entier. L'oubli de la vie et de ses devoirs, l'inertie, la paresse, la mort de l'âme, tels sont les fruits de cet amour de Dieu, qui se perd dans la stérile contemplation de son objet; et encore, pourvu qu'il n'entraîne pas des égarements plus funestes! Il vient un moment où l'âme qui se croit unie à Dieu, enorgueillie de cette possession imaginaire, méprise à ce point et le corps et la personne humaine, que toutes ses actions lui deviennent indifférentes, et que le bien et le mal sont égaux à ses yeux. C'est ainsi que des sectes fanatiques ont été vues mêlant le crime et la dévotion, trouvant dans l'une l'excuse, souvent même le mobile de l'autre, et préludant par de mystiques ravissements à des dérèglements infâmes ou à des cruautés abominables : déplorables conséquences de la chimère du pur amour, de la prétention du sentiment de dominer sur la raison, de servir seul de guide à l'âme humaine, et de se mettre en communication directe avec Dieu, sans l'intermédiaire du monde visible, et sans l'intermédiaire plus sûr encore de l'intelligence et de la vérité.

Mais il est temps de passer à un autre genre de mysticisme, plus singulier, plus savant, plus raffiné et tout aussi déraisonnable, bien qu'il se présente au nom même de la raison.

Nous l'avons reconnu[1] : la raison, à moins de détruire en elle un des principes qui la gouvernent, ne peut s'en tenir à la vérité, pas même aux vérités absolues de l'ordre intellectuel et de l'ordre moral ; elle rattache toutes les vérités universelles, nécessaires, absolues, à l'être qui seul les peut expliquer, parce qu'en lui seul sont l'existence nécessaire et absolue, l'immutabilité et l'infinité. Dieu est la substance des vérités incréées, comme il est la cause des existences créées. Les vérités nécessaires trouvent en Dieu leur sujet naturel. Si Dieu ne les a point faites arbitrairement, ce qui répugne à leur essence et à la sienne, il les constitue en tant qu'elles sont lui-même. Son intelligence les possède comme les manifestations d'elle-même. Tant que la nôtre ne les a point rapportées à l'intelligence divine, elles lui sont un effet sans cause, un phénomène sans substance. Elle les rapporte donc à leur cause et à leur substance. Et en cela elle obéit à un besoin impérieux et à un principe assuré de la raison.

Le mysticisme brise en quelque sorte l'échelle qui nous élève jusqu'à la substance infinie : il considère cette substance toute seule, indépendamment des vérités qui la manifestent[2], et il s'imagine posséder ainsi l'absolu pur, l'unité pure, l'être en soi. L'avantage que cherche ici le mysticisme, c'est de donner à la pensée un

1. Plus haut, leçon IV.
2. Voyez partout dans nos écrits la réfutation régulière et détaillée de cette double extravagance de considérer la substance en soi à part

objet où il n'y ait nul mélange, nulle division, nulle multiplicité, où tout élément sensible et humain ait entièrement disparu. Mais pour obtenir cet avantage il en faut payer le prix. Il est un moyen très-simple de délivrer la théodicée de toute ombre d'anthropomorphisme, c'est de réduire Dieu à une abstraction, à l'abstraction de l'être en soi. L'être en soi, il est vrai, est pur de toute division, mais à cette condition qu'il n'ait nul attribut, nulle qualité, et même qu'il soit dépourvu de

de ses déterminations et de ses qualités, ou de considérer ses qualités et ses facultés à part de l'être qui les possède. Ire série, t. III, leçon III sur Condillac, et t. V, leçons V et VI sur Kant. Nous disions, même série, t. IV, p. 56 : « Il y a des philosophes au delà du Rhin qui, pour paraître très-profonds, ne se contentent pas des qualités et des phénomènes et aspirent à la substance pure, à l'être en soi. Le problème ainsi posé est insoluble : la connaissance d'une telle substance est impossible, par cette raison très-simple qu'une telle substance n'existe pas. L'être en soi, *das Ding in sich*, que Kant recherche, lui échappe, sans que cela doive humilier Kant et la philosophie ; car il n'y a pas d'être en soi. L'esprit humain peut se former l'idée abstraite et générale de l'être, mais cette idée n'a pas d'objet réel dans la nature. Tout être est déterminé, s'il est réel, et être déterminé c'est posséder certaines manières d'être, passagères et accidentelles ou constantes et essentielles. La connaissance de l'être en soi n'est donc pas seulement interdite à l'esprit humain ; elle est contraire à la nature des choses. A l'autre extrémité de la métaphysique est une psychologie impuissante qui, par peur d'une ontologie creuse, se condamne à une ignorance volontaire. Nous ne pouvons, disent ces discrets philosophes, M. Dugald Stewart, par exemple, atteindre l'être en soi ; il ne nous est permis de connaître que des phénomènes et des qualités ; en sorte que, pour ne pas s'égarer dans la recherche de la substance de l'âme, ils n'osent affirmer sa spiritualité, et s'en tiennent à étudier ses diverses facultés. Égale erreur, égale chimère ! Il n'y a pas plus de qualités sans être que d'être sans qualités. Nul être n'est sans ses déterminations, et réciproquement ses déterminations ne sont pas sans lui. Considérer les déterminations de l'être indépendamment de l'être qui les possède, ce n'est plus observer, c'est abstraire, c'est faire une abstraction tout aussi extravagante que celle de l'être considéré indépendamment de ses qualités. »

science et d'intelligence ; car l'intelligence, si élevée qu'elle puisse être, suppose toujours la distinction du sujet intelligent et de l'objet intelligible. Un dieu dont l'absolue unité exclut l'intelligence, voilà le dieu de la philosophie mystique.

Comment l'école d'Alexandrie, comment Plotin, son fondateur[1], au milieu des lumières de la civilisation grecque et latine, a-t-il pu arriver à cette étrange notion de la Divinité? Par l'abus du platonisme, par la corruption de la meilleure et de la plus sévère méthode, celle de Socrate et de Platon.

La méthode platonicienne, la marche dialectique, comme l'appelle son auteur, recherche dans les choses particulières, variables, contingentes, ce qu'elles ont aussi de général, de durable, d'un, c'est-à-dire leur Idée, et s'élève ainsi aux Idées, comme aux seuls vrais objets de l'intelligence, pour s'élever encore de ces Idées, qui s'ordonnent dans une admirable hiérarchie, à la première de toutes, au delà de laquelle l'intelligence n'a plus rien à concevoir ni à chercher. C'est en écartant dans les choses finies leur limite, leur individualité, que l'on atteint les genres, les Idées, et, par elles, leur souverain principe. Mais ce principe n'est pas le dernier des genres, ni la dernière des abstractions ; c'est un principe réel et substantiel[2]. Le dieu de Platon ne s'appelle pas seulement l'unité, il s'appelle le Bien; il n'est pas la

---

1. Sur l'école d'Alexandrie, voyez IIe série, t. II, *Esquisse d'une histoire générale de la philosophie*, leçon vIII, p. 211, et IIIe série, t. I, *passim*.

2. Plus haut, p. 72.

substance morte des Éléates[1] ; il est doué de *vie* et de *mouvement*[2] ; fortes expressions qui montrent à quel point le dieu de la métaphysique platonicienne est différent de celui du mysticisme. Ce dieu est le *père du monde*[3]. Il est aussi le père de la vérité, cette lumière des esprits[4]. Il habite au milieu des idées *qui font de lui un dieu véritable en tant qu'il est avec elles*[5]. Il possède *l'auguste et sainte intelligence*[6]. Il a fait le monde sans aucune nécessité extérieure et par ce motif seul qu'il est bon[7]. Enfin il est la beauté sans mélange, inaltérable, immortelle, qui fait dédaigner toutes les beautés terrestres à qui l'a une fois entrevue[8]. Le beau, le bien ab-

1. IIIe série, t. I, *Philosophie ancienne*, article *Xénophane* et article *Zénon*.
2. *Le Sophiste*, t. XI de notre traduction, p. 261.
3. *Timée*, t. XII, p. 117.
4. *République*, livre VII, p. 70 du t. X, et plus haut, p. 74.
5. *Phèdre*, p. 55, t. VI, et plus haut, p. 75.
6. *Le Sophiste*, p. 261, 262. Il faut citer ce passage peu connu et décisif que nous avons traduit pour la première fois : « L'ÉTRANGER. Mais quoi, par Jupiter ! nous persuadera-t-on si facilement que dans la réalité le mouvement, la vie, l'âme, l'intelligence ne conviennent pas à l'être absolu? que cet être ne vit ni ne pense, et qu'il demeure immobile, immuable, sans avoir part à l'auguste et sainte intelligence? — THÉÉTÈTE. Ce serait consentir, cher Éléate, à une bien étrange assertion. — L'ÉTRANGER. Ou bien lui accorderons-nous l'intelligence en lui refusant la vie? — THÉÉTÈTE. Cela ne se peut. — L'ÉTRANGER. Ou bien encore dirons-nous qu'il y a en lui l'intelligence et la vie, mais que ce n'est pas dans une âme qu'il les possède? — THÉÉTÈTE. Et comment pourrait-il les posséder autrement? — L'ÉTRANGER. Enfin que, doué d'intelligence, d'âme et de vie, tout animé qu'il est, il demeure dans une complète immobilité? — THÉÉTÈTE. Tout cela me paraît déraisonnable. »
7. *Timée*, p. 119 : « Disons la cause qui a porté le suprême ordonnateur à produire et à composer cet univers : il était bon. »
8. *Banquet*, discours de Diotime, t. VI, et plus bas, IIe partie, DU BEAU, leçon VII.

solu est trop éblouissant pour que l'œil d'un mortel puisse le regarder en face ; il le faut contempler d'abord dans les images qui nous le révèlent, dans la vérité, dans la beauté, dans la justice, telles qu'elles se rencontrent ici-bas et parmi les hommes, de même qu'il faut habituer peu à peu l'œil du captif enchaîné dès l'enfance à la splendide lumière du soleil[1]. Notre raison, éclairée par la vraie science, peut apercevoir cette lumière des esprits ; bien conduite, elle peut aller jusqu'à Dieu, et il n'est pas besoin, pour y atteindre, d'une faculté particulière et mystérieuse.

Plotin s'est égaré en poussant à l'excès la dialectique platonicienne, et en l'étendant au delà du terme où elle doit s'arrêter. Dans Platon, elle se termine aux Idées, à l'Idée du bien, et produit un dieu intelligent et bon ; Plotin l'applique sans fin, et elle le mène dans l'abîme du mysticisme. Si toute vérité est dans le général, et si toute individualité est imperfection, il en résulte que tant que nous pourrons généraliser, tant qu'il nous sera possible d'écarter quelque différence, d'exclure quelque détermination, nous ne serons pas au terme de la dialectique. Son objet dernier sera donc un principe sans aucune détermination. Elle n'épargnera pas en Dieu l'être lui-même. En effet, si nous disons que Dieu est un être, à côté et au-dessus de l'être nous mettons l'unité de laquelle l'être participe, et que l'on peut dégager pour la considérer seule. L'être ici n'est pas simple, puisqu'il est à la fois être et unité : l'unité seule

---

1. *République*. Ibid.

est simple, car on ne peut remonter au delà. Et encore quand nous disons unité, nous la déterminons. La vraie unité absolue doit donc être quelque chose d'absolument indéterminé, qui n'est pas, à proprement parler, qui ne peut même se nommer, *l'innommable*, comme dit Plotin. Ce principe, qui n'est pas, à plus forte raison ne peut pas penser, car toute pensée est encore une détermination, une manière d'être. Ainsi l'être et la pensée sont exclus de l'unité absolue. Si l'alexandrinisme les admet, ce n'est que comme une déchéance, une dégradation de l'unité. Considéré dans la pensée et dans l'être, le principe suprême est inférieur à lui-même; ce n'est que dans la simplicité pure de son indéfinissable essence qu'il est le dernier objet de la science et le dernier terme de la perfection.

Pour entrer en rapport avec un pareil dieu, les facultés ordinaires ne suffisent point, et la théodicée de l'école d'Alexandrie lui impose une psychologie toute particulière.

Dans la vérité des choses, la raison conçoit l'unité absolue comme un attribut de l'être absolu, mais non pas comme quelque chose en soi, ou si elle la considère à part, elle sait qu'elle ne considère qu'une abstraction. Veut-on faire de l'unité absolue autre chose qu'un attribut d'un être absolu, ou une abstraction, une conception de l'intelligence humaine? ce n'est plus rien que la raison puisse accepter à aucun titre. Cette unité vide sera-t-elle l'objet de l'amour? Mais l'amour, bien plus que la raison encore, aspire à un objet réel. On n'aime pas la substance en général, mais une substance qui possède tel ou tel caractère. Dans les amitiés humaines, supprimez toutes les qualités d'une personne ou modifiez-les, vous modifiez ou vous supprimez l'amour. Cela ne prouve pas que vous n'aimiez pas cette personne ; cela prouve seulement que la personne n'est pas pour vous sans ses qualités.

Ainsi ni la raison ni l'amour ne peuvent atteindre l'absolue unité du mysticisme. Pour correspondre à un tel objet, il faut en nous quelque chose qui y soit analogue, il faut un mode de connaître qui emporte l'abolition de la conscience. En effet, la conscience est le signe du moi, c'est-à-dire de ce qu'il y a de plus déterminé : l'être qui dit : moi, se distingue essentiellement de tout autre ; c'est là qu'est pour nous le type même de l'individualité. La conscience dégraderait l'idéal de la connaissance dialectique, où toute division, toute détermination doit être absente pour répondre à l'absolue unité de son objet. Ce mode de communication pure et directe avec Dieu, qui n'est pas la raison, qui n'est pas l'amour, qui exclut la conscience, c'est l'extase (ἔκστασις). Ce mot, que Plotin a le premier appliqué à ce singulier état de l'âme, exprime cette séparation d'avec nous-mêmes que le mysticisme exige, et dont il croit l'homme capable. L'homme, pour communiquer avec l'être absolu, doit sortir de lui-même. Il faut que la pensée écarte toute pensée déterminée, et, en se repliant dans ses profondeurs, arrive à un tel oubli d'elle-même que la conscience soit ou semble évanouie. Mais ce n'est là qu'une image de l'extase ; ce qu'elle est en soi, nul ne le sait ; comme elle échappe à la conscience, elle échappe à la mémoire, elle échappe à la réflexion, et par conséquent à toute expression, à toute parole humaine.

Ce mysticisme philosophique repose sur une notion radicalement fausse de l'être absolu. À force de vouloir affranchir Dieu de toutes les conditions de l'existence finie, on en vient à lui ôter les conditions de l'existence même ; on a tellement peur que l'infini ait quoi que ce soit de commun avec le fini, qu'on n'ose reconnaître que l'être est commun à l'un et à l'autre, sauf la différence du degré, comme si tout ce qui n'est pas n'était pas le néant même ! L'être absolu possède l'unité absolue, sans aucun doute, comme il possède l'intelligence absolue ; mais, encore une fois, l'unité absolue sans un sujet réel d'inhérence est destituée de toute réalité. Réel et déterminé sont synonymes. Ce qui constitue un être, c'est sa nature spéciale, son essence. Un être n'est lui-même qu'à la condition de ne pas être un autre ; il ne peut donc pas ne pas avoir des traits caractéristiques. Tout ce qui est, est tel ou tel. La différence est un élément aussi essentiel à l'être que l'unité même. Si donc la réalité est dans la détermination, il s'ensuit que Dieu est le plus déterminé des êtres. Aristote est bien plus platonicien que Plotin, lorsqu'il dit que Dieu est la pensée de la pensée[1], qu'il n'est pas une simple puissance, mais une puissance en acte, entendant par là que Dieu, pour être parfait, ne doit rien

---

1. Livre XII de la métaphysique. *De la métaphysique d'Aristote*, 2ᵉ édit., p. 200, sqq.

avoir en soi qui ne soit accompli. C'est à la nature finie qu'il convient d'être, en un certain sens, indéterminée, puisque, étant finie, elle a toujours en elle des puissances qui ne sont pas réalisées; cette indétermination diminue à mesure que ces puissances se réalisent. Ainsi la vraie unité divine n'est pas l'unité abstraite, c'est l'unité précise de l'être parfait, en qui tout est achevé. Au faîte de l'existence, encore plus qu'à son plus humble degré, tout est déterminé, tout est développé, tout est distinct, comme tout est un. La richesse des déterminations est le signe certain de la plénitude de l'être. La réflexion distingue ces déterminations entre elles, mais il ne faut pas voir dans ces distinctions des limites. Dans nous, par exemple, est-ce que la diversité de nos facultés et leur plus riche développement divise le moi et altère l'identité et l'unité de la personne? chacun de nous se croit-il moins lui-même parce qu'il possède et la sensibilité et la raison et la volonté? Non, assurément. Il en est de même de Dieu. Faute d'avoir passé par une psychologie suffisante, le mysticisme alexandrin s'est imaginé que la diversité des attributs est incompatible avec la simplicité de l'essence, et de peur de corrompre la simple et pure essence, il en a fait une abstraction. Par un scrupule insensé, il a craint que Dieu ne fût pas assez parfait s'il lui laissait toutes ses perfections; il les considère comme des imperfections, l'être comme une dégradation, la création comme une chute; et, pour expliquer l'homme et l'univers, il est forcé de mettre en Dieu ce qu'il appelle des défaillances, pour n'avoir pas vu que ces prétendues défaillances sont les signes mêmes de la perfection infinie.

La théorie de l'extase est à la fois la condition nécessaire et la condamnation de la théorie de l'unité absolue. Sans l'unité absolue, comme objet direct de la connaissance, à quoi bon l'extase dans le sujet de la connaissance? L'extase, loin d'élever l'homme jusqu'à Dieu, l'abaisse au-dessous de l'homme; car elle efface en lui la pensée en ôtant sa condition, qui est la conscience. Supprimer la conscience, c'est rendre impossible toute connaissance; c'est ne pas comprendre la perfection de ce mode de connaître, où l'intimité du sujet et de l'objet donne à la fois la connaissance la plus simple, la plus immédiate et la plus déterminée [1].

Le mysticisme alexandrin est le mysticisme le plus savant et le plus profond qui soit connu. Dans les hauteurs de l'abstraction où il se perd, il semble bien loin des superstitions populaires; et pourtant l'école d'A-

---

1. Sur ce point fondamental, voyez plus haut, p. 63. — II° série, t. I, leçon v, p. 94 : « Le propre de l'intelligence n'est pas de pouvoir connaître, mais de connaître en effet. A quelle condition a-t-il intelligence pour nous? Il ne suffit point qu'il y ait en nous un principe d'intelligence; il faut que ce principe s'exerce et se développe, et se prenne lui-même comme objet de son intelligence. La condition nécessaire de l'intelligence, c'est la conscience, c'est-à-dire la différence. Il ne peut y avoir connaissance que là où il y a plusieurs termes, dont l'un aperçoit l'autre, et en même temps s'aperçoit lui-même. C'est là connaître et se connaître, c'est là l'intelligence. L'intelligence sans conscience est la possibilité abstraite de l'intelligence, ce n'est pas l'intelligence réelle. Transportez ceci de l'intelligence humaine à l'intelligence divine, c'est-à-dire rapportez les idées, j'entends les idées au sens de Platon, de saint Augustin, de Bossuet et de Leibnitz, à la seule intelligence à laquelle elles puissent appartenir, vous avez, si je puis m'exprimer ainsi, la vie de l'intelligence divine..., etc. »

lexandrie réunit la contemplation extatique et la théurgie. Ce sont là deux choses en apparence incompatibles, mais qui tiennent à un même principe, à la prétention d'apercevoir directement ce qui échappe invinciblement à toutes nos prises. Ici un mysticisme raffiné aspire à Dieu par l'extase; là, un mysticisme grossier croit le saisir par les sens. Les procédés, les facultés employées diffèrent; mais le fond est le même, et de ce fond commun sortent nécessairement les extravagances les plus opposées. Apollonius de Tyane est un alexandrin populaire, et Jamblique, c'est Plotin, devenu prêtre, mystagogue, hiérophante. Un culte nouveau éclatait par des miracles; le culte ancien voulut avoir les siens, et des philosophes se vantèrent de faire comparaître la Divinité devant d'autres hommes. On eut des démons à soi, et en quelque sorte à ses ordres; on n'invoqua plus seulement les dieux, on les évoqua. L'extase pour les initiés, la théurgie pour la foule.

De tout temps et de toutes parts, ces deux mysticismes se sont donné la main. Dans l'Inde et dans la Chine, les écoles où s'enseigne l'idéalisme le plus quintessencié ne sont pas loin des pagodes de la plus avilissante idolâtrie. Un jour on lit le Bhagavad-Gita ou Lao-tseu[1], on enseigne un Dieu indéfinissable, sans attributs essentiels et déterminés; et le lendemain, on fait voir au peuple telle ou telle forme, telle ou telle manifestation de ce Dieu qui, n'en ayant pas une qui lui appartienne, peut les recevoir toutes, et qui, n'étant que

1. T. II de la IIe série, *Esquisse d'une histoire générale de la philosophie*, leçons v et vi, sur la philosophie indienne.

la substance en soi, est nécessairement la substance de tout, de la pierre et d'une goutte d'eau, du chien, du héros et du sage. Ainsi, dans le monde ancien, sous Julien, par exemple, le même homme était à la fois professeur à l'école d'Athènes et gardien du temple de Minerve ou de Cybèle, tour à tour obscurcissant par de subtils commentaires le *Timée* et la *République*, et déployant aux yeux de la multitude, soit le voile sacré[1], soit la châsse de la bonne déesse[2], et dans l'une et l'autre fonction, prêtre ou philosophe, en imposant aux autres et à lui-même, entreprenant de monter au-dessus de l'esprit humain et tombant misérablement au-dessous, payant en quelque sorte la rançon d'une métaphysique inintelligible en se prêtant aux plus honteuses superstitions.

Lorsque la religion chrétienne triompha, elle rangea l'humanité sous une discipline qui mit un frein à ce déplorable mysticisme. Mais combien de fois n'a-t-il pas ramené, sous le règne de la religion de l'esprit, toutes les extravagances des religions de la nature! Il devait surtout reparaître à la renaissance des écoles et du génie du paganisme, au XVIe siècle, quand l'esprit humain avait rompu avec la philosophie du moyen âge, sans être encore parvenu à la philosophie moderne[3]. Les Paracelse, les Van-Helmont renouvelèrent les Apollonius et les Jamblique, abusant de quelques connais-

---

1. Voyez l'*Euthyphron*, t. I de notre traduction.
2. Lucien, Apulée, Lucius de Patras.
3. IIe série, t. II, *Esquisse d'une histoire générale de la philosophie*, leçon X, sur la philosophie de la renaissance.

sances chimiques et médicales, comme ceux-ci avaient abusé de la méthode socratique et platonicienne altérée dans son caractère et détournée de son véritable objet. Et même, en plein xviiiᵉ siècle, Swedenborg n'a-t-il pas uni en sa personne un mysticisme exalté et une sorte de magie, frayant ainsi la route à ces insensés[1] qui me contestent le matin les preuves les plus solides et les plus autorisées de l'existence de l'âme et de Dieu, et me proposent le soir de me faire voir autrement que par mes yeux, de me faire ouïr autrement que par mes oreilles, de faire usage de toutes mes facultés autrement que par leurs organes naturels, me promettant une science surhumaine, à la condition de perdre d'abord la conscience, la pensée, la liberté, la mémoire, tout ce qui me constitue être intelligent et moral. Je saurai tout alors, mais à ce prix que je ne saurai rien de ce que je saurai. Je m'élèverai dans un monde merveilleux, qu'éveillé et de sens rassis je ne puis pas même soupçonner, et dont ensuite il ne me restera aucun souvenir : mysticisme à la fois grossier et chimérique, qui pervertit tout ensemble la psychologie et la physiologie; extase imbécile, renouvelée sans génie de l'extase alexandrine, extravagance qui n'a pas même le mérite d'un peu de nouveauté, et que l'histoire voit

---

1. On s'occupait alors avec ardeur du magnétisme, et plus d'un magnétiseur, à moitié matérialiste, à moitié illuminé, prétendait nous convertir au système de la parfaite clairvoyance de l'âme obtenue au moyen du sommeil artificiel. Hélas! aujourd'hui de semblables folies sont revenues. Les évocations sont à la mode. On interroge les esprits et ils répondent! Il n'y a que la conscience qu'on n'interroge pas, et la superstition seule contre-pèse le scepticisme.

reparaître à toutes les époques d'ambition et d'impuissance.

Voilà où on en vient quand on veut sortir des conditions imposées à la nature humaine. Charron l'a dit le premier, et après lui Pascal l'a répété : Qui veut faire l'ange fait la bête. Le remède à toutes ces folies est une théorie sévère de la raison, de ce qu'elle peut et de ce qu'elle ne peut pas, de la raison enveloppée d'abord dans l'exercice des sens, puis s'élevant aux idées universelles et nécessaires, les rapportant à leur principe, à un être infini et en même temps réel et substantiel, dont elle conçoit l'existence, mais dont il lui est interdit à jamais de pénétrer et de comprendre la nature. Le sentiment accompagne et vivifie les intuitions sublimes de la raison, mais il ne faut pas confondre ces deux ordres de faits, encore bien moins étouffer la raison dans le sentiment. Entre un être fini tel que l'homme, et Dieu, substance absolue et infinie, il y a le double intermédiaire et de ce magnifique univers livré à nos regards, et de ces vérités merveilleuses que la raison conçoit, mais qu'elle n'a point faites pas plus que l'œil ne fait les beautés qu'il aperçoit. Le seul moyen qui nous soit donné de nous élever jusqu'à l'être des êtres, sans éprouver d'éblouissement ni de vertige, c'est de nous en rapprocher à l'aide du divin intermédiaire; c'est-à-dire de nous consacrer à l'étude et à l'amour de la vérité, et, comme nous le verrons tout à l'heure, à la contemplation et à la reproduction du beau, surtout à la pratique du bien.

DEUXIÈME PARTIE.

DU BEAU.

SIXIÈME LEÇON.

DU BEAU, DANS L'ESPRIT DE L'HOMME.

Méthode qui doit présider aux recherches sur le beau et sur l'art: Ici, comme dans la recherche du vrai, commencer par la psychologie.— Des facultés de l'âme qui concourent à la perception du beau. — Les sens ne donnent que l'agréable, la raison seule donne l'idée du beau. — Réfutation de l'empirisme, qui confond l'agréable et le beau. — Prééminence de la raison. — Du sentiment du beau; différent de la sensation et du désir. — Distinction du sentiment du beau et de celui du sublime. — De l'imagination. — Influence du sentiment sur l'imagination. — Influence de l'imagination sur le sentiment. — Théorie du goût.

Rappelons en quelques mots les résultats auxquels nous sommes parvenus.

Deux écoles exclusives sont en présence au xvııı° siècle; nous les avons combattues l'une et l'autre et l'une par l'autre. A l'empirisme nous avons opposé l'insuffisance de la sensation, et son indispensable nécessité à l'idéalisme. Nous avons admis, avec Locke et Condillac, dans l'origine de la connaissance, des idées particulières et contingentes, que nous devons aux sens et à la conscience; et au-dessus des sens et de la conscience, sources directes de toutes les idées particulières, nous avons reconnu, avec Reid et Kant, une faculté spéciale, différente de la sensation et de la conscience, mais qui se développe avec elles, la raison, source éminente des vérités universelles et nécessaires. Nous avons établi, contre Kant, l'absolue autorité de la raison et des vérités qu'elle nous découvre. Puis, les vérités que la raison nous avait révélées nous ont elles-mêmes révélé leur éternel principe, Dieu. Enfin, ce spiritualisme raisonnable qui est tout ensemble la foi du genre humain et la doctrine des plus grands esprits de l'antiquité et des temps modernes, nous l'avons soigneusement distingué d'un mysticisme chimérique et dangereux. Ainsi, nécessité de l'expérience et nécessité de la raison, nécessité d'un être réel et infini qui soit le premier et dernier fondement de la vérité, sévère distinction du spiritualisme et du mysticisme, tels sont les grands principes que vous avez pu recueillir de la première partie de ce cours.

La seconde partie, l'étude du beau, nous donnera les mêmes résultats éclairés et agrandis par une application nouvelle.

C'est le xviiie siècle qui a introduit, ou plutôt ramené dans la philosophie les recherches sur le beau et sur l'art, si familières à Platon et à Aristote, mais que la scholastique n'avait pas accueillies, et auxquelles était restée presque étrangère notre grande philosophie du xviie siècle[1]. On comprend qu'il n'appartenait pas à

1. Exceptez l'estimable *Essai sur le Beau* du P. André, disciple de Malebranche et qui a prolongé sa vie assez avant dans le xviiie siècle. Sur le P. André, voyez IIIe série, t. III, Philosophie moderne, p. 207-516.

l'école empirique de faire revivre cette noble partie de la science philosophique. Locke et Condillac n'ont pas laissé un chapitre, ni même une seule page, sur le beau. Leurs successeurs ont traité la beauté avec le même dédain ; ne sachant trop comment l'expliquer dans leur système, ils ont trouvé plus commode de ne la point apercevoir. Diderot, il est vrai, a eu l'enthousiasme de la beauté et de l'art, mais l'enthousiasme le plus mal placé qui fut jamais. Diderot avait des éclairs de génie ; mais, comme a dit de lui Voltaire, c'était une tête où tout fermentait sans venir à maturité. Il a semé çà et là une foule d'aperçus ingénieux et souvent contradictoires ; il n'a pas de principes ; il s'abandonne à l'impression du moment ; il ne sait ce que c'est que l'idéal ; il se complaît dans un certain naturel, à la fois vulgaire et maniéré, tel qu'on peut l'attendre de l'auteur de l'*Interprétation de la nature*, du *Père de famille*, du *Neveu de Rameau* et de *Jacques le Fataliste*. Diderot est matérialiste dans l'art comme dans la philosophie ; il est de son temps et de son école, avec un grain de poésie, de sensibilité et d'imagination[1]. Il était digne de l'école écossaise[2] et de Kant[3] de faire une place au beau dans leur doctrine. Ils l'ont considéré dans l'âme et dans la nature ; mais ils n'ont pas même

---

[1]. Voyez, dans les œuvres de Diderot, *Pensées sur la sculpture*, les *Salons*, etc.
[2]. Voyez, Ire série, t. IV, exposées et appréciées, les théories d'Hutcheson et de Reid.
[3]. La théorie de Kant se trouve dans la *Critique du jugement* et dans les *Observations sur le sentiment du beau et du sublime*. Voyez l'excellente traduction qu'en a donnée M. Barny, 2 vol., 1846.

abordé la difficile question de la reproduction du beau par le génie de l'homme. Nous tenterons d'embrasser ce grand sujet dans toute son étendue, et nous allons vous offrir au moins une esquisse d'une théorie régulière et complète de la beauté et de l'art.

Commençons par bien établir la méthode qui doit présider à ces recherches.

On peut étudier le beau de deux façons : ou hors de nous, en lui-même et dans les objets, quels qu'ils soient, qui en portent l'empreinte ; ou bien dans l'esprit de l'homme, dans les facultés qui l'atteignent, dans les idées ou dans les sentiments qu'il excite en nous. Or, la vraie méthode, qui doit vous être aujourd'hui familière, nous fait une loi de partir de l'homme pour arriver aux choses. L'analyse psychologique sera donc encore ici notre point de départ, et l'étude de l'état de l'âme en présence du beau nous préparera à celle du beau considéré en lui-même et dans ses objets.

Interrogeons l'âme en présence de la beauté.

N'est-ce pas un fait incontestable qu'en face de certains objets, dans des circonstances très-diverses, nous portons ce jugement : Cet objet est beau. Cette affirmation n'est pas toujours explicite. Quelquefois elle ne se manifeste que par un cri d'admiration; quelquefois elle s'élève silencieusement dans l'esprit qui à peine en a conscience. Les formes de ce phénomène varient, mais le phénomène est attesté par l'observation la plus vulgaire et la plus certaine, et toutes les langues en portent témoignage.

Quoique les objets sensibles soient ceux qui, chez la

plupart des hommes, provoquent le plus souvent le jugement du beau, ils n'ont pas seuls cet avantage : le domaine de la beauté est plus étendu que le monde physique exposé à nos regards; il n'a d'autres bornes que celles de la nature entière, de l'âme et du génie de l'homme. Devant une action héroïque, au souvenir d'un grand dévouement, même à la pensée des vérités les plus abstraites puissamment enchaînées entre elles dans un système admirable à la fois par sa simplicité et par sa fécondité; enfin devant des objets d'un autre ordre, devant les œuvres de l'art, ce même phénomène se produit en nous. Nous reconnaissons dans tous ces objets, si différents qu'ils soient, une qualité commune sur laquelle tombe notre jugement, et cette qualité, nous l'appelons la beauté.

La philosophie de la sensation, pour être fidèle à elle-même, a dû essayer de réduire le beau à l'agréable.

Sans doute la beauté est presque toujours agréable aux sens, ou du moins elle ne doit pas les blesser. La plupart de nos idées du beau nous viennent par la vue et par l'ouïe, et tous les arts sans exception s'adressent à l'âme par le corps. Un objet qui nous fait souffrir, fût-il le plus beau du monde, bien rarement nous paraît tel. La beauté n'a guère de prise sur une âme occupée par la douleur.

Mais si une sensation agréable accompagne souvent l'idée du beau, il n'en faut pas conclure que l'une soit l'autre.

L'expérience atteste que toutes les choses agréables

ne nous paraissent pas belles, et que, parmi les choses agréables, celles qui le sont le plus, ne sont pas les plus belles, marque assurée que l'agréable n'est pas le beau ; car si l'un est identique à l'autre, ils ne doivent jamais être séparés, et ils doivent toujours être proportionnés l'un à l'autre.

Loin de là, tandis que tous nos sens nous donnent des sensations agréables, deux seulement ont le privilége d'éveiller en nous l'idée de la beauté. A-t-on jamais dit : Voilà une belle saveur, voilà une belle odeur ? Cependant on le devrait dire, si le beau est l'agréable. D'un autre côté, il est certains plaisirs de l'odorat et du goût qui ébranlent plus la sensibilité que les plus grandes beautés de la nature et de l'art ; et même, parmi les perceptions de l'ouïe et de la vue, ce ne sont pas toujours les plus vives qui excitent le plus en nous l'idée du beau Des tableaux d'un coloris médiocre ne nous émeuvent-ils pas souvent plus profondément que telles œuvres éblouissantes, plus séduisantes aux yeux, moins touchantes à l'âme ? Je dis plus ; non-seulement la sensation ne produit pas l'idée du beau, mais quelquefois elle l'étouffe. Qu'un artiste se complaise dans la reproduction de formes voluptueuses ; en agréant aux sens, il trouble, il révolte en nous l'idée chaste et pure de la beauté. L'agréable n'est donc pas la mesure du beau, puisque en certains cas il l'efface et le fait oublier ; il n'est donc pas le beau, puisqu'il se trouve, et au plus haut degré, où le beau n'est pas.

Ceci nous conduit au fondement essentiel de la distinction de l'idée du beau et de la sensation de l'agréable, à savoir, la différence déjà expliquée de la sensibilité et de la raison.

Quand un objet vous fait éprouver une sensation agréable, si on vous demande pourquoi cet objet vous agrée, vous ne pouvez rien répondre, sinon que telle est votre impression; et si on vous avertit que ce même objet produit sur d'autres une impression différente et leur déplaît, vous ne vous en étonnez pas beaucoup, parce que vous savez que la sensibilité est diverse, et qu'il ne faut pas disputer des sensations. En est-il de même, lorsqu'un objet ne vous est pas seulement agréable, mais lorsque vous jugez qu'il est beau? Vous prononcez, par exemple, que cette figure est noble et belle, que ce lever ou ce coucher de soleil est beau, que le désintéressement et le dévouement sont beaux, que la vertu est belle; si l'on vous conteste la vérité de ces jugements, alors vous n'êtes pas aussi accommodants que vous l'étiez tout à l'heure; vous n'acceptez pas le dissentiment comme un effet inévitable de sensibilités différentes; vous n'en appelez plus à votre sensibilité, qui naturellement se termine à vous, vous en appelez à une autorité qui est faite pour les autres comme pour vous, celle de la raison; vous vous croyez le droit d'accuser d'erreur celui qui contredit votre jugement, car ici votre jugement ne repose plus sur quelque chose de variable et d'individuel, comme une sensation agréable ou pénible. L'agréable se renferme pour nous dans l'enceinte de notre propre organisation, où il change à tout moment, selon les révolutions perpétuelles de cette organisation, selon la santé et la maladie, l'état de l'atmosphère, celui de nos nerfs, etc. Mais il n'en est pas ainsi de la beauté ; la beauté, comme la vérité, n'appartient à aucun de nous ; personne n'a le droit d'en disposer arbitrairement ; et quand nous disons : Cela est vrai, cela est beau, ce n'est plus l'impression particulière et variable de notre sensibilité que nous exprimons, c'est le jugement absolu que la raison impose à tous les hommes.

Confondez la raison et la sensibilité, réduisez l'idée du beau à la sensation de l'agréable, et le goût n'a plus de loi. Si une personne me dit, en présence de l'Apollon du Belvédère, qu'elle n'éprouve rien de plus agréable qu'en présence de toute autre statue, que celle-là ne lui plaît pas, et qu'elle n'en sent pas la beauté ; je ne puis contester son impression ; mais si cette personne conclut de là que l'Apollon n'est pas beau, je la contredis hautement, et je prononce qu'elle se trompe. On distingue le bon goût et le mauvais goût ; mais que signifie cette distinction, si le jugement du beau se résout dans une sensation ? Vous me dites que je n'ai pas de goût. Qu'est-ce à dire ? N'ai-je pas des sens comme vous ? L'objet que vous admirez n'agit-il pas sur moi comme sur vous ? L'impression que j'éprouve n'est-elle pas aussi réelle que celle que vous éprouvez ? D'où vient donc que vous avez raison, vous qui ne faites qu'exprimer l'impression que vous ressentez, et que j'ai tort, moi qui fais précisément la même chose ? Est-ce parce que ceux qui sentent comme vous sont plus nombreux que ceux qui sentent comme moi ? Mais le nombre des voix n'est pour rien ici. Le beau étant défini ce qui produit sur les sens une impression agréable, une chose qui plaît, fût-ce à un seul homme, fût-elle affreusement laide aux yeux du genre humain tout entier, doit être cependant et très-légitimement appelée belle par celui qui en reçoit une impression agréable, car pour lui elle satisfait à la définition. Il n'y a plus alors de vraie beauté ; il n'y a que des beautés relatives et changeantes, des beautés de circonstance, de coutume, de mode, et toutes ces beautés, quelque différentes qu'elles soient, auront droit aux mêmes hommages, pourvu qu'elles rencontrent des sensibilités auxquelles elles agréent. Et comme il n'y a rien en ce monde, dans l'infinie diversité de nos dispositions, qui ne puisse plaire à quelqu'un, il n'y aura rien qui ne soit beau ; ou, pour mieux parler, il n'y aura ni beau ni laid, et la Vénus Hottentote égalera la Vénus de Médicis. L'absurdité des conséquences démontre l'absurdité du principe. Mais il n'y a qu'un moyen d'échapper à ces conséquences, c'est de répudier le principe, et de reconnaître que le jugement du beau est un jugement absolu, et, comme tel, entièrement différent de la sensation.

Enfin, et c'est ici le dernier écueil de l'empirisme, n'y a-t-il en nous que l'idée d'une beauté imparfaite et finie, et en même temps que nous admirons les beautés réelles que nous présente la nature, ne nous élevons-nous pas à l'idée d'une beauté supérieure, que Platon appelle excellemment l'Idée du beau, et que, d'après lui, tous les hommes d'un goût délicat, tous les vrais artistes appellent l'idéal ? Si nous établissons des degrés dans la beauté des choses, n'est-ce pas parce que nous les comparons, souvent sans nous en rendre compte, à cet idéal qui nous est la mesure et la règle de tous nos jugements sur les beautés particulières? Comment cette idée de la beauté absolue enveloppée dans tous nos jugements sur le beau, comment cette beauté idéale qu'il nous est impossible de ne pas concevoir, nous serait-elle révélée par la sensation, par une faculté variable et relative comme les objets qu'elle aperçoit?

La philosophie qui tire toutes nos idées des sens échoue donc devant l'idée du beau. Reste à savoir si on explique mieux cette idée au moyen du sentiment, différent de la sensation, et qui tient de si près à la raison que de bons juges l'ont souvent pris pour elle et en ont fait le principe de l'idée du beau comme de celle du bien. C'est déjà un progrès, sans doute, que d'aller de la sensation au sentiment, et Hutcheson et Smith[1] sont à nos yeux de bien autres philosophes que Condillac et Helvétius[2]; mais nous croyons avoir suffisamment établi[3] qu'en confondant le sentiment avec la raison, on lui ôte son fondement et sa règle, que, particulier et variable de sa nature, différent d'homme à homme et en chaque homme sans cesse différent, le sentiment est incapable de se suffire à lui-même. Cependant, si le sentiment n'est pas un principe, c'est un fait vrai et impor-

1. Sur Hutcheson et Smith, sur leurs mérites et leurs défauts, sur la part de vérité et la part d'erreur que contient leur philosophie, voyez les leçons détaillées que nous leur avons consacrées, Ire série, t. IV.
2. Voyez l'exposition et la réfutation de la doctrine de Condillac et d'Helvétius, *ibid.*, t. III.
3. Voyez plus haut, leçon v, p. 108-118.

tant, et après l'avoir bien distingué de la raison, nous allons nous-même l'élever bien au-dessus de la sensation, et mettre en lumière le rôle considérable qu'il joue dans la perception de la beauté.

Placez-vous devant un objet de la nature, où les hommes reconnaissent de la beauté, et observez ce qui se passe en vous à la vue de cet objet. N'est-il pas certain qu'en même temps que vous jugez qu'il est beau, vous sentez aussi sa beauté, c'est-à-dire que vous éprouvez à sa vue une émotion délicieuse, et que vous êtes attiré vers cet objet par un sentiment de sympathie et d'amour? dans d'autres cas, vous jugez autrement et vous éprouvez un sentiment contraire. L'aversion accompagne le jugement du laid, comme l'amour le jugement du beau. Et ce sentiment ne s'éveille pas seulement en présence des objets de la nature : tous les objets, quels qu'ils soient, que nous jugeons laids ou beaux, ont le pouvoir d'exciter en nous ce sentiment. Variez tant qu'il vous plaira les circonstances, transportez-moi devant un admirable édifice ou devant un beau paysage, représentez à mon esprit les grandes découvertes de Descartes et de Newton, les exploits du grand Condé, la vertu de saint Vincent de Paul; élevez-moi encore plus haut; réveillez en moi l'idée obscurcie et trop oubliée de l'être infini ; quoi que vous fassiez, toutes les fois que vous faites naître en moi l'idée du beau, vous me procurez une jouissance intérieure et exquise, toujours suivie d'un sentiment d'amour pour l'objet qui l'a causée.

Plus l'objet est beau, plus la jouissance qu'il donne à

l'âme est vive et l'amour profond sans être passionné. Dans l'admiration le jugement domine, mais animé par le sentiment. L'admiration s'accroît-elle à ce point d'imprimer à l'âme un mouvement, une ardeur qui semblent excéder les limites de la nature humaine? cet état de l'âme s'appelle l'enthousiasme :

> Est deus in nobis, agitante calescimus illo.

La philosophie de la sensation n'explique le sentiment comme l'idée du beau qu'en le dénaturant. Elle le confond avec la sensation agréable, et par conséquent pour elle l'amour de la beauté ne peut être que le désir.

Il n'y a point de théorie que les faits contredisent davantage.

Qu'est-ce que le désir? Un mouvement de l'âme qui a pour fin avouée ou secrète la possession; l'admiration est de sa nature respectueuse, tandis que le désir tend à profaner son objet.

Le désir est fils du besoin. Il suppose donc en celui qui l'éprouve un manque, un défaut, et jusqu'à un certain point, une souffrance. Le sentiment du beau est sa propre satisfaction à lui-même.

Le désir est enflammé, impétueux, douloureux. Le sentiment du beau, libre de tout désir et en même temps de toute crainte, élève et échauffe l'âme, et peut la transporter jusqu'à l'enthousiasme, sans lui faire connaître les troubles de la passion. L'artiste n'aperçoit que le beau là où l'homme sensuel ne voit que l'attrayant ou l'effrayant. Sur un vaisseau battu par la tempête, quand les passagers tremblent à la vue des flots menaçants et au bruit de la foudre qui gronde sur leur tête, l'artiste demeure absorbé dans la contemplation de ce sublime spectacle. Vernet se fait attacher à un mât pour contempler plus longtemps l'orage dans sa beauté majestueuse et terrible. Dès qu'il connaît la peur, dès qu'il partage l'émotion commune, l'artiste s'évanouit, il ne reste plus que l'homme.

Le sentiment du beau est si peu le désir que l'un et l'autre s'excluent. Laissez-moi prendre un exemple vulgaire. Devant une table chargée de mets et de vins délicieux, le désir de la jouissance s'éveille, mais non pas le sentiment du beau. Je suppose qu'au lieu de songer aux plaisirs que me promettent toutes les choses étalées sous mes yeux, j'envisage seulement la manière dont elles sont arrangées et disposées sur la table et l'ordonnance du festin, le sentiment du beau pourra naître en quelque degré ; mais assurément ce ne sera ni le besoin ni le désir de m'approprier cette symétrie, cette ordonnance.

Le propre de la beauté n'est pas d'irriter et d'enflammer le désir, mais de l'épurer et de l'ennoblir. Plus une femme est belle, non pas de cette beauté commune et grossière que Rubens anime en vain de son ardent coloris, mais de cette beauté idéale que l'antiquité et Raphaël ont si bien connue, plus, à l'aspect de cette noble créature, le désir est tempéré par un sentiment exquis et délicat, quelquefois même remplacé par un culte désintéressé. Si la Vénus du Capitole ou la sainte Cécile excite en vous des désirs sensuels, vous n'êtes pas faits pour sentir le beau. De même, le vrai artiste s'adresse moins aux sens qu'à l'âme ; en peignant la beauté, il ne cherche qu'à en éveiller en nous le sentiment ; et quand il a porté ce sentiment jusqu'à l'enthousiasme, il a obtenu le dernier triomphe de l'art.

Le sentiment du beau est donc un sentiment spécial, comme l'idée du beau est une idée simple. Mais ce sentiment, un en lui-même, ne se manifeste-t-il que d'une seule manière, et ne s'applique-t-il qu'à un seul genre de beauté ? Ici encore, ici comme toujours, interrogeons l'expérience.

Quand nous avons sous les yeux un objet dont les formes sont parfaitement déterminées, et l'ensemble facile à embrasser, une belle fleur, une belle statue, un temple antique d'une médiocre grandeur, chacune de nos facultés s'attache à cet objet, et s'y repose avec une satisfaction sans mélange. Nos sens en perçoivent aisément les détails : notre raison saisit l'heureuse harmonie de toutes ses parties. Cet objet a-t-il disparu, nous nous le représentons distinctement ; tant les formes en sont précises et arrêtées ! L'âme dans cette contemplation ressent une joie douce et tranquille, une sorte d'épanouissement.

Considérons-nous, au contraire, un objet aux formes vagues et indéfinies, et qui soit très-beau pourtant : l'impression que nous éprouvons est sans doute encore un plaisir, mais c'est un plaisir d'un autre ordre. Cet objet ne tombe pas sous toutes nos prises comme le premier. La raison le conçoit, mais les sens ne le perçoivent pas tout entier, et l'imagination ne se le représente pas distinctement. Les sens et l'imagination s'efforcent en vain d'atteindre ses dernières limites ; nos facultés s'agrandissent, elles s'enflent, pour ainsi dire, afin de l'embrasser, mais il leur échappe et les surpasse. Le plaisir que nous ressentons vient de la grandeur même de cet objet, mais en même temps cette grandeur fait naître en nous je ne sais quel sentiment mélancolique, parce qu'elle nous est disproportionnée. A la vue du ciel étoilé, de la vaste mer, de montagnes gigantesques, l'admiration est mêlée de tristesse. C'est que ces objets, finis en réalité comme le monde lui-même, nous semblent infinis dans l'impuissance où nous sommes de comprendre leur immensité, et qu'en imitant ce qui est vraiment sans bornes ils éveillent en nous l'idée de l'infini, cette idée qui relève à la fois et confond notre intelligence. Le sentiment correspondant que l'âme éprouve est un plaisir austère.

Pour rendre plus sensible la différence que nous voulons marquer, on peut multiplier les exemples. Êtes-vous affecté de la même manière à la vue d'une prairie variée en sa juste étendue et dont l'œil parcourt aisément la surface, et à l'aspect d'une montagne inaccessible au pied de laquelle s'agite l'Océan? La douce lumière du jour et une voix mélodieuse produisent-elles sur vous le même effet que les ténèbres et le silence? Dans l'ordre intellectuel et moral, êtes-vous ému de la même manière lorsqu'un homme riche et bon ouvre sa bourse à l'indigent, ou lorsqu'un homme magnanime donne l'hospitalité à son ennemi et le sauve au péril de sa propre vie? Prenez quelque poésie légère où partout règne la mesure, l'esprit et la grâce; prenez une ode et surtout une épître d'Horace ou de petits vers de Voltaire, et mettez en regard l'Iliade ou ces poëmes immenses des Indiens remplis d'événements merveilleux et où la plus haute métaphysique s'unit à un récit tour à tour gracieux ou pathétique, ces poëmes qui ont plus de deux cent mille vers, et dont les personnages sont des dieux ou des êtres symboliques; voyez si les impressions que vous éprouverez seront les mêmes. Pour dernier exemple, supposez d'un côté un écrivain qui en deux ou trois coups de crayon trace une analyse de l'intelligence agréable et simple mais sans profondeur, et de l'autre un philosophe qui s'engage dans un long travail pour arriver à la décomposition la plus rigoureuse de la faculté de connaître, et vous déroule une longue chaîne de principes et de conséquences, lisez le *Traité des sensations* et *la Critique de la raison pure*, et, même à part le vrai et le faux, au seul point de vue du beau, comparez vos impressions.

Voilà donc deux sentiments très-différents; aussi leur a-t-on donné des noms différents; l'un a été appelé plus particulièrement le sentiment du beau, l'autre celui du sublime.

Pour achever l'étude des diverses facultés qui entrent dans la perception de la beauté, après la raison et le sentiment, il nous reste à parler d'une faculté non moins nécessaire, qui les anime et les vivifie, l'imagination.

Lorsque la sensation, le jugement et le sentiment se sont produits à l'occasion d'un objet extérieur, ils se reproduisent en l'absence même de cet objet; c'est là la mémoire.

La mémoire est double: non-seulement je me souviens que j'ai été en présence d'un certain objet, mais je me représente cet objet absent tel qu'il était, tel que je l'ai vu, senti, jugé : le souvenir est alors une image. Dans ce dernier cas, la mémoire a été appelée par quelques philosophes mémoire imaginative. C'est là le fond de l'imagination ; mais l'imagination est plus encore.

L'esprit s'appliquant aux images fournies par la mémoire les décompose, choisit entre leurs différents traits, et en forme des images nouvelles. Sans ce nouveau pouvoir, l'imagination serait captive dans le cercle de la mémoire.

Le don d'être affecté fortement par les objets et de reproduire leurs images absentes ou évanouies, et la puissance de modifier ces images pour en composer de nouvelles, épuisent-ils ce que les hommes appellent l'imagination ? Non, ou du moins, si ce sont bien là les éléments propres de l'imagination, il faut que quelque autre chose s'y ajoute, à savoir le sentiment du beau en tout genre. C'est à ce foyer que s'entretient et s'allume la grande imagination. Suffisait-il à l'auteur des *Horaces* d'avoir bien lu Tite Live, de s'en représenter vivement plusieurs scènes, d'en saisir les traits principaux et de les combiner heureusement ? Il lui fallait en outre le sentiment, l'amour du beau, surtout du beau moral ; il lui fallait ce grand cœur d'où est sorti le mot du vieil Horace.

Entendons-nous bien. Nous ne disons pas que le sentiment soit l'imagination, nous disons qu'il est la source où l'imagination puise ses inspirations et devient féconde. Si les hommes sont si différents en fait d'imagination, c'est que les uns restent froids en présence des objets, froids dans les représentations qu'ils en conservent, froids encore dans les combinaisons qu'ils en forment, tandis que les autres, doués d'une sensibilité particulière, s'émeuvent vivement aux premières impressions des objets, en gardent de puissants ressouvenirs, et portent dans l'exercice de toutes leurs facultés cette même force d'émotion. Otez le sentiment, tout reste inanimé; qu'il se manifeste, tout prend de la chaleur, de la couleur et de la vie.

Il est donc impossible de borner l'imagination, comme le mot paraît l'exiger, aux images proprement dites, et aux idées qui se rapportent à des objets physiques. Se rappeler des sons, choisir entre eux, les combiner pour en tirer des effets nouveaux, n'est-ce pas là aussi de l'imagination, bien que le son ne soit pas une image? Le vrai musicien ne possède pas moins d'imagination que le peintre. On accorde au poëte de l'imagination lorsqu'il retrace les images de la nature; lui refusera-t-on cette même faculté lorsqu'il retrace des sentiments? Mais, outre les images et les sentiments, le poëte n'emploie-t-il pas les hautes pensées de la justice, de la liberté, de la vertu, en un mot, toutes les idées morales? Dira-t-on que dans ces peintures morales, dans ces tableaux de la vie intime de l'âme, ou gracieux ou énergiques, il n'y a pas d'imagination ?

Vous voyez quelle est l'étendue de l'imagination : elle n'a point de bornes, elle s'applique à tout. Son caractère distinctif est d'ébranler fortement l'âme en présence de tout objet beau, ou à son seul souvenir, ou même à la seule idée d'un objet imaginaire. On la reconnaît à ce signe qu'elle produit, à l'aide de ses représentations, la même impression et même une impression plus vive que la nature à l'aide des objets réels. Si la beauté absente ou rêvée n'agit pas sur vous autant et plus que la beauté présente, vous pouvez avoir mille autres dons : celui de l'imagination vous a été refusé.

Aux yeux de l'imagination, le monde réel languit auprès de ses fictions. On peut sentir que l'imagination devient la maîtresse à l'ennui des choses réelles et présentes. Les fantômes de l'imagination ont un vague, une indécision de formes, qui émeut mille fois davantage que la netteté et la distinction des perceptions actuelles. Et puis, à moins d'être entièrement fou, et la passion ne nous rend pas toujours ce service, il est très-difficile de voir la réalité autrement qu'elle n'est, c'est-à-dire très-imparfaite. Au contraire, on fait de l'image tout ce qu'on veut, on la métamorphose à son insu, on l'embellit à son gré. Il y a dans le fond de l'âme humaine une puissance infinie de sentir et d'aimer à laquelle le monde entier ne répond pas, encore bien moins une seule de ses créatures, si charmante qu'elle puisse être. Toute beauté mortelle, vue de près, ne suffit pas à cette puissance insatiable qu'elle excite et ne peut satisfaire. Mais de loin, les défauts disparaissent ou s'affaiblissent, les nuances se mêlent et se confondent dans le clair-obscur du souvenir et du rêve, et les objets plaisent mieux parce qu'ils sont moins déterminés. Le propre des hommes d'imagination est de se représenter les choses et les hommes autrement qu'ils ne sont et de se passionner pour ces images fantastiques. Ce qu'on appelle les hommes positifs, ce sont les hommes sans imagination, qui n'aperçoivent que ce qu'ils voient et traitent avec la réalité telle qu'elle est au lieu de la transformer. Ils ont, en général, plus de raison que de sentiment; ils peuvent être sérieusement et profondément honnêtes; ils ne seront jamais ni poëtes ni artistes. Ce qui fait l'artiste et le poëte, c'est, avec un fonds de bon sens et de raison sans lequel tout le reste est vain, un cœur sensible, irritable même, surtout une vive, une puissante imagination.

Si le sentiment agit sur l'imagination, on le voit, l'imagination le lui rend avec usure.

Disons-le : cette passion pure et ardente, ce culte de la beauté qui fait le grand artiste ne se peut rencontrer que dans un homme d'imagination. En effet, le sentiment du beau peut s'éveiller en chacun de nous devant tout bel objet; mais, quand cet objet a disparu, si son image ne subsiste pas vivement retracée, le sentiment qu'il a un moment excité s'efface peu à peu; il pourra se ranimer à la vue d'un autre objet, mais pour s'éteindre encore, mourant toujours pour renaître par hasard; n'étant pas nourri, accru, exalté par la reproduction vivace et continue de son objet dans l'imagination, il manque de cette puissance inspiratrice sans laquelle il n'y a ni artiste ni poëte.

Encore un mot sur une autre faculté qui n'est pas une faculté simple, mais un heureux mélange de celles qui viennent d'être rappelées, le goût, si maltraité, si arbitrairement limité dans toutes les théories.

Si, après avoir entendu une belle œuvre poétique ou

musicale, admiré une statue, un tableau, vous pouvez vous représenter ce que vos sens ont perçu, voir encore le tableau absent, entendre les sons qui ne retentissent plus, en un mot, si vous avez de l'imagination, vous possédez une des conditions sans lesquelles il n'y a pas de vrai goût. En effet, pour goûter les œuvres de l'imagination, ne faut-il pas en avoir soi-même? N'a-t-on pas besoin, pour sentir un auteur, non de l'égaler sans doute, mais de lui ressembler en quelque degré? Un esprit sensé, mais sec et austère, comme Le Batteux ou Condillac, ne sera-t-il pas insensible aux plus heureuses audaces du génie, et ne portera-t-il pas dans la critique une sévérité étroite, une raison très-peu raisonnable, puisqu'elle ne comprend pas toutes les parties de la nature humaine, une intolérance qui mutile et flétrit l'art en croyant l'épurer ?

D'un autre côté l'imagination ne suffit pas à l'appréciation de la beauté. Il y a plus : cette vivacité d'imagination si précieuse au goût, quand elle est un peu contenue, ne produit, lorsqu'elle domine, qu'un goût très-imparfait, qui, n'ayant pas la raison pour fondement, n'en tient pas compte dans ses jugements, et risque de mal comprendre la plus grande beauté, la beauté réglée. L'unité dans la composition, l'harmonie de toutes les parties, la juste proportion des détails, l'habile combinaison des effets, le choix, la sobriété, la mesure, sont autant de mérites qu'il sentira peu et ne mettra pas à leur place. L'imagination est pour beaucoup sans doute dans les ouvrages de l'art, mais enfin elle n'est pas tout. Ce qui fait de *Polyeucte* et du *Misan-*

thrope deux merveilles incomparables, est-ce seulement l'imagination? N'y a-t-il pas aussi dans la simplicité profonde du plan, dans le développement mesuré de l'action, dans la vérité soutenue des caractères, une raison supérieure, différente de l'imagination qui fournit les couleurs, et de la sensibilité qui donne la passion?

Outre l'imagination et la raison, l'homme de goût doit posséder l'amour éclairé mais ardent de la beauté : il faut qu'il se complaise à la rencontrer, qu'il la cherche, qu'il l'appelle. Comprendre et démontrer qu'une chose n'est point belle, plaisir médiocre, tâche ingrate; mais discerner une belle chose, s'en pénétrer, la mettre en évidence et faire partager à d'autres son sentiment, jouissance exquise, tâche généreuse. L'admiration est à la fois pour celui qui l'éprouve un bonheur et un honneur. C'est un bonheur de sentir profondément ce qui est beau; c'est un honneur de savoir le reconnaître. L'admiration est le signe d'une raison élevée servie par un noble cœur. Elle est au-dessus de la petite critique, sceptique et impuissante; mais elle est l'âme de la grande critique, de la critique féconde : elle est pour ainsi dire la partie divine du goût.

Après avoir parlé du goût qui apprécie la beauté, ne dirons-nous rien du génie qui la fait revivre ? Le génie n'est autre chose que le goût en action, c'est-à-dire les trois puissances du goût portées à leur comble, et armées d'une puissance nouvelle et mystérieuse, la puissance d'exécution. Mais nous entrerions déjà dans le domaine de l'art. Attendons, nous retrouverons bientôt et l'art et le génie qui l'accompagne.

SEPTIÈME LEÇON.

DU BEAU DANS LES OBJETS.

Réfutation de diverses théories sur la nature du beau : que le beau ne peut pas se ramener à ce qui est utile. — Ni à la convenance. — Ni à la proportion. — Caractères essentiels du beau. — Différentes espèces de beautés. Du beau et du sublime. Beauté physique. Beauté intellectuelle. Beauté morale. — De la beauté idéale : qu'elle est surtout la beauté morale. — Dieu, premier principe du beau. — Théorie de Platon.

Nous avons fait connaître le beau en nous-mêmes, dans les facultés qui le perçoivent et l'apprécient, la raison, le sentiment, l'imagination, le goût ; nous arrivons, selon l'ordre déterminé par la méthode, à d'autres questions : Qu'est-ce que le beau dans les objets ? Qu'est-ce que le beau, pris en lui-même ? Quels sont ses caractères et ses différentes espèces ? Quel est enfin son premier et dernier principe ? Toutes ces questions veulent être traitées, et s'il est possible, résolues. La philosophie a son point de départ dans la psychologie ; mais, pour qu'elle atteigne aussi son terme légitime, il faut qu'elle parvienne de l'homme aux choses mêmes.

L'histoire de la philosophie nous offre bien des théories sur la nature du beau : nous ne voulons ni les énumérer ni les discuter toutes : nous signalerons les plus importantes[1].

1. Si on veut faire connaissance avec une réfutation simple et piquante, écrite il y a deux mille ans, des fausses théories de la beauté,

Il en est une bien grossière qui définit le beau ce qui plaît aux sens, ce qui leur procure une impression agréable. Nous ne nous arrêterons pas à cette opinion. Nous l'avons suffisamment réfutée en faisant voir qu'il est impossible de réduire le beau à l'agréable.

Un sensualisme un peu plus savant met l'utile à la place de l'agréable, c'est-à-dire change la forme du même principe. Le beau n'est plus l'objet qui nous procure dans le moment présent une sensation agréable mais fugitive, c'est l'objet qui peut nous procurer souvent cette même sensation ou d'autres semblables. Il ne faut pas un grand effort d'observation ni de raisonnement pour se convaincre que l'utilité n'a rien à voir avec la beauté. Ce qui est utile n'est pas toujours beau, ce qui est beau n'est pas toujours utile, et ce qui est à la fois utile et beau est beau par un autre endroit que son utilité. Voyez un levier, une poulie : assurément rien de plus utile. Cependant vous n'êtes pas tenté de dire que cela soit beau. Avez-vous découvert un vase antique admirablement travaillé ; vous vous écriez que ce vase est beau, sans vous aviser de rechercher à quoi il vous servira. Enfin la symétrie et l'ordre sont des choses belles, et en même temps ce sont des choses utiles, soit parce qu'elles ménagent l'espace, soit parce que les objets disposés symétriquement sont plus faciles

---

on peut lire l'*Hippias* de Platon, t. IV de notre traduction. Le *Phèdre*, t. VI, contient l'exposition voilée de la théorie propre à Platon ; mais c'est dans le *Banquet* (ibid.), et particulièrement dans le discours de Diotime, qu'il faut chercher la pensée platonicienne arrivée à son développement le plus parfait, et revêtue elle-même de toute la beauté du langage humain.

à trouver quand on en a besoin : mais ce n'est pas là ce qui fait pour nous la beauté de la symétrie ; car nous saisissons immédiatement ce genre de beauté, et c'est souvent assez tard que nous reconnaissons l'utilité qui s'y rencontre. Il arrive même quelquefois qu'après avoir admiré la beauté d'un objet, nous n'en pouvons deviner l'usage, bien qu'il en ait un. L'utile est donc entièrement différent du beau, loin d'en être le fondement.

Une théorie célèbre et bien ancienne[1] fait consister le beau dans la parfaite convenance des moyens relativement à leur fin. Ici le beau n'est plus l'utile, c'est le convenable : ces deux idées doivent être distinguées. Une machine produit d'excellents effets, économie de temps, de travail, etc.; elle est donc utile. Si de plus, examinant sa construction, je trouve que chaque pièce est à sa place, et que toutes sont habilement disposées pour le résultat qu'elles doivent produire; même sans envisager l'utilité de ce résultat, comme les moyens sont bien appropriés à leur fin, je juge qu'il y a là convenance. Déjà nous nous rapprochons de l'idée du beau ; car nous ne considérons plus ce qui est utile, mais ce qui est comme il faut. Cependant nous n'avons pas encore atteint le vrai caractère de la beauté : il y a, en effet, des objets très-bien disposés pour leur fin, et que nous n'appelons pas beaux. Un siége sans ornement et sans élégance, pourvu qu'il soit solide, que toutes les pièces se tiennent bien, qu'on puisse s'y asseoir avec sécurité, qu'on y soit commodément, agréablement même, peut

---

1. Voyez l'*Hippias*.

donner l'exemple de la plus parfaite convenance des moyens avec la fin : on ne dira pas pour cela que ce meuble est beau. Toutefois il y a ici cette différence entre la convenance et l'utilité, qu'un objet pour être beau n'a pas besoin d'être utile, mais qu'il n'est pas beau s'il ne possède de la convenance, s'il y a en lui désaccord entre la fin et les moyens.

On a cru trouver le beau dans la proportion, et c'est bien là, en effet, une des conditions de la beauté, mais ce n'en est qu'une. Il est bien certain qu'un objet mal proportionné ne peut être beau. Il y a dans tous les objets beaux, quelque éloignés qu'ils soient de la forme géométrique, une sorte de géométrie vivante. Mais, je le demande, est-ce la proportion qui domine dans cet arbre élancé, aux branches flexibles et gracieuses, au feuillage riche et nuancé? Qui fait la beauté terrible d'un orage, qui fait celle d'une grande image, d'un vers isolé ou d'une ode sublime? Ce n'est pas, je le sais; le manque de loi et de règle, mais ce n'est pas non plus la règle et la loi; souvent même ce qui frappe d'abord est une apparente irrégularité. Il est absurde de prétendre que ce qui nous fait admirer toutes ces choses et bien d'autres est la même qualité qui nous fait admirer une figure géométrique, c'est-à-dire, l'exacte correspondance des parties.

Ce que nous disons de la proportion, on le peut dire de l'ordre, qui est quelque chose de moins mathématique que la proportion, mais qui n'explique guère mieux ce qu'il y a de libre, de varié, d'abandonné dans certaines beautés.

Toutes ces théories qui ramènent la beauté à l'ordre, à l'harmonie, à la proportion, ne sont au fond qu'une seule et même théorie qui voit avant tout dans le beau l'unité. Et assurément l'unité est belle; elle est une partie considérable de la beauté, mais elle n'est pas la beauté tout entière.

La plus vraisemblable théorie du beau est encore celle qui le compose de deux éléments contraires et également nécessaires, l'unité et la variété. Voyez une belle fleur. Sans doute l'unité, l'ordre, la proportion, la symétrie même, y sont : car sans ces qualités la raison en serait absente, et toutes choses sont faites avec une merveilleuse raison. Mais en même temps que de diversité! Combien de nuances dans la couleur, quelles richesses dans les moindres détails! Même en mathématiques, ce qui est beau ce n'est pas un principe abstrait, c'est ce principe traînant avec soi toute une longue chaîne de conséquences. Il n'y a pas de beauté sans la vie; et la vie, c'est le mouvement, c'est la diversité.

L'unité et la variété s'appliquent à tous les ordres de beauté : parcourons rapidement ces ordres différents.

Il y a d'abord les objets beaux à proprement parler et les objets sublimes. Un objet beau, nous l'avons vu, est quelque chose d'achevé, de circonscrit, de limité, que toutes nos facultés embrassent aisément, parce que les diverses parties sont soumises à une juste mesure. Un objet sublime est celui qui par des formes, non pas disproportionnées en elles-mêmes, mais moins arrêtées et plus difficiles à saisir, éveille en nous le sentiment de l'infini.

Voilà déjà deux espèces bien distinctes de beauté. Mais la réalité est inépuisable, et à tous les degrés de la réalité, il y a de la beauté.

Dans les objets sensibles, les couleurs, les sons, les figures, les mouvements, sont capables de produire l'idée et le sentiment du beau. Toutes ces beautés se rangent sous le genre de beauté qu'on appelle à tort ou à raison la beauté physique.

Si du monde des sens nous nous élevons à celui de l'esprit, de la vérité, de la science, nous y trouverons des beautés plus sévères, mais non moins réelles. Les lois universelles qui régissent les corps, celles qui gouvernent les intelligences, les grands principes qui contiennent et engendrent de longues déductions, le génie qui crée, dans l'artiste, le poëte ou le philosophe, tout cela est beau, comme la nature même : voilà ce qu'on nomme la beauté intellectuelle.

Enfin, si nous considérons le monde moral et ses lois, l'idée de la liberté, de la vertu, du dévouement, ici l'austère justice d'un Aristide, là l'héroïsme d'un Léonidas, les prodiges de la charité ou du patriotisme, voilà certes un troisième ordre de beauté qui surpasse encore les deux autres, à savoir, la beauté morale.

N'oublions pas non plus d'appliquer à toutes ces beautés la distinction du beau et du sublime. Il y a donc du beau et du sublime à la fois dans la nature, dans les idées, dans les sentiments, dans les actions. Quelle variété presque infinie dans la beauté !

Après avoir énuméré toutes ces différences, ne pourrait-on pas les réduire? Elles sont incontestables; mais, dans cette diversité n'y a-t-il pas d'unité? N'y a-t-il pas une beauté unique dont toutes les beautés particulières ne sont que des reflets, des nuances, des degrés ou des dégradations?

Plotin dans son traité *sur le Beau*[1] s'était déjà proposé cette question. Il se demande : Qu'est-ce que le beau en soi? Je vois bien que telle ou telle forme est belle, que telle ou telle action l'est aussi : mais pourquoi et comment ces deux objets si dissemblables sont-ils beaux ? Quelle est la qualité commune qui, se rencontrant dans ces deux objets, les range sous l'idée générale du beau?

Il faut résoudre cette question, sans quoi la théorie de la beauté est un dédale sans issue : on applique le même nom aux choses les plus diverses, sans connaître l'unité réelle qui autorise cette unité de nom.

Ou les diversités que nous avons signalées dans la beauté sont telles qu'il est impossible d'en découvrir le rapport, ou ces diversités sont surtout apparentes et elles ont leur harmonie, leur unité cachée.

Prétend-on que cette unité est une chimère? Alors la beauté physique, la beauté morale et la beauté intellectuelle sont étrangères l'une à l'autre. Que fera donc l'artiste? Il est environné de beautés différentes, et il doit faire un ouvrage un : car telle est la loi reconnue de l'art. Mais si cette unité qu'on lui impose est une unité factice, s'il n'y a dans la nature que des beautés essen-

---

1. 1re *Ennéade*, livre VI. Voyez, dans l'ouvrage de M. B. Saint-Hilaire sur l'*École d'Alexandrie*, la traduction de ce morceau de Plotin, p. 197.

tiellement dissemblables, l'art nous trompe et ment. Qu'on explique alors comment le mensonge est la loi de l'art. Cela ne se peut; cette unité que l'art exprime, il doit l'avoir entrevue quelque part pour la transporter dans ses ouvrages.

Nous ne retirons ni la distinction du beau et du sublime, ni les autres distinctions tout à l'heure indiquées ; mais il faut réunir après avoir distingué. Ces distinctions et ces réunions ne sont pas contradictoires : la grande loi de la beauté, comme de la vérité, est l'unité aussi bien que la variété. Tout est un et tout est divers. Nous avons distingué la beauté en trois grandes classes : la beauté physique, la beauté intellectuelle et la beauté morale. Il s'agit maintenant de rechercher l'unité de ces trois sortes de beauté. Or, nous pensons qu'elles se résolvent dans une seule et même beauté, la beauté morale, entendant par là, avec la beauté morale proprement dite, toute beauté spirituelle.

Mettons cette opinion à l'épreuve des faits.

Placez-vous devant cette statue d'Apollon qu'on appelle l'Apollon du Belvédère, et observez attentivement ce qui vous frappe dans ce chef-d'œuvre. Winkelmann, qui n'était pas un métaphysicien, mais un savant antiquaire, un homme de goût sans système, Winkelmann a fait une analyse célèbre de l'Apollon [1]. Il est curieux

1. Winkelmann a décrit deux fois l'Apollon, *Histoire de l'art chez les anciens*, Paris, 1802, 3 vol. in-4°. — T. I, livre IV, chap. III. *De l'art chez les Grecs* : « L'Apollon du Vatican nous offre ce dieu dans un mouvement d'indignation contre le serpent Python, qu'il vient de tuer à coups de flèches, et dans un sentiment de mépris sur une victoire si peu digne d'une divinité. Le savant artiste, qui se proposait de

de l'étudier. Ce que Winkelmann relève avant tout, c'est le caractère de divinité empreint dans la jeunesse immortelle répandue sur ce beau corps, dans la taille un peu au-dessus de la taille humaine, dans l'attitude ma-

représenter le plus beau des dieux, a placé la colère dans le nez, qui en est le siége selon les anciens, et le dédain sur les lèvres. Il a exprimé la colère par le gonflement des narines, et le dédain par l'élévation de la lèvre inférieure, ce qui cause le même mouvement dans le menton. » — *Ibid.*, t. II, livre IV, chap. VI. *De l'art sous les empereurs :* « De toutes les statues antiques qui ont échappé à la fureur des barbares et à la main destructive du temps, la statue d'Apollon est sans contredit la plus sublime. On dirait que l'artiste a composé une figure purement idéale, et qu'il n'a employé de matière que ce qu'il lui en fallait pour exécuter et représenter son idée. Autant la description qu'Homère a faite d'Apollon surpasse les descriptions qu'ont essayées après lui les autres poëtes, autant cette statue l'emporte sur toutes les figures de ce même dieu. Sa taille est au-dessus de celle de l'homme, et son attitude annonce la grandeur divine qui le remplit. Un éternel printemps, tel que celui qui règne dans les champs fortunés de l'Élysée, revêt d'une aimable jeunesse son beau corps et brille avec douceur sur la fière structure de ses membres. Pour sentir tout le mérite de ce chef-d'œuvre de l'art, il faut se pénétrer des beautés intellectuelles et devenir, s'il se peut, créateur d'une nature céleste; car il n'y a rien qui soit mortel, rien qui soit sujet aux besoins de l'humanité. Ce corps, dont aucune veine n'interrompt les formes, et qui n'est agité par aucun nerf, semble animé d'un esprit céleste, qui circule comme une douce vapeur dans tous les contours de cette admirable figure. Ce dieu vient de poursuivre Python, contre lequel il a tendu, pour la première fois, son arc redoutable ; dans sa course rapide, il l'a atteint et vient de lui porter le coup mortel. Pénétré de la conviction de sa puissance, et comme abîmé dans une joie concentrée, son auguste regard pénètre au loin dans l'infini et s'étend bien au delà de sa victoire. Le dédain siége sur ses lèvres ; l'indignation qu'il respire gonfle ses narines et monte jusqu'à ses sourcils ; mais une paix inaltérable est peinte sur son front, et son œil est plein de douceur, tel qu'il est quand les Muses le caressent. Parmi toutes les figures qui nous restent de Jupiter, il n'y en a aucune dans laquelle le père des déesses approche de la grandeur avec laquelle il se manifesta jadis à l'intelligence d'Homère ; mais, dans les traits de l'Apollon du Belvédère, on trouve les beautés individuelles de toutes les autres di-

jestueuse, dans le mouvement impérieux, dans l'ensemble et dans tous les détails de la personne. Ce front est bien celui d'un dieu : une paix inaltérable y habite. Plus bas l'humanité reparait un peu, et il le faut bien, pour intéresser l'humanité aux œuvres de l'art. Dans ce regard satisfait, dans le gonflement des narines, dans l'élévation de la lèvre inférieure, on sent à la fois une colère mêlée de dédain, l'orgueil de la victoire et le peu de fatigue qu'elle a coûté. Pesez bien chaque mot de Winkelmann : vous y trouverez une impression morale. Le ton du savant antiquaire s'élève peu à peu jusqu'à l'enthousiasme, et son analyse devient un hymne à la beauté spirituelle.

Au lieu d'une statue, observez l'homme réel et vivant.

---

vinités réunies, comme dans celle de Pandore. Ce front est le front de Jupiter renfermant la déesse de la sagesse ; ces sourcils, par leur mouvement, annoncent sa volonté suprême ; ce sont les grands yeux de la reine des déesses, arqués avec dignité, et sa bouche est une image de celle de Branchus où respirait la volupté. Semblable aux tendres sarments de la vigne, sa belle chevelure flotte autour de sa tête, comme si elle était légèrement agitée par l'haleine du zéphyr. Elle semble parfumée de l'essence des dieux, et se trouve attachée avec une pompe charmante au haut de sa tête par la main des Grâces. A l'aspect de cette merveille de l'art, j'oublie tout l'univers, et mon esprit prend une disposition surnaturelle propre à en juger avec dignité. De l'admiration je passe à l'extase ; je sens ma poitrine qui se dilate et s'élève, comme l'éprouvent ceux qui sont remplis de l'esprit des prophéties ; je suis transporté à Délos et dans les bois sacrés de la Lycie, lieux qu'Apollon honorait de sa présence : cette statue semble s'animer comme le fit jadis la beauté sortie des mains de Pygmalion. Mais comment pouvoir te décrire, ô inimitable chef-d'œuvre ? Il faudrait pour cela que l'Art même daignât m'inspirer et conduire ma plume. Les traits que je viens de crayonner, je les dépose devant toi, comme ceux qui, venant pour couronner les dieux, mettaient leurs couronnes à leurs pieds, ne pouvant atteindre à leur tête. »

Regardez cet homme qui, sollicité par les motifs les plus puissants de sacrifier son devoir à sa fortune, triomphe de l'intérêt, après une lutte héroïque, et sacrifie la fortune à la vertu. Regardez-le au moment où il vient de prendre cette résolution magnanime; sa figure vous paraîtra belle. C'est qu'elle exprime la beauté de son âme. Peut-être en toute autre circonstance la figure de cet homme est-elle commune, triviale même; ici, illuminée par l'âme qu'elle manifeste, elle s'est ennoblie, elle a pris un caractère imposant de beauté. Ainsi, la figure naturelle de Socrate[1] contraste étrangement avec le type de la beauté grecque; mais voyez Socrate à son lit de mort, au moment de boire la ciguë, s'entretenant avec ses disciples de l'immortalité de l'âme, et sa figure vous paraîtra sublime[2].

Au plus haut point de grandeur morale, Socrate expire : vous n'avez plus sous les yeux que son cadavre; la figure morte conserve sa beauté, tant qu'elle garde les traces de l'esprit qui l'animait; mais peu à peu l'expression s'éteint ou disparaît; la figure alors redevient vulgaire et laide. L'expression de la mort est hideuse ou sublime : hideuse à l'aspect de la décomposition de la matière que l'esprit ne retient plus, sublime quand elle éveille en nous l'idée de l'éternité.

1. Voyez, dans la dernière partie du *Banquet*, le discours d'Alcibiade, p. 326 du t. VI de notre traduction.
2. Nous pensions ici, nous l'avouons, au Socrate de David, qui nous paraît, le genre théâtral admis, au-dessus de sa réputation. Outre Socrate, il est impossible de ne pas admirer Platon écoutant son maître en quelque sorte au fond de son âme, sans le regarder, le dos tourné à la scène qui se passe, et abîmé dans la contemplation du monde intelligible.

Considérez la figure de l'homme en repos : elle est plus belle que celle de l'animal, et la figure de l'animal est plus belle que la forme de tout objet inanimé. C'est que la figure humaine, même en l'absence de la vertu et du génie, réfléchit toujours une nature intelligente et morale; c'est que la figure de l'animal réfléchit au moins le sentiment, et déjà quelque chose de l'âme, sinon l'âme tout entière. Si de l'homme et de l'animal on descend à la nature purement physique, on y trouvera encore de la beauté, tant qu'on y trouvera quelque ombre d'intelligence, je ne sais quoi qui du moins éveille en nous quelque pensée, quelque sentiment. Arrive-t-on à quelque morceau de matière qui n'exprime rien, qui ne signifie rien, l'idée du beau ne s'y applique plus. Mais tout ce qui existe est animé. La matière est mue et pénétrée par des forces qui ne sont pas matérielles, et elle suit des lois qui attestent une intelligence partout présente. L'analyse chimique la plus subtile ne parvient point à une nature morte et inerte, mais à une nature organisée à sa manière, et qui n'est dépourvue ni de forces ni de lois. Dans les profondeurs de l'abîme comme dans les hauteurs des cieux, dans un grain de sable comme dans une montagne gigantesque, un esprit immortel rayonne à travers les enveloppes les plus grossières. Contemplons la nature avec les yeux de l'âme aussi bien qu'avec les yeux du corps : partout une expression morale nous frappera, et la forme nous saisira comme un symbole de la pensée. Nous avons dit que chez l'homme et chez l'animal même la figure est belle par l'expression. Mais, quand vous êtes sur les hauteurs des Alpes ou en face de l'immense Océan, quand vous assistez au lever ou au coucher du soleil, à la naissance de la lumière ou à celle de la nuit, ces imposants tableaux ne produisent-ils pas sur vous un effet moral? Tous ces grands spectacles apparaissent-ils seulement pour apparaître; ne les regardons-nous pas comme des manifestations d'une puissance, d'une intelligence et d'une sagesse admirables; et, pour ainsi parler, la face de la nature n'est-elle pas expressive comme celle de l'homme?

La forme ne peut être une forme toute seule, elle doit être la forme de quelque chose. La beauté physique est donc le signe d'une beauté intérieure qui est la beauté spirituelle et morale, et c'est là qu'est le fond, le principe, l'unité du beau [1].

Toutes les beautés que nous venons d'énumérer et de réduire composent ce qu'on appelle le beau réel. Mais au-dessus de la beauté réelle est une beauté d'un autre ordre, la beauté idéale. L'idéal ne réside ni dans un individu ni dans une collection d'individus. La nature ou l'expérience nous fournit l'occasion de le concevoir, mais

---

1. Nous sommes heureux de trouver cette théorie, qui nous est si chère, confirmée par l'autorité d'un des esprits les plus sévères et les plus circonspects : on la peut voir dans Reid, Ire série, t. IV, leçon XXIII. Le philosophe écossais termine son *Essai sur le goût* par ces mots, qui rappellent assez heureusement la pensée et la manière de Platon lui-même : « Soit que les raisons que j'ai alléguées pour démontrer que la beauté sensible n'est que l'image de la beauté morale paraissent ou ne paraissent pas suffisantes, j'espère que ma doctrine, en essayant d'unir plus étroitement la Vénus terrestre à la Vénus céleste, ne semblera point avoir pour objet d'abaisser la première, et de la rendre moins digne des hommages que l'humanité lui a toujours rendus. »

il en est essentiellement distinct. Pour qui l'a une fois conçu, toutes les figures naturelles, si belles qu'elles puissent être, ne sont que des simulacres d'une beauté supérieure qu'elles ne réalisent point. Donnez-moi une belle action, j'en imaginerai une encore plus belle. L'Apollon lui-même admet plus d'une critique. L'idéal recule sans cesse à mesure qu'on en approche davantage. Son dernier terme est dans l'infini, c'est-à-dire en Dieu; ou pour mieux parler, le vrai et absolu idéal n'est autre que Dieu même.

Dieu étant le principe de toutes choses doit être à ce titre celui de la beauté parfaite, et par conséquent de toutes les beautés naturelles qui l'expriment plus ou moins imparfaitement; il est le principe de la beauté, et comme auteur du monde physique et comme père du monde intellectuel et du monde moral.

Ne faut-il pas être esclave des sens et des apparences pour s'arrêter aux mouvements, aux formes, aux sons, aux couleurs, dont les combinaisons harmonieuses produisent la beauté de ce monde visible, et ne pas concevoir derrière cette scène magnifique et si bien réglée, l'ordonnateur, le géomètre, l'artiste suprême?

La beauté physique sert d'enveloppe à la beauté intellectuelle et à la beauté morale.

La beauté intellectuelle, cette splendeur du vrai, quel en peut être le principe, sinon le principe de toute vérité?

La beauté morale comprend, nous le verrons plus tard[1], deux éléments distincts, également mais diver-

1. IIIe partie, XVe leçon.

sement beaux, la justice et la charité, le respect des hommes et l'amour des hommes. Celui qui exprime dans sa conduite la justice et la charité, accomplit la plus belle de toutes les œuvres ; l'homme de bien est à sa manière le plus grand de tous les artistes. Mais que dire de celui qui est la substance même de la justice et le foyer inépuisable de l'amour ? Si notre nature morale est belle, quelle ne doit pas être la beauté de son auteur ! Sa justice et sa bonté sont partout, et dans nous et hors de nous. Sa justice, c'est l'ordre moral que nulle loi humaine n'a fait et que toutes les lois humaines s'efforcent d'exprimer, qui se conserve et se perpétue dans le monde par sa propre force. Descendons en nous-mêmes, et la conscience nous attestera la justice divine dans la paix et le contentement qui accompagnent la vertu, dans les troubles et les déchirements, inexorables châtiments du vice et du crime. Combien de fois et avec quelle éloquence toujours nouvelle n'a-t-on pas célébré l'infatigable sollicitude de la Providence, ses bienfaits partout manifestes dans les plus petits comme dans les plus grands phénomènes de la nature, que nous oublions aisément parce qu'ils nous sont devenus familiers, mais qui, à la réflexion, confondent notre admiration et notre reconnaissance, et proclament un Dieu excellent, plein d'amour pour ses créatures !

Ainsi, Dieu est le principe des trois ordres de beauté que nous avons distingués, la beauté physique, la beauté intellectuelle, la beauté morale.

C'est encore en lui que se réunissent les deux grandes

formes du beau répandues dans chacun de ces trois ordres, à savoir, le beau et le sublime. Dieu est le beau par excellence : car quel objet satisfait mieux à toutes nos facultés, à la raison, à l'imagination, au cœur! Il offre à la raison l'idée la plus haute, au delà de laquelle elle n'a plus rien à chercher, à l'imagination la contemplation la plus ravissante, au cœur un objet souverainement aimable. Il est donc parfaitement beau : mais n'est-il pas sublime aussi par d'autres endroits? S'il étend l'horizon de la pensée, c'est pour la confondre dans l'abîme de sa grandeur. Si l'âme s'épanouit au spectacle de sa bonté, n'a-t-elle pas de quoi s'effrayer à l'idée de sa justice, qui ne lui est pas moins présente? Dieu est à la fois doux et terrible. En même temps qu'il est la vie, la lumière, le mouvement, la grâce ineffable de la nature visible et finie, il s'appelle aussi l'éternel, l'invisible, l'infini, l'immense, l'absolue unité et l'être des êtres. Ces attributs redoutables, aussi certains que les premiers, ne produisent-ils pas au plus haut degré dans l'imagination et dans l'âme cette émotion mélancolique excitée par le sublime? Oui, Dieu est pour nous le type et la source des deux grandes formes de la beauté, parce qu'il nous est à la fois une énigme impénétrable et le mot le plus clair encore que nous puissions trouver à toutes les énigmes. Êtres bornés que nous sommes, nous ne comprenons rien à ce qui est sans limites, et nous ne pouvons rien expliquer sans cela même qui est sans limites. Par l'être que nous possédons, nous avons quelque idée de l'être infini de Dieu; par le néant qui est en nous, nous nous perdons dans l'être de Dieu;

et ainsi toujours forcés de recourir à lui pour expliquer quelque chose, et toujours rejetés en nous-mêmes sous le poids de son infinitude, nous éprouvons tour à tour, ou plutôt en même temps, pour ce Dieu qui nous élève et qui nous accable, un sentiment d'attrait irrésistible, et d'étonnement, pour ne pas dire de terreur insurmontable, que lui seul peut causer et apaiser, parce que, lui seul, il est l'unité du sublime et du beau.

Ainsi l'être absolu, qui est tout ensemble l'absolue unité et l'infinie variété, Dieu est nécessairement la dernière raison, le dernier fondement, l'accompli idéal de toute beauté. C'est là cette beauté merveilleuse que Diotime avait entrevue et qu'elle peint ainsi à Socrate dans le Banquet :

« Beauté éternelle, non engendrée et non périssable, exempte de décadence comme d'accroissement, qui n'est point belle dans telle partie et laide dans telle autre, belle seulement en tel temps, en tel lieu, dans tel rapport, belle pour ceux-ci, laide pour ceux-là, beauté qui n'a point de forme sensible, un visage, des mains, rien de corporel, qui n'est pas non plus telle pensée ou telle science particulière, qui ne réside dans aucun être différent d'avec lui-même, comme un animal, ou la terre, ou le ciel, ou toute autre chose, qui est absolument identique et invariable par elle-même, de laquelle toutes les autres beautés participent, de manière cependant que leur naissance ou leur destruction ne lui apporte ni diminution, ni accroissement, ni le moindre changement !... Pour arriver à cette beauté parfaite, il faut commencer par les beautés d'ici-bas, et, les yeux attachés sur la beauté suprême, s'y élever sans cesse en passant pour ainsi dire par tous les degrés de l'échelle, d'un seul beau corps à deux, de deux à tous les autres, des beaux corps aux beaux sentiments, des beaux sentiments aux belles connaissances, jusqu'à ce que de connaissances en connaissances on arrive à la connaissance par excellence, qui n'a d'autre objet que le beau lui-même, et qu'on finisse par le connaître tel qu'il est en soi.

« O mon cher Socrate, continua l'étrangère de Mantinée, ce qui peut donner du prix à cette vie, c'est le spectacle de la beauté éternelle.... Quelle ne serait pas la destinée d'un mortel à qui il serait donné de contempler le beau sans mélange, dans sa pureté et sa simplicité, non plus revêtu de chairs et de couleurs humaines, et de tous ces vains agréments condamnés à périr, à qui il serait donné de voir face à face, sous sa forme unique, la beauté divine[1]! »

1. T. VI de notre traduction, p. 316-318.

HUITIÈME LEÇON.

DE L'ART.

Du génie : son attribut est la puissance créatrice. — Réfutation de l'opinion que l'art est l'imitation de la nature. — M. Émeric David et M. Quatremère de Quincy. — Réfutation de la théorie de l'illusion. Que l'art dramatique n'a pas seulement pour but d'exciter les passions de la terreur et de la pitié. — Ni même directement le sentiment moral et religieux. — L'objet propre et direct de l'art est de produire l'idée et le sentiment du beau ; cette idée et ce sentiment épurent et élèvent l'âme par l'affinité du beau et du bien, et par le rapport de la beauté idéale à son principe qui est Dieu. — Vraie mission de l'art.

L'homme n'est pas fait seulement pour connaître et aimer le beau dans les œuvres de la nature, il est doué du pouvoir de le reproduire. A la vue d'une beauté naturelle, quelle qu'elle soit, physique ou morale, son premier besoin est de sentir et d'admirer. Il est pénétré, ravi, comme accablé du sentiment de la beauté. Mais quand le sentiment est énergique, il n'est pas longtemps stérile. Nous voulons revoir, nous voulons sentir encore ce qui nous a causé un plaisir si vif, et pour cela nous tentons de faire revivre la beauté qui nous a charmés, non pas telle qu'elle était, mais telle que notre imagination nous la représente. De là une œuvre originale et propre à l'homme, une œuvre d'art. L'art est la reproduction libre de la beauté, et le pouvoir en nous capable de la reproduire s'appelle le génie.

Quelles sont les facultés qui servent à cette libre reproduction du beau ? Les mêmes qui servent à le reconnaître et à le sentir. Le goût porté au degré suprême, c'est le génie, si vous y joignez toutefois un élément de plus. Quel est cet élément ?

Trois facultés entrent dans cette faculté complexe qui se nomme le goût : l'imagination, le sentiment, la raison.

Ces trois facultés sont assurément nécessaires au génie, mais elles ne lui suffisent pas. Ce qui distingue essentiellement le génie du goût, c'est l'attribut de puissance créatrice. Le goût sent, il juge, il discute, il analyse, mais il n'invente pas. Le génie est avant tout inventeur et créateur. L'homme de génie n'est pas le maître de la force qui est en lui ; c'est par le besoin ardent, irrésistible, d'exprimer ce qu'il éprouve, qu'il est homme de génie. Il souffre de contenir les sentiments ou les images ou les pensées qui s'agitent dans son sein. On a dit qu'il n'y a point d'homme supérieur sans quelque grain de folie ; mais cette folie-là, comme celle de la croix, est la partie divine de la raison. Cette puissance mystérieuse, Socrate l'appelait son démon. Voltaire l'appelait le diable au corps ; il l'exigeait même d'une comédienne pour être une comédienne de génie. Donnez-lui le nom qu'il vous plaira, il est certain qu'il y a un je ne sais quoi qui inspire le génie, et qui le tourmente aussi jusqu'à ce qu'il ait épanché ce qui le consume, jusqu'à ce qu'il ait soulagé en les exprimant ses peines et ses joies, ses émotions, ses idées, et que ses rêveries soient devenues des œuvres vivantes. Ainsi deux choses caractérisent le génie; d'abord la vivacité du besoin qu'il a de produire, ensuite la puissance de produire; car le besoin sans la puissance n'est qu'une maladie qui simule le génie, mais qui n'est pas lui. Le génie, c'est surtout, c'est essentiellement la puissance de faire, d'inventer, de créer. Le goût se contente d'observer et d'admirer. Le faux génie, l'imagination ardente et impuissante, se consume en rêves stériles et ne produit rien ou rien de grand. Le génie seul a la vertu de convertir ses conceptions en créations.

Si le génie crée, il n'imite pas.

Mais le génie, va-t-on dire, est donc supérieur à la nature, puisqu'il ne l'imite point. La nature est l'œuvre de Dieu; l'homme est donc le rival de Dieu.

La réponse est très-simple. Non, le génie n'est point le rival de Dieu; mais, lui aussi, il en est l'interprète. La nature l'exprime à sa manière, le génie humain l'exprime à la sienne.

Arrêtons-nous un moment à cette question tant de fois agitée, si l'art n'est autre chose que l'imitation de la nature.

Sans doute, en un sens, l'art est une imitation; car la création absolue n'appartient qu'à Dieu. Où le génie peut-il prendre les éléments sur lesquels il travaille, sinon dans la nature dont il fait partie? Mais se borne-t-il à les reproduire tels que la nature les lui fournit, sans y rien ajouter qui lui appartienne? N'est-il que le copiste de la réalité? Son seul mérite alors est celui de la fidélité de la copie. Et quel travail plus stérile que de calquer des œuvres essentiellement inimitables par la vie dont elles sont douées, pour en tirer un simulacre médiocre? Si l'art est un écolier servile, il est condamné à n'être jamais qu'un écolier impuissant.

Le véritable artiste sent et admire profondément la nature; mais tout dans la nature n'est pas également admirable. Ainsi que nous venons de le dire, elle a quelque chose par quoi elle surpasse infiniment l'art, c'est la vie. Hors de là, l'art peut à son tour surpasser la nature, à la condition de ne pas vouloir l'imiter trop scrupuleusement. Tout objet naturel, si beau qu'il soit, est défectueux par quelque côté. Tout ce qui est réel est imparfait. Ici, l'horrible et le hideux s'unissent au sublime; là, l'élégance et la grâce sont séparées de la grandeur et de la force. Les traits de la beauté sont épars et divisés. Les réunir arbitrairement, emprunter à tel visage une bouche, à tel autre des yeux, sans une règle qui préside à ce choix et dirige ces emprunts, c'est composer des monstres; admettre une règle, c'est admettre déjà un idéal différent de tous les individus. C'est cet idéal que le véritable artiste se forme en étudiant la nature. Sans elle, il ne l'eût jamais conçu; mais avec cet idéal, il la juge elle-même, il la rectifie, et il ose entreprendre de se mesurer avec elle.

L'idéal est l'objet de la contemplation passionnée de l'artiste. Assidûment et silencieusement médité, sans cesse épuré par la réflexion et vivifié par le sentiment, il échauffe le génie et lui inspire l'irrésistible besoin de le voir réalisé et vivant. Pour cela, le génie prend dans la nature tous les matériaux qui le peuvent servir, et leur appliquant sa main puissante, comme Michel-Ange imprimait son ciseau sur le marbre docile, il en tire des œuvres qui n'ont pas de modèle dans la nature, qui n'imitent pas autre chose que l'idéal rêvé ou conçu, qui sont en quelque sorte une seconde création inférieure à la première par l'individualité et la vie, mais qui lui est bien supérieure, ne craignons pas de le dire, par la beauté intellectuelle et morale dont elle est empreinte.

La beauté morale est le fond de toute vraie beauté. Ce fond est un peu couvert et voilé dans la nature. L'art le dégage, et lui donne des formes plus transparentes. C'est par cet endroit que l'art, quand il connaît bien sa puissance et ses ressources, institue avec la nature une lutte où il peut avoir l'avantage.

Établissons bien la fin de l'art : elle est là précisément où est sa puissance. La fin de l'art est l'expression de la beauté morale à l'aide de la beauté physique. Celle-ci n'est pour lui qu'un symbole de celle-là. Dans la nature ce symbole est souvent obscur : l'art en l'éclaircissant atteint des effets que la nature ne produit pas toujours. La nature peut plaire davantage, car encore une fois elle possède en un degré incomparable ce qui fait le plus grand charme de l'imagination et des yeux, la vie; l'art touche plus, parce qu'en exprimant surtout la beauté morale il s'adresse plus directement à la source des émotions profondes. L'art peut être plus pathétique que la nature, et le pathétique, c'est le signe et la mesure de la grande beauté.

Deux extrémités également dangereuses : un idéal mort, ou l'absence d'idéal. Ou bien on copie le modèle, et on manque la vraie beauté; ou bien on travaille de tête, et on tombe dans une idéalité sans caractère. Le génie est une perception prompte et sûre de la juste proportion dans laquelle l'idéal et le naturel, la forme et la pensée se doivent unir. Cette union est la perfection de l'art : les chefs-d'œuvre sont à ce prix.

Il importe, à mon sens, de suivre ce principe dans l'enseignement des arts. On demande si les élèves doivent commencer par l'étude de l'idéal ou du réel. Je n'hésite point à répondre : par l'un et par l'autre. La nature elle-même n'offre jamais le général sans l'individuel, ni l'individuel sans le général. Toute figure est composée de traits individuels qui la distinguent de toutes les autres et font sa physionomie propre, et en même temps elle a des traits généraux qui constituent ce qu'on appelle la figure humaine. Ce sont ces linéaments constitutifs, c'est ce type qu'on donne à retracer à l'élève qui débute dans l'art du dessin. Il serait bon aussi, je crois, pour le préserver du sec et de l'abstrait, de l'exercer de bonne heure à la copie de quelque objet naturel, surtout d'une figure vivante. Ce serait mettre les élèves à la vraie école de la nature. Ils s'accoutumeraient ainsi à ne jamais sacrifier aucun des deux éléments essentiels du beau, aucune des deux conditions impérieuses de l'art.

Mais, en réunissant ces deux éléments, ces deux conditions, il les faut distinguer et savoir les mettre à leur place. Il n'y a pas d'idéal vrai sans forme déterminée, il n'y a pas d'unité sans variété, de genre sans individus; mais enfin le fond du beau, c'est l'idée; ce qui fait l'art, c'est avant tout la réalisation de l'idée, et non pas l'imitation de telle ou telle forme particulière.

Au commencement de notre siècle, l'Institut de France ouvrit un concours sur la question suivante : *Quelles ont été les causes de la perfection de la sculpture antique, et quels seraient les moyens d'y atteindre?* L'auteur couronné, M. Émeric David[1], soutint l'opinion alors régnante que l'étude assidue de la beauté naturelle avait seule conduit l'art antique à la perfection, et qu'ainsi l'imitation de la nature était la seule route pour parvenir à la même perfection. Un homme que je ne crains point de comparer à Winkelmann, le futur auteur du *Jupiter Olympien*[2], M. Quatremère de Quincy, en d'ingénieux et profonds mémoires[3], combattit la doctrine du lauréat, et défendit la cause du beau idéal. Il est impossible de démontrer plus péremptoirement, par l'histoire entière de la sculpture grecque, et par des textes authentiques des plus grands critiques de l'antiquité, que le procédé de l'art chez les Grecs n'a pas été l'imitation de la nature, ni sur un modèle particulier ni sur plusieurs, le modèle le plus beau étant toujours très-imparfait, et plusieurs modèles ne pouvant composer une beauté unique. Le procédé véritable de l'art grec a été la représentation d'une beauté idéale que la nature ne possédait guère plus en Grèce

---

1. *Recherches sur l'art statuaire.* Paris, 1805.
2. Paris, 1815, in-fol., ouvrage éminent qui subsistera quand même le temps aura emporté quelques-uns de ses détails.
3. Réimprimés depuis sous le titre d'*Essais sur l'idéal dans ses applications pratiques.* Paris, 1837.

que parmi nous, qu'elle ne pouvait donc offrir à l'artiste. Nous regrettons que l'honorable lauréat, devenu depuis membre de l'Institut, ait prétendu que cette locution de beau idéal, si elle eût été connue des Grecs, aurait voulu dire *beau visible*, parce que idéal vient de εἶδος, qui signifierait seulement, suivant M. Émeric David, une forme vue par l'œil. Platon aurait été fort surpris de cette interprétation exclusive du mot εἶδος. M. Quatremère de Quincy accable son inégal adversaire sous deux textes admirables, l'un du *Timée*, où Platon marque avec précision en quoi le véritable artiste est supérieur à l'artiste ordinaire, l'autre du commencement de *l'Orateur*, où Cicéron explique la manière de travailler des grands artistes, en rappelant celle de Phidias, c'est-à-dire du maître le plus parfait de l'époque la plus parfaite de l'art.

« L'artiste [1] qui, l'œil fixé sur l'être immuable, et se servant d'un pareil modèle, en reproduit l'idée et la vertu, ne peut manquer d'enfanter un tout d'une beauté achevée, tandis que celui qui a l'œil fixé sur ce qui passe, avec ce modèle périssable ne fera rien de beau.

« Phidias [2], ce grand artiste, quand il faisait une statue de Jupiter ou de Minerve, n'avait pas sous ses yeux un modèle particulier dont il s'appliquait à exprimer

---

1. Traduction de Platon, t. XII, *Timée*, p. 116.
2. *Orator :* « Neque enim ille artifex (Phidias) cum faceret Jovis
« formam aut Minervæ, contemplabatur aliquem a quo similitudinem
« duceret; sed ipsius in mente insidebat species pulchritudinis eximia
« quædam, quam intuens, in eaque defixus, ad illius similitudinem ar-
« tem et manum dirigebat. »

la ressemblance; mais au fond de son âme résidait un certain type accompli de la beauté, sur lequel il tenait ses regards attachés, et qui conduisait son art et sa main. »

Ce procédé de Phidias n'est-il pas exactement celui que décrit Raphaël dans la lettre fameuse à Castiglione, et qu'il déclare avoir lui-même suivi pour la Galatée[1]? « Comme je manque, dit-il, de beaux modèles, je me sers d'un certain idéal que je me forme. »

Il est encore une théorie qui revient par un détour à l'imitation : c'est celle qui fait de l'illusion le but de l'art. A ce compte, le beau idéal de la peinture est un trompe-l'œil, et son chef-d'œuvre sont ces raisins de Zeuxis que les oiseaux venaient becqueter. Le comble de l'art pour une pièce de théâtre serait de vous persuader que vous êtes en présence de la réalité. Ce qu'il y a de vrai dans cette opinion, c'est qu'une œuvre d'art n'est belle qu'à la condition d'être vivante, et par exemple la loi de l'art dramatique est de ne point mettre sur la scène de pâles fantômes du passé, mais des personnages empruntés à l'imagination ou à l'histoire, comme on voudra, mais animés, mais passionnés, mais parlant et agissant comme il appartient à des hommes et non à des ombres. C'est la nature humaine qu'il s'agit de représenter à elle-même sous un jour magique qui ne la défigure point et qui l'agrandisse. Cette magie, c'est le génie même de l'art. Il nous enlève aux misères qui nous assiègent, et nous transporte

---

1. *Raccolta di lett. sulla pitt.*, t. I, p. 83. « *Essendo carestia e de' buoni giudici e di belle donne, io mi servo di certa idea che mi viene alla mente.* »

en des régions où nous nous retrouvons encore, car nous ne voulons jamais nous perdre de vue, mais où nous nous retrouvons transformés à notre avantage, où toutes les imperfections de la réalité ont fait place à une certaine perfection, où le langage que l'on parle est plus égal et plus relevé, où les personnages sont plus beaux, où même la laideur n'est point admise, et tout cela en respectant l'histoire dans une juste mesure, surtout sans sortir jamais des conditions impérieuses de la nature humaine. L'art a-t-il trop oublié l'humanité ? il a dépassé son but, il ne l'a pas atteint ; il n'a enfanté que des chimères sans intérêt pour notre âme. A-t-il été trop humain, trop réel, trop nu ? il est resté en deçà de son but ; il ne l'a donc pas atteint davantage.

L'illusion est si peu le but de l'art, qu'elle peut être complète et n'avoir aucun charme. Ainsi, dans l'intérêt de l'illusion, on a mis au théâtre un grand soin dans ces derniers temps à la vérité historique du costume. A la bonne heure ; mais ce n'est pas là ce qui importe. Quand vous auriez retrouvé et prêté à l'acteur qui joue le rôle de Brutus le costume même que porta jadis le héros romain, cela toucherait fort médiocrement les vrais connaisseurs. Il y a plus : lorsque l'illusion va trop loin, le sentiment de l'art disparaît pour faire place à un sentiment purement naturel, quelquefois insupportable. Si je croyais qu'Iphigénie est en effet sur le point d'être immolée par son père à vingt pas de moi, je sortirais de la salle en frémissant d'horreur. Si l'Ariane que je vois et que j'entends était la vraie Ariane qui va être trahie par sa sœur, à cette scène pathétique où la pauvre femme, qui déjà se sent moins aimée, demande qui donc lui ravit le cœur jadis si tendre de Thésée, je ferais comme ce jeune Anglais qui s'écriait en sanglotant et en s'efforçant de s'élancer sur le théâtre : « C'est Phèdre, c'est Phèdre, » comme s'il eût voulu avertir et sauver Ariane !

Mais, dit-on, le but du poëte n'est-il pas d'exciter la pitié et la terreur? Oui, mais d'abord en une certaine mesure ; ensuite il doit y mêler quelque autre sentiment qui tempère ceux-là ou les fasse servir à une autre fin. Si celle de l'art dramatique était seulement d'exciter au plus haut degré la pitié et la terreur, l'art serait le rival impuissant de la nature. Tous les malheurs représentés à la scène sont bien languissants devant ceux dont nous pouvons tous les jours nous donner le triste spectacle. Le premier hôpital est plus rempli de pitié et de terreur que tous les théâtres du monde. Que doit faire le poëte dans la théorie que nous combattons? Transporter à la scène la réalité le plus possible, et nous émouvoir fortement en ébranlant nos sens par la vue de douleurs affreuses. Le grand ressort du pathétique serait alors la représentation de la mort, surtout celle du dernier supplice. Tout au contraire, c'en est fait de l'art dès que la sensibilité est trop excitée. Pour reprendre un exemple que nous avons déjà employé, qui constitue la beauté d'une tempête, d'un naufrage? qui nous attache à ces grandes scènes de la nature? Ce n'est certes pas la pitié et la terreur : ces sentiments poignants et déchirants nous éloigneraient bien plutôt. Il faut une émotion toute différente de celles-là, et qui en triomphe, pour nous retenir sur le rivage ; cette émotion, c'est le pur sentiment du beau et du sublime, excité et entretenu par la grandeur du spectacle, par la vaste étendue de la mer, le roulis des vagues écumantes, le bruit imposant du tonnerre. Mais songeons-nous un seul instant qu'il y a là des malheureux qui souffrent et qui peut-être vont périr ? Dès là ce spectacle nous devient insupportable. Il en est ainsi de l'art : quelques sentiments qu'il se propose d'exciter en nous, ils doivent toujours être tempérés et dominés par celui du beau. Produit-il seulement la pitié ou la terreur au delà d'une certaine limite, surtout la pitié ou la terreur physique, il révolte, il ne charme plus ; il manque l'effet qui lui appartient pour un effet étranger et vulgaire.

Par ce même motif, je ne puis accepter une autre théorie qui, confondant le sentiment du beau avec le sentiment moral et religieux, met l'art au service de la religion et de la morale, et lui donne pour but de nous rendre meilleurs et de nous élever à Dieu. Il y a ici une distinction essentielle à faire. Si toute beauté couvre une beauté morale, si l'idéal monte sans cesse vers l'infini, l'art qui exprime la beauté idéale épure l'âme en l'élevant vers l'infini, c'est-à-dire vers Dieu. L'art produit donc le perfectionnement de l'âme, mais il le produit indirectement. Le philosophe qui recherche les effets et les causes sait quel est le dernier principe du beau, et ses effets certains, bien qu'éloignés. Mais l'artiste est avant tout un artiste ; ce qui l'anime est le sentiment du beau ; ce qu'il veut faire passer dans l'âme du spectateur, c'est le même sentiment qui remplit la sienne. Il se confie à la vertu de la beauté ; il la fortifie de toute la puissance, de tout le charme de l'idéal ; c'est à elle ensuite de faire son œuvre; l'artiste a fait la sienne, quand il a procuré à quelques âmes d'élite le sentiment exquis de la beauté. Ce sentiment pur et désintéressé est un noble allié du sentiment moral et du sentiment religieux ; il les réveille, les entretient, les développe, mais c'est un sentiment distinct et spécial. De même, l'art, fondé sur ce sentiment, qui s'en inspire et qui le répand, est à son tour un pouvoir indépendant. Il s'associe naturellement à tout ce qui agrandit l'âme, à la morale et à la religion ; mais il ne relève que de lui-même.

Renfermons bien notre pensée dans ses justes limites. En revendiquant l'indépendance, la dignité propre et la fin particulière de l'art, nous n'entendons pas le séparer de la religion, de la morale, de la patrie. L'art puise ses inspirations à ces sources profondes, aussi bien qu'à la source toujours ouverte de la nature. Mais il n'en est pas moins vrai que l'art, l'État, la religion, sont des puissances qui ont chacune leur monde à part et leurs effets propres; elles se prêtent un concours mutuel; elles ne doivent point se mettre au service l'une de l'autre. Dès que l'une d'elles s'écarte de sa fin, elle s'égare et se dégrade. L'art se met-il aveuglément aux ordres de la religion et de la patrie ? En perdant sa liberté, il perd son charme et son empire.

On cite sans cesse la Grèce antique et l'Italie moderne comme des exemples triomphants de ce que peut l'alliance de l'art, de la religion et de l'État. Rien de plus vrai, s'il s'agit de leur union; rien de plus faux, s'il s'agit de la servitude de l'art. L'art en Grèce a été si peu esclave de la religion, qu'il en a peu à peu modifié les symboles, et, jusqu'à un certain point, l'esprit même, par ses libres représentations. Il y a loin des divinités que la Grèce reçut de l'Égypte à celles dont elle a laissé des exemplaires immortels. Ces artistes et ces poëtes primitifs, qu'on appelle Homère et Dédale, sont-ils étrangers à ce changement? Et dans la plus belle époque de l'art, Eschyle et Phidias ne portèrent-ils pas une grande liberté dans les scènes religieuses qu'ils exposaient aux regards des peuples, soit au théâtre, soit au front des temples? En Italie comme en Grèce, comme partout, l'art est d'abord entre les mains des sacerdoces et des gouvernements; mais, à mesure qu'il grandit et se développe, il conquiert de plus en plus sa liberté. On parle de la foi qui alors animait les artistes et vivifiait leurs œuvres; cela est vrai du temps de Giotto et de Cimabuë; mais, après Angelico da Fiesole, à la fin du xve siècle, en Italie, j'aperçois surtout la foi de l'art en lui-même et le culte de la beauté. Raphaël, dit-on, allait passer cardinal[1]; oui, mais en peignant toujours la Galatée, et sans quitter la Fornarine.

Encore une fois, n'exagérons rien; distinguons, ne séparons pas; unissons l'art, la religion, la patrie, mais que leur union ne nuise pas à la liberté de chacune d'elles. Pénétrons-nous bien de cette pensée, que

---

1. Vasari. *Vie de Raphaël.*

l'art est aussi à lui-même une sorte de religion. Dieu se manifeste à nous par l'idée du vrai, par l'idée du bien, par l'idée du beau. Ces trois idées sont égales entre elles et filles légitimes du même père. Chacune d'elles mène à Dieu, parce qu'elle en vient. La vraie beauté est la beauté idéale, et la beauté idéale est un reflet de l'infini. Ainsi, même indépendamment de toute alliance officielle avec la religion et la morale, l'art est par lui-même essentiellement moral et religieux ; car, à moins de manquer à sa propre loi, à son propre génie, il exprime partout dans ses œuvres la beauté éternelle. Enchaîné de toutes parts à la matière par d'inflexibles liens, travaillant sur une pierre inanimée, sur des sons incertains et fugitifs, sur des paroles d'une signification bornée et finie, l'art leur communique, avec la forme précise, qui s'adresse à tel ou tel sens, un caractère mystérieux qui s'adresse à l'imagination et à l'âme, les arrache à la réalité et les emporte doucement ou violemment dans des régions inconnues. Toute œuvre d'art, quelle que soit sa forme, petite ou grande, figurée, chantée ou parlée, toute œuvre d'art, vraiment belle ou sublime, jette l'âme dans une rêverie gracieuse ou sévère qui l'élève vers l'infini. L'infini, c'est là le terme commun où l'âme aspire sur les ailes de l'imagination comme de la raison, par le chemin du sublime et du beau, comme par celui du vrai et du bien. L'émotion que produit le beau tourne l'âme de ce côté ; c'est cette émotion bienfaisante que l'art procure à l'humanité.

NEUVIÈME LEÇON.

DES DIFFÉRENTS ARTS.

L'expression est la loi générale de l'art. — Division des arts. — Distinction des arts libéraux et des métiers. — L'éloquence elle-même, la philosophie et l'histoire ne font pas partie des beaux-arts. — Que les arts ne gagnent rien à empiéter les uns sur les autres, et à usurper réciproquement leurs moyens et leurs procédés. — Classification des arts : son vrai principe est l'expression. — Comparaison des arts entre eux. — La poésie le premier des arts.

Le résumé de la dernière leçon serait une définition de l'art, de son but et de sa loi. L'art est la reproduction libre du beau, non pas de la seule beauté naturelle, mais de la beauté idéale, telle que l'imagination humaine la conçoit à l'aide des données que lui fournit la nature. Le beau idéal enveloppe l'infini : le but de l'art est donc de produire des œuvres qui, comme celles de la nature, ou même à un plus haut degré encore, aient le charme de l'infini. Mais comment et par quel prestige tirer l'infini du fini ? C'est là la difficulté de l'art, mais c'est aussi sa gloire. Qui nous porte vers l'infini dans la beauté naturelle ? Le côté idéal de cette beauté. L'idéal, voilà l'échelle mystérieuse qui fait monter l'âme du fini à l'infini. Il faut donc que l'artiste s'attache à représenter l'idéal. Tout a son idéal. Le premier soin de l'artiste sera donc, quoi qu'il fasse, de pénétrer d'abord l'idéal caché de son sujet, car ce sujet en a un, pour le rendre

Durante, de Pergolèse sur le vieux texte consacré! Ils ont un moment entrevu le ciel, et leur âme a pu y monter sans distinction de rang, de pays, de croyance même, par ces degrés invisibles et mystérieux, composés pour ainsi dire de tous les sentiments simples, naturels, universels, qui sur tous les points de la terre tirent du sein de la créature humaine un soupir vers un autre monde !

Entre la sculpture et la musique, ces deux extrêmes opposés, est la peinture, presque aussi précise que l'une, presque aussi touchante que l'autre. Comme la sculpture, elle marque les formes visibles des objets, mais en y ajoutant la vie ; comme la musique, elle exprime les sentiments les plus profonds de l'âme, et elle les exprime tous. Dites-moi quel est le sentiment qui ne soit pas sur la palette du peintre ? Il a la nature entière à sa disposition, le monde physique et le monde moral, un cimetière, un paysage, un coucher de soleil,

---

gieuse du Vatican. Je laisserai donc parler un juge compétent, M. Quatremère de Quincy, *Considérations morales sur la destination des ouvrages de l'art*. Paris, 1815, p. 98 : « Qu'on se rappelle ces chants si simples et si touchants qui terminent à Rome les solennités funèbres de ces trois jours que l'Église destine particulièrement à l'expression de son deuil, dans la dernière des semaines de la pénitence. C'est dans cette nef où le génie de Michel-Ange a embrassé la durée des siècles, depuis les merveilles de la création jusqu'au dernier jugement qui doit en détruire les œuvres, que se célèbrent, en présence du pontife romain, ces cérémonies nocturnes dont les rites, les symboles, les plaintives liturgies semblent être autant de figures du mystère de douleur auquel elles sont consacrées. La lumière décroissant par degrés, à chaque révolution de chaque prière, vous diriez qu'un voile funèbre s'étend peu à peu sous ces voûtes religieuses. Bientôt la lueur douteuse de la dernière lampe ne vous permet plus d'apercevoir dans le lointain que le Christ, au milieu des nuages, prononçant ses jugements.

l'océan, les grandes scènes de la vie civile et religieuse, tous les êtres de la création, par-dessus tout le visage de l'homme, et son regard, ce vivant miroir de ce qui se passe dans l'âme. Plus pathétique que la sculpture, plus claire que la musique, la peinture s'élève, selon moi, au-dessus de toutes deux, parce qu'elle exprime davantage la beauté sous toutes ses formes, l'âme humaine dans toute la richesse et la variété de ses sentiments.

Mais l'art par excellence, celui qui surpasse tous les autres, parce qu'il est incomparablement le plus expressif, c'est la poésie.

La parole est l'instrument de la poésie; la poésie la façonne à son usage et l'idéalise pour lui faire exprimer la beauté idéale. Elle lui donne le charme et la puissance de la mesure; elle en fait quelque chose d'intermédiaire entre la voix ordinaire et la musique, quelque chose à la fois de matériel et d'immatériel, de fini, de

et quelques anges exécuteurs de ses arrêts. Alors du fond d'une tribune interdite aux regards profanes se fait entendre le psaume du roi pénitent, auquel trois des plus grands maîtres de l'art ont ajouté les modulations d'un chant simple et pathétique. Aucun instrument ne se mêle à ces accords. De simples concerts de voix exécutent cette musique; mais ces voix semblent être celles des anges, et leur impression a pénétré jusqu'au fond de l'âme. »

Nous avons cité ce beau morceau, et nous aurions pu en citer beaucoup d'autres, encore supérieurs à celui-là, d'un homme aujourd'hui oublié et presque toujours méconnu, mais que la postérité mettra à sa place. Indiquons du moins les dernières pages du même écrit sur la nécessité de laisser les ouvrages d'art dans le lieu pour lequel ils ont été faits, par exemple le portrait de Mlle de La Vallière en Madeleine aux Carmélites, au lieu de le transporter et de l'exposer dans les appartements de Versailles, « le seul lieu du monde, dit éloquemment M. Quatremère, qui ne devait jamais la revoir. »

C'est donc à ces deux sens que l'art doit s'adresser, et qu'il s'adresse, en effet, pour pénétrer jusqu'à l'âme. De là la division des arts en deux grandes classes, arts de l'ouïe, arts de la vue; d'un côté la musique et la poésie ; de l'autre la peinture avec la gravure, la sculpture, l'architecture, l'art des jardins.

On s'étonnera peut-être de ne pas nous voir ranger parmi les arts ni l'éloquence, ni l'histoire, ni la philosophie.

Les arts s'appellent les beaux-arts, parce que leur seul objet est de produire l'émotion désintéressée de la beauté, sans regard à l'utilité ni du spectateur ni de l'artiste. Ils s'appellent encore les arts libéraux, parce que ce sont des arts d'hommes libres et non d'esclaves, qui affranchissent l'âme, charment et ennoblissent l'existence : de là le sens et l'origine de ces expressions de l'antiquité, *artes liberales*, *artes ingenuæ*. Il y a des arts sans noblesse, dont le but est l'utilité pratique et matérielle ; on les nomme des métiers. Tel est celui du poêlier, du maçon. L'art véritable s'y peut joindre, y briller même, mais seulement dans les accessoires et dans les détails.

L'éloquence, l'histoire, la philosophie sont assurément de hauts emplois de l'intelligence ; elles ont leur dignité, leur éminence que rien ne surpasse, mais, à parler rigoureusement, ce ne sont pas des arts.

L'éloquence ne se propose pas de faire naître dans l'âme des auditeurs le sentiment désintéressé de la beauté. Elle peut produire aussi cet effet, mais sans l'avoir cherché. Sa fin directe, celle qu'elle ne peut subordonner à aucune autre, c'est de convaincre, c'est de persuader. L'éloquence a un client qu'elle doit avant tout sauver ou faire triompher. Que ce client soit un homme, un peuple, une idée, peu importe. Heureux l'orateur s'il fait dire : Cela est bien beau ! noble hommage rendu à son talent; malheureux s'il ne fait dire que cela; car il a manqué son but. Les deux grands types de l'éloquence politique et religieuse, Démosthène dans l'antiquité, Bossuet chez les modernes, ne pensent qu'à l'intérêt de la cause confiée à leur génie, la cause sacrée de la patrie et celle de la religion; tandis qu'au fond Phidias et Raphaël travaillent à faire de belles choses. Hâtons-nous aussi de le dire; les noms de Démosthène et de Bossuet nous le commandent : la vraie éloquence, bien différente en cela de la rhétorique, dédaigne certains moyens de succès; elle ne demande pas mieux que de plaire, mais sans aucun sacrifice indigne d'elle : tout ornement étranger la dégrade. Son caractère propre est la simplicité, le sérieux, je ne veux pas dire le sérieux affecté, la gravité composée et fardée, la pire de toutes les impostures; j'entends le sérieux vrai, qui part d'une conviction sincère et profonde. C'est ainsi que Socrate comprenait la vraie éloquence [1].

Il en faut dire autant de l'histoire et de la philosophie. Le philosophe parle et écrit. Puisse-t-il donc, comme l'orateur, trouver des accents qui fassent entrer la vérité dans l'âme, des couleurs et des formes qui la fassent briller évidente et manifeste aux yeux de l'intel-

---

[1]. Voyez le *Gorgias* avec l'Argument, t. III de notre traduction de Platon.

ligence! Ce serait soi-même trahir sa cause que de négliger les moyens qui la peuvent servir; mais l'art le plus profond n'est ici qu'un moyen; le but de la philosophie est ailleurs; d'où il suit que la philosophie n'est pas un art. Sans doute Platon est un grand artiste; il est l'égal de Sophocle et de Phidias, comme Pascal est quelquefois le rival de Démosthène et de Bossuet[1]; mais tous deux auraient rougi s'ils eussent surpris au fond de leur âme un autre dessein, un autre but que le service de la vérité et de la vertu.

L'histoire ne raconte pas pour raconter, elle ne peint pas pour peindre, elle raconte et elle peint le passé pour qu'il soit la leçon vivante de l'avenir. Elle se propose d'instruire les générations nouvelles par l'expérience de celles qui les ont devancées, en mettant sous leurs yeux le tableau fidèle de grands et importants événements avec leurs causes et leurs effets, avec les desseins généraux et les passions particulières, avec les fautes, les vertus, les crimes qui se trouvent mêlés ensemble dans les choses humaines. Elle enseigne l'excellence de la prudence, du courage, des grandes pensées profondément méditées, constamment suivies, exécutées avec modération et avec force. Elle fait paraître la vanité des prétentions immodérées, la puissance de la sagesse et de la vertu, l'impuissance de la folie et du crime. Thucydide, Polybe et Tacite prétendent à toute

---

1. Il y a telle Provinciale qui pour la véhémence ne peut être comparée qu'aux *Philippiques*, et le fragment sur l'infini a la grandeur et la magnificence de Bossuet. Voyez notre écrit des *Pensées de Pascal*, IVe série, *Littérature*, t. I.

autre chose qu'à procurer des émotions nouvelles à une curiosité oisive ou à une imagination blasée; ils veulent sans doute intéresser et attacher, mais pour mieux instruire; ils se portent ouvertement pour les maîtres des hommes d'État et les précepteurs du genre humain.

Le seul objet de l'art est le beau. L'art s'abandonne lui-même, dès qu'il s'en écarte. Il est souvent contraint de faire des concessions aux circonstances, aux conditions extérieures qui lui sont imposées; mais il faut toujours qu'il retienne une juste liberté. L'architecture et l'art des jardins sont les moins libres des arts; ils ont à subir des gênes inévitables; c'est au génie de l'artiste à dominer ces gênes et même à en tirer d'heureux effets, ainsi que le poëte fait tourner l'esclavage du mètre et de la rime en une source de beautés inattendues. Une extrême liberté peut porter l'art au caprice qui le dégrade, comme aussi de trop lourdes chaînes l'écrasent. C'est tuer l'architecture que de la soumettre à la commodité, au *comfort*. L'architecte est-il obligé de subordonner la coupe générale et les proportions de son édifice à telle ou telle fin particulière qui lui est prescrite? Il se réfugie dans les détails, dans les frontons, dans les frises, dans toutes les parties qui n'ont pas l'utile pour objet spécial, et là il redevient vraiment artiste. La sculpture et la peinture, surtout la musique et la poésie, sont plus libres que l'architecture et l'art des jardins. On peut aussi leur donner des entraves, mais elles s'en dégagent plus aisément.

Semblables par leur but commun, tous les arts diffèrent par les effets particuliers qu'ils produisent, et par les procédés qu'ils emploient. Ils ne gagnent rien à échanger leurs moyens et à confondre les limites qui les séparent. Je m'incline devant l'autorité de l'antiquité; mais, peut-être faute d'habitude et par un reste de préjugé, j'ai quelque peine à me représenter avec plaisir des statues composées de plusieurs métaux, surtout des statues peintes [1]. Sans prétendre que la sculpture n'ait pas jusqu'à un certain point son coloris, celui d'une matière parfaitement pure, celui surtout que la main du temps lui imprime, malgré toutes les séductions d'un grand talent contemporain [2], je goûte peu, je l'avoue, cet artifice qui s'efforce de donner au marbre la morbidezza de la peinture. La sculpture est une Muse austère; elle a ses grâces à elle, mais qui ne sont celles d'aucun autre art. La vie de la couleur lui doit demeurer étrangère : il ne resterait plus qu'à vouloir lui communiquer le mouvement de la poésie et le vague de la musique! Et celle-ci que gagnera-t-elle à viser au pittoresque, quand son domaine propre est le pathétique? Donnez au plus savant symphoniste une tempête à rendre. Rien de plus facile à imiter que le sifflement des vents et le bruit du tonnerre. Mais par quelles combinaisons d'harmonie fera-t-il paraître aux yeux la lueur des éclairs déchirant tout à coup le voile de la nuit, et ce qu'il y a de plus formidable dans la tempête, le mouvement des flots qui tantôt s'élèvent

1. Voyez le *Jupiter Olympien* de M. Quatremère de Quincy.
2. Allusion à la *Madeleine* de Canova, qui se voyait alors dans la galerie de M. de Sommariva.

comme une montagne, tantôt s'abaissent et semblent se précipiter dans des abîmes sans fond? Si l'auditeur n'est pas averti du sujet, il ne le soupçonnera jamais, et je défie qu'il distingue une tempête d'une bataille. En dépit de la science et du génie, des sons ne peuvent peindre des formes. La musique bien conseillée se gardera de lutter contre l'impossible; elle n'entreprendra pas d'exprimer le soulèvement et la chute des vagues, et d'autres phénomènes semblables; elle fera mieux : avec des sons elle fera passer dans notre âme les sentiments qui se succèdent en nous pendant les scènes diverses de la tempête. C'est ainsi qu'Haydn deviendra [1] le rival, le vainqueur même du peintre, parce qu'il a été donné à la musique de remuer et d'ébranler l'âme plus profondément encore que la peinture.

Depuis le Laocoon de Lessing, il n'est plus permis de répéter, sans de grandes réserves, l'axiome fameux : *Ut pictura poesis*, ou du moins il est bien certain que la peinture ne peut pas tout ce que peut la poésie. Tout le monde admire le portrait de la renommée tracé par Virgile; mais qu'un peintre s'avise de réaliser cette figure symbolique; qu'il nous représente un monstre énorme avec cent yeux, cent bouches et cent oreilles, qui des pieds touche la terre et cache sa tête dans les cieux, une pareille figure pourra bien être ridicule.

Ainsi les arts ont un but commun et des moyens entièrement différents. De là les règles générales com-

---

1. Voyez *la Tempête* d'Haydn, parmi les œuvres de piano de ce maître.

munes à tous, et les règles particulières à chacun d'eux. Je n'ai ni le temps ni le droit d'entrer à cet égard dans aucun détail. Je me borne à rappeler que la grande loi qui domine toutes les autres est celle de l'expression. Toute œuvre d'art qui n'exprime pas une idée ne signifie rien; il faut qu'en s'adressant à tel ou tel sens, elle pénètre jusqu'à l'esprit, jusqu'à l'âme, et y porte une pensée, un sentiment capable de la toucher ou de l'élever. De cette règle fondamentale dérivent toutes les autres, par exemple celle que l'on recommande sans cesse et avec tant de raison, la composition. C'est là que s'applique particulièrement le précepte de l'unité et de la variété. Mais, en disant cela, on n'a rien dit tant qu'on n'a pas déterminé la nature de l'unité dont on veut parler. La vraie unité, c'est l'unité d'expression, et la variété n'est faite que pour répandre sur l'œuvre entière l'idée ou le sentiment unique qu'elle doit exprimer. Il est inutile de faire remarquer qu'entre la composition ainsi entendue, et ce qu'on nomme souvent ainsi, comme la symétrie et l'arrangement des parties selon des règles artificielles, il y a un abîme. La vraie composition n'est autre chose que le moyen le plus puissant d'expression.

L'expression ne fournit pas seulement les règles générales des arts, elle donne encore le principe qui permet de les classer.

En effet, toute classification suppose un principe qui serve de mesure commune.

On a cherché un tel principe dans le plaisir, et le premier des arts a paru celui qui donne les jouissances les plus vives. Mais nous avons prouvé que l'objet de l'art n'est pas le plaisir : le plus ou moins de plaisir qu'un art procure ne peut donc être la vraie mesure de sa valeur.

Cette mesure n'est autre que l'expression. L'expression étant le but suprême, l'art qui s'en rapproche le plus est le premier de tous les arts.

Tous les arts vrais sont expressifs, mais ils le sont diversement. Prenez la musique ; c'est l'art sans contredit le plus pénétrant, le plus profond, le plus intime. Il y a physiquement et moralement entre un son et l'âme un rapport merveilleux. Il semble que l'âme est un écho où le son prend une puissance nouvelle. On raconte de la musique ancienne des choses extraordinaires. Et il ne faut pas croire que la grandeur des effets suppose ici des moyens très-compliqués. Non, moins la musique fait de bruit, et plus elle touche. Donnez quelques notes à Pergolèse, donnez-lui surtout quelques voix pures et suaves, et il vous ravit jusqu'au ciel, il vous emporte dans les espaces de l'infini, il vous plonge dans d'ineffables rêveries. Le pouvoir propre de la musique est d'ouvrir à l'imagination une carrière sans limites, de se prêter avec une souplesse étonnante à toutes les dispositions de chacun, d'irriter ou de bercer, aux sons de la plus simple mélodie, nos sentiments accoutumés, nos affections favorites. Sous ce rapport, la musique est un art sans rival : elle n'est pourtant pas le premier des arts.

La musique paye la rançon du pouvoir immense qui lui a été donné ; elle éveille plus que tout autre art le sentiment de l'infini, parce qu'elle est vague, obscure, indéterminée dans ses effets. Elle est juste l'art opposé à la sculpture, qui porte moins vers l'infini, parce que tout en elle est arrêté avec la dernière précision. Telle est la force et en même temps la faiblesse de la musique : elle exprime tout et elle n'exprime rien en particulier. La sculpture, au contraire, ne fait guère rêver, car elle représente nettement telle chose et non pas telle autre. La musique ne peint pas, elle touche ; elle met en mouvement l'imagination, non celle qui reproduit des images, mais celle qui fait battre le cœur, car il est absurde de borner l'imagination à l'empire des images[1]. Le cœur une fois ému ébranle tout le reste ; c'est ainsi que la musique peut indirectement et jusqu'à un certain point susciter des images et des idées ; mais sa puissance directe et naturelle n'est ni sur l'imagination représentative ni sur l'intelligence ; elle est sur le cœur : c'est un assez bel avantage.

Le domaine de la musique est le sentiment, mais là même son pouvoir est plus profond qu'étendu, et si elle exprime certains sentiments avec une force incomparable, elle n'en exprime qu'un fort petit nombre. Par voie d'association, elle peut les réveiller tous, mais directement elle en produit très-peu, et encore les plus simples et les plus élémentaires, la tristesse et la joie avec leurs mille nuances. Demandez à la musique d'exprimer la magnanimité, la résolution vertueuse, et d'autres sentiments de ce genre, elle en est aussi incapable que de peindre un lac ou une montagne. Elle

1. Voyez plus haut, leçon vi, p. 149.

s'y prend comme elle peut; elle emploie le large, le rapide, le fort, le doux, etc., mais c'est à l'imagination à faire le reste, et l'imagination ne fait que ce qui lui plaît. Sous la même mesure, celui-ci met une montagne et celui-là l'océan; le guerrier y puise des inspirations héroïques, le solitaire des inspirations religieuses. Sans doute les paroles déterminent l'expression musicale, mais le mérite alors est à la parole, non à la musique; et quelquefois la parole imprime à la musique une précision qui la tue et lui ôte ses effets propres, le vague, l'obscurité, la monotonie, mais aussi l'ampleur et la profondeur, j'allais presque dire l'infinitude. Je n'admets nullement cette fameuse définition du chant : une déclamation notée. Une simple déclamation bien accentuée est assurément préférable à des accompagnements étourdissants; mais il faut laisser à la musique son caractère, et ne lui enlever ni ses défauts ni ses avantages. Il ne faut pas surtout la détourner de son objet et lui demander ce qu'elle ne saurait donner. Elle n'est pas faite pour exprimer des sentiments compliqués et factices, ou terrestres et vulgaires. Son charme singulier est d'élever l'âme vers l'infini. Elle s'allie donc naturellement à la religion, surtout à cette religion de l'infini qui est en même temps la religion du cœur; elle excelle à transporter aux pieds de l'éternelle miséricorde l'âme tremblante sur les ailes du repentir, de l'espérance et de l'amour. Heureux ceux qui, à Rome, au Vatican [1], dans les solennités du culte catholique, ont entendu les mélodies de Leo, de

---

1. Je n'ai pas eu le bonheur d'entendre moi-même la musique reli-

clair et de précis, comme les contours et les formes les plus arrêtées, de vivant et d'animé comme la couleur, de pathétique et d'infini comme le son. Le mot en lui-même, surtout le mot choisi et transfiguré par la poésie, est le symbole le plus énergique et le plus universel. Armée de ce talisman qu'elle a fait pour elle, la poésie réfléchit toutes les images du monde sensible, comme la sculpture et la peinture ; elle réfléchit le sentiment comme la peinture et la musique, avec toutes ses variétés, que la musique n'atteint pas, et dans leur succession rapide que ne peut suivre la peinture, aussi arrêtée et immobile que la sculpture ; et elle n'exprime pas seulement tout cela, elle exprime ce qui est inaccessible à tout autre art, je veux dire la pensée, entièrement séparée des sens et même du sentiment, la pensée qui n'a pas de formes, la pensée qui n'a pas de couleur, la pensée qui ne laisse échapper aucun son, qui ne se manifeste dans aucun regard, la pensée dans son vol le plus sublime, dans son abstraction la plus raffinée.

Songez-y. Quel monde d'images, de sentiments, de pensées à la fois distinctes et confuses, suscite en vous ce seul mot : la patrie ! et cet autre mot, bref et immense : Dieu ! Quoi de plus clair et tout ensemble de plus profond et de plus vaste !

Dites à l'architecte, au sculpteur, au peintre, au musicien même, d'évoquer ainsi d'un seul coup toutes les puissances de la nature et de l'âme ! Ils ne le peuvent, et par là ils reconnaissent la supériorité de la parole et de la poésie.

Ils la proclament eux-mêmes, car ils prennent la poésie pour leur propre mesure ; ils estiment et ils demandent qu'on estime leurs œuvres à proportion qu'elles se rapprochent davantage de l'idéal poétique. Et le genre humain fait comme les artistes : Quelle poésie ! s'écrie-t-on, à la vue d'un beau tableau, d'une noble mélodie, d'une statue vivante et expressive. Ce n'est pas là une comparaison arbitraire, c'est un jugement naturel qui fait de la poésie le type de la perfection de tous les arts, l'art par excellence, qui comprend tous les autres, auquel tous aspirent, auquel nul ne peut atteindre.

Quand les autres arts veulent imiter les œuvres de la poésie, la plupart du temps ils s'égarent, ils perdent leur propre génie, sans dérober celui de la poésie. Mais la poésie bâtit à son gré des palais et des temples comme l'architecture ; elle les fait simples ou magnifiques ; tous les ordres lui obéissent ainsi que tous les systèmes ; les différents âges de l'art lui sont égaux ; elle reproduit, s'il lui plaît, le classique ou le gothique, le beau ou le sublime, le mesuré ou l'infini. Lessing a pu comparer, avec la justesse la plus exquise, Homère au plus parfait sculpteur, tant les formes que ce ciseau merveilleux donne à tous les êtres sont déterminées avec netteté ! Et quel peintre aussi qu'Homère, et, dans un genre différent, le Dante ! La musique seule a quelque chose de plus pénétrant que la poésie, mais elle est vague, elle est bornée, elle est fugitive. Outre sa netteté, sa variété, sa durée, la poésie a aussi les plus pathétiques accents. Rappelez-vous les paroles que

Priam laisse tomber aux pieds d'Achille en lui redemandant le cadavre de son fils, plus d'un vers de Virgile, des scènes entières du Cid et de Polyeucte, la prière d'Esther agenouillée devant Dieu, les chœurs d'Esther et d'Athalie. Dans le chant célèbre de Pergolèse, *Stabat mater dolorosa*, on peut demander ce qui émeut le plus de la musique ou des paroles. Le *Dies iræ, dies illa*, récité seulement, est déjà de l'effet le plus terrible. Dans ces paroles formidables, tous les coups portent, pour ainsi dire; chaque mot renferme un sentiment distinct, une idée à la fois profonde et déterminée. L'intelligence avance à chaque pas, et le cœur s'élance à sa suite. La parole humaine, idéalisée par la poésie, a la profondeur et l'éclat de la note musicale; et elle est lumineuse autant que pathétique; elle parle à l'esprit comme au cœur; elle est en cela inimitable, unique, qu'elle rassemble en elle tous les extrêmes et tous les contraires, dans une harmonie qui redouble leur effet réciproque, et où tour à tour paraissent et se développent toutes les images, tous les sentiments, toutes les idées, toutes les facultés humaines, tous les replis de l'âme, toutes les faces des choses, tous les mondes réels et tous les mondes intelligibles!

DIXIÈME LEÇON.

DE L'ART FRANÇAIS AU DIX-SEPTIÈME SIÈCLE.

Que l'expression ne sert pas seulement à apprécier les différents arts, mais les différentes écoles. Exemple : l'art français au xviie siècle. — Poésie française : Corneille. Racine. Molière. La Fontaine. Boileau. — Peinture : Lesueur. Poussin Le Lorrain. Champagne. — Gravure. — Sculpture : Sarrazin. Les Anguier. Girardon. Pujet. — Le Nôtre — Architecture.

Nous croyons avoir solidement établi que tous les genres de beauté les plus dissemblables en apparence, soumis à un sérieux examen, se ramènent à la beauté spirituelle et morale, qu'ainsi l'expression est à la fois l'objet véritable et la loi première de l'art, que tous les arts ne sont tels qu'autant qu'ils expriment l'idée cachée sous la forme et s'adressent à l'âme à travers les sens ; qu'enfin c'est dans l'expression que les différents arts trouvent la vraie mesure de leur valeur relative, et que l'art le plus expressif doit être placé au premier rang.

Si l'expression juge les différents arts, ne suit-il pas naturellement qu'elle peut, au même titre, juger aussi les différentes écoles qui dans chaque art se disputent l'empire du goût ?

Il n'y a pas une de ces écoles qui ne représente à sa manière quelque côté du beau, et nous sommes bien d'avis de les embrasser toutes dans une étude impartiale et bienveillante. Nous sommes éclectiques dans les arts aussi bien qu'en métaphysique. Mais comme en métaphysique l'intelligence de tous les systèmes et de la part de vérité qui est en chacun d'eux, éclaire sans les affaiblir nos propres convictions; ainsi dans l'histoire des arts, tout en pensant qu'il ne faut dédaigner aucune école, et qu'on peut trouver jusqu'en Chine quelque ombre de beauté, notre éclectisme ne fait pas chanceler en nous le sentiment de la beauté véritable et la règle suprême de l'art. Ce que nous demandons aux diverses écoles, sans distinction de temps ni de lieu, ce que nous cherchons au midi comme au nord, à Florence, à Rome, à Venise et à Séville, comme à Anvers, à Amsterdam et à Paris, partout où il y a des hommes, c'est quelque chose d'humain, c'est l'expression d'un sentiment ou d'une idée.

Une critique qui s'appuierait sur le principe de l'expression dérangerait un peu, il faut l'avouer, les jugements reçus, et porterait quelque désordre dans la hiérarchie des renommées. Nous n'entreprenons point une pareille révolution : nous nous proposons seulement de confirmer ou d'éclaircir au moins notre principe par un exemple, et par un exemple qui est sous notre main.

Il y a dans le monde une école autrefois illustre, aujourd'hui fort légèrement traitée : cette école est l'école française du xviie siècle. Nous voudrions la remettre en honneur, en rappelant l'attention sur les qualités qui ont fait sa gloire.

Nous avons travaillé avec constance à réhabiliter parmi nous la philosophie de Descartes, indignement sacrifiée à la philosophie de Locke, parce qu'avec ses défauts elle possède à nos yeux l'incomparable mérite de subordonner les sens à l'esprit, d'élever et d'agrandir l'homme. De même nous professons une admiration sérieuse et réfléchie pour notre art national du xviie siècle, parce que, sans nous dissimuler ce qui lui manque, nous y trouvons ce que nous préférons à toute chose, la grandeur unie au bon sens et à la raison, la simplicité et la force, le génie de la composition, surtout celui de l'expression.

La France, insouciante de sa gloire, n'a pas l'air de se douter qu'elle compte dans ses annales le plus grand siècle peut-être de l'humanité, celui qui comprend dans son sein le plus d'hommes extraordinaires en tout genre. Quand, je vous prie, a-t-on vu se donner la main des politiques tels que Henri IV, Richelieu, Mazarin, Colbert, Louis XIV? Je ne prétends pas que chacun d'eux n'ait des rivaux, même des supérieurs. Alexandre, César, Charlemagne les surpassent peut-être. Mais Alexandre n'a qu'un seul contemporain qui lui puisse être comparé, son père Philippe ; César n'a pu même soupçonner qu'un jour Octave serait digne de lui ; Charlemagne est un colosse dans un désert ; tandis que chez nous ces cinq grands hommes se succèdent sans intervalle, se pressent les uns contre les autres, et n'ont pour ainsi dire qu'une âme. Et par quels capitaines n'ont-ils pas été servis! Condé est-il vraiment inférieur à Alexandre, à Annibal et à César ; car pour d'autres émules, parmi ses devanciers il ne faut pas lui en chercher? Qui d'entre eux l'emporte sur lui par l'étendue et la justesse des conceptions, par la promptitude du coup d'œil, par la rapidité des manœuvres, par la réunion de l'impétuosité et de la constance, par la double gloire de preneur de villes et de gagneur de batailles? Ajoutez qu'il a eu affaire à des généraux tels que Merci et Guillaume, et qu'il a eu sous lui Turenne et Luxembourg, sans parler de tant d'autres hommes de guerre élevés à cette admirable école, et qui à l'heure des revers ont encore suffi à sauver la France.

Quel autre temps, au moins chez les modernes, a vu fleurir ensemble autant de poëtes du premier ordre? Nous n'avons, il est vrai, ni Homère, ni Dante, ni Milton, ni même le Tasse. L'épopée, avec sa naïveté primitive, nous est interdite. Mais au théâtre, nous avons à peine des égaux. C'est que la poésie dramatique est la poésie qui nous convient, la poésie morale par excellence, qui représente l'homme avec ses diverses passions armées les unes contre les autres, les luttes violentes de la vertu et du crime, les jeux du sort, les leçons de la Providence, et cela dans un cadre étroit où les événements se pressent sans se confondre, et où l'action marche à pas rapides vers la crise qui doit faire paraître ce qu'il y a de plus intime au cœur des personnages.

Osons dire ce que nous pensons : à nos yeux, Eschyle, Sophocle et Euripide ensemble ne balancent point le seul Corneille; car aucun d'eux n'a connu et exprimé comme lui ce qu'il y a au monde de plus véritablement touchant, une grande âme aux prises avec elle-même, entre une passion généreuse et le devoir. Corneille est le créateur d'un pathétique nouveau, inconnu à l'antiquité et à tous les modernes avant lui. Il dédaigne de parler aux passions naturelles et subalternes ; il ne cherche pas à exciter la terreur et la pitié, comme le demande Aristote, qui se borne à ériger en maximes la pratique des Grecs. Il semble que Corneille ait lu Platon et voulu suivre ses préceptes : il s'adresse à une partie tout autrement élevée de la nature humaine, à la passion la plus noble, la plus voisine de la vertu, l'admiration ; et de l'admiration portée à son comble il tire les effets les plus puissants. Shakespeare, nous en convenons, est supérieur à Corneille par l'étendue et la richesse du génie dramatique. La nature humaine tout entière semble à sa disposition, et il reproduit les scènes diverses de la vie dans leur beauté et dans leur difformité, dans leur grandeur et dans leur bassesse. Il excelle dans la peinture des passions terribles ou gracieuses. Othello, lady Macbeth, c'est la jalousie, c'est l'ambition, comme Juliette et Desdémone sont les noms immortels de l'amour jeune et malheureux. Mais si Corneille a moins d'imagination, il a plus d'âme. Moins varié, il est plus profond. S'il ne met pas sur la scène autant de caractères différents, ceux qu'il y met sont les plus grands qui puissent être offerts à l'humanité. Les spectacles qu'il donne sont moins déchirants, mais à la fois plus délicats et plus sublimes. Qu'est-ce que la mélancolie d'Hamlet ; la douleur du roi Léar, et même la dédaigneuse intrépidité de César, devant la magnanimité d'Auguste s'efforçant d'être maître de lui-même comme de l'univers, devant Chimène sacrifiant l'amour à l'honneur, surtout devant cette Pauline ne souffrant pas même dans le fond de son cœur un soupir involontaire pour celui qu'elle ne doit plus aimer? Corneille se tient toujours dans les régions les plus hautes. Il est tour à tour Romain ou chrétien. Il est l'interprète des héros, le chantre de la vertu, le poëte des guerriers et des politiques [1]. Et il ne faut pas oublier que Shakespeare est à peu près seul dans son temps, tandis qu'après Corneille vient Racine, qui pourrait suffire à la gloire poétique d'une nation.

Racine assurément ne peut être comparé à Corneille pour le génie dramatique; il est plus homme de lettres; il n'a pas l'âme tragique; il n'aime ni ne connaît la politique et la guerre. Quand il imite Corneille, par exemple dans Alexandre et même dans Mithridate, il l'imite assez mal. La scène si vantée de Mithridate exposant son plan de campagne à ses fils est un morceau de la plus belle rhétorique, qui ne peut entrer en parallèle avec les scènes politiques et militaires de Cinna, de Sertorius, surtout avec cette première scène de la Mort de Pompée, où vous assistez à un conseil aussi vrai, aussi grand, aussi profond que l'a jamais pu être aucun des conseils de Richelieu ou de Mazarin. Racine n'était pas né pour peindre les héros, mais il peint admirablement l'homme avec ses passions naturelles, et la plus naturelle comme la plus touchante de toutes, l'amour. Aussi excelle-t-il particulièrement dans les caractères de femmes. Pour les hommes, il a besoin d'être soutenu

---

1. On se rappelle le mot du grand Condé : « Où donc Corneille a-t-il appris la politique et la guerre ? »

par Tacite[1] ou par l'Écriture sainte. Avec les femmes, il est à son aise, et il les fait penser et parler avec une vérité parfaite relevée par un art exquis. Ne lui demandez ni Émilie, ni Cornélie, ni Pauline; mais écoutez Andromaque, Monime, Bérénice, Phèdre! Là, même en imitant, il est original, et il laisse les anciens bien loin derrière lui. Qui lui a enseigné cette délicatesse charmante, ces troubles gracieux, cette pureté dans la faiblesse même, cette mélancolie, quelquefois même cette profondeur, avec cette langue merveilleuse qui semble l'accent naturel du cœur de la femme? On s'en va répétant que Racine écrit mieux que Corneille : dites seulement qu'ils écrivent tous deux très-différemment, et comme on écrivait dans les deux époques si différentes où ils ont vécu. L'un a eu deux qualités souveraines, qu'il tient de sa propre nature et de son temps, la naïveté et la grandeur; l'autre n'est plus naïf, mais il a trop de goût pour n'être pas toujours simple,

---

1. Ce serait un travail curieux et utile que de comparer avec l'original latin tous les passages de Britannicus imités de Tacite; on y trouverait Racine presque toujours au-dessous de son modèle. J'en donnerai un seul exemple. Dans le récit de la mort de Britannicus, Racine exprime ainsi les effets différents de ce crime sur les spectateurs :

> Jugez combien ce coup frappe tous les esprits :
> La moitié s'épouvante et sort avec des cris ;
> Mais ceux qui de la cour ont un plus long usage
> Sur les yeux de César composent leur visage.

Assurément ce style est excellent; mais il pâlit et ne semble plus qu'un crayon bien faible devant ces coups de pinceau rapides et sombres du grand peintre romain : « Trepidatur a circumsedentibus; diffugiunt imprudentes ; at, quibus altior intellectus, resistunt defixi et Neronem intuentes. »

et il remplace la grandeur à jamais perdue par une élégance consommée. Corneille parle la langue des hommes d'État, des capitaines, des théologiens, des philosophes, des femmes fortes, de Richelieu, de Rohan, de Saint-Cyran, de Descartes et de Pascal, de la mère Angélique Arnaud et de la mère Madeleine de Saint-Joseph, la langue que parla encore Molière, et que Bossuet a gardée jusqu'à son dernier soupir. Racine parle celle de Louis XIV et des femmes qui étaient l'ornement de sa cour. Je suppose qu'ainsi parlait Madame, l'aimable, spirituelle et infortunée Henriette; ainsi écrivent l'auteur de la Princesse de Clèves et l'auteur de Télémaque. Ou plutôt cette langue est celle de Racine lui-même, de cette âme faible et tendre, qui passa vite de l'amour à la dévotion, qui se complaisait dans la poésie lyrique, et s'est épanchée tout entière dans les chœurs d'Esther et d'Athalie et dans les Cantiques spirituels; cette âme, si facile à émouvoir, qu'une cérémonie religieuse ou une représentation d'Esther à Saint-Cyr touchaient jusqu'aux larmes, qui compatissait aux malheurs du peuple, qui trouva dans sa pitié et sa charité le courage de dire un jour la vérité à Louis XIV, et qui s'éteignit au premier souffle de la disgrâce.

Molière est à Aristophane ce que Corneille est à Shakespeare. L'auteur du Plutus, des Guêpes, des Nuées a sans doute une imagination, une verve bouffonne, une puissance créatrice au-dessus de toute comparaison. Molière n'a point d'aussi grandes conceptions poétiques : il a mieux peut-être, il a des caractères. Son coloris est moins éclatant, son burin est plus pénétrant. Il a gravé dans la mémoire des hommes un certain nombre de travers et de vices qui s'appelleront à jamais l'Avare, le Malade imaginaire, les Femmes savantes, le Tartufe, Don Juan, pour ne pas parler du Misanthrope, pièce à part, touchante autant que plaisante, qui ne s'adresse pas à la foule et ne peut être populaire, parce qu'elle exprime un ridicule assez rare, l'excès dans la passion de la vérité et de l'honneur.

Tous les fabulistes anciens et modernes, et même l'ingénieux, le pur, l'élégant Phèdre, approchent-ils de notre La Fontaine? Il compose ses personnages et les met en scène avec l'habileté de Molière; il sait prendre dans l'occasion le ton d'Horace et mêler l'ode à la fable; il est à la fois le plus naïf et le plus raffiné des écrivains, et son art échappe dans sa perfection même. Nous ne parlons pas des contes; d'abord parce que nous condamnons le genre; ensuite parce que La Fontaine y déploie des qualités plus italiennes que françaises, une narration pleine de naturel, de malice et de grâce, mais sans aucun de ces traits profonds, tendres, mélancoliques, qui placent parmi les plus grands poëtes de tous les temps l'auteur des Deux Pigeons et du Vieillard et les trois jeunes Gens.

Nous n'hésitons point à mettre Boileau à la suite de ces grands hommes. Il vient après eux, il est vrai, mais il est de leur compagnie : il les comprend, il les aime, il les soutient. C'est lui qui, en 1663, après l'École des Femmes, et bien avant le Tartufe et le Misanthrope, proclamait Molière le maître dans l'art des vers. C'est lui qui, en 1677, après la chute de Phèdre, défendait le vainqueur d'Euripide contre les succès de Pradon. C'est lui qui, devançant la postérité, a le premier mis en lumière ce qu'il y a de nouveau et d'entièrement original dans le théâtre de Corneille[1]. Il sauva la pension du vieux tragique en offrant le sacrifice de la sienne. Louis XIV lui demandant quel était l'écrivain qui honorait le plus son règne, c'est Molière, répondit Boileau ; et quand le grand roi à son déclin persécutait Port-Royal et voulait mettre la main sur Arnaud, il se rencontra un homme de lettres pour dire en face à l'impérieux monarque : « Votre Majesté a beau chercher M. Arnaud, elle est trop heureuse pour le trouver. » Boileau manque un peu d'imagination et d'invention ; mais il est grand par le sentiment énergique de la vérité et de la justice ; il porte jusqu'à la passion le goût du beau et de l'honnête ; il est poëte à force d'âme et de bon sens. Plus d'une fois son cœur lui a dicté les vers les plus pathétiques :

> En vain contre le Cid un ministre se ligue,
> Tout Paris pour Chimène a les yeux de Rodrigue, etc.
> ....
> Après qu'un peu de terre, obtenu par prière,
> Pour jamais dans la tombe eut enfermé Molière, etc.
> ....

Et cette épitaphe d'Arnaud, si simple et si grande :

> Aux pieds de cet autel de structure grossière
> Gît sans pompe, enfermé dans une vile bière,
> Le plus savant mortel qui jamais ait écrit ;
> Arnaud, qui sur la grâce instruit par Jésus-Christ,
> Combattant pour l'Eglise, a, dans l'Eglise même,
> Souffert plus d'un outrage et plus d'un anathème, etc.
> ....
> Errant, pauvre, banni, proscrit, persécuté ;
> Et même par sa mort leur fureur mal éteinte

1. Voyez la lettre à Perrault.

N'aurait jamais laissé ses cendres en repos,
Si Dieu lui-même ici de son ouaille sainte
A ces loups dévorants n'avait caché les os [1].

Voilà, je pense, d'assez grands poëtes, et nous en avons d'autres encore : je veux parler de ces esprits charmants ou sublimes qui ont élevé la prose jusqu'à la poésie. La Grèce seule, en ses plus beaux jours, offre peut-être une telle variété de prosateurs admirables. Qui peut les compter? D'abord Rabelais et Montaigne; plus tard, Descartes, Pascal et Malebranche; La Rochefoucauld et La Bruyère; Retz et Saint-Simon; Bourdaloue, Fléchier, Fénelon, Bossuet; ajoutez tant de femmes éminentes, à leur tête Mme de Sévigné; et cela, en attendant Montesquieu, Voltaire, Rousseau et Buffon [2].

Par quel contraste bizarre un pays où les arts de l'esprit ont été portés à cette perfection serait-il resté mé-

---

1. Ces vers n'ont paru qu'après la mort de Boileau, et ils ne sont pas très-connus. Jean-Baptiste Rousseau, dans une lettre à Brossette, dit avec raison que ce sont « les plus beaux vers que M. Despréaux ait jamais faits. »

2. IVe série de nos ouvrages, LITTÉRATURE, t. Ier, *Avant-propos*, p. III : « C'est dans la prose qu'est peut-être notre gloire littéraire la plus certaine.... Quelle nation moderne compte des prosateurs qui approchent de ceux de notre nation? La patrie de Shakespeare et de Milton ne possède après Bacon aucun prosateur du premier ordre ; celle du Dante, de Pétrarque, de l'Arioste, du Tasse, est fière en vain de Machiavel, dont la diction saine et mâle est, comme la pensée qu'elle exprime, destituée de grandeur. L'Espagne a produit, il est vrai, un admirable écrivain, mais il est unique, Cervantes.... La France peut montrer aisément une liste de plus de vingt prosateurs de génie, Froissard, Rabelais, Montaigne, Descartes, Pascal, La Rochefoucauld, Molière, Retz, La Bruyère, Malebranche, Bossuet, Fénelon, Fléchier, Bourdaloue, Massillon, Mme de Sévigné, Saint-Simon, Montesquieu, Voltaire, Buffon, J. J. Rousseau ; sans parler de tant d'autres qui seraient au premier rang partout ailleurs, Comines, Amiot, Calvin, Pasquier, d'Aubigné, Charron, Balzac, Vaugelas, Pélisson, Nicole, Fleury, Bussi, Saint-

diocre dans les autres arts? Le sentiment du beau manquait-il donc à cette société si polie, à cette cour magnifique, à ces grands seigneurs et à ces grandes dames passionnées pour le luxe et pour l'élégance, à ce public d'élite, épris de tous les genres de gloire, et dont l'enthousiasme défendit le Cid contre Richelieu? Non : la France du XVIIe siècle est une, et elle a produit des artistes qu'elle peut mettre à côté de ses poëtes, de ses philosophes, de ses orateurs.

Mais pour admirer nos artistes, il faut les comprendre. Nous ne croyons pas que l'imagination ait été moins libéralement départie à la France qu'à aucune autre nation de l'Europe. Elle a même eu son règne parmi nous. C'est la fantaisie qui domine au XVIe siècle, et inspire la littérature et les arts de la Renaissance. Mais une grande révolution est intervenue au commencement

Évremont, Mme de La Fayette, Mme de Maintenon, Fontenelle, Vauvenargues, Hamilton, Le Sage, Prévost, Beaumarchais, etc. On peut le dire avec la plus exacte vérité : la prose française est sans rivale dans l'Europe moderne ; et dans l'antiquité même, supérieure à la prose latine, au moins par la quantité et la variété des modèles, elle n'a d'égale que la prose grecque, en ses plus beaux jours, d'Hérodote à Démosthène. Je ne préfère pas Démosthène à Pascal, et j'aurais de la peine à mettre Platon lui-même au-dessus de Bossuet. Platon et Bossuet, à mes yeux, voilà les deux plus grands maîtres du langage humain, avec des différences manifestes, comme aussi avec plus d'un trait de ressemblance : tous deux parlant d'ordinaire comme le peuple, avec la dernière naïveté, et par moments montant sans effort à une poésie aussi magnifique que celle d'Homère, ingénieux et polis jusqu'à la plus charmante délicatesse, et par instinct majestueux et sublimes. Platon, sans doute, a des grâces incomparables, la sérénité suprême et comme le demi-sourire de la sagesse divine. Bossuet a pour lui le pathétique, où il n'a de rival que le grand Corneille. Quand on possède de pareils écrivains, n'est-ce pas une religion de leur rendre l'honneur qui leur est dû, celui d'une étude régulière et approfondie? »

du xvii° siècle. La France à ce moment semble passer de la jeunesse à la virilité. Au lieu d'abandonner l'imagination à elle-même, nous nous appliquons dès lors à la contenir sans la détruire, à la modérer, ainsi que l'ont fait les Grecs, à l'aide du goût, comme dans le progrès de la vie et de la société on apprend à réprimer ou à dissimuler ce qu'il y a de trop individuel dans les caractères. C'en est fait de la littérature de l'âge précédent. Une nouvelle poésie, une prose nouvelle commencent à paraître, qui pendant un siècle entier portent d'assez beaux fruits. L'art suit le mouvement général : d'élégant et de gracieux qu'il était, il devient sérieux à son tour : il ne vise plus à l'originalité et aux effets extraordinaires; il n'étincelle ni n'éblouit; il parle surtout à l'esprit et à l'âme. De là ses qualités et aussi ses défauts. En général il manque un peu d'éclat et de coloris, mais il est au plus haut degré expressif.

Depuis quelque temps nous avons changé tout cela. Nous avons découvert, un peu tard, que nous n'avions pas assez d'imagination; nous sommes en train de nous en donner, il est vrai, aux dépens de la raison, hélas! aussi aux dépens de l'âme, oubliée, répudiée, proscrite. En ce moment la couleur et la forme sont à l'ordre du jour, en poésie, en peinture, en toute chose. On commence à raffoler de la peinture espagnole. L'école flamande et l'école vénitienne prennent de plus en plus le pas sur la grande école de Florence et de Rome. Rossini balance Mozart, et Gluck va bientôt nous sembler insipide.

Jeunes artistes, qui, dégoûtés à bon droit de la manière sèche et inanimée de David, entreprenez de renouveler la palette française, qui voudriez ravir au soleil sa chaleur et son éclat, songez que de tous les êtres de l'univers le plus grand est encore l'homme, et que ce que l'homme a de plus grand c'est son intelligence, et surtout son cœur; qu'ainsi c'est ce cœur qu'il faut mettre et répandre sur votre toile. Voilà l'objet le plus élevé de l'art. Pour l'atteindre, ne vous faites pas les disciples des Flamands, des Vénitiens, des Espagnols; revenez, revenez aux maîtres de notre grande école nationale du XVIIe siècle.

Nous nous inclinons avec une admiration respectueuse devant l'école florentine et romaine, à la fois idéale et vivante; mais celle-là exceptée, nous prétendons que l'école française égale ou surpasse toutes les autres. Nous ne préférons ni Murillo, ni Rubens, ni Corrége, ni Titien lui-même à Lesueur et à Poussin, parce que si les premiers ont une main et une couleur incomparable, nos deux compatriotes sont bien autrement grands par la pensée et par l'expression.

Quelle destinée que celle d'Eustache Lesueur[1] ! Il naît à Paris vers 1617, et il n'en sort jamais. Pauvre et humble, il passe sa vie dans les églises et les couvents où il travaille. La seule douceur de ses tristes jours, sa seule consolation était sa femme : il la perd, et va mourir à trente-huit ans dans ce cloître des Chartreux que son pinceau a immortalisé. Quelle ressemblance à la fois et quelle différence avec la destinée de Raphaël,

---

1. Voyez l'APPENDICE à la fin du volume.

mort jeune aussi, mais au sein des plaisirs, dans les honneurs et déjà presque dans la pourpre ! Notre Raphaël n'a pas été l'amant de la Fornarine et le favori d'un pape : il a été chrétien ; il est le christianisme dans l'art.

Lesueur est un génie tout français. A peine échappé des mains de Simon Vouët, il s'est formé lui-même sur le modèle qu'il avait dans l'âme. Il n'a jamais vu le ciel d'Italie. Il a connu quelques fragments de l'antique, quelques tableaux de Raphaël, et les dessins que lui envoyait le Poussin. C'est avec ces faibles ressources et guidé par un instinct heureux qu'en moins de dix ans il monte par un progrès continu jusqu'à la perfection de son talent, et expire au moment où, sûr enfin de lui-même, il va produire de nouveaux et plus admirables chefs-d'œuvre. Suivez-le depuis le Saint-Bruno achevé en 1648, à travers le Saint-Paul de 1649, jusqu'à la Vision de saint Benoît en 1651, et aux Muses à peine terminées avant sa mort. Lesueur va sans cesse ajoutant à ses qualités essentielles qu'il doit à son propre génie et au génie national, je veux dire la composition et l'expression, les qualités qu'il avait rêvées ou entrevues, un dessin de jour en jour plus pur, sans être jamais celui de l'école florentine, et déjà même du coloris.

Dans Lesueur tout est dirigé vers l'expression, tout est au service de l'esprit, tout est idée et sentiment. Nulle recherche, nulle manière ; une naïveté parfaite ; ses figures même sembleraient quelquefois un peu communes, tant elles sont naturelles, si un souffle divin ne les animait. Il ne faut pas oublier que ses sujets favoris n'exigent point une couleur éclatante : il retrace le plus souvent des scènes douloureuses ou austères. Mais comme dans le christianisme à côté de la souffrance et de la résignation est la foi avec l'espérance, ainsi Lesueur joint au pathétique la suavité et la grâce ; et cet homme me charme en même temps qu'il m'émeut.

Les ouvrages de Lesueur sont presque toujours de grands ensembles qui demandaient une méditation profonde et le talent le plus souple pour y conserver l'unité du sujet et y semer la variété et l'agrément. L'histoire de saint Bruno, le fondateur de l'ordre des Chartreux, est un vaste poëme mélancolique où sont représentées les scènes diverses de la vie monastique. L'histoire de saint Martin et de saint Benoît ne nous est pas parvenue tout entière ; mais les deux fragments que nous en possédons, la Messe de saint Martin et la Vision de saint Benoît, nous permettent de comparer ce grand travail à tout ce qui s'est fait de mieux en ce genre en Italie, comme, à parler sincèrement, les Muses et l'Histoire de l'Amour nous paraissent égaler au moins la Farnésine.

Dans l'histoire de saint Bruno, il faut particulièrement remarquer saint Bruno prosterné devant un crucifix, le saint lisant une lettre du pape, sa mort, son apothéose. Est-il possible de porter plus loin le recueillement, l'anéantissement, le ravissement? Saint Paul prêchant à Éphèse rappelle l'École d'Athènes par l'étendue de la scène, par l'emploi de l'architecture, par l'habile distribution des groupes. Malgré le nombre des personnages et la diversité des épisodes, le tableau se rassemble tout entier dans saint Paul. Il prêche, et à sa parole sont suspendus les assistants de tout sexe, de tout âge, dans les attitudes les plus variées. Voilà bien les grandes lignes de l'école romaine, son dessin plein en même temps de noblesse et de vérité. Que de têtes charmantes ou graves! Que de mouvements gracieux ou hardis, et toujours naturels! Ici cet enfant aux cheveux bouclés, rempli d'un naïf enthousiasme; là ce vieillard agenouillé et les mains jointes. Toutes ces belles têtes et aussi ces draperies ne sont-elles pas dignes de Raphaël? Mais la merveille du tableau est la figure de saint Paul[1] : c'est celle de Jupiter olympien, animée par l'esprit nouveau. La Messe de saint Martin porte dans l'âme une impression de paix et de silence. La Vision de saint Benoît est d'une simplicité pleine de grandeur. Un désert, le saint à genoux, contemplant sa sœur, sainte Scholastique, qui monte au ciel soutenue par des anges, accompagnée de deux jeunes filles couronnées de fleurs et portant la palme, symbole de la virginité. Saint Pierre et saint Paul montrent à saint Benoît le séjour où sa sœur va goûter la paix éternelle. Un léger rayon de soleil perce la nue. Saint Benoît est comme arraché à la terre par cette vision extatique. On ne désire guère une couleur plus vive, et l'expression est divine. Que ces deux jeunes vierges, un peu longues peut-être, sont belles et pures! que ces contours sont suaves! que ces visages sont graves et doux! la personne du saint moine, avec tous les acces-

---

1. Voyez l'APPENDICE.

soires matériels, est d'un naturel parfait, car elle reste sur la terre ; tandis que sa figure, où reluit son âme, est toute idéale et déjà dans le ciel.

Mais le chef-d'œuvre de Lesueur est, à nos yeux, la descente de croix ou plutôt l'ensevelissement de Jésus-Christ déjà descendu de la croix et que Joseph d'Arimathie, Nicodème et saint Jean placent dans le linceul. A gauche, la Madeleine en pleurs baise les pieds de Jésus; à droite, sont les saintes femmes et la Vierge. Il est impossible de porter plus loin le pathétique en conservant la beauté. Les saintes femmes, placées sur le premier plan, ont chacune leur douleur particulière. Pendant que l'une d'elles s'abandonne au désespoir, une tristesse immense mais intime et recueillie est sur le visage de la mère du crucifié. Elle a compris le divin bienfait de la rédemption du genre humain, et sa douleur, soutenue par cette pensée, est calme et résignée. Et puis quelle dignité dans cette tête ! Elle résume en quelque sorte tout le tableau, et lui donne son caractère, celui d'une émotion profonde et contenue. J'ai vu bien des descentes de croix; j'ai vu celle de Rubens à Anvers, où la sainteté du sujet a comme contraint le grand peintre flamand à joindre la noblesse et le sentiment à la couleur : aucun de ces tableaux ne m'a autant touché que celui de Lesueur. Toutes les parties de l'art y sont au service de l'expression. Le dessin est austère et fort; la couleur même, sans être éclatante, surpasse celle de saint Bruno, de la Messe de saint Martin, de saint Paul, et même de la Vision de saint Benoît; comme si Lesueur eût voulu rassembler ici toutes les puissances de son âme, toutes les ressources de son talent[1] !

Maintenant, regardez les Muses : d'autres scènes, d'autres beautés, le même génie. Voilà des peintures païennes; mais le christianisme y est encore par l'adorable chasteté que Lesueur a partout répandue. Tous les critiques ont relevé à l'envi les erreurs mythologiques où est tombé le pauvre Lesueur, et ils n'ont pas manqué cette occasion de déplorer qu'il n'eût pas fait le voyage d'Italie et étudié davantage l'antique. Mais qui peut avoir l'étrange idée de chercher dans Lesueur un archéologue? J'y cherche et j'y trouve le génie même de la peinture. Cette Terpsichore, bien ou mal nommée, avec une harpe un peu trop forte, dit-on, comme si la Muse n'avait pas des dons particuliers, n'est-elle pas dans sa modeste attitude le symbole de la grâce décente? Dans ce groupe des trois Muses, auxquelles on peut donner le nom qu'il plaira, celle qui tient sur ses genoux un livre de musique, et qui chante ou va chanter, n'est-elle pas la plus ravissante créature, une sainte Cécile qui prélude encore avant de s'abandonner à l'enivrement de l'inspiration? Et dans ces tableaux il y a de l'éclat et du coloris; le paysage y est éclairé d'une belle lumière, comme si le Poussin avait guidé la main de son ami.

Le Poussin! quel nom je prononce! Si Lesueur est le peintre du sentiment, le Poussin est celui de la pensée.

---

1. Ce tableau avait été fait pour une chapelle de l'église de Saint-Gervais. Il formait le dessus de l'autel ; et sur le devant était l'admirable Portement de croix qui se voit encore au Musée.

C'est en quelque sorte le philosophe de la peinture. Ses tableaux sont des leçons religieuses ou morales qui témoignent d'un grand esprit autant que d'un grand cœur. Il suffit de rappeler les Sept Sacrements, le Déluge, l'Arcadie, la Vérité que le Temps soustrait aux atteintes de l'Envie, le Testament d'Eudamidas, le Ballet de la vie humaine. Et le style est à la hauteur de la conception. Le Poussin dessine comme un Florentin, il compose comme un Français, et souvent il égale Lesueur dans l'expression ; le coloris seul lui a quelquefois manqué. Ainsi que Racine, il est épris de la beauté antique, et il l'imite; mais, comme Racine, il reste toujours original. A la place de la naïveté et du charme unique de Lesueur, il a une simplicité sévère, avec une correction qui ne l'abandonne jamais. Songez aussi qu'il a cultivé tous les genres. C'est à la fois un grand peintre d'histoire et un grand paysagiste : il traite les sujets de religion aussi bien que les sujets profanes, et s'inspire tour à tour de l'antiquité et de la Bible. Il a beaucoup vécu à Rome, il est vrai, et il y est mort ; mais il a aussi travaillé en France, et presque toujours pour la France. A peine se fit-il connaître, que Richelieu l'attira à Paris et l'y retint, le comblant d'honneurs et lui donnant le brevet de premier peintre ordinaire du roi avec la direction générale de tous les ouvrages de peinture et de tous les ornements des maisons royales. C'est pendant ce séjour de deux années à Paris qu'il a fait la Cène, le Saint-François-Xavier, la Vérité que le Temps soustrait à l'Envie. C'est encore à la France, à son ami M. de Chanteloup, que de Rome il a adressé le Ravissement de saint Paul, ainsi que la seconde suite des Sept Sacrements, composition immense qui, pour la grandeur des pensées, peut rivaliser avec les Stanze de Raphaël. J'en parle ainsi d'après les gravures : car les Sept Sacrements ne sont plus en France. Honte éternelle du xviiie siècle! Il a fallu du moins enlever aux Grecs les frontons du Parthénon : nous, nous avons livré à l'étranger, nous lui avons vendu tous ces monuments du génie français qu'avaient recueillis, avec un soin religieux, Richelieu et Mazarin. Et l'indignation publique n'a pas flétri cet acte! Et depuis il ne s'est pas trouvé en France un roi, un homme d'État pour interdire de laisser sortir sans autorisation du territoire national les chefs-d'œuvre d'art qui honorent la nation [1]! Il ne s'est pas trouvé un gouvernement qui ait entrepris au moins de racheter ceux que nous avons perdus, et de ressaisir les grands ouvrages de Poussin, de Lesueur et de tant d'autres, dispersés en Europe, au lieu de prodiguer des millions pour acquérir des magots de Hollande, comme disait Louis XIV, ou des toiles espagnoles, à la vérité d'une admirable couleur, mais sans noblesse et sans expression morale [2]! Eh! mon Dieu, je connais et j'aime aussi les pâturages hollandais et les vaches de Potter; je ne suis pas insensible au sombre et ardent coloris de Zurbaran, et aux brillantes imitations italiennes de Murillo et de Velasquez; mais enfin,

1. Une telle loi a été le premier acte de la première assemblée nationale de la Grèce affranchie, et tous les amis des arts y ont applaudi d'un bout à l'autre de l'Europe civilisée.
2. Voyez l'APPENDICE.

qu'est-ce que tout cela devant de sérieuses et puissantes compositions telles que les Sept Sacrements, par exemple, cette profonde représentation des rites chrétiens, ouvrage des plus hautes facultés de l'intelligence et de l'âme, et où l'intelligence et l'âme trouveront à jamais un sujet inépuisable d'étude et de méditation ! Grâce à Dieu, le burin de Pesne les a sauvés de notre ingratitude et de notre barbarie. Tandis que les originaux décorent la galerie d'un grand seigneur anglais[1], l'amitié et le talent d'un Pesne, d'une Stella, nous en ont conservé des copies fidèles dans ces gravures expressives qu'on ne se lasse pas de contempler, et qui chaque fois qu'on les examine nous révèlent quelque nouveau côté du génie de notre grand compatriote. Regardez surtout l'Extrême-Onction ! Quelle scène sublime et en même temps presque gracieuse ! On dirait un bas-relief antique, tant les groupes en sont bien distribués, avec des attitudes naturelles et variées ! Les draperies sont admirables comme celles du fragment des Panathénées qui est au Louvre. Les figures ont toutes de la beauté. C'est de la sculpture, va-t-on dire : oui, mais c'est aussi de la peinture, si vous-même vous avez l'œil du peintre, si vous savez être frappé par l'expression de ces poses, de ces têtes, de ces gestes, et presque de ces regards; car tout vit, tout respire, même dans ces gravures, et si c'était le lieu, nous tâcherions de faire pénétrer avec nous le lecteur dans ces secrets du sentiment chrétien qui sont aussi les secrets de l'art.

1. *Les Sept Sacrements* du Poussin sont aujourd'hui dans la galerie de Bridgewater. Voyez l'APPENDICE.

Tâchons de nous consoler d'avoir perdu les Sept Sacrements et de n'avoir pas su disputer à l'Angleterre et à l'Allemagne tant d'autres productions du Poussin, englouties aujourd'hui dans les collections étrangères [1], en allant voir au Louvre ce qui nous reste du grand artiste français, une trentaine de tableaux des différentes époques de sa vie, et qui la plupart soutiennent dignement sa renommée, le portrait de Poussin, une des Bacchanales faites pour Richelieu, Mars et Vénus, la Mort d'Adonis, l'Enlèvement des Sabines [2], Eliézer et Rébecca, Moïse sauvé des eaux, l'Enfant Jésus sur les genoux de la Vierge et saint Joseph debout [3], surtout la Manne au désert, le Jugement de Salomon, les Aveugles de Jéricho, la Femme adultère, le Ravissement de saint Paul, le Diogène, le Déluge, l'Arcadie. Le temps a terni leur couleur, qui n'a jamais été bien éclatante; mais il n'a rien pu sur ce qui les fera vivre à jamais, le dessin, la composition et l'expression. Le Déluge est resté et sera toujours de l'effet le plus saisissant. Après tant de maîtres qui ont traité le même sujet, le Poussin a trouvé le secret d'être original, et plus pathétique que tous ses devanciers, en représentant le moment solen-

1. Voyez l'APPENDICE.
2. Au milieu de cette scène de violence brutale, tout le monde a remarqué ce trait délicat : un Romain tout jeune et presque adolescent, au lieu de s'emparer par force d'une jeune fille réfugiée entre les bras de sa mère, la demande à celle-ci avec un air à la fois passionné et retenu. Pour apprécier ce tableau, comparez-le avec celui de David dans l'ensemble et dans les détails.
3. C'est en effet le saint Joseph qui est ici le personnage important. Il domine toute la scène; il prie, il est comme en extase.

nel où la race humaine va disparaître. Peu de détails ; quelques cadavres flottent sur l'abîme ; une lune sinistre se montre à peine ; encore quelques instants et le genre humain ne sera plus ; la dernière mère tend inutilement son dernier enfant au dernier père qui ne peut pas le recueillir, et le serpent qui a perdu l'homme s'élance triomphant. On a beau relever dans le Déluge quelques signes d'une main tremblante : l'âme qui soutenait et conduisait cette main se fait sentir à la nôtre et l'ébranle profondément. Arrachez-vous à cette scène de deuil, et presque à côté reposez vos yeux sur ce frais paysage et sur ces bergers qui environnent un tombeau. Le plus âgé, un genou en terre, lit ces mots gravés sur la pierre : *Et in Arcadia ego*, et moi aussi j'ai vécu en Arcadie. A gauche, un autre berger écoute avec une sérieuse attention. A droite est un groupe charmant, composé d'un berger au printemps de la vie et d'une jeune fille d'une beauté ravissante. Un étonnement naïf se peint sur la figure du jeune pâtre qui regarde avec bonheur sa belle compagne. Pour celle-ci, son adorable visage n'est pas même voilé d'une ombre légère ; elle sourit, la main nonchalamment appuyée sur l'épaule du jeune homme, et elle n'a pas l'air de comprendre cette leçon donnée à la beauté, à la jeunesse et à l'amour. Je l'avoue, pour ce seul tableau, d'une philosophie si touchante, je donnerais bien des chefs-d'œuvre de coloris, tous les pâturages de Potter, tous les badinages d'Ostade, toutes les bouffonneries de Téniers.

Lesueur et Poussin, à des titres différents, mais à

peu près égaux, sont à la tête de notre grande peinture du xviiᵉ siècle. Après eux, quels artistes encore que Claude le Lorrain et Philippe de Champagne!

Connaissez-vous en Italie ou en Hollande un plus grand paysagiste que Claude? Et saisissez bien son vrai caractère. Regardez ces vastes et belles solitudes, éclairées par les premiers ou les derniers rayons du soleil : dites-moi si ces solitudes, si ces arbres, si ces eaux, si ces montagnes, si cette lumière, si ce silence, si toute cette nature n'a pas une âme, et si derrière ces horizons lumineux et purs vous ne remontez pas involontairement, en d'ineffables rêveries, à la source invisible de la beauté et de la grâce! Le Lorrain est par-dessus tout le peintre de la lumière, et on pourrait appeler ses ouvrages l'histoire de la lumière et de toutes ses combinaisons, en petit et en grand, quand elle s'épanche sur de larges plans ou se brise dans les accidents les plus variés, sur la terre, sur les eaux, dans les cieux, dans son éternel foyer. Les scènes humaines jetées dans un coin n'ont d'autre objet que de relever et de faire paraître davantage les scènes de la nature par l'harmonie ou par le contraste. Dans la Fête villageoise, la vie, le bruit et le mouvement sont sur le premier plan : la paix et la grandeur sont au fond du paysage, et c'est là qu'est véritablement le tableau. Même effet dans les Bestiaux passant une rivière. Le paysage placé immédiatement sous vos yeux n'a rien de bien rare, on le peut trouver partout; mais suivez la perspective : elle vous conduit à travers des campagnes florissantes, une belle rivière, des ruines, des montagnes qui dominent ces ruines, et vous vous perdez dans des lointains infinis. Ce Paysage traversé par une rivière, où un pâtre abreuve son troupeau, ne dit pas grand'chose au premier aspect. Contemplez-le quelque temps, et la paix, une sorte de recueillement dans la nature, une perspective bien graduée, vous gagneront le cœur peu à peu, et donneront pour vous à cette petite composition un charme pénétrant. Le tableau appelé un Paysage représente une vaste campagne chargée d'arbres et éclairée par le soleil levant : il y a là de la fraîcheur et déjà de la chaleur, du mystère et de l'éclat, avec des horizons de la plus suave harmonie. Une Danse au soleil couchant exprime la fin d'une belle journée. On y voit, on y sent l'apaisement des feux du jour; sur le devant, quelques bergers et quelques bergères dansent à côté de leurs troupeaux[1].

N'est-il pas étrange qu'on ait mis Champagne dans l'école flamande[2]? Il est né à Bruxelles, il est vrai; mais il est venu de fort bonne heure à Paris, et son véritable maître a été Poussin qui lui a donné des conseils. Il a consacré son talent à la France, il y a vécu, il y est mort, et, ce qui est décisif, sa manière est toute

---

1. Les tableaux de Claude le Lorrain, dont nous venons de parler, sont au musée de Paris. En tout, il y en a treize, tandis que le seul musée de Madrid en possède presque autant, et qu'il y en a en Angleterre plus de cinquante et des plus admirables. Voyez l'APPENDICE.

2. La dernière *Notice des tableaux exposés dans les galeries du musée national du Louvre*, Paris, 1852, bien que son auteur, M. Villot, soit assurément un homme d'un savoir et d'un goût incontestables, s'obstine à placer Champagne dans l'école flamande. En revanche, un savant étranger, M. Waagen, le revendique pour l'école française, *Kunstwerke und künstler in Paris*, Berlin, 1839, p. 651.

française. Dira-t-on qu'il doit à la Flandre sa couleur? Nous répondons que cette qualité est bien rachetée par le grave défaut qu'il lui doit aussi, le manque d'idéalité dans les figures; et c'est de la France qu'il a appris à réparer ce défaut par la beauté de l'expression morale. Champagne est inférieur à Lesueur et à Poussin, mais il est de leur famille. Lui aussi il était de ces artistes, contemporains de Corneille, simples, pauvres, vertueux, chrétiens[1]. Champagne a travaillé à la fois pour le couvent des Carmélites de la rue Saint-Jacques, ce vénérable séjour d'une piété ardente et sublime, et pour Port-Royal, le lieu du monde peut-être qui a renfermé dans le plus petit espace le plus de vertu et de génie, tant d'hommes admirables et de femmes dignes d'eux. Qu'est devenu ce fameux crucifix qu'il avait peint à la voûte de l'église des Carmélites, chef-d'œuvre de perspective qui sur un plan horizontal paraissait perpendiculaire? Il a péri avec la sainte maison. La Cène est vivante par la vérité de toutes les figures, des mouvements et des poses; mais l'absence d'idéal gâte à mes yeux ce tableau. Je suis forcé d'en dire autant du Repas chez Simon le Pha-

---

1. Très-apprécié par Richelieu, il préféra son estime à ses bienfaits. Un jour qu'un envoyé de Richelieu lui disait qu'il n'avait qu'à demander librement ce qu'il voulait pour l'avancement de sa fortune, Champagne répondit que si M. le cardinal pouvait le rendre plus habile peintre qu'il n'était, c'était la seule chose qu'il demandait à Son Éminence; mais que cela n'étant pas possible, il ne désirait que l'honneur de ses bonnes grâces. Félibien, *Entretiens*, 1re édit. in-4°, Ve partie, p. 171; et de Piles, *Abrégé de la vie des peintres*, 2e édit., p. 500. — « Comme il avait beaucoup d'amour pour la justice et pour la vérité, pourvu qu'il satisfît à ce que l'une et l'autre demandaient, il passait aisément sur tout le reste. » *Nécrologe de Port-Royal*, p. 336.

risien. Le chef-d'œuvre de Champagne est l'Apparition de saint Gervais et de saint Protais à saint Ambroise dans une basilique de Milan. Voilà bien toutes les qualités de l'art français : simplicité et grandeur dans la composition, avec une expression profonde. Sur cette vaste toile, quatre personnages seulement, les deux martyrs, et saint Paul qui les présente à saint Ambroise. Ces quatre figures remplissent l'immense basilique, éclairée surtout, dans l'obscurité de la nuit, par la lumineuse apparition. Les deux martyrs sont pleins de majesté. Saint Ambroise, agenouillé et en prière, est comme saisi de terreur [1].

J'admire assurément Champagne comme peintre d'histoire et même comme paysagiste ; mais ce qu'il y a peut-être de plus grand en lui, c'est le peintre de portraits. Ici la vérité et le naturel sont particulièrement à leur place, relevés par le coloris, et idéalisés en une juste mesure par l'expression. Les portraits de Champagne sont autant de monuments où vivront à jamais ses plus illustres contemporains. Tout y est frappant de réalité, grave et sévère, avec une douceur pénétrante. On perdrait les écrits de Port-Royal qu'on retrouverait Port-Royal tout entier dans Champagne. Voilà bien l'inflexible Saint-Cyran [2], comme aussi son persécuteur, l'impérieux Richelieu [3]. Voilà le savant, l'intrépide Antoine Arnaud, auquel les contemporains de Bossuet ont

---

1. Voyez l'Appendice.
2. L'original est au musée de Grenoble; mais voyez la gravure de Morin ; voyez aussi celle de Daret, d'après le beau dessin de Demonstier.
3. Au musée du Louvre. Voyez encore la gravure de Morin.

décerné le nom de Grand[1]; voilà Mme Angélique Arnaud, avec sa naïve et forte figure[2]. Voilà la mère Agnès et l'humble fille de Champagne lui-même, la sœur sainte Suzanne[3]. Elle vient d'être guérie miraculeusement, et toute sa personne abattue porte encore l'empreinte d'un reste de souffrance. En face, la mère Agnès, à genoux, la regarde avec une joie reconnaissante. Le lieu de la scène est une pauvre cellule; une croix de bois suspendue à la muraille, quelques chaises de paille, en sont tous les ornements. Sur le tableau se lit cette inscription : *Christo uni medico animarum et corporum*, etc. On a là le stoïcisme chrétien de Port-Royal dans son imposante austérité. Ajoutez à tous ces portraits, celui de Champagne[4]; car le peintre peut être mis à côté de ses personnages.

Quand la France n'aurait produit au XVIIe siècle que ces quatre grands artistes, il faudrait faire une belle place à l'école française; mais elle compte bien d'autres peintres du plus grand mérite. Parmi eux distinguez P. Mignard, si admiré de son temps, si peu connu aujourd'hui et si digne de l'être. Comment avons-nous pu laisser tomber dans l'oubli l'auteur de la fresque immense du Val-de-Grâce, tant célébrée par Molière, et

---

1. L'original est aujourd'hui au château de Sablé, appartenant à M. le marquis de Rougé; voyez la gravure de Simonneau dans Perrault. C'est sur un original différent, attribué au neveu de Champagne, qu'a été faite la belle gravure d'Edelinck.
2. L'original est aussi chez M. le marquis de Rougé; l'admirable gravure de Van Schupen en peut tenir lieu.
3. Au musée.
4. Au musée, et gravé par Gérard Edelinck.

qui est peut-être la plus grande page de peinture qui soit au monde[1]! Ce qui frappe d'abord, dans ce gigantesque ouvrage, est l'ordonnance et l'harmonie. Puis viennent mille détails charmants et d'innombrables épisodes qui forment eux-mêmes des compositions considérables. Remarquez aussi le coloris brillant et doux qui devrait au moins obtenir grâce pour tant d'autres beautés du premier ordre. C'est encore au pinceau de Mignard que nous devons ce ravissant plafond du petit appartement du roi à Versailles, chef-d'œuvre aujourd'hui détruit, mais dont il nous reste une traduction magnifique dans la belle estampe de Gérard Audran. Quelle expression profonde dans la Peste d'Éaque[2], et dans le Saint Charles donnant la communion aux pestiférés de Milan ! On s'accorde à reconnaître Mignard pour un de nos meilleurs peintres de portraits : la grâce, quelquefois un peu raffinée, se joint en lui au sentiment. L'école française peut encore présenter avec

1. *La Gloire du Val-de-Grâce*, in-4°, 1669, avec un frontispice et des vignettes. Molière y entre dans des détails infinis sur toutes les parties de l'art de peindre et du génie de Mignard. Il pousse l'éloge peut-être jusqu'à l'hyperbole; depuis, l'hyperbole a fait place à la plus honteuse indifférence. La fresque de la coupole du Val-de-Grâce se compose de quatre rangs de figures, qui s'élèvent en cercle depuis le bas jusqu'au haut de la voûte. Dans la partie supérieure est la Trinité, au-dessus de laquelle s'élève un ciel resplendissant. Au-dessous de la Trinité sont les puissances célestes. En descendant d'un degré, on voit la Vierge et les saints personnages du Nouveau et de l'Ancien Testament. Enfin à l'extrémité inférieure est Anne d'Autriche, présentée dans le paradis par sainte Anne et saint Louis, et ces trois figures sont accompagnées d'une foule de personnages appartenant à l'histoire de France parmi lesquels on distingue Jeanne d'Arc, Charlemagne, etc.

2. Gravée par Gérard Audran sous le nom de *la Peste de David*, Qu'est devenu l'original ?

orgueil Valentin, mort jeune et qui donnait tant d'espérances ; Stella, le digne ami de Poussin, l'oncle de Claudine, d'Antoinette et de Françoise Stella ; Lahyre qui a tant d'esprit et de goût[1] ; Sébastien Bourdon, si animé et si élevé[2] ; les Lenain, qui ont quelquefois la naïveté de Lesueur et la couleur de Champagne ; le Bourguignon, plein de feu et de verve ; Jouvenet qui compose si bien[3] ; tant d'autres, enfin Lebrun, qu'il est de mode aujourd'hui de traiter cavalièrement, et qui avait reçu de la nature, avec la passion peut-être immodérée de la gloire, celle du beau en tout genre et un talent d'une flexibilité admirable, le véritable peintre du grand roi par la richesse et la dignité de sa manière, et qui, comme Louis XIV, clôt dignement le xviie siècle[4].

Puisque nous avons parlé avec un peu d'étendue de la peinture, ne serait-il pas injuste de passer entièrement sous silence la gravure, sa fille ou sa sœur? Ce n'est certes pas un art de médiocre importance ; nous y avons excellé ; nous l'avons surtout porté à sa perfec-

---

1. Voyez son *Paysage au soleil couchant*, et *les Baigneuses*, scène agréable un peu gâtée par l'incorrection d'un dessin trop facile.
2. Il faudrait citer toutes ses compositions. Dans sa *Sainte Famille*, la figure de la Vierge, sans être céleste, exprime à merveille la méditation et le recueillement. Nous avons perdu depuis longtemps le plus considérable ouvrage de S. Bourdon, les *Sept OEuvres de miséricorde*. Voyez l'Appendice.
3. Voyez surtout son *Extrême-Onction*.
4. Le tableau qu'on appelle *le Silence*, et qui représente le sommeil de l'Enfant Jésus, n'est pas indigne du Poussin. La tête de l'enfant est d'une puissance surhumaine. Les *Batailles d'Alexandre*, avec leurs défauts, sont des pages d'histoire de l'ordre le plus élevé ; et dans l'*Alexandre visitant avec Éphestion la mère et la femme de Darius*, on ne sait qu'admirer le plus de la noble ordonnance de l'ensemble ou de la juste expression des figures.

tion dans les portraits. Soyons équitables envers nous-mêmes : quelle école, celle de Marc-Antoine, ou celle d'Albert Durer, ou de Rembrandt, peut présenter en ce genre une telle suite d'artistes éminents? Thomas de Leu et Léonard Gautier font en quelque sorte le passage du XVIe au XVIIe siècle. Puis viennent en foule les talents les plus divers, Mellan, Michel Lasne, Morin, Daret, Huret, Masson, Nanteuil, Drevet, Van Schupen, les Poilly, les Édelinck, les Audran. Gérard Édelinck et Nanteuil ont seuls une renommée populaire, et ils la méritent par la délicatesse, l'éclat et le charme de leur burin. Mais les connaisseurs d'un goût élevé leur trouvent au moins des rivaux dans des graveurs aujourd'hui moins admirés parce qu'ils ne flattent pas autant les yeux, mais qui ont peut-être plus de vérité et de vigueur. Il faut bien le dire aussi : les portraits de ces deux habiles maîtres n'ont pas l'importance historique de ceux de leurs devanciers. On admire avec raison le Condé de Nanteuil; mais si on veut connaître le grand Condé, le vainqueur de Rocroy et de Lens, ce n'est pas à Nanteuil qu'il le faut demander, c'est à Huret, à Michel Lasne, à Daret[1], qui l'ont dessiné et gravé dans toute sa force et sa beauté héroïque. Édelinck et Nanteuil lui-

---

1. Il paraît que Lesueur a quelquefois fourni des dessins à Daret. C'est bien à Lesueur que Daret doit l'idée et le dessin de son chef-d'œuvre, le portrait d'Armand de Bourbon, prince de Conti, représenté dans sa première jeunesse et en abbé, soutenu et environné par des anges de différente grandeur, formant une composition charmante. Le dessin en est d'une pureté accomplie, excepté quelques raccourcis restés imparfaits. Les petits anges qui se jouent avec les emblèmes du futur cardinal sont pleins d'esprit et en même temps de suavité.

même n'ont guère connu et retracé le xvııᵉ siècle qu'aux approches de son déclin[1]. Morin et Mellan ont pu le voir et nous l'ont transmis en sa glorieuse jeunesse. Morin est le Champagne de la gravure : il ne grave pas, il peint. C'est lui qui représente à la postérité les hommes illustres de la première moitié du grand siècle, Henri IV, Louis XIII, les de Thou, Bérulle, Jansénius, Saint-Cyran, Marillac, Bentivoglio, Richelieu, Mazarin jeune encore, et Retz quand il n'était que coadjuteur[2]. Mellan a eu le même avantage. Il est le premier en date de tous les graveurs du xvııᵉ siècle, et peut-être aussi est-il le plus expressif. Avec une seule taille, il semble que de ses mains il ne peut sortir que des ombres ; il ne frappe pas au premier aspect ; mais à mesure qu'on le regarde davantage, il saisit, il pénètre, il touche, comme Lesueur[3].

Le christianisme, c'est-à-dire le règne de l'esprit, est favorable à la peinture, particulièrement expressive. La

---

1. Édelinck n'a vu que le règne de Louis XIV. Nanteuil n'a pu graver que très-peu de grands hommes du temps de Louis XIII et de la régence, et dans la dernière partie de leur vie, Mazarin dans ses cinq ou six dernières années, Condé vieillissant, Turenne vieux, Fouquet et Matthieu Molé quelques années avant la chute de l'un et la mort de l'autre, et il lui a fallu perdre trop souvent son talent sur une foule de parlementaires, d'ecclésiastiques et de financiers obscurs.

2. Si je voulais faire connaître à quelqu'un le xvııᵉ siècle dans sa partie la plus grande et la plus négligée, celle que Voltaire a presque entièrement omise, je lui donnerais à rassembler l'œuvre de Morin.

3. Mellan n'a pas seulement fait des portraits d'après les peintres célèbres de son temps, il est auteur lui-même de grandes et charmantes compositions, dont un grand nombre servent de frontispice à des livres. J'appelle volontiers l'attention sur celle qui est en tête de l'édition in-folio de l'*Introduction à la vie dévote*, et sur les beaux frontispices des écrits de Richelieu, sortis de l'imprimerie du Louvre.

sculpture semble un art païen; car, si l'expression morale doit y être encore, c'est toujours sous la condition impérieuse de la beauté de la forme. Voilà pourquoi la sculpture est comme naturelle à l'antiquité, et y a jeté un éclat incomparable devant lequel a un peu pâli la peinture[1], tandis que chez les modernes elle a été éclipsée par celle-ci et lui est demeurée très-inférieure, dans l'extrême difficulté de forcer la pierre et le marbre à exprimer des sentiments chrétiens sans que la beauté matérielle en souffre; en sorte que d'ordinaire notre sculpture est un peu insignifiante pour être belle, ou maniérée pour être expressive. Depuis l'antiquité, il n'y a guère eu que deux écoles de sculpture[2] : l'une à Florence avant Michel-Ange et surtout avec Michel-Ange; l'autre en France, à la renaissance, avec Jean Cousin, Goujon, Germain Pilon. On peut dire que ces trois artistes se sont comme partagé la grandeur et la grâce : au premier, la noblesse et la force avec une science profonde[3]; aux deux autres une élégance pleine de charme. La sculpture change de caractère, au

1. C'était l'opinion de Winkelmann à la fin du xviiie siècle; c'est la nôtre encore aujourd'hui, même après toutes les découvertes qui ont été faites depuis cinquante ans, et qu'on peut voir en grande partie retracées et décrites dans le *Musio real Borbonico*.

2. Il y a eu sans doute de la sculpture au moyen âge : les innombrables figures semées aux portails de nos cathédrales, et les statues qu'on découvre tous les jours, le témoignent assez. Les *imagiers* de ce temps avaient certes bien de l'esprit et de l'imagination; mais, au moins dans tout ce que nous avons vu, la beauté est absente et le goût manque.

3. Allez voir au musée de Versailles la statue de François Ier, et dites si, excepté l'auteur du Laurent de Médicis, aucun Italien a rien fait de pareil. Voyez aussi, au musée du Louvre, la statue de l'amiral Chabot.

xvii⁰ siècle, ainsi que tout le reste : elle n'a plus le même agrément, mais elle trouve l'inspiration morale et religieuse qui avait trop manqué aux plus habiles maîtres de la renaissance. En est-il un, Jean Cousin excepté, qui soit supérieur à Jacques Sarazin? Ce grand artiste, aujourd'hui presque oublié, est un disciple à la fois de l'école française et de l'école italienne, et aux qualités qu'il emprunte à ses devanciers il ajoute l'expression morale, touchante et élevée, qu'il doit à l'esprit du nouveau siècle. Il est, dans la sculpture, le digne contemporain de Lesueur et de Poussin, de Corneille, de Descartes et de Pascal. Il appartient tout à fait au règne de Louis XIII, de Richelieu et de Mazarin : il n'a pas même vu celui de Louis XIV [1]. Rappelé en France par Richelieu, qui y avait aussi rappelé Poussin et Champagne, Jacques Sarazin, en peu d'années, a produit une foule d'ouvrages d'une rare élégance et d'un grand caractère. Que sont-ils devenus? Le xviii⁰ siècle avait passé sur eux sans y prendre garde. Les barbares qui les ont détruits ou dispersés s'étaient arrêtés devant les toiles de Lesueur et de Poussin protégées par un reste d'admiration : en brisant les chefs-d'œuvre du ciseau français, ils ne se sont pas même doutés du sacrilége qu'ils commettaient envers l'art aussi bien qu'envers la patrie. Du moins j'ai pu voir, il y a quelques années, au Musée des monuments français, recueillies par la piété d'un ami des arts, de belles parties du su-

---

1. Sarazin est mort en 1660, Lesueur en 1655, Poussin en 1665, Descartes en 1650, Pascal en 1662, et le génie de Corneille n'a pas franchi cette époque.

perbe mausolée élevé à la mémoire de Henri de Bourbon, deuxième du nom, prince de Condé, le père du grand Condé, le digne appui, l'habile collaborateur de Richelieu et de Mazarin. Ce monument était soutenu par quatre figures de grandeur naturelle, la Foi, la Prudence, la Justice et la Charité Il y avait quatorze bas-reliefs en bronze où étaient retracés les Triomphes de la Renommée, du Temps, de la Mort, de l'Éternité. Dans le Triomphe de la Mort, l'artiste avait représenté un certain nombre de modernes illustres, parmi lesquels il s'était mis lui-même à côté de Michel-Ange [1]. Nous pouvons contempler encore dans la cour du Louvre, au pavillon de l'Horloge, ces cariatides de Sarazin si majestueuses à la fois et si gracieuses, qui se détachent avec un relief et une légèreté admirables. Jean Goujon et Germain Pilon ont-ils rien fait de plus élégant et de plus vivant? Ces femmes respirent, et elles vont marcher. Prenez la peine d'aller à quelques pas d'ici [2] visiter l'humble chapelle qui remplace aujourd'hui cette magnifique église des Carmélites, jadis remplie des peintures de Champagne, de Stella, de Lahire et de Lebrun, où la voix de Bossuet s'est fait entendre,

---

1. Lenoir, *Musée des monuments français*, t. V, p. 87-91, et le *Musée royal des monuments français*, de 1815, p. 98, 99, 108, 122 et 140. Ce magnifique monument, élevé à Henri de Bourbon, aux frais de son ancien intendant Perrault, président à la chambre des comptes, était placé dans l'église des Jésuites, et il était tout entier en bronze. Il ne faut pas le confondre avec l'autre monument que les Condé érigèrent au même prince dans leur demeure mortuaire, à Vallery, près de Montereau, dans l'Yonne. Ce dernier mausolée est en marbre et de la main de Michel Anguier; voyez-en la description dans Lenoir, t. V, p. 23-25, et surtout dans l'*Annuaire de l'Yonne pour 1842*, p. 175, etc.

2. Rue d'Enfer, n° 67.

et où Mlle de Lavallière et Mme de Longueville ont été vues si souvent prosternées à terre, leurs longs cheveux coupés et le visage baigné de larmes. Parmi les restes qui se conservent de la splendeur passée du saint monastère, considérez la noble statue du cardinal de Bérulle agenouillé. Sur ces traits recueillis et pénétrés, dans ces yeux levés vers le ciel, respire l'âme de ce grand serviteur de Dieu, mort à l'autel comme un guerrier au champ d'honneur. Il prie Dieu pour ses chères Carmélites. Cette tête est d'un naturel parfait, comme Champagne aurait pu la peindre, et d'une grâce sévère qui rappelle Lesueur et Poussin [1].

Au-dessous de Sarazin, les Anguier sont encore des artistes qu'admirerait l'Italie, et auxquels il ne manque, depuis le grand siècle, que des juges dignes d'eux. Ces deux frères avaient couvert Paris et la France des plus précieux monuments. Regardez le tombeau de Jacques-Auguste de Thou, par François Anguier : la figure du grand historien est réfléchie et mélancolique, comme celle d'un homme las du spectacle des choses humaines; et rien de plus aimable que les statues de ses deux femmes, Marie Barbançon de Cany et Gasparde de La Châtre [2]. Le mausolée de Henri de Montmorency déca-

---

1. Le musée du Louvre ne possède de Sarazin qu'un très-petit nombre d'ouvrages et d'assez peu d'importance : un buste de Pierre Séguier, frappant de vérité, deux statuettes pleines de grâce, et le petit monument funèbre de Hennequin, abbé de Bernay, membre du parlement, mort en 1651, qui est un chef-d'œuvre d'élégance.

2. Ces trois statues étaient réunies au musée des Petits-Augustins, Lenoir, *Musée royal*, etc., p. 94 ; nous ne savons pourquoi on les a séparées : on a mis Jacques-Auguste de Thou au Louvre, et ses deux emmes à Versailles.

pité à Toulouse en 1632, qui se voit encore à Moulins, dans l'église de l'ancien couvent des filles de Sainte-Marie, est un ouvrage considérable du même artiste, où la force est manifeste, avec un peu de lourdeur [1]. C'est à Michel Anguier qu'on attribue les statues du duc et de la duchesse de Tresmes, et celle de leur illustre fils, Potier, marquis de Gèvres [2]. Le voilà bien l'intrépide compagnon de Condé, arrêté dans sa course à trente-deux ans devant Thionville, après la bataille de Rocroy, déjà lieutenant général, et quand Condé demandait pour lui le bâton de maréchal de France, déposé sur sa tombe; le voilà jeune, beau, hardi, comme ses camarades moissonnés aussi à la fleur de l'âge, Laval, Châtillon, La Moussaye. Un des meilleurs ouvrages de Michel Anguier est le monument de Henri de Chabot, cet autre compagnon, cet ami fidèle de Condé, qui par l'éclat de sa valeur, surtout par les grâces de sa personne, sut gagner le cœur, la fortune et le nom de la belle Marguerite, la fille du grand duc de Rohan. Le nouveau duc mourut jeune encore, en 1655, à trente-

1. François Anguier avait fait un tombeau en marbre du cardinal de Bérulle, qui était à l'Oratoire de la rue Saint-Honoré. Il eût été intéressant de comparer cette statue avec celle de Sarazin qui est encore aux Carmélites. François est aussi l'auteur du monument des Longueville, qui, avant la révolution, était aux Célestins et se voyait en 1815 au musée des Petits-Augustins, Lenoir, *ibid.*, p. 103; il est maintenant au Louvre. C'est un obélisque dont les quatre faces sont couvertes de bas-reliefs allégoriques. Le piédestal, orné aussi de bas-reliefs, a quatre figures de femme en marbre, représentant les vertus cardinales.

2. Aujourd'hui à Versailles. Lenoir, p. 97 et 100. Voyez son portrait peint par Champagne et gravé par Morin.

neuf ans. Il est représenté couché, la tête inclinée et soutenue par un ange; un autre ange est à ses pieds. L'ensemble est frappant, et les détails sont exquis. La figure de Chabot est de toute beauté, comme pour répondre à sa réputation, mais c'est la beauté d'un mourant. Le corps a déjà la langueur du trépas, *languescit moriens*, avec je ne sais quelle grâce antique. Ce morceau, s'il était d'un dessin plus sévère, rivaliserait avec le Gladiateur mourant qu'il rappelle, peut-être même qu'il imite[1].

J'admire en vérité qu'on ose parler aujourd'hui si légèrement de Puget et de Girardon. On ne peut refuser à Puget des qualités du premier ordre. Il a le feu, la verve, la fécondité du génie. Les cariatides de l'hôtel de ville de Toulon, qui ont été apportées au musée de Paris, attestent un ciseau puissant. Le Milon rappelle la manière de Michel-Ange; il est un peu tourmenté, mais on ne peut nier que l'effet n'en soit saisissant. Voulez-vous un talent plus naturel, et ayant encore de la force et de l'élévation? Donnez-vous la peine de rechercher aux Tuileries, dans les jardins de Versailles, dans plusieurs églises de Paris, les ouvrages dispersés de Girar-

---

1. Groupe en marbre blanc qui était aux Célestins, église voisine de l'hôtel de Rohan-Chabot à la place Royale; recueilli au musée des Petits-Augustins, Lenoir, *ibid.*, p. 97; il est maintenant à Versailles. Il faut rapprocher de ce bel ouvrage le mausolée de Jacques de Souvré, grand prieur de France, le frère de la belle marquise de Sablé; mausolée qui venait de Saint-Jean de Latran, a passé par le musée des Petits-Augustins, et se trouve aujourd'hui au Louvre. Les sculptures de la porte Saint-Denis sont dues aussi à Michel Anguier, ainsi que l'admirable buste de Colbert, qui est au musée.

don, ici le mausolée des Gondi[1], là celui des Castellan[2], celui de Louvois[3], etc.; surtout allez voir dans l'église de la Sorbonne le mausolée de Richelieu. Le redoutable ministre y est représenté à ses derniers moments, soutenu par la Religion et pleuré par la Patrie. Toute la personne est d'une noblesse parfaite, et la figure a la finesse, la sévérité, la suprême distinction que lui donnent le pinceau de Champagne, le burin de Morin, de Michel Lasne et de Mellan.

Enfin je ne regarde point comme un sculpteur vulgaire Coysevox qui, sous l'influence de Lebrun, commence malheureusement le genre théâtral, mais qui a la facilité, le mouvement, l'élégance de Lebrun lui-même. Il a élevé de dignes monuments à Mazarin, à Colbert, à Lebrun[4], et semé pour ainsi dire les bustes des hommes illustres de son temps. Car, remarquez-le bien, les artistes ne prenaient guère alors des sujets arbitraires et de fantaisie. Ils travaillaient sur des sujets contemporains qui, en leur laissant une juste liberté, les inspiraient et les guidaient, et communiquaient un intérêt public à leurs ouvrages. La sculpture française

---

1. D'abord à Notre-Dame, la place naturelle des tombeaux des Gondi, puis aux Augustins, maintenant à Versailles.
2. Dans l'église Saint-Germain des Prés.
3. Aux Capucines, puis aux Augustins, puis à Versailles.
4. Voyez, sur ces trois monuments, Lenoir, p. 98, 101, 102. Celui de Mazarin est aujourd'hui au Louvre; celui de Colbert a été restitué à l'église de Saint-Eustache, et celui de Lebrun à l'église Saint-Nicolas du Chardonnet, ainsi que le mausolée si expressif mais un peu tourmenté de la mère de Lebrun, par Tuby, et le mausolée de Jérôme Bignon, le célèbre conseiller d'État, mort en 1656.

du xviiᵉ siècle, comme celle de l'antiquité, est profondément nationale. Les églises et les monastères étaient remplis des statues de ceux qui les avaient aimés pendant leur vie et voulaient y reposer après leur mort. Chaque église de Paris était un musée populaire. Les somptueuses résidences de l'aristocratie, car à cette époque il y en avait une en France comme aujourd'hui en Angleterre, possédaient leurs tombeaux séculaires, les statues, les bustes, les portraits des hommes éminents dont la gloire appartenait à la patrie aussi bien qu'à leur famille. De son côté l'État n'encourageait pas les arts en détail, et en petit pour ainsi dire; il leur donnait une impulsion puissante en leur demandant des travaux considérables, en leur confiant de vastes entreprises. Toutes les grandes choses se mêlaient ainsi, s'inspiraient et se soutenaient réciproquement.

Un seul homme en Europe a laissé un nom dans le bel art qui entoure un château ou un palais de jardins gracieux ou de parcs magnifiques : cet homme est un Français du xviiᵉ siècle, c'est Le Nôtre. On peut reprocher à Le Nôtre une régularité peut-être excessive et un peu de manière dans les détails; mais il a deux qualités qui rachètent bien des défauts, la grandeur et le sentiment. Celui qui a dessiné le parc de Versailles, qui, à l'agrément des parterres, au mouvement des fontaines, au bruit harmonieux des cascades, aux ombres mystérieuses des bosquets, a su ajouter la magie d'une perspective infinie au moyen de cette large allée où la vue se prolonge sur une nappe d'eau immense pour aller se perdre en des lointains sans bornes, celui-là est un paysagiste digne d'avoir une place à côté du Poussin et du Lorrain.

Nous avons eu au moyen âge notre architecture gothique comme tous les peuples du nord de l'Europe. Au xvi⁰ siècle, quels architectes que Pierre Lescot, Jean Bullant, Philibert Delorme! Quels charmants palais, quels gracieux édifices que les Tuileries, l'hôtel de ville de Paris, Chambord, Écouen! Le xvii⁰ siècle aussi a son architecture originale, différente de celle du moyen âge et de celle de la renaissance, simple, austère, noble comme la poésie de Corneille et la prose de Descartes. Étudiez sans préjugés d'école le Luxembourg de de Brosses [1], le portail de Saint-Gervais, et la grande salle du Palais de Justice du même architecte ; le palais Cardinal et la Sorbonne de Lemercier [2]; la coupole du Val-de-Grâce de Lemuet [3] ; l'arc de triomphe de la porte Saint-Denis de François Blondel ; Versailles et surtout les Invalides de Mansart [4]. Considérez avec attention ce

---

1. Quatremère de Quincy, *Histoire de la vie et des ouvrages des plus célèbres architectes*, t. II, p. 145 : « On ne citerait guère en aucun pays un aussi grand ensemble, qui offrît avec autant d'unité et de régularité un aspect à la fois plus varié et plus pittoresque, surtout dans la façade d'entrée. » Malheureusement cette unité a disparu, grâce aux constructions qui depuis ont été ajoutées à l'œuvre primitive.
2. Pour apprécier la beauté de la Sorbonne, il faut se placer dans la partie inférieure de la grande cour, et de là considérer l'effet d'élévation successive, d'abord de l'autre partie de la cour, puis des marches du portique, puis du portique lui-même, de l'église, et enfin du dôme.
3. Quatremère de Quincy, *ibid.*, p. 256 : « La coupole de cet édifice est une des plus belles qu'il y ait en Europe. »
4. Nous ne parlons pas de la colonnade du Louvre de Perrault, parce

dernier édifice, laissez-lui faire son impression sur votre esprit et sur votre âme, et vous arriverez aisément à y reconnaître une beauté particulière. Ce n'est point un monument gothique; ce n'est pas non plus un monument presque païen du xvi° siècle : il est moderne et encore chrétien; il est vaste avec mesure, élégant avec gravité. Contemplez au soleil couchant cette coupole réfléchissant les derniers feux du jour, s'élevant doucement vers le ciel sur une courbe légère et gracieuse; traversez cette imposante esplanade, entrez dans cette cour admirablement éclairée malgré ses galeries couvertes, inclinez-vous sous le dôme de cette église où dorment Vauban et Turenne : vous ne pourrez vous défendre d'une émotion à la fois religieuse et militaire; vous vous direz que c'est bien là l'asile de guerriers parvenus au soir de la vie et qui se préparent pour l'éternité!

Depuis, qu'est devenue l'architecture française? Une fois sortie de la tradition et du caractère national, elle erre d'imitation en imitation, et sans comprendre le génie de l'antiquité elle en reproduit maladroitement les formes. Cette architecture bâtarde, à la fois lourde et maniérée, se substitue peu à peu à la belle architecture du siècle précédent et efface partout les vestiges de l'esprit français. En voulez-vous un frappant exemple? A Paris, près du Luxembourg, les Condé avaient leur hô-

---

que, malgré ses grandes qualités, elle commence la décadence et marque le passage du genre sérieux au genre académique, de l'originalité à l'imitation, du xvii° siècle au xviii°.

tel¹, magnifique et sévère, d'un aspect militaire, comme il convenait à la demeure d'une famille de guerriers, et au dedans d'une splendeur presque royale. Sous ces hautes voûtes avaient été quelque temps suspendus les drapeaux espagnols conquis à Rocroy. Dans ces vastes salons s'était rassemblée l'élite de la plus grande société qui fut jamais. Ces beaux jardins avaient vu se promener Corneille et madame de Sévigné, Molière, Bossuet, Boileau, Racine, dans la compagnie du grand Condé. L'oratoire était peint de la main de Lesueur². Il était aisé de réparer et de conserver la noble habitation. A la fin du XVIIIᵉ siècle, un descendant des Condé l'a vendue à une bande noire pour aller bâtir cet hôtel sans caractère et sans goût qu'on appelle le Palais-Bourbon. A peu près à la même époque il s'agissait de construire une église à la patronne de Paris, à cette Geneviève dont la légende est si touchante et si populaire. Jamais y eut-il plus lieu à un monument national et chrétien? On pouvait remonter au genre gothique et même au genre byzantin. Au lieu de cela on nous a fait une immense basilique romaine de la décadence. Quelle de-

1. Voyez les gravures de Pérelle. Sauval, t. II, p. 66 et p. 131, dit que l'hôtel de Condé était *bâti magnifiquement*, que c'était *le plus magnifique du temps*.
2. Notice de Guillet de Saint-Georges, récemment publiée (voyez l'Appendice) : « Ce fut à peu près dans ce temps-là que Mme la princesse douairière de Condé, Charlotte-Marguerite de Montmorency, mère de feu M. le Prince, fit peindre à M. Lesueur un oratoire dans l'hostel de Condé. Le tableau de l'autel représente une *Nativité*, celui du platfond une *Gloire céleste*. Le lambris est enrichi de plusieurs figures et de quantité d'ornements travaillés avec grand soin. »

meure pour la modeste et sainte bergère, si chère aux campagnes qui avoisinaient Lutèce, et dont le nom est encore vénéré du pauvre peuple qui habite ces quartiers ! Voilà l'église qu'on a placée à côté de celle de Saint-Étienne du Mont, comme pour faire sentir toute la différence du christianisme et du paganisme ! Car ici, malgré le mélange des styles les plus divers, c'est évidemment le style païen qui domine. Le culte chrétien ne se peut naturaliser dans cet édifice profane qui a changé tant de fois de destination. On a beau l'appeler aujourd'hui de nouveau Sainte-Geneviève : le nom révolutionnaire de Panthéon lui demeurera[1]. Le XVIIIe siècle n'a pas mieux traité la Madeleine que Sainte-Geneviève. En vain la belle pécheresse a-t-elle voulu renoncer aux joies du monde et s'attacher à la pauvreté de Jésus-Christ. On l'a ramenée au faste et à la mollesse qu'elle avait répudiée ; on l'a mise dans un riche palais, tout étincelant d'or, qui pourrait fort bien être un temple de Vénus, car certes il n'a pas la grâce sévère du Parthénon, dont il est la copie la plus vulgaire. Oh ! que nous sommes loin des Invalides, du Val-de-Grâce et de la Sorbonne, si admirablement appropriés à leur objet, et où paraît si bien la main du siècle et du pays qui les a élevés !

---

[1]. Le Panthéon est une imitation de Saint-Paul de Londres, qui lui-même est une bien triste imitation de Saint-Pierre de Rome. Le seul mérite du Panthéon est sa situation au haut de la montagne Sainte-Geneviève, d'où il domine cette partie de la ville et s'aperçoit de différents côtés à une assez grande distance. Mettez à cette place le Val-de-Grâce de Lemercier avec la coupole de Lemuet, et jugez quel serait l'effet d'un tel édifice !

Pendant que l'architecture s'égare ainsi, il est tout simple que la peinture cherche par-dessus tout la couleur et l'éclat, que la sculpture s'applique à redevenir païenne, que la poésie elle-même, reculant de deux siècles, abjure le culte de la pensée pour celui de la fantaisie, qu'elle aille partout empruntant des images à l'Espagne, à l'Italie, à l'Allemagne, qu'elle coure après des qualités subalternes et étrangères qu'elle n'atteindra point, et abandonne les grandes qualités du génie français.

J'entends ce qu'on va me dire : le sentiment chrétien qui animait Lesueur et les artistes du xviie siècle manque à ceux du nôtre; il est éteint, il ne peut plus se rallumer. D'abord cela est-il bien certain? La foi naïve est morte, mais une foi réfléchie ne la peut-elle remplacer? Le christianisme est inépuisable; il a des ressources infinies, des souplesses admirables; il y a mille manières d'y arriver et d'y revenir, parce qu'il a lui-même mille faces qui répondent aux dispositions les plus diverses, à tous les besoins, à toute la mobilité du cœur. Ce qu'il perd d'un côté, il le regagne de l'autre; et comme c'est lui qui a produit notre civilisation, il est appelé à la suivre dans toutes ses vicissitudes. Ou bien toute religion périra dans le monde, ou le christianisme durera; car il n'est pas au pouvoir de la pensée de concevoir une religion plus parfaite. Artistes du xixe siècle, ne désespérez pas de Dieu et de vous-mêmes. Une philosophie superficielle vous a jetés loin du christianisme considéré d'une façon étroite; une autre philosophie peut vous en rapprocher en vous le faisant envisager d'un autre œil. Et puis, si le sentiment religieux est affaibli, n'y a-t-il donc pas d'autres sentiments qui peuvent faire battre encore le cœur de l'homme et féconder le génie? Platon l'a dit : la beauté est toujours ancienne et toujours nouvelle. Elle est supérieure à toutes ses formes, elle est de tous les pays et de tous les temps, elle est de toutes les croyances, pourvu que ces croyances soient sérieuses et profondes, et qu'on éprouve le besoin de les exprimer et de les répandre. Si donc nous ne sommes pas arrivés au terme assigné à la grandeur de la France, si nous ne commençons pas à descendre dans l'ombre de la mort, si nous vivons encore véritablement, s'il nous reste des convictions, de quelque genre qu'elles soient, par cela même il nous reste, ou du moins il peut nous rester ce qui a fait la gloire de nos pères, ce qu'ils n'ont pas emporté avec eux dans la tombe, ce qui déjà avait survécu à toutes les révolutions, à la Grèce, à Rome, au moyen âge, ce qui ne tient à aucun accident temporaire et éphémère, ce qui subsiste et se peut retrouver sans cesse au foyer de la conscience, je veux dire l'inspiration morale, immortelle comme l'âme.

Bornons ici et résumons cette défense de l'art national. Il y a dans les arts, comme dans les lettres et dans la philosophie, deux écoles contraires. L'une tend à l'idéal en toutes choses : elle recherche, elle s'efforce de faire paraître l'esprit caché sous la forme, à la fois manifesté et voilé par la nature; elle ne veut pas tant plaire aux sens et flatter l'imagination qu'agrandir l'intelligence et émouvoir l'âme. L'autre, amoureuse de la nature, s'y arrête et s'attache à l'imiter : son principal objet est de reproduire la réalité, le mouvement, la vie, qui sont pour elle la beauté suprême. La France du xviie siècle, la France de Descartes, de Corneille, de Bossuet, hautement spiritualiste dans la philosophie, dans la poésie, dans l'éloquence, l'a été aussi dans les arts. Les artistes de cette grande époque participent de son caractère général, et la représentent à leur manière. Il n'est pas vrai que l'imagination leur manque, pas plus qu'elle n'a manqué à Pascal et à Bossuet. Mais comme ils ne souffrent point que l'imagination usurpe la domination qui ne lui appartient pas, et qu'ils soumettent son ardeur, son impétuosité même, au frein de la raison et aux inspirations du cœur, il semble qu'elle est moins forte quand elle est seulement disciplinée et réglée. Ainsi que nous l'avons dit, ils excellent dans la composition, surtout dans l'expression. Ils ont toujours une pensée, et une pensée morale et élevée. C'est par là qu'ils nous sont chers, que leur cause nous intéresse, qu'elle est en quelque sorte la nôtre, et qu'ainsi cet hommage rendu à leur gloire méconnue couronne naturellement des leçons consacrées à la vraie beauté, c'est-à-dire à la beauté morale.

Puissent ces leçons vous la faire connaître, et surtout vous la faire aimer ! Puissent-elles aussi inspirer à quelqu'un de vous l'idée de se livrer à de si belles études, d'y consacrer sa vie et d'y attacher son nom ! La plus douce récompense d'un professeur qui n'est pas trop indigne de ce titre est de voir s'élancer sur ses traces de jeunes et nobles esprits qui aisément le devancent et le laissent bien loin derrière eux [1].

[1]. Au premier rang des auditeurs intelligents de ce cours était M. Jouffroy, qui déjà, sous nos auspices, deux ans auparavant, avait présenté à la faculté des lettres, pour être reçu docteur, une thèse sur le Beau. M. Jouffroy avait depuis cultivé, avec un soin et un goût particulier, les semences que notre enseignement avait pu déposer dans son esprit. Mais de tous ceux qui à cette époque ou plus tard fréquentèrent nos leçons, nul n'était plus fait pour embrasser le domaine entier du beau et de l'art que l'auteur des beaux articles sur Eustache Lesueur, sur la cathédrale de Noyon et sur le Louvre. M. Vitet possède toutes les connaissances, et, ce qui vaut mieux, toutes les qualités nécessaires à un juge de la beauté en tout genre, à un digne historien de l'art. Je cède au besoin de lui adresser la prière publique de ne pas manquer à une vocation si marquée et si élevée.

TROISIÈME PARTIE.

DU BIEN.

ONZIÈME LEÇON.

PREMIÈRES NOTIONS DU SENS COMMUN.

De l'étendue de la question du bien. — Position de la question selon la méthode psychologique : Quelle est, relativement au bien, la croyance naturelle du genre humain ? — Qu'il ne faut pas chercher les croyances naturelles de l'humanité dans un prétendu état de nature. — Étude des sentiments et des idées de l'homme dans les langues, dans la vie, dans la conscience. — Du désintéressement et du dévouement. — De la liberté. — De l'estime et du mépris. — Du respect. — De l'admiration et de l'indignation. — De la dignité. — De l'empire de l'opinion. — Du ridicule. — Du regret et du repentir. — Fondements naturels et nécessaires de toute justice. — Distinction du fait et du droit. — Le sens commun, la vraie et la fausse philosophie.

L'idée du vrai dans ses développements comprend la psychologie, la logique, la métaphysique. L'idée du beau engendre ce qu'on appelle l'esthétique. L'idée du bien est la morale tout entière.

Ce serait se faire une idée fausse et étroite de la morale que de la renfermer dans l'enceinte de la conscience individuelle. Il y a une morale publique comme une morale privée, et la morale publique embrasse, avec les relations des hommes entre eux en tant qu'hommes, leurs relations comme citoyens et comme membres d'un État. La morale s'étend partout où se trouve en un degré quelconque l'idée du bien. Or, où cette idée éclate-t-elle davantage, où la justice et l'injustice, la vertu et le crime, l'héroïsme et la faiblesse paraissent-ils plus à découvert que sur le théâtre de la vie civile? Y a-t-il rien d'ailleurs qui ait une influence plus décisive sur les mœurs, même des individus, que les institutions des peuples et la constitution des États? Si l'idée du bien va jusque-là, il faut l'y suivre, comme tout à l'heure l'idée du beau nous a introduits dans le domaine de l'art.

La philosophie n'usurpe aucun pouvoir étranger; mais elle n'est pas disposée à déserter son droit d'examen sur toutes les grandes manifestations de la nature humaine. Toute philosophie qui n'aboutit pas à la morale est à peine digne de ce nom, et toute morale qui n'aboutit pas au moins à des vues générales sur la société et le gouvernement est une morale impuissante qui n'a ni conseils ni règles à donner à l'humanité dans ses épreuves les plus difficiles.

Il semble qu'au point où nous sommes arrivés, la métaphysique et l'esthétique que nous avons enseignées entraînent évidemment avec elles telle morale et non pas telle autre; qu'ainsi la question du bien, cette question si féconde et si vaste, est pour nous toute résolue, et que nous pouvons déduire, par voie de raisonnement, la théorie morale qui dérive de notre théorie du beau et de notre théorie du vrai. Nous le pourrions peut-être, mais nous ne le ferons pas. Ce serait abandonner la méthode que nous avons suivie jusqu'ici, cette méthode qui procède par l'observation et non par la déduction, et se fait une loi de consulter l'expérience. Ne nous lassons pas de l'expérience. Attachons-nous fidèlement à la méthode psychologique; elle a ses longueurs; elle nous condamne à plus d'une redite, mais elle nous place d'abord et longtemps elle nous retient à la source de toute réalité et de toute lumière.

La première maxime de la méthode psychologique est celle-ci : La vraie philosophie n'invente pas, elle constate et décrit ce qui est. Or ici, ce qui est, c'est la croyance naturelle et permanente de l'être que nous étudions, à savoir l'homme. Quelle est donc, relativement au bien, la croyance naturelle et permanente du genre humain? Telle est à nos yeux la première question.

Pour nous, en effet, le genre humain ne va pas d'un côté et la philosophie de l'autre. La philosophie est l'interprète du genre humain. Ce que le genre humain croit et pense, souvent à son insu, la philosophie le recueille, l'explique, l'établit. Elle est l'expression fidèle et complète de la nature humaine, et la nature humaine est tout entière dans chacun de nous et dans tout autre homme. Chez nous, on l'atteint par la conscience; chez les autres hommes, elle se manifeste par leurs discours et par leurs actions. Interrogeons donc et ceux-ci et celles-là; interrogeons surtout notre propre conscience; reconnaissons bien ce que pense le genre humain; nous verrons ensuite quel doit être l'office de la philosophie.

Y a-t-il une langue humaine à nous connue qui n'ait des expressions différentes pour le bien et pour le mal, pour le juste et pour l'injuste? Y a-t-il quelque langue où, à côté des mots de plaisir, d'intérêt, d'utilité, de bonheur, ne se trouvent aussi les mots de sacrifice, de désintéressement, de dévouement, de vertu? Toutes les langues comme toutes les nations ne parlent-elles pas de liberté, de devoirs et de droits?

Ici peut-être quelque disciple de Condillac et d'Helvétius nous demandera si, à cet égard, nous possédons des dictionnaires authentiques de la langue des peuplades sauvages trouvées par les voyageurs dans des îles de l'Océan? Non; mais nous n'avons pas fait notre religion philosophique des superstitions et des préjugés d'une certaine école; nous nions absolument qu'il faille étudier la nature humaine dans le fameux sauvage de l'Aveyron, ou dans ses pareils des îles de l'Océan ou du continent américain. L'état sauvage nous offre l'humanité au maillot pour ainsi dire, le germe de l'humanité, mais non pas l'humanité tout entière. L'homme vrai, c'est l'homme parfait dans son genre; la vraie nature humaine, c'est la nature humaine arrivée à son développement, comme la vraie société c'est aussi la société perfectionnée. Nous ne nous sommes pas avisé de demander à un sauvage son opinion sur l'Apollon du Belvédère; nous ne lui demanderons pas davantage les principes qui constituent la nature morale de l'homme, parce qu'en lui cette nature morale n'est qu'ébauchée et non achevée. Notre grande philosophie du xviie siècle s'est quelquefois un peu trop complu en des hypothèses où Dieu joue le principal rôle et écrase la liberté humaine[1]. La philosophie du XVIIIe siècle se jette à l'extrémité opposée; elle a recours à des hypothèses d'un caractère tout différent, entre autres à un prétendu état naturel d'où elle entreprend de tirer avec des peines infinies la société et l'homme, tels que nous les voyons aujourd'hui. Rousseau s'enfonce dans les forêts pour y trouver le modèle de la liberté et de l'égalité. Voilà le commencement de sa politique. Mais attendez un peu, et bientôt vous verrez l'apôtre de l'état naturel, poussé, par une inconséquence forcée, d'un excès dans l'excès contraire, au lieu des douceurs de la liberté sauvage, nous proposer le Contrat social et Lacédémone. Condillac[2] étudie l'esprit humain sur une statue dont les sens entrent en exercice sous la baguette magique d'une analyse systématique et se développent dans la mesure et le progrès qui lui conviennent. La statue acquiert successivement nos cinq sens : mais il y a une chose qu'elle n'acquiert point, c'est un esprit tel que l'esprit humain et une âme comme la nôtre. Et c'était là ce qu'on appelait alors la méthode expérimentale ! Laissons là toutes ces hypothèses : pour connaître la réalité, étudions-la, ne l'imaginons pas. Prenons l'humanité, telle qu'elle se montre incontestablement à nous dans ses caractères actuels, et non telle qu'elle a pu être dans un état primitif, purement hypothétique,

1. Voyez IIe série, t. II, leçon XI et XII; IVe série, t. II, les dernières pages de *Jacqueline Pascal*, et les *Fragments de philosophie cartésienne*, p. 469.
2. Ire série, t. III, leçon II et III, *Condillac*.

dans ces linéaments informes ou dans cette dégradation qu'on appelle l'état sauvage. Là, sans doute, on peut retrouver des signes ou des souvenirs de l'humanité, et, si c'était ici le lieu, nous examinerions à notre tour les récits des voyageurs, et nous trouverions jusque dans ces ténèbres de l'enfance ou de la décrépitude d'admirables éclairs, de nobles instincts, qui déjà se font jour ou subsistent encore, présagent ou rappellent l'humanité. Mais, par scrupule de méthode et de vraie analyse, nous détournons les yeux de l'enfant et du sauvage pour les porter sur l'être qui seul est l'objet de nos études, l'homme actuel, l'homme réel et achevé.

Connaissez-vous une langue, un peuple, qui ne possède le mot de vertu désintéressée! Qu'appelle-t-on partout un honnête homme? Est-ce le calculateur habile appliqué à faire ses affaires le mieux possible, ou celui qui, en toutes circonstances, est disposé à observer la justice contre son intérêt apparent ou même réel? Otez cette idée qu'un homme est capable, en un certain degré, de résister à l'attrait de l'intérêt personnel, et de faire quelques sacrifices à l'opinion, aux convenances, à ce qui est ou paraît honnête, et vous ôtez le fondement de ce titre d'honnête homme, au sens même le plus vulgaire. Cette disposition de préférer ce qui est bien à notre plaisir, à notre utilité personnelle, en un mot, à l'intérêt, cette disposition plus ou moins forte, plus ou moins constante, plus ou moins éprouvée, mesure les différents degrés de la vertu. Un homme pousse-t-il le désintéressement jusqu'au dévouement, on l'appelle un héros, qu'il soit caché dans la condition la plus humble ou placé sur un théâtre. Il y a des dévouements obscurs comme des dévouements éclatants. Il y a des héros de probité, d'honneur, de loyauté dans les relations de la vie ordinaire, comme des héros de courage et de patriotisme dans les conseils des peuples ou à la tête des armées. Tous ces noms, avec leur sens bien reconnu, sont dans toutes les langues, et constituent un fait certain et universel. On peut expliquer ce fait, mais à une condition impérieuse, c'est qu'en l'expliquant on ne le détruise pas. Or, nous explique-t-on l'idée et le mot de désintéressement en ramenant le désintéressement à l'intérêt? Voilà ce que le sens commun repousse invinciblement.

Les poètes n'ont pas de système : ils s'adressent aux hommes tels qu'ils sont réellement pour produire sur eux des effets certains. Est-ce l'égoïsme habile ou la vertu désintéressée que les poètes célèbrent? Nous demandent-ils des applaudissements pour les succès de l'adresse heureuse, ou pour les sacrifices volontaires de la vertu? Le poëte sait qu'il y a dans le fond de l'âme humaine je ne sais quelle puissance merveilleuse de désintéressement et de dévouement. En s'adressant à cet instinct du cœur, il est sûr d'éveiller un écho sublime, de faire jaillir toutes les sources du pathétique.

Consultez les annales du genre humain, vous y verrez les hommes revendiquer partout et de plus en plus la liberté. Ce mot de liberté est aussi vieux que l'homme même. Quoi donc! les hommes veulent être libres, et l'homme lui-même ne le serait point! Le mot est là pourtant avec la signification la plus déterminée. Il signifie que l'homme se croit un être non-seulement animé et sensible, mais doué de volonté, d'une volonté qui lui appartient, et qui par conséquent ne peut admettre sur elle la tyrannie d'une autre volonté qui ferait à son égard l'office de la fatalité, même celui de la fatalité la plus bienfaisante. Concevez-vous que le mot et l'idée de liberté aient jamais pu se former, si la chose même n'existait pas? Il n'y a qu'un être libre qui puisse posséder l'idée de la liberté. Dira-t-on que la liberté de l'homme n'est qu'une illusion? Les vœux du genre humain sont alors la plus inexplicable extravagance. En niant la distinction essentielle de la liberté et de la fatalité, on contredit toutes les langues et toutes les notions reçues; on a, il est vrai, l'avantage d'absoudre les tyrans, mais on dégrade les héros. Ils ont donc combattu, et ils sont morts pour une chimère!

Toutes les langues contiennent les mots d'estime et de mépris. Estimer, mépriser, locutions universelles, phénomènes certains, d'où une impartiale analyse peut tirer les plus hautes notions. Peut-on mépriser un être qui dans ses actes ne serait pas libre, un être qui ne connaîtrait pas le bien, et qui ne se sentirait pas l'obligation de l'accomplir? Supposez que le bien ne soit pas en soi essentiellement différent du mal, supposez qu'il n'y ait dans le monde que de l'intérêt plus ou moins bien entendu, qu'il n'y ait point de devoir réel, et que l'homme ne soit pas un être libre, il est impossible d'expliquer raisonnablement le mot de mépris. Il en est de même de celui d'estime.

L'estime est un fait qui fidèlement exprimé contient

toute une philosophie aussi solide que généreuse. L'estime a deux caractères certains : 1° c'est un sentiment désintéressé dans l'âme de celui qui l'éprouve; 2° elle ne s'applique qu'à des actes désintéressés. On n'estime pas à volonté, et parce qu'on a intérêt à le faire. On n'estime pas non plus une action ou une personne, parce qu'elles ont réussi. Le succès, le calcul heureux peut nous faire envie; il n'emporte pas l'estime : elle est à un autre prix.

L'estime à un certain degré et en certaines circonstances, c'est le respect : le respect, mot saint et sacré que les plus subtiles et les plus lâches analyses n'abaisseront jamais à exprimer un sentiment qui se rapporte à nous-mêmes et s'applique à des actes couronnés par la fortune!

Prenez encore ces deux mots, ces deux faits analogues aux deux premiers, l'admiration et l'indignation. L'estime et le mépris sont plutôt des jugements; l'indignation et l'admiration sont des sentiments, mais des sentiments qui tiennent à l'intelligence et enveloppent un jugement [1].

L'admiration est un sentiment essentiellement désintéressé. Voyez s'il y a quelque intérêt au monde qui ait la puissance de vous donner de l'admiration pour quelque chose ou pour quelqu'un. Si vous y avez intérêt, vous pourrez simuler l'admiration, mais vous ne l'éprouverez pas. Un tyran, la mort à la main, peut vous contraindre à paraître l'admirer, mais non point à l'admirer

---

[1]. Voyez la théorie du sentiment, Ire partie, leçon v, p. 108, etc.

en effet. L'affection même ne détermine pas l'admiration ; tandis qu'un trait héroïque, partant d'un ennemi même, nous l'arrache malgré nous.

Le phénomène opposé à l'admiration, c'est l'indignation. L'indignation n'est pas plus la colère que l'admiration n'est le désir. La colère est toute personnelle. L'indignation ne se rapporte jamais directement à nous ; elle peut naître au milieu de circonstances où nous sommes engagés, mais le fond et le caractère dominant du phénomène en lui-même est d'être désintéressé. L'indignation de sa nature est généreuse. Si je suis victime d'une injustice, je puis éprouver à la fois de la colère et de l'indignation, de la colère contre celui qui me nuit, de l'indignation contre celui qui est injuste envers un de ses semblables. On peut s'indigner contre soi-même : on s'indigne contre tout ce qui blesse le sentiment de la justice. L'indignation couvre un jugement, ce jugement que celui qui commet telle ou telle action, soit contre nous, soit même pour nous, fait une action indigne, contraire à notre dignité, à la sienne, à la dignité humaine. Le dommage éprouvé n'est pas la mesure de l'indignation, comme l'avantage recueilli n'est pas celle de l'admiration. On se félicite de posséder ou d'avoir acquis une chose utile ; mais on ne s'admire pas pour cela, ni soi-même, ni la chose qu'on vient d'acquérir. De même on repousse la pierre qui nous blesse, on ne s'indigne pas contre elle.

L'admiration élève et agrandit l'âme. Les parties généreuses de la nature humaine se dégagent et s'exaltent en présence et comme au contact de l'image du bien.

Voilà pourquoi l'admiration est déjà par elle-même si bienfaisante, se trompât-elle dans son objet. L'indignation est la révolte de ces mêmes parties généreuses de l'âme, qui, froissées par l'injustice, se relèvent avec fierté et protestent au nom de la dignité humaine offensée.

Regardez les hommes agir, vous les verrez s'imposer de grands sacrifices pour conquérir les suffrages de leurs semblables. L'empire de l'opinion est immense : la vanité seule ne l'explique pas ; il tient sans doute aussi à la vanité, mais il a des racines plus profondes et meilleures. Nous jugeons que les autres hommes sont, comme nous, sensibles au bien et au mal, qu'ils distinguent la vertu et le vice, qu'ils sont capables de s'indigner et d'admirer, d'estimer et de respecter, comme aussi de mépriser. Cette puissance est en nous, nous en avons la conscience, nous savons que les autres hommes la possèdent comme nous, et c'est cette puissance qui nous épouvante. L'opinion est notre propre conscience transportée dans le public, et là dégagée de toute complaisance et armée d'une sévérité inflexible. Au remords dans notre propre cœur répond la honte dans cette seconde âme que nous nous sommes faite et qui s'appelle l'opinion publique. Il ne faut pas s'étonner des douceurs de la popularité. Nous sommes plus sûrs d'avoir bien fait, lorsqu'au témoignage de notre conscience nous pouvons joindre celui de la conscience de nos semblables. Il n'y a qu'une seule chose qui puisse nous soutenir contre l'opinion, et même nous mettre au-dessus d'elle : c'est le témoignage ferme et assuré de notre conscience, parce qu'enfin le public et le genre humain tout entier en sont réduits à nous juger sur l'apparence, tandis que nous, nous nous jugeons infailliblement et par la plus certaine de toutes les sciences.

Le ridicule est la crainte de l'opinion dans les petites choses. La force du ridicule est tout entière dans cette supposition qu'il y a un goût commun, un type commun de ce qui sied et de ce qui convient, qui dirige les hommes dans leurs jugements, et dans leurs plaisanteries même qui sont aussi des jugements à leur manière. Otez cette supposition, le ridicule tombe de lui-même, et la plaisanterie perd son aiguillon. Mais il est immortel, comme la distinction du bien et du mal, du beau et du laid, de ce qui convient et de ce qui ne convient pas.

Quand nous n'avons pas réussi dans quelque démarche entreprise pour notre intérêt et notre bonheur, nous éprouvons un sentiment de peine qu'on appelle le regret. Mais nous ne confondons pas le regret avec cet autre sentiment qui s'élève en notre âme, lorsque nous avons la conscience d'avoir fait une action moralement mauvaise. Ce sentiment est une peine aussi, mais d'une tout autre nature : c'est le remords, c'est le repentir. Que nous ayons perdu au jeu, par exemple, cela nous est désagréable; mais si, en gagnant, nous avions la conscience d'avoir trompé notre adversaire, nous éprouverions un sentiment bien différent.

Nous pourrions prolonger et varier ces aperçus et ces exemples. Nous en avons assez dit pour être autorisé à conclure que le langage humain et les sentiments qu'il exprime sont inexplicables, si l'on n'admet pas la distinction essentielle du bien et du mal, de la vertu et du crime, du crime fondé sur l'intérêt, de la vertu fondée sur le désintéressement.

Ébranlez cette distinction, et vous ébranlez la vie humaine et la société tout entière. Permettez-moi de prendre un exemple extrême, tragique et terrible. Voici un homme que l'on vient de juger. On l'a condamné à mort, on va l'exécuter, lui ôter la vie. Et pourquoi? Placez-vous dans le système qui n'admet pas la distinction naturelle et essentielle du bien et du mal, et pesez ce qu'il y a de stupidement atroce dans cet acte de la justice humaine. Qu'avait fait le condamné? Évidemment une chose indifférente en soi. Car s'il n'y a pas d'autre distinction naturelle que celle du plaisir et de la peine, je défie qu'aucune action humaine, quelle qu'elle soit, puisse être qualifiée de criminelle sans la plus absurde inconséquence. Mais cette chose indifférente en elle-même, un certain nombre d'hommes, appelés législateurs, l'ont déclarée crime. Cette déclaration purement arbitraire n'a pas trouvé d'écho dans le cœur de cet homme. Il n'en a pu sentir la justice, puisqu'il n'y a rien de juste en soi. Il a donc fait sans aucun remords ce que cette déclaration interdisait arbitrairement. Le bourreau va lui prouver qu'il n'a pas réussi, mais non qu'il a agi contre la justice, car il n'y a point de justice. Le bourreau le tue, il ne l'éclaire point. Des deux côtés lutte d'intérêts, jeux de la force, toujours le fait, jamais le droit. Je prétends que toute condamnation, soit à mort, soit à une peine quelconque, suppose impérieusement, pour être autre chose qu'une répression de la violence par la violence, les quatre points suivants : 1° Qu'il y a une distinction essentielle entre le bien et le mal, le juste et l'injuste, et qu'à cette distinction est attachée pour tout être intelligent et libre l'obligation de se conformer au bien et à la justice; 2° Que l'homme est un être intelligent et libre, capable de comprendre cette distinction et l'obligation qui l'accompagne, et d'y adhérer naturellement, indépendamment de toute convention et de toute loi positive; capable aussi de résister aux tentations qui le portent au mal et à l'injustice et d'accomplir la loi sacrée de la justice naturelle; 3° Que tout acte contraire à la justice mérite d'être réprimé par la force et même puni, en réparation de la faute commise, et cela encore indépendamment de toute loi et de toute convention ; 4° Que l'homme reconnaît naturellement la distinction du mérite et du démérite des actions, comme il reconnaît celle du juste et de l'injuste, et qu'il sait que toute peine appliquée à un acte injuste est elle-même de la plus stricte justice.

Voilà les fondements de la puissance de juger et de punir qui est la société tout entière. Ce n'est pas la société qui a fait ces principes à son usage; ils lui sont bien antérieurs, ils sont contemporains de la pensée et de l'âme, et c'est sur eux que repose la société avec ses lois et ses institutions. Les lois sont légitimes par leur rapport à ces lois éternelles. La plus sûre puissance des institutions réside dans le respect que ces principes portent avec eux et qu'ils répandent sur tout ce qui en participe. L'éducation les développe, elle ne les crée pas. Ils dirigent le législateur qui fait la loi et le juge qui l'applique. Ils sont présents à l'accusé amené devant le tribunal; ils inspirent toute juste sentence; ils l'autorisent dans l'âme du condamné et dans celle du spectateur, et ils consacrent l'emploi de la force nécessaire à son exécution. Otez un seul de ces principes, toute la justice humaine s'écroule, et n'est plus qu'un amas de conventions arbitraires que nul n'est obligé en conscience de respecter, qu'on peut violer sans remords, et qui ne se soutiennent que par l'appareil des supplices. Les décisions d'une pareille justice ne sont point des jugements véritables, mais des actes de force, et la société civile n'est qu'une arène où les hommes se débattent sans devoirs et sans droits, sans autre objet que de se procurer le plus de jouissances possible, de les conquérir et de les assurer par la force ou la ruse, sauf à jeter sur tout cela le manteau de lois hypocrites.

Il est vrai, tel est l'aspect sous lequel le scepticisme nous fait considérer la société et la justice humaine, nous poussant par le désespoir à la révolte et au désordre, et nous ramenant par le désespoir encore à un tout autre joug que celui de la raison et de la vertu, à ce désordre réglé qu'on appelle le despotisme. Le spectacle des choses humaines, vu de sang-froid et sans esprit de système, est, grâce à Dieu, moins sombre. Sans doute, la société et la justice humaine ont encore bien des imperfections que le temps découvre et répare; mais on peut dire qu'en général elles sont assises sur la vérité et sur l'équité naturelle. La preuve en est que partout la société subsiste, et même qu'elle se développe. D'ailleurs les faits, fussent-ils tels que le pinceau mélancolique d'un Pascal ou d'un Rousseau les représente, les faits ne sont pas tout : devant les faits est le droit ; et cette idée seule du droit, si elle est réelle, suffit pour renverser un système avilissant et sauver la dignité humaine. Or, l'idée du droit est-elle une chimère ? J'en appelle encore aux langues, à la conscience individuelle et à celle du genre humain : n'est-il pas vrai que partout on distingue le fait et le droit, le fait qui trop souvent peut-être, mais non pas toujours, comme on le dit, s'élève contre le droit ; et le droit qui dompte et règle le fait, ou proteste contre lui ? Quel est le mot qui retentit le plus dans les sociétés humaines ? N'est-ce pas celui du droit ? Cherchez une langue qui ne le contienne pas. De toutes parts la société est hérissée de droits. On distingue même le droit naturel et le droit positif, ce qui est légal et ce qui est équitable. On proclame que la force doit être au service du droit et non le droit à la merci de la force. Les triomphes de la force, quelque part que nous les apercevions, soit sous nos yeux, soit à l'aide de l'histoire dans des siècles reculés, ou grâce à la publicité universelle par delà l'Océan et dans des continents étrangers, soulèvent l'indignation du spectateur ou du lecteur désintéressé. Au contraire, celui qui inscrit sur sa bannière le nom du droit, par cela seul nous intéresse ; nous faisons des vœux pour les droits méconnus ; la cause du droit, où que nous la supposions, est pour nous la cause de l'humanité. C'est un fait aussi, et un fait incontestable, qu'aux yeux de l'homme le fait n'est pas tout et que l'idée du droit est une idée universelle, gravée en caractères éclatants et ineffaçables, sinon encore dans le monde visible, au moins dans celui de la pensée et de l'âme; et c'est de celui-là seul qu'il s'agit; c'est aussi celui là qui à la longue réforme et gouverne l'autre.

La conscience individuelle, conçue et transportée dans l'espèce entière, s'appelle le sens commun. C'est le sens commun qui a fait, qui soutient et qui développe les langues, les croyances naturelles et permanentes, la société et ses institutions fondamentales. Ce ne sont pas les grammairiens qui ont inventé les langues, ni les législateurs les sociétés, ni les philosophes les croyances générales. Ce qui a fait cela, ce n'est personne et c'est tout le monde : c'est le génie de l'humanité.

Le sens commun est déposé dans ses œuvres. Toutes les langues et toutes les institutions humaines contiennent les idées et les sentiments que nous venons de rappeler et de décrire, et singulièrement la distinction du bien et du mal, de la justice et de l'injustice, de la volonté libre et du désir, du devoir et de l'intérêt, de la vertu et du bonheur, avec cette croyance profondément enracinée que le bonheur est une récompense due à la vertu, et que le crime en lui-même mérite d'être puni, et appelle la réparation d'une juste souffrance.

Voilà ce qu'attestent les discours et les actions des hommes. Telles sont les notions sincères et impartiales, mais un peu confuses, un peu grossières du sens commun.

Ici commence le rôle de la philosophie. Elle a devant elle deux routes différentes; elle peut faire de deux choses l'une : ou bien accepter les notions du sens commun, les éclaircir, par là les développer et les accroître, et fortifier, en les exprimant fidèlement, les croyances de l'humanité; ou bien, préoccupée de tel ou tel principe, l'imposer aux données naturelles du sens commun, admettre celles qui sont conformes à ce principe, plier les autres artificiellement à celles-là, ou les nier ouvertement; c'est ce que l'on appelle faire un système.

Les systèmes philosophiques ne sont pas la philosophie; ils s'efforcent d'en réaliser l'idée, comme les institutions civiles s'efforcent de réaliser celle de la justice, comme les arts expriment de leur mieux la beauté infinie, comme les sciences poursuivent la science universelle. Les systèmes philosophiques sont nécessairement imparfaits, sans quoi il n'y en aurait jamais eu deux dans le monde. Heureux ceux qui passent aussi en bien faisant, et qui répandent dans les esprits et dans les âmes, avec quelques erreurs innocentes, le goût sacré du vrai, du beau et du bien! Mais les systèmes philosophiques suivent leur temps bien plus qu'ils ne le dirigent; ils reçoivent leur esprit des mains de leur siècle. Transportée en France vers la fin de la régence et sous le règne de Louis XV, la philosophie de Locke y a donné naissance à une école célèbre qui longtemps domina et qui subsiste encore parmi nous, protégée par de vieilles habitudes, mais en contradiction radicale avec nos institutions nouvelles et avec nos besoins nouveaux. Sorti du sein des tempêtes, nourri dans le berceau d'une révolution, élevé sous la mâle discipline du génie de la guerre, le xixe siècle ne peut reconnaître son image et retrouver ses instincts dans une philosophie née à l'ombre des délices de Versailles, admirablement faite pour la décrépitude d'une monarchie arbitraire, mais non pas pour la vie laborieuse d'une jeune liberté environnée de périls. Pour nous, après avoir combattu la philosophie de la sensation dans la métaphysique qu'elle a substituée au cartésianisme, et dans la déplorable esthétique, aujourd'hui trop accréditée, sous laquelle a succombé notre grand art national du xviie siècle, nous n'hésiterons pas à la combattre encore dans la morale qu'elle devait nécessairement produire, la morale de l'intérêt.

L'exposition et la réfutation de cette prétendue morale seront le sujet de la prochaine leçon.

DOUZIÈME LEÇON.

DE LA MORALE DE L'INTÉRÊT[1].

Exposition de la doctrine de l'intérêt. — Ce qu'il y a de vrai dans cette doctrine. — Ses défauts. 1° Elle confond la liberté et le désir, et par là abolit la liberté. 2° Elle ne peut expliquer la distinction fondamentale du bien et du mal. 3° Ni l'obligation et le devoir. 4° Ni le droit. 5° Ni le principe du mérite et du démérite. — Conséquences de la morale de l'intérêt : qu'elle ne peut admettre une Providence, et qu'elle conduit au despotisme.

La philosophie de la sensation partant d'un fait unique, la sensation agréable ou pénible, arrive nécessairement en morale à un principe unique, l'intérêt. Voici l'ensemble du système.

L'homme est sensible au plaisir et à la peine : il fuit l'une, il recherche l'autre. C'est là son premier instinct, et cet instinct ne l'abandonne jamais. Le plaisir peut changer d'objet, et se diversifier de mille manières ; mais quelque forme qu'il prenne, plaisir physique, plaisir intellectuel, plaisir moral, c'est toujours le plaisir que l'homme poursuit.

L'agréable généralisé c'est l'utile ; et la plus grande somme de plaisir possible, quel qu'il soit, non plus concentré dans tel ou tel instant, mais réparti sur une certaine étendue de la durée, c'est le bonheur.

Le bonheur, comme le plaisir, est relatif à celui qui

---

1. Sur la morale de l'intérêt on peut joindre à cette leçon celles du t. III de la Ire série sur la doctrine d'Helvétius et de Saint-Lambert.

l'éprouve ; il est essentiellement personnel. C'est nous-mêmes, c'est nous seuls que nous aimons, en aimant le plaisir et le bonheur.

L'intérêt est ce ressort qui nous pousse à rechercher en toutes choses notre plaisir et notre bonheur.

Si le bonheur est le but unique de la vie, l'intérêt est le mobile unique de toutes nos actions.

L'homme n'est sensible qu'à son intérêt, mais il l'entend bien ou mal. Il faut bien de l'art pour être heureux. N'allons pas nous livrer à tous les plaisirs qui s'offrent à nous sur la route de la vie sans examiner si ces plaisirs ne cachent pas plus d'une douleur. Le plaisir présent n'est pas tout : il faut songer à l'avenir ; il faut savoir renoncer aux jouissances qui peuvent amener des regrets, et sacrifier le plaisir au bonheur, c'est-à-dire au plaisir encore mais plus durable et moins enivrant. Les plaisirs du corps ne sont pas les seuls : il y a d'autres plaisirs, ceux de l'esprit, ceux même de l'opinion : le sage les tempère les uns par les autres.

La morale de l'intérêt n'est pas autre chose que la morale du plaisir perfectionnée, substituant le bonheur au plaisir, l'utile à l'agréable, la prudence à la passion. Elle admet comme le genre humain les mots de bien et de mal, de vertu et de vice, de mérite et de démérite, de peine et de récompense, mais elle les explique à sa manière. Le bien, c'est ce qui aux yeux de la raison est conforme à notre véritable intérêt : le mal, c'est ce qui y est contraire. La vertu est cette sagesse qui sait résister à l'entraînement des passions, discerne ce qui est vraiment utile, et marche sûrement au bonheur. Le vice est cet égarement d'esprit et de caractère qui sacrifie le bonheur à des plaisirs sans durée ou pleins de dangers. Le mérite et le démérite, la peine et la récompense sont les conséquences de la vertu et du vice : pour n'avoir pas su chercher le bonheur par le chemin de la sagesse, on est puni en ne l'atteignant pas. La morale de l'intérêt ne prétend ruiner aucun des devoirs consacrés par l'opinion commune; elle établit que tous sont conformes à notre intérêt personnel, et c'est pour cela qu'ils sont des devoirs. Faire du bien aux hommes, c'est le plus sûr moyen qu'ils nous en fassent; et c'est aussi le moyen d'acquérir leur estime, leur bienveillance, leur sympathie, toujours agréables et souvent utiles. Le désintéressement lui-même a son explication. Sans doute il n'y a point de désintéressement au sens vulgaire du mot, c'est-à-dire un sacrifice véritable de soi-même, ce qui est absurde, mais il y a le sacrifice d'un intérêt présent à un intérêt futur, d'une passion grossière et sensuelle à un plaisir plus noble et plus délicat. Quelquefois on se rend mal compte du plaisir que l'on poursuit, et faute de voir clair dans son propre cœur on invente cette chimère du désintéressement dont la nature humaine est incapable, et qu'elle ne peut même comprendre.

On voudra bien convenir que cette exposition de la morale de l'intérêt n'est pas chargée et qu'elle est fidèle.

Allons plus loin : reconnaissons que cette morale est une réaction extrême, mais jusqu'à un certain point légitime contre la rigueur excessive de la morale stoïque, et surtout de la morale ascétique qui étouffe la sensibilité au lieu de la régler, et pour sauver l'âme des passions lui commande un sacrifice de tous les instincts de la nature qui ressemble à un suicide.

L'homme n'est fait pour être ni un sublime esclave, comme Épictète, appliqué à bien supporter la mauvaise fortune sans s'efforcer de la surmonter, ni, comme l'auteur de l'*Imitation*, l'angélique habitant d'un cloître, appelant la mort comme une délivrance bienheureuse et la devançant, autant qu'il est en lui, par une continuelle pénitence et dans une adoration muette. Le goût du plaisir, les passions mêmes ont leur raison dans les besoins de l'humanité. Supprimez les passions, plus d'excès, il est vrai ; mais plus de ressort : faute de vents, le vaisseau ne marche plus et s'enfonce bientôt dans l'abîme. Supposez un être auquel manque l'amour de lui-même, l'instinct de la conservation, l'horreur de la souffrance, surtout l'horreur de la mort, qui n'ait de goût ni pour le plaisir ni pour le bonheur, en un mot destitué de tout intérêt personnel, un tel être ne résistera pas longtemps aux innombrables causes de destruction qui l'environnent et qui l'assiégent ; il ne durera pas un jour. Jamais une seule famille, jamais la moindre société ne pourra se former ni se maintenir. Celui qui a fait l'homme n'a pas confié le soin de son ouvrage à la vertu seule, au dévouement et à une charité sublime : il a voulu que la durée et le développement de la race et de la société humaine fussent assis sur des fondements plus simples et plus sûrs, et voilà pourquoi il a donné à l'homme l'amour de soi, l'instinct de la conservation, le goût du plaisir et du bonheur, les passions qui animent la vie, l'espérance et la crainte, l'amour, l'ambition, l'intérêt personnel enfin, mobile puissant, permanent, universel, qui nous pousse à améliorer sans cesse notre condition sur la terre.

Ainsi nous ne contestons pas à la morale de l'intérêt la réalité de son principe : nous sommes convaincus que ce principe existe, et qu'il a sa raison d'être. La seule question que nous posons est celle-ci : le principe de l'intérêt est vrai en lui-même, mais n'y a-t-il pas aussi d'autres principes tout aussi vrais, tout aussi légitimes? L'homme cherche le plaisir et le bonheur, mais n'y a-t-il pas en lui d'autres besoins, d'autres sentiments, aussi puissants, aussi vivaces? La vie humaine a pour premier et universel principe le besoin qu'a l'individu de se conserver; mais ce principe suffirait-il à porter la vie humaine et la société tout entière et telle que nous la voyons?

Tout comme l'existence du corps n'empêche point celle de l'âme, et réciproquement, de même dans l'ample sein de l'humanité et dans les profonds desseins de la divine Providence, les principes les plus différents ne s'excluent point.

La philosophie de la sensation en appelle sans cesse à l'expérience. Nous aussi nous invoquons l'expérience; et c'est l'expérience qui nous a donné les faits certains rappelés dans la leçon précédente, et qui composent les premières notions du sens commun. Nous admettons les faits qui servent de fondement au système de l'intérêt, et nous repoussons le système. Les faits sont vrais dans leur juste portée : le système est faux en ce qu'il leur attribue une portée excessive, illimitée ; et il est faux encore en ce qu'il nie d'autres faits tout aussi incontestables. Une saine philosophie tient pour sa loi première de recueillir tous les faits réels et de respecter les différences réelles aussi qui les distinguent. Ce qu'elle poursuit avant tout, ce n'est point l'unité, c'est la vérité [1]. Or la morale de l'intérêt mutile la vérité : elle choisit parmi les faits ceux qui lui conviennent, et elle répudie tous les autres, lesquels sont précisément les éléments mêmes de la moralité. Exclusive et intolérante, elle nie ce qu'elle n'explique point : elle forme un tout bien lié, qui comme ouvrage artificiel peut avoir son mérite, mais qui se brise en éclats dès qu'il vient à rencontrer la nature humaine avec ses grandes parties.

Nous allons faire voir que la morale de l'intérêt, issue de la philosophie de la sensation, est en contradiction avec un certain nombre de phénomènes, que présente la nature humaine à quiconque l'interroge sans esprit de système.

1° Nous avons établi, non pas au nom d'un système, mais au nom de l'expérience la plus vulgaire, que l'humanité entière croit à l'existence en chacun de ses membres d'une certaine force, d'une certaine puissance qu'on appelle la liberté. C'est parce qu'elle croit à la liberté dans l'individu qu'elle veut que cette liberté soit

---

[1]. Sur le danger de chercher avant tout l'unité, voyez dans la III⁰ série, *Fragments philosophiques*, t. IV, notre *Examen des leçons de M. Laromiguière*.

respectée et protégée dans la société. La liberté est un fait que la conscience de chacun de nous lui atteste, et qui de plus est enveloppé dans tous les phénomènes moraux que nous avons signalés, dans l'approbation et la désapprobation morale, dans l'estime et le mépris, dans l'admiration et l'indignation, dans le mérite et le démérite, dans la peine et la récompense. Demandons à la philosophie de la sensation et à la morale de l'intérêt ce qu'elles font de ce phénomène universel que supposent toutes les croyances de l'humanité et sur lequel roule la vie entière, privée et publique.

Tout système de morale, quel qu'il soit, qui contient, je ne dis pas une règle, mais un simple conseil, admet implicitement la liberté. Lorsque la morale de l'intérêt conseille à l'homme de sacrifier l'agréable à l'utile, elle admet apparemment que l'homme est libre de suivre ou de ne pas suivre ce conseil. Mais en philosophie il ne suffit pas d'admettre un fait, il faut avoir le droit de l'admettre. Or, la plupart des moralistes de l'intérêt nient la liberté de l'homme, et nul n'a le droit de l'admettre dans un système qui tire l'âme humaine tout entière, toutes ses facultés comme toutes ses idées, de la seule sensation et de ses développements.

Quand une sensation agréable, après avoir charmé notre âme, la quitte et s'évanouit, l'âme éprouve une sorte de souffrance, un manque, un besoin : elle s'agite, elle s'inquiète. Cette inquiétude, d'abord vague et indécise, se détermine bientôt; elle se porte vers l'objet qui nous a plu et dont l'absence nous fait souffrir. Ce mouvement de l'âme, plus ou moins vif, c'est le désir.

Y a-t-il dans le désir aucun des caractères de la liberté? Qu'appelle-t-on être libre? Chacun sait qu'il est libre, quand il sait qu'il est le maître de son action, qu'il peut la commencer, l'arrêter ou la continuer à son gré. Nous sommes libres, quand avant d'agir nous avons pris la résolution de le faire sachant bien que nous pouvions prendre la résolution contraire. L'acte libre est celui dont, au témoignage infaillible de ma conscience, je sais que je suis la cause, et dont, à ce titre, je me reconnais responsable. Dieu, le monde, le corps peuvent produire en moi mille mouvements; ces mouvements peuvent simuler des actes volontaires aux yeux de l'observateur extérieur; mais toute erreur est impossible à la conscience : elle distingue avec certitude tout mouvement non voulu, quel qu'il soit, d'un acte volontaire.

La vraie activité est l'activité volontaire et libre. Le désir en est juste l'opposé. Le désir, porté à son comble, c'est la passion; mais la langue comme la conscience disent que l'homme est passif dans la passion; et plus la passion est vive, plus ses mouvements sont impérieux, plus elle s'éloigne du type de la vraie activité où l'âme se possède et se gouverne elle-même.

Je ne suis pas plus libre dans le désir que dans la sensation qui le précède et le détermine. Si un objet agréable se présente à moi, puis-je ne pas en être agréablement ému? Si c'est un objet pénible, puis-je ne pas en être douloureusement affecté? Et de même, quand cette sensation agréable a disparu, si la mémoire et l'imagination me la rappellent, puis-je ne pas souffrir de ne plus l'éprouver, puis-je ne pas ressentir le besoin de l'éprouver encore, et ne pas désirer plus ou moins ardemment l'objet qui seul peut apaiser l'inquiétude et la souffrance de mon âme ?

Observez bien ce qui se passe en vous dans le désir : vous y reconnaîtrez un élan aveugle qui, sans aucune délibération de votre part et sans l'intervention de votre volonté, s'élève ou tombe, s'accroît ou diminue. On ne désire pas et on ne cesse pas de désirer à volonté.

La volonté combat souvent le désir comme souvent aussi elle y cède ; elle n'est donc pas le désir. On ne se reproche pas les sensations que les objets envoient, ni même les désirs que ces sensations engendrent ; mais on se reproche le consentement de la volonté à ces désirs, et les actes qui en sont la suite, car ces actes sont en notre pouvoir.

Le désir est si peu la volonté que souvent il l'abolit, et arrache à l'homme des actes ou plutôt des mouvements qu'il ne s'impute pas parce qu'ils ne sont pas volontaires. C'est même le refuge de bien des accusés : ils rejettent leurs fautes sur la violence du désir et de la passion qui ne les a pas laissés maîtres d'eux-mêmes.

Si le désir était le fondement de la volonté, plus le désir serait fort, plus nous serions libres. Évidemment, c'est le contraire qui est vrai. A mesure que la violence du désir augmente, la domination de l'homme sur lui-même diminue ; et à mesure que le désir s'affaiblit et que la passion s'éteint, l'homme rentre en possession de lui-même.

Je ne dis pas que nous n'ayons aucune influence sur

nos désirs. Pour que deux faits diffèrent, il n'est pas nécessaire qu'ils soient sans relation entre eux. En éloignant certains objets, ou même seulement en éloignant notre pensée du plaisir qu'ils nous peuvent donner, nous pouvons, jusqu'à un certain point, détourner et éluder les effets sensibles de ces objets, et échapper aux désirs qu'ils pourraient exciter en nous. On peut aussi, en s'entourant de certains objets, se ménager en quelque sorte et faire naître en soi des sensations et des désirs qui pour cela ne sont pas plus volontaires que ne serait volontaire l'impression faite sur nous par une pierre que nous nous serions jetée à nous-même. En cédant à ses désirs, on leur prête une nouvelle force, et on les modère par une habile résistance. On peut même quelque chose sur les organes du corps, et, en leur appliquant un régime approprié, on va jusqu'à modifier leurs fonctions. Tout cela prouve qu'il y a en nous un pouvoir différent des sens et du désir, qui, sans en disposer, exerce quelquefois sur eux une autorité indirecte.

La volonté dirige aussi l'intelligence, bien qu'elle ne soit pas l'intelligence. Vouloir et connaître sont deux choses essentiellement différentes. Nous ne jugeons pas comme nous voulons, mais selon les lois nécessaires du jugement et de l'entendement. La connaissance de la vérité n'est pas une résolution de la volonté. Ce n'est pas la volonté qui prononce, par exemple, que le corps est étendu, qu'il est dans l'espace, que tout phénomène a une cause, etc. Cependant la volonté peut beaucoup sur l'intelligence. C'est librement et volontairement que nous travaillons, que nous accordons une attention plus ou moins longue, plus ou moins forte à certaines choses ; par conséquent c'est la volonté qui développe et accroît l'intelligence, comme elle pourrait la laisser languir et s'éteindre. Il faut donc avouer qu'il y a en nous un pouvoir suprême qui préside à toutes nos facultés, à l'intelligence comme à la sensibilité, qui s'en distingue et qui s'y mêle, les gouverne ou les livre à leur développement naturel, faisant paraître, dans son absence même, le caractère qui lui appartient, puisque l'homme qui en est privé avoue qu'il n'est plus maître de soi, qu'il n'est pas lui-même : tant il est vrai que la personne humaine réside particulièrement dans cette puissance éminente que l'on appelle la volonté [1].

Singulière destinée de cette puissance si souvent méconnue et pourtant si manifeste ! Étrange confusion de la volonté et du désir, où se rencontrent les écoles les plus opposées, Spinoza, Malebranche et Condillac, la philosophie du xviie siècle et celle du xviiie. L'une, contemptrice de l'humanité, par une piété extrême et mal entendue, ôte à l'homme son activité propre pour la concentrer en Dieu [2]; l'autre, la transporte à la nature. Pur instrument de part et d'autre, l'homme n'est plus autre chose qu'un mode de Dieu ou un produit de la nature. Une fois que le désir est pris comme le type de l'activité humaine, c'en est fait de la liberté et de la

---

1. Sur la différence du désir, de l'intelligence et de la volonté, voyez l'*Examen* déjà cité *des leçons de M. Laromiguière*.
2. Voyez plus haut la note 1 de la page 259.

personnalité. Une philosophie moins systématique, en se conformant aux faits, arrive par le sens commun à des résultats meilleurs. En distinguant le phénomène passif du désir de la puissance de se déterminer librement, elle restitue la vraie activité qui caractérise la personne humaine. La volonté est le signe infaillible et la vertu propre d'un être réel et effectif : car comment ce qui ne serait qu'un mode d'un autre être, trouverait-il dans son être emprunté une puissance capable de vouloir et de produire des actes dont il se sentirait la cause, et la cause responsable?

Si la philosophie de la sensation, en partant d'un phénomène passif, ne peut expliquer la vraie activité, l'activité volontaire et libre, nous pourrions considérer comme démontré que cette même philosophie ne peut donner une vraie morale; car toute morale suppose la liberté. Pour imposer des règles de conduite à un être, il faut que cet être soit capable de les accomplir ou de les violer. Ce qui fait le bien et le mal d'une action, ce n'est pas l'action même, c'est l'intention qui l'a déterminée. Devant tout tribunal équitable, le crime est dans l'intention, et c'est à l'intention que s'attache la punition. Où donc la liberté manque, où il n'y a plus que le désir et la passion, nulle ombre même de moralité ne subsiste. Mais nous ne voulons pas écarter par la question préalable la morale de la sensation. Nous allons examiner en lui-même le principe qu'elle pose, et faire voir qu'on ne peut tirer de ce principe ni l'idée du bien et du mal, ni aucune des idées morales qui se rattachent à celle-là.

2° Suivant la philosophie de la sensation, le bien n'est autre chose que l'utile. En substituant l'utile à l'agréable, sans changer de principe, on s'est ménagé un refuge commode contre beaucoup de difficultés ; car on pourra toujours distinguer l'intérêt bien entendu de l'intérêt apparent et vulgaire. Mais même sous cette forme un peu plus raffinée, la doctrine que nous examinons ne détruit pas moins la distinction du bien et du mal.

Si l'utilité est la mesure unique de la bonté des actions, je ne dois considérer qu'une chose quand on me propose une action à faire : quels avantages peuvent en résulter pour moi?

Ainsi je suppose que tout à coup un ami, dont l'innocence m'est connue, tombe dans la disgrâce ou d'un roi ou de l'opinion, maîtresse plus jalouse et plus impérieuse que tous les rois, et qu'il y ait du danger à lui rester fidèle et de l'avantage à me séparer de lui ; si d'un côté le danger est certain et si de l'autre l'avantage est infaillible, il est clair que je dois ou abandonner mon ami malheureux ou renoncer au principe de l'intérêt, de l'intérêt bien entendu.

Mais on me dira : songez à l'incertitude des choses humaines ; pensez que le malheur peut vous atteindre aussi, et n'abandonnez pas votre ami, dans la crainte qu'on ne vous abandonne un jour.

Je réponds : d'abord c'est l'avenir qui est incertain, mais le présent est certain : si je puis retirer de grands, d'évidents avantages d'une action, il serait absurde de les sacrifier à la chance d'un malheur possible. D'ailleurs, selon moi, toutes les chances de l'avenir sont en ma faveur : c'est là l'hypothèse que nous avons faite.

Ne me parlez pas de l'opinion publique. Si l'intérêt personnel est le seul principe raisonnable, la raison publique doit être avec moi. Si elle était contre moi, ce serait une objection contre la vérité du principe. Car comment un principe vrai, raisonnablement appliqué, révolterait-il la conscience publique?

Ne m'opposez pas non plus le remords. Quel remords puis-je éprouver d'avoir suivi la vérité, si le principe de l'intérêt est en effet la vérité morale? Au contraire, j'en devrai ressentir de la satisfaction.

Restent les récompenses et les peines de l'autre vie. Mais comment croire à une autre vie dans un système qui renferme la connaissance humaine dans les limites de la sensation transformée?

Je n'ai donc aucun motif pour garder la fidélité à un ami. Et cependant cette fidélité, le genre humain me l'impose; et si j'y manque, je suis déshonoré.

Si le bonheur est le but suprême, le bien et le mal n'est pas dans l'acte lui-même, mais dans ses résultats heureux ou funestes.

Fontenelle voyant mener un homme au supplice, disait : « Voilà un homme qui a mal calculé. » D'où il suit que si cet homme, en faisant ce qu'il a fait, eût échappé au supplice, il aurait bien calculé, et que sa conduite eût été louable. L'action devient donc bonne ou mauvaise selon l'événement. Tout acte est de soi indifférent, et c'est le sort qui le qualifie.

Si l'honnête n'est que l'utile, le génie du calcul est la sagesse par excellence ; que dis-je, c'est la vertu !

Mais ce génie n'est point à la portée de tout le monde. Il suppose, avec une longue expérience de la vie, un coup d'œil sûr, capable de discerner toutes les conséquences des actions, une tête assez forte et assez vaste pour embrasser et peser leurs chances diverses. Le jeune homme, l'ignorant, le pauvre d'esprit ne pourront pas distinguer le bien et le mal, l'honnête et le déshonnête. Et même en supposant la prudence la plus consommée, quelle place ne reste-t-il pas, dans la profonde obscurité des choses humaines, pour le hasard et pour l'imprévu ! En vérité, dans le système de l'intérêt bien entendu, il faut une grande science pour être honnête homme. Il en faut beaucoup moins à la vertu ordinaire, dont la devise a toujours été : Fais ce que dois, advienne que pourra[1]. Mais ce principe est

---

[1]. Ire série, t. III, p. 193 : « Dans la doctrine de l'intérêt, tout homme cherche l'utile, mais il n'est pas sûr de l'atteindre. Il peut, à force de prudence et de combinaisons profondes, accroître en sa faveur les chances de succès ; il est impossible qu'il n'en reste pas quelques-unes contre lui ; il ne poursuit donc jamais qu'un résultat probable. Au contraire, dans la doctrine du devoir, je suis toujours sûr d'atteindre le dernier but que je me propose, le bien moral. Je hasarde ma vie pour sauver mon semblable ; si, par malheur, je manque ce but, il en est un autre qui ne m'échappe pas, qui ne peut pas m'échapper : j'ai voulu le bien, je l'ai accompli. Le bien moral étant surtout dans l'intention vertueuse, est toujours en mon pouvoir et à ma portée ; quant au bien matériel qui peut résulter de l'action elle-même, la Providence seule en dispose. Félicitons-nous qu'elle ait placé notre destinée morale entre nos mains, en la faisant dépendre du bien et non de l'utile. La volonté, pour agir dans les épreuves pénibles de la vie, a besoin d'être soutenue par la certitude. Qui serait disposé à donner son sang pour un but incertain ? Le succès est un problème compliqué qui pour être résolu exige toute la puissance du calcul des probabilités. Quel travail

précisément le contre-pied du principe de l'intérêt. Il faut choisir entre eux. Si l'intérêt est le principe unique avoué par la raison, le désintéressement est un mensonge et un délire, et à la lettre un monstre incompréhensible dans la nature humaine bien ordonnée.

Et pourtant l'humanité parle de désintéressement, et par là elle n'entend nullement ce savant égoïsme qui se prive d'un plaisir pour un plaisir plus sûr ou plus délicat ou plus durable. Personne n'a jamais cru que ce fût la nature ou le degré du plaisir recherché qui constituât le désintéressement. On n'accorde ce nom qu'au sacrifice d'un intérêt, quel qu'il soit, à un motif pur de tout intérêt. Et non-seulement le genre humain entend ainsi le désintéressement, mais il croit qu'un tel désintéressement existe ; il en croit l'âme humaine capable. Il admire le dévouement de Régulus, parce qu'il ne voit pas quel intérêt a pu pousser ce grand homme à aller chercher loin de sa patrie, chez des ennemis cruels, une mort affreuse, quand il aurait pu vivre tranquille et même honoré au milieu de sa famille et de ses concitoyens.

Mais la gloire, dira-t-on, la passion de la gloire, voilà ce qui a inspiré Régulus ; c'est donc encore l'intérêt qui explique l'apparent héroïsme du vieux Romain. Convenez qu'alors cette manière d'entendre son intérêt est absurde jusqu'au ridicule, et que les héros sont des

et quelles incertitudes entraîne un pareil calcul! Le doute est une bien triste préparation à l'action. Mais quand on se propose avant tout de faire son devoir, on agit sans aucune perplexité. Fais ce que dois, advienne que pourra, est une devise qui ne trompe pas. Avec un tel but, on est assuré de ne jamais le poursuivre en vain. »

égoïstes bien maladroits et bien inconséquents. Au lieu d'élever des statues, avec le genre humain abusé, à Régulus, à d'Assas, à saint Vincent de Paul, la vraie philosophie les doit renvoyer aux Petites-Maisons, pour qu'un bon régime les guérisse de la générosité, de la charité, de la grandeur d'âme, et les ramène à l'état sain, à l'état normal, celui où l'homme ne pense qu'à soi, et ne connaît d'autre loi, d'autre principe d'action que son intérêt.

3°. S'il n'y a pas de liberté, s'il n'y a pas de distinction essentielle entre le bien et le mal, s'il n'y a que de l'intérêt bien ou mal entendu, il ne peut pas y avoir d'obligation.

Il est d'abord trop évident que l'obligation suppose un être capable de l'accomplir, que le devoir ne s'applique qu'à un être libre. Ensuite la nature de l'obligation est telle que si nous y manquons, nous nous sentons coupables, tandis que si, au lieu de bien entendre notre intérêt, nous l'avons mal entendu, il ne s'ensuit qu'une seule chose, c'est que nous sommes malheureux. Mais être coupable et être malheureux, est-ce donc la même chose ? Il y a là deux idées radicalement différentes. Vous pouvez me conseiller de bien entendre mon intérêt, sous peine de tomber dans quelque malheur, vous ne pouvez pas me commander de voir clair dans mon intérêt sous peine de crime.

On n'a jamais considéré l'imprudence comme un crime. Quand on l'accuse moralement, c'est bien moins comme étant nuisible que comme attestant des vices de l'âme, la légèreté, la présomption, la faiblesse.

Ainsi que nous l'avons dit, notre vrai intérêt est souvent du discernement le plus difficile. L'obligation est toujours immédiate et manifeste. En vain le désir et la passion la combattent ; en vain le raisonnement que la passion traîne à sa suite, comme un esclave docile, tente de l'étouffer sous un amas de sophismes : il suffit de l'instinct de la conscience, d'un cri de l'âme, d'une intuition vive et sûre de la raison, si différente du raisonnement, pour repousser tous les sophismes et faire paraître l'obligation.

Quelque pressantes que puissent être les sollicitations de l'intérêt, on peut toujours entrer en contestation et en arrangement avec lui. Il y a mille manières d'être heureux. Vous m'assurez qu'en me conduisant de telle façon, j'arriverai à la fortune. Oui, mais j'aime mieux le repos que la fortune, et au seul point de vue du bonheur, l'activité n'est pas meilleure que la paresse. Rien n'est plus malaisé que de conseiller quelqu'un sur son intérêt : rien de plus aisé en fait d'honneur.

Après tout, dans la pratique, l'utile se résout dans l'agréable, c'est-à-dire dans le plaisir. Or, en fait de plaisir, tout dépend de l'humeur et du tempérament. Dès qu'il n'y a ni bien ni mal en soi, il n'y a pas de plaisirs plus ou moins nobles, plus ou moins relevés : il n'y a que des plaisirs qui nous agréent plus ou moins. Cela tient à la nature de chacun. Voilà pourquoi l'intérêt est si capricieux. Chacun l'entend comme il lui plaît, parce que chacun est juge de ce qui lui plaît. L'un est plus touché des plaisirs des sens, l'autre des plaisirs de l'esprit ou du cœur. A celui-ci la passion de la gloire tient lieu des plaisirs des sens ; à celui-là le plaisir de la domination paraît bien supérieur à celui de la gloire. Chaque homme a ses passions propres; chaque homme a donc une manière à lui d'entendre son intérêt; et même mon intérêt d'aujourd'hui n'est pas mon intérêt de demain. Les révolutions de la santé, l'âge, les événements apportent dans nos goûts, dans nos humeurs, de grandes modifications. Nous changeons perpétuellement nous-mêmes, et avec nous changent nos désirs et nos intérêts.

Il n'en est point ainsi de l'obligation. Elle n'est point, ou elle est absolue. L'idée d'obligation implique celle de quelque chose d'inflexible. Cela seul est un devoir dont on ne peut être délié sous aucun prétexte, et qui l'est pour tous au même titre. Il est une chose devant laquelle tous les caprices de mon esprit, de mon imagination, de ma sensibilité, doivent disparaître, c'est l'idée du bien, avec l'obligation qu'elle entraîne. A ce commandement suprême, je ne puis opposer ni mon humeur, ni les circonstances, ni même les difficultés. Cette loi n'admet ni délai, ni accommodement, ni excuse. Dès qu'elle parle, soit à vous, soit à moi, en quelque lieu, en quelque circonstance, en quelque disposition que nous soyons, il ne nous reste qu'à obéir. Nous pouvons ne pas obéir, car nous sommes libres ; mais toute désobéissance à la loi paraît à nous-mêmes une faute plus ou moins grave, un mauvais emploi de notre liberté. Et la loi violée a sa sanction pénale immédiate dans le remords qu'elle nous inflige.

La seule peine qu'entraînent pour nous les conseils de la prudence, plus ou moins bien compris, plus ou moins bien suivis, c'est, en fin de compte, plus ou moins de bonheur et de malheur. Or, je vous prie, suis-je obligé d'être heureux? L'obligation peut-elle tomber sur le bonheur, c'est-à-dire sur une chose qu'il m'est également impossible de ne pas toujours rechercher et d'obtenir à volonté? Si je suis obligé, il faut qu'il soit en ma puissance de remplir l'obligation imposée. Mais ma liberté ne peut pas grand'chose sur le bonheur, qui dépend de mille circonstances indépendantes de moi, tandis qu'elle peut tout sur la vertu, car la vertu n'est qu'un emploi de la liberté. De plus, le bonheur n'est en soi moralement ni meilleur ni pire que le malheur. Si j'entends mal mon intérêt, j'en suis puni par le regret, non par le remords. Le malheur peut m'accabler; il ne m'avilit point, s'il n'est pas la suite de quelque vice de l'âme.

Ce n'est pas que je veuille renouveler le stoïcisme et dire à la douleur : Tu n'es pas un mal. Non, je conseille fort d'éviter la douleur autant qu'on le peut, de bien entendre son intérêt, de fuir le malheur et de rechercher le bonheur. Je fais grand cas de la prudence. Je veux établir seulement que le bonheur est une chose et que la vertu en est une autre, que l'homme aspire nécessairement au bonheur, mais qu'il n'est obligé qu'à la vertu, et que, par conséquent, à côté et au-dessus de l'intérêt bien entendu est une loi morale, c'est-à-dire, comme la conscience l'atteste et comme le genre humain tout entier l'avoue, une prescription impérieuse à laquelle on ne peut se dérober volontairement sans crime et sans honte.

4°. Si l'intérêt ne rend pas compte de l'idée de devoir, par une conséquence nécessaire, il ne rend pas compte davantage de celle de droit; car le devoir et le droit se supposent réciproquement.

Il ne faut pas confondre la puissance et le droit. Un être pourrait avoir une puissance immense, celle de 'ouragan, de la foudre, celle d'une des forces de la nature; s'il n'y joint la liberté, il n'est qu'une chose redoutable et terrible, il n'est point une personne : il peut inspirer au plus haut degré la crainte et l'espérance : il n'a pas droit au respect; on n'a pas de devoirs envers lui.

Le devoir et le droit sont frères. Leur mère commune est la liberté. Ils naissent le même jour, ils se développent et ils périssent ensemble. On pourrait même dire que le droit et le devoir ne font qu'un, et sont le même être envisagé de deux côtés différents. Qu'est-ce, en effet, que mon droit à votre respect, sinon le devoir que vous avez de me respecter, parce que je suis un être libre? Mais vous-même, vous êtes un être libre, et le fondement de mon droit et de votre devoir devient pour vous le fondement d'un droit égal et en moi d'un égal devoir[1].

Je dis égal de l'égalité la plus rigoureuse, car la

---

1. Voyez plus bas le développement de l'idée du droit, leçons xiv° et xv°.

liberté, et la liberté seule, est égale à elle-même. Tout le reste est divers; par tout le reste, les hommes diffèrent; car la ressemblance est encore de la différence. Comme il n'y a pas deux feuilles qui soient les mêmes, il n'y a pas deux hommes absolument les mêmes par le corps, par les sens, par l'esprit, par le cœur. Mais il n'est pas possible de concevoir de différence entre le libre arbitre d'un homme et le libre arbitre d'un autre. Je suis libre ou je ne le suis pas. Si je le suis, je le suis autant que vous, et vous l'êtes autant que moi. Il n'y a pas là de plus ou de moins. On est une personne morale tout autant et au même titre qu'une autre personne morale. La volonté, qui est le siége de la liberté, est la même dans tous les hommes. Elle peut avoir à son service des instruments différents, des puissances différentes, et par conséquent inégales, soit matérielles, soit spirituelles. Mais les puissances dont la volonté dispose ne sont pas elle[1], car elle n'en dispose point d'une manière absolue. Le seul pouvoir libre est celui de la volonté, mais celui-là l'est essentiellement. Si la volonté reconnaît des lois, ces lois ne sont pas des mobiles, des ressorts qui la meuvent : ce sont des lois idéales, celle de la justice, par exemple; la volonté reconnaît cette loi, et en même temps elle a la conscience de pouvoir s'y conformer ou l'enfreindre, ne faisant l'un qu'avec la conscience de pouvoir faire l'autre, et réciproquement. Là est le type de la liberté, et en même temps de la vraie égalité; toute autre est un mensonge. Il n'est pas vrai

---

[1]. Voyez plus bas, leçon XIV, la théorie de la liberté.

que les hommes aient le droit d'être également riches, beaux, robustes, de jouir également, en un mot, d'être également heureux ; car ils diffèrent originellement et nécessairement par tous les points de leur nature qui correspondent au plaisir, à la richesse, au bonheur. Dieu nous a faits avec des puissances inégales pour toutes ces choses. Ici l'égalité est contre la nature et contre l'ordre éternel ; car la diversité et la différence est, tout aussi bien que l'harmonie, la loi de la création. Rêver une telle égalité est une méprise étrange, un égarement déplorable. La fausse égalité est l'idole des esprits et des cœurs mal faits, de l'égoïsme inquiet et ambitieux. La vraie égalité accepte sans honte toutes les inégalités extérieures que Dieu a faites, et qu'il n'est pas au pouvoir de l'homme non-seulement d'effacer, mais de modifier. La noble liberté n'a rien à démêler avec les furies de l'orgueil et de l'envie. Comme elle n'aspire point à la domination, de même et en vertu du même principe elle n'aspire point davantage à une égalité chimérique d'esprit, de beauté, de fortune, de jouissances. D'ailleurs, cette égalité-là, fût-elle possible, serait de peu de prix à ses yeux ; elle demande quelque chose de bien autrement grand que le plaisir, la fortune, le rang, à savoir, le respect. Le respect, un respect égal du droit sacré d'être libre dans tout ce qui constitue la personne, cette personne qui est vraiment l'homme ; voilà ce que la liberté et avec elle la vraie égalité réclament, ou plutôt commandent impérieusement. Il ne faut pas confondre le respect avec les hommages. Je rends hommage au génie et à la beauté. Je respecte l'humanité seule, et, par là, j'entends toutes les natures libres, car tout ce qui n'est pas libre dans l'homme lui est étranger. L'homme est donc l'égal de l'homme précisément par tout ce qui le fait homme, et le règne de l'égalité véritable n'exige de la part de tous que le respect même de ce que chacun possède également en soi, et le jeune et le vieux, et le laid et le beau, et le riche et le pauvre, et l'homme de génie et l'homme médiocre, et la femme et l'homme, tout ce qui a la conscience d'être une personne et non une chose. Le respect égal de la liberté commune est le principe à la fois du devoir et du droit; c'est la vertu de chacun et c'est la sécurité de tous; par un accord admirable, c'est la dignité parmi les hommes et c'est aussi la paix sur la terre. Telle est la grande et sainte image de la liberté et de l'égalité, qui a fait battre le cœur de nos pères, et celui de tout ce qu'il y a eu d'hommes vertueux et éclairés, de vrais amis de l'humanité. Tel est l'idéal que la vraie philosophie poursuit à travers les siècles, depuis les rêves généreux d'un Platon jusqu'aux solides conceptions d'un Montesquieu, depuis la première législation libérale de la plus petite cité de la Grèce jusqu'à notre déclaration des droits et aux immortels travaux de l'Assemblée constituante.

La philosophie de la sensation part d'un principe qui la condamne à des conséquences aussi désastreuses que celles du principe de la liberté sont bienfaisantes. En confondant la volonté avec le désir, elle justifie la passion qui est le désir dans toute sa force, la passion qui est précisément le contraire de la liberté. Elle déchaîne ainsi tous les désirs et toutes les passions, elle ôte tout frein à l'imagination et au cœur; elle rend chaque homme bien moins heureux de ce qu'il possède que misérable de ce qui lui manque : elle lui fait regarder son voisin d'un œil d'envie ou de mépris, et pousse incessamment la société vers l'anarchie ou vers la tyrannie. Où voulez-vous, en effet, que conduise l'intérêt à la suite du désir? Mon désir est certainement d'être le plus heureux possible. Mon intérêt est de chercher à l'être par tous les moyens, quels qu'ils soient, sous cette seule réserve qu'ils ne soient pas contraires à leur fin. Si je suis né le premier des hommes, le plus riche, le plus beau, le plus puissant, etc., je ferai tout pour conserver les avantages que j'ai reçus. Si le sort m'a fait naître dans un rang peu relevé, avec une fortune médiocre, des talents bornés et des désirs immenses; car, on ne peut trop le redire, le désir aspire à l'infini en tout genre; je ferai tout pour sortir de la foule, pour augmenter mon pouvoir, ma fortune, mes jouissances. Malheureux de ma place en ce monde, pour la changer, je rêve, j'appelle les bouleversements, il est vrai, sans enthousiasme et sans fanatisme politique, car l'intérêt seul ne produit pas ces nobles folies, mais sous l'aiguillon brûlant de la vanité et de l'ambition. Me voilà donc arrivé à la fortune et au pouvoir; l'intérêt réclame alors la sécurité, comme auparavant il invoquait l'agitation. Le besoin de la sécurité me ramène de l'anarchie au besoin de l'ordre, pourvu que l'ordre soit à mon profit, et je deviens tyran, si je puis, ou serviteur doré du tyran. Contre l'anarchie et la tyrannie, ces deux fléaux de la liberté, le seul rempart est le sentiment universel du droit, fondé sur la ferme distinction du bien et du mal, du juste et de l'utile, de l'honnête et de l'agréable, de la vertu et de l'intérêt, de la volonté et du désir, de la sensation et de la conscience.

5° Signalons encore une des conséquences nécessaires de la doctrine de l'intérêt.

Un être libre, en possession de la règle sacrée de la justice, ne peut la violer, sachant qu'il doit et qu'il peut la suivre, sans reconnaître immédiatement qu'il mérite une punition. L'idée de la peine n'est pas une idée artificielle, empruntée aux calculs profonds des législateurs; ce sont les législations qui reposent sur l'idée naturelle de la peine. Cette idée, correspondant à celle de la liberté et de la justice, manque nécessairement où les deux premières ne sont pas. Celui qui obéit, et qui obéit fatalement à ses désirs, à l'attrait du plaisir et du bonheur, en supposant qu'il fasse, sans aucun autre motif que son intérêt, un acte conforme, extérieurement du moins, à la règle de la justice, a-t-il quelque mérite à faire une action pareille? Pas le moins du monde. La conscience ne lui attribue aucun mérite, et nul ne lui doit ni remercîment ni récompense, car il n'a pensé qu'à lui-même. D'autre part, s'il nuit aux autres en voulant se servir, il ne se sent pas coupable, et ni lui ni personne ne peut dire qu'il ait mérité une punition. Un être libre qui veut ce qu'il fait, qui a une loi, et peut s'y conformer ou l'enfreindre, est seul responsable de ses actes. Mais quelle responsabilité peut-il y avoir dans l'absence de la liberté et d'une règle de justice reconnue et acceptée? L'homme de la sensation et du désir tend à son bien propre sous la loi de l'intérêt, comme la pierre est poussée vers le centre de la terre, sous la loi de la gravitation, comme l'aiguille aimantée se tourne vers le nord. L'homme peut s'égarer dans la poursuite de son intérêt. En ce cas qu'y a-t-il à faire? C'est, à ce qu'il semble, de le remettre dans le bon chemin. Au lieu de cela, on le punit. Et de quoi, je vous prie? De s'être trompé. Mais l'erreur mérite un conseil, non une punition. La punition, pas plus que la récompense, n'a de sens moral dans le système de l'intérêt. La peine n'est plus qu'un acte de défense personnelle de la société; c'est un exemple qu'elle donne pour inspirer une terreur salutaire. Ces motifs sont excellents, si on ajoute que cette peine est juste en soi, qu'elle est méritée, et qu'elle s'applique légitimement à l'action commise. Otez cela, les autres motifs perdent leur autorité, et il ne reste qu'un exercice de la force destitué de toute moralité. Alors on ne punit pas le coupable; on le frappe ou même on le tue, comme on tue sans scrupule l'animal qui nuit au lieu de servir. Le condamné ne courbe pas la tête sous la sainte réparation due à la justice, mais sous le poids des fers ou le coup de la hache. Le châtiment n'est pas une satisfaction légitime, une expiation qui, comprise par le coupable, le réconcilie à ses propres yeux avec l'ordre qu'il a violé. C'est un orage auquel il n'a pu échapper; c'est un coup de foudre qui tombe sur lui; c'est une force plus puissante que la sienne, qui vient à bout de lui et qui le terrasse. L'appareil du châtiment public agit sans doute sur l'imagination des peuples ; mais il n'éclaire pas leur raison, il ne parle pas à leur conscience ; il les intimide peut-être, il ne les améliore point. De même la récompense n'est qu'un attrait de plus ajouté à tous les autres. Comme il n'y a pas de mérite à proprement parler, la récompense est tout simplement un avantage qu'on désire, qu'on dispute et qu'on obtient sans y attacher aucune idée morale. Ainsi se dégrade et s'efface la grande institution, naturelle et divine, de la récompense de la vertu par le bonheur, et de la réparation de la faute par une souffrance proportionnée[1].

Nous pouvons donc tirer cette conclusion sans craindre qu'elle soit contredite ni par l'analyse, ni par la dialectique : la doctrine de l'intérêt est incompatible avec les faits les plus certains, avec les convictions les plus assurées de l'humanité. Ajoutons que cette doctrine n'est pas moins incompatible avec l'espérance d'un autre monde où le principe de la justice sera mieux réalisé que dans celui-ci.

Je ne rechercherai pas si la métaphysique sensualiste peut arriver à un être infini, auteur de l'univers et de l'homme. Je suis très-persuadé qu'elle ne le peut. Car toute preuve de l'existence de Dieu suppose dans l'esprit humain des principes dont la sensation ne rend pas compte : par exemple, le principe universel et nécessaire des causes, sans lequel je n'aurais pas le besoin de chercher ni le pouvoir de trouver la cause de quoi

---

1. Voyez la leçon précédente, p. 267, et les leçons xiv et xv.

que ce soit[1]. Tout ce que je veux établir ici, c'est que dans le système de l'intérêt, l'homme, ne possédant aucun attribut vraiment moral, n'a pas le droit de mettre en Dieu ce dont il ne trouve aucune trace ni dans le monde ni en lui-même. Le Dieu de la morale de l'intérêt doit être analogue à l'homme de cette même morale. Comment lui attribuerait-elle la justice et l'amour, j'entends l'amour désintéressé, dont elle n'a pas la moindre idée? Le Dieu qu'elle peut admettre s'aime lui-même et n'aime que lui. Et réciproquement, ne le considérant pas comme le principe suprême de la charité et de la justice, nous ne pouvons ni l'aimer ni l'honorer, et le seul culte que nous puissions lui rendre est celui de la crainte que sa toute-puissance nous inspire.

Quelle sainte espérance pourrions-nous donc fonder sur un tel Dieu? Et nous qui avons quelque temps rampé sur cette terre, ne pensant qu'à nous-mêmes, ne cherchant que le plaisir et un bonheur misérable, quelles souffrances noblement supportées pour la justice, quels efforts généreux pour maintenir et développer la dignité de notre âme, quelles tendresses vertueuses pour d'autres âmes pouvons-nous offrir au père de l'humanité comme des titres à sa justice miséricordieuse? Le principe qui persuade le mieux au genre humain l'immortalité de l'âme est encore le principe nécessaire du mérite et du démérite, qui ne trouvant pas ici-bas son exacte satisfaction, et devant la trouver pourtant, nous inspire d'en appeler à un Dieu

---

[1]. Ire partie, i^{re} leçon.

qui n'a pas mis dans nos cœurs la loi de la justice pour la violer lui-même à notre égard[1]. Or, nous venons de le voir, la morale de l'intérêt détruit le principe du mérite et du démérite et dans ce monde et partout ailleurs. Ainsi, nul regard au delà de cette terre : nul recours à un juge tout-puissant, tout juste et tout bon, contre les jeux du sort et les imperfections de la justice humaine. Tout s'achève pour l'homme entre la naissance et la mort, en dépit des instincts et des pressentiments de son cœur et même des principes de sa raison.

Les disciples d'Helvétius se feront gloire peut-être d'avoir affranchi l'humanité de craintes et d'espérances qui la détournent de ses vrais intérêts. C'est un service que le genre humain appréciera. Mais puisqu'ils renferment toute notre destinée en ce monde, demandons-leur quel sort si digne d'envie ils nous y réservent, quel ordre social ils chargent de notre bonheur, quelle politique enfin dérive de leur morale[2].

Vous le savez déjà. Nous avons démontré que la philosophie de la sensation ne connaît ni la vraie liberté ni le droit véritable. Qu'est-ce en effet pour cette philosophie que la volonté ? C'est le désir. Qu'est-ce alors que le droit ? Le pouvoir de satisfaire ses désirs. A ce compte, l'homme n'est pas libre, et le droit c'est la force.

---

1. Voyez plus bas leçon XVI.
2. Sur la politique qui dérive de la philosophie de la sensation, voyez les quatre leçons que nous avons consacrées à l'exposition et à la réfutation de la doctrine de Hobbes, t. III° de la I°e série.

Encore une fois, rien n'appartient moins à l'homme que le désir. Le désir vient du besoin que l'homme ne fait pas, mais qu'il subit. Il subit de même le désir. Réduire la volonté au désir, c'est anéantir la liberté; c'est pis encore, c'est la mettre où elle n'est pas; c'est créer une liberté mensongère qui devient un instrument de crime et de misère. Appeler l'homme à une telle liberté, c'est ouvrir son âme à des désirs infinis, qu'il lui est impossible de satisfaire. Le désir est de sa nature sans limites, et notre pouvoir est très-limité. Si nous étions seuls dans le monde, nous serions déjà fort en peine de satisfaire tous nos désirs. Mais nous sommes pressés les uns contre les autres, avec des désirs immenses et des pouvoirs bornés, divers, inégaux. Dès que notre droit c'est la force qui est en chacun de nous, l'égalité des droits est une chimère : tous les droits sont inégaux, puisque toutes les forces sont inégales et ne peuvent jamais cesser de l'être. Il faut donc renoncer à l'égalité, comme à la liberté; ou si l'on se forge une fausse égalité comme une fausse liberté, on met l'humanité à la poursuite d'un fantôme.

Tels sont les éléments sociaux que la morale de l'intérêt livre à la politique. De tels éléments je défie tous les politiques de l'école de la sensation et de l'intérêt de tirer un seul jour de liberté et de bonheur pour l'espèce humaine.

Dès que le droit, c'est la force, l'état naturel des hommes entre eux, c'est la guerre. Désirant tous les mêmes choses, ils sont tous nécessairement ennemis ; et dans cette guerre, malheur aux faibles, aux faibles de corps et aux faibles d'esprit! Les plus forts sont les maîtres de plein droit. Puisque le droit est la force, le faible peut se plaindre de la nature qui ne l'a pas fait fort, et non pas de l'homme fort qui use de son droit en l'opprimant. Le faible appelle donc la ruse à son aide ; et c'est dans cette lutte de la ruse et de la force que se débat l'humanité.

Oui, s'il n'y a que des besoins, des désirs, des passions, des intérêts, avec des forces diverses aux prises les unes avec les autres, la guerre, une guerre tantôt déclarée et sanglante, tantôt sourde et pleine de bassesses, est dans la nature des choses. Nul art social ne peut changer cette nature : on la peut couvrir plus ou moins ; elle reparaît toujours, surmonte et déchire les voiles dont l'enveloppe une législation mensongère. Rêvez donc la liberté pour des êtres qui ne sont pas libres, l'égalité entre des êtres essentiellement différents, le respect des droits où il n'y a pas de droit, et l'établissement de la justice sur un fond indestructible de passions ennemies! De ce fond il ne peut sortir que des troubles sans fin ou l'oppression, ou plutôt tous ces maux ensemble dans un cercle nécessaire.

On ne peut rompre ce cercle fatal qu'à l'aide de principes que toutes les métamorphoses de la sensation n'engendrent pas et dont l'intérêt ne peut rendre compte, mais qui n'en subsistent pas moins à l'honneur et pour le salut de l'humanité. Ces principes sont ceux que le temps a tirés peu à peu du christianisme pour leur donner à conduire les sociétés modernes. Vous les trouverez écrits dans la glorieuse déclaration des droits qui a brisé à jamais la monarchie de Louis XV et préparé la monarchie constitutionnelle. Ils sont dans la charte qui nous gouverne, dans nos lois, dans nos institutions, dans nos mœurs, dans l'air que nous respirons. Ils servent à la fois de fondements à notre société et à la philosophie nouvelle nécessaire à l'ordre nouveau [1].

Peut-être me demanderez-vous comment au XVIII° siècle tant d'esprits distingués, tant d'âmes honnêtes ont pu se laisser séduire à un système qui aurait dû révolter tous leurs sentiments. Je répondrai en vous rappelant que le XVIII° siècle est une réaction immodérée contre les fautes dans lesquelles a tristement fini la vieillesse du grand siècle et du grand roi, c'est-à-dire la révocation de l'édit de Nantes, la persécution de toute philosophie libre et élevée, une dévotion étroite et ombrageuse, et l'intolérance avec sa compagne accoutumée, l'hypocrisie. Ces excès devaient amener des excès contraires. Mme de Maintenon frayait la route à Mme de Pompadour. Après la mode de la dévotion vint celle de la licence; elle envahit tout. Elle descendit de

---

[1]. Ces paroles marquent assez la généreuse époque où nous les prononcions sans blesser l'autorité et aux applaudissements d'une noble jeunesse, quand M. de Châteaubriand couvrait de sa gloire la Restauration, quand M. Royer-Collard présidait à l'instruction publique, M. Pasquier, M. Lainé, M. de Serre à la justice et à l'intérieur, le maréchal Saint-Cyr à la guerre et le duc de Richelieu aux affaires étrangères, quand le duc de Broglie préparait la vraie législation de la presse, et que M. Decazes, l'auteur de la sage et courageuse ordonnance du 5 septembre 1816, était à la tête des conseils de la couronne; quand enfin le roi Louis XVIII se séparait, comme Henri IV, de ses plus anciens serviteurs pour être le roi de toute la nation.

la cour dans la noblesse, dans le clergé même, et aussi dans le peuple. Elle entraîna les meilleurs esprits, quelquefois même le génie. Elle mit une philosophie étrangère à la place de la philosophie nationale, coupable, toute persécutée qu'elle avait été, de ne pas être inconciliable avec le christianisme. Un disciple de Locke, que Locke aurait désavoué, Condillac remplaça Descartes, comme l'auteur de *Candide* et de *la Pucelle* avait remplacé Corneille et Bossuet, comme Boucher et Vanloo avaient remplacé Lesueur et Poussin. La morale du plaisir et de l'intérêt était la morale nécessaire de cette époque. Mais il ne faut pas croire pour cela que toutes les âmes fussent corrompues. Les hommes, dit M. Royer-Collard, ne sont ni aussi bons, ni aussi mauvais que leurs principes[1]. Il n'y a pas de stoïcien qui ait été aussi austère que le stoïcisme, ni d'épicurien aussi énervé que l'épicuréisme. La faiblesse humaine met en défaut dans la pratique les théories vertueuses ; en revanche, grâce à Dieu, l'instinct du cœur condamne à l'inconséquence l'honnête homme égaré par de mauvaises théories. Ainsi, au xviiie siècle, les sentiments les plus généreux et les plus désintéressés éclatèrent souvent sous le règne de la philosophie de la sensation et de la morale de

---

[1]. *OEuvres de Reid*, t. IV, p. 297. « Les hommes ne sont ni aussi bons ni aussi mauvais que leurs principes ; et, comme il n'y a pas de sceptique dans la rue, de même je m'assure qu'il n'y a point de spectateur désintéressé des actions humaines qui ne soit forcé de les discerner comme justes et injustes. Le scepticisme n'a pas de lueur qui ne pâlisse devant l'éclat de cette vive lumière intérieure qui éclaire les objets de la perception morale, comme la lumière du jour éclaire les objets de la perception sensible. »

l'intérêt. Mais il n'en est pas moins vrai que la philosophie de la sensation est fausse, et la morale de l'intérêt destructive de toute moralité.

J'ai presque des excuses à vous faire d'une aussi longue leçon ; mais il fallait bien instituer un sérieux combat contre une morale radicalement incompatible avec celle que je voudrais faire pénétrer dans vos esprits et dans vos âmes. Il me fallait surtout enlever à cette morale ce faux air libéral qu'elle usurpe en vain. Je prétends, au contraire, que c'est une morale d'esclaves, et je la renvoie au temps où elle a régné. Maintenant, le principe de l'intérêt détruit, je me propose d'examiner aussi d'autres principes, moins faux sans doute mais défectueux encore, exclusifs et incomplets, sur lesquels des systèmes célèbres ont prétendu asseoir la morale. Je combattrai successivement ces différents principes pris en eux-mêmes, et je les rassemblerai ensuite, réduits à leur juste valeur, dans une théorie assez large pour contenir tous les éléments vrais de la moralité, pour exprimer fidèlement le sens commun et la conscience humaine tout entière.

TREIZIÈME LEÇON.

AUTRES PRINCIPES DÉFECTUEUX.

De la morale du sentiment. — De la morale fondée sur le principe de l'intérêt du plus grand nombre. — De la morale fondée sur la seule volonté de Dieu. — De la morale fondée sur les peines et les récompenses futures.

Contre la morale de l'intérêt, toutes les âmes généreuses se réfugient dans la morale du sentiment. Voici quelques-uns des faits sur lesquels cette morale s'appuie et qui semblent l'autoriser.

Quand nous avons fait une bonne action, n'est-il pas certain que nous éprouvons un plaisir d'une certaine nature, qui nous est comme le prix de cette action? Ce plaisir ne vient pas des sens : il n'a ni son principe ni sa mesure dans une impression faite sur nos organes. Il ne se confond pas non plus avec la jouissance de l'intérêt personnel satisfait : nous ne sommes pas émus de la même manière, en pensant que nous avons réussi, et en pensant que nous avons été honnêtes. Le plaisir attaché au témoignage de la bonne conscience est pur; les autres plaisirs sont très-mélangés. Il est durable, quand les autres passent vite. Enfin il est toujours à notre portée. Au sein même du malheur, l'homme porte en soi une source permanente d'exquises jouissances : car il a toujours la puissance de faire le bien; tandis que le succès, dépendant de mille circonstances dont nous ne sommes pas les maîtres, ne peut donner qu'un plaisir rare et précaire.

Comme la vertu a ses jouissances, le crime aussi a ses douleurs. La souffrance qui suit la faute est la juste rançon du plaisir que nous y avons trouvé et elle naît souvent avec lui. Elle empoisonne les joies coupables et les succès qui ne sont pas légitimes. Elle blesse, elle déchire, elle mord, pour ainsi dire, et c'est de là que lui vient son nom. Cette souffrance, il suffit d'être homme pour l'avoir connue : c'est le remords.

Voici d'autres faits également incontestables :

J'aperçois un homme dont le visage porte les marques de la détresse et de la misère. Il n'y a rien là qui puisse m'atteindre et me nuire; cependant, sans réflexion ni calcul, la vue seule de cet homme souffrant me fait souffrir. Ce sentiment est la pitié, la compassion, dont le principe général est la sympathie.

La tristesse d'un de mes semblables m'inspire de la tristesse, et un visage épanoui me dispose à la joie :

> Ut ridentibus arrident, ita flentibus adflent
> Humani vultus.

La joie des autres a de l'écho dans notre âme, et leurs douleurs, même physiques, se communiquent à nous presque physiquement. C'est un mot qui n'est pas aussi exagéré qu'on a bien voulu le dire que celui de Mme de Sévigné à sa fille malade : J'ai mal à votre poitrine.

Notre âme éprouve le besoin de se mettre à l'unisson et comme en équilibre avec celle d'autrui. De là ces mouvements pour ainsi dire électriques qui parcourent les grandes assemblées. On reçoit le contre-coup des sentiments de ses voisins : l'admiration et l'enthousiasme sont contagieux, comme aussi la plaisanterie et le ridicule. De là encore le sentiment que nous inspire l'auteur d'une action vertueuse. Nous éprouvons un plaisir analogue à celui qu'il éprouve lui-même. Mais sommes-nous témoins d'une mauvaise action ? notre âme se refuse à partager les sentiments qui animent le coupable : elle a pour lui un véritable éloignement, ce qu'on appelle de l'antipathie.

N'oublions pas un troisième ordre de faits qui tient au précédent, mais qui en diffère.

Nous ne sympathisons pas seulement avec l'auteur d'une action vertueuse, nous lui souhaitons du bien, nous lui en ferions volontiers, nous l'aimons en un certain degré. Cet amour va jusqu'à l'enthousiasme quand il a pour objet un acte sublime et un héros. C'est là le principe des hommages, des honneurs que l'humanité rend aux grands hommes. Et ce sentiment ne se porte pas seulement sur les autres : nous nous l'appliquons à nous-mêmes, par une sorte de retour qui n'est pas de l'égoïsme. Oui, on peut dire que nous nous aimons, quand nous avons bien fait. Le sentiment que les autres nous doivent, s'ils sont justes, nous nous l'accordons à nous-mêmes : ce sentiment, c'est la bienveillance.

Au contraire, assistons-nous à une mauvaise action ? nous éprouvons pour l'auteur de cette action de l'antipathie, et de plus nous lui voulons du mal : nous désirons qu'il souffre pour la faute qu'il a commise, et en raison de la gravité de cette faute. C'est ainsi que les grands coupables nous sont odieux, s'ils ne rachètent leurs crimes par d'énergiques remords, ou par de grandes vertus mêlées à leurs crimes. Ce sentiment n'est pas la malveillance. La malveillance est un sentiment personnel et intéressé, qui nous fait vouloir du mal aux autres parce qu'ils nous sont un obstacle. La haine ne se demande pas si tel homme est vertueux ou vicieux, mais s'il nous gêne, s'il nous surpasse, s'il nous nuit. Le sentiment dont nous parlons est une sorte de haine, mais une haine généreuse qui ne vient ni de l'intérêt, ni de l'envie, mais de la conscience révoltée. Il se tourne contre nous quand nous faisons mal, aussi bien que contre les autres.

La satisfaction morale n'est pas la sympathie, pas plus que la sympathie n'est, à parler rigoureusement, la bienveillance. Mais ces trois phénomènes ont ce caractère commun d'être tous des sentiments. Ils donnent naissance à trois systèmes de morale différents et analogues.

Suivant certains philosophes, une action bonne est celle qui est suivie de la satisfaction morale, une action mauvaise est celle qui est suivie du remords. Le caractère bon ou mauvais d'une action nous est d'abord attesté par le sentiment qui l'accompagne. Puis, ce sentiment, avec sa signification morale, nous l'attribuons aux autres hommes ; car nous jugeons qu'ils sont faits comme nous, et qu'en présence des mêmes actions ils éprouvent les mêmes sentiments.

D'autres philosophes ont assigné le même rôle à la sympathie ou à la bienveillance.

Pour ceux-ci le signe et la mesure du bien est dans les sentiments d'affection et de bienveillance que nous ressentons pour un agent moral. Un homme excite-t-il en nous par telle ou telle action une disposition plus ou moins vive à lui vouloir du bien, un désir de le voir et même de le rendre heureux? nous pouvons dire que cette action est bonne. Si par une suite d'actions du même genre, il rend permanente en nous cette disposition et ce désir, nous jugeons que c'est un homme vertueux. Excite-t-il un désir, une disposition contraire, il nous paraît un malhonnête homme.

Pour ceux-là le bien est ce avec quoi nous sympathisons naturellement. Un homme se dévoue-t-il à la mort par amour pour sa patrie? cette action héroïque éveille en nous, en un certain degré, le même sentiment qui l'a inspirée. Les passions mauvaises ne retentissent pas ainsi dans notre cœur, à moins qu'elles ne nous trouvent déjà bien corrompus, et qu'elles n'aient pour complice l'intérêt; mais alors même il y a quelque chose en nous qui se révolte contre ces passions, et dans l'âme la plus dépravée subsiste un sentiment caché de sympathie pour le bien et d'antipathie pour le mal.

Ces systèmes divers peuvent se ramener à un seul, qui s'appelle la morale du sentiment.

On n'a pas de peine à montrer la différence qui sépare cette morale de celle de l'égoïsme. L'égoïsme, c'est l'amour exclusif de soi-même, c'est la recherche réfléchie et permanente de son plaisir et de son bien-être.

Qu'y a-t-il de plus opposé à l'intérêt que la bienveillance? Dans la bienveillance, loin de vouloir du bien aux autres en raison de notre intérêt, nous risquerions volontiers quelque chose, nous ferions quelque sacrifice pour servir l'honnête homme qui nous a gagné le cœur. Si dans ce sacrifice même l'âme éprouve du plaisir, ce plaisir n'est que l'accompagnement involontaire du sentiment, il n'en est pas le but : nous l'éprouvons, sans l'avoir cherché. Il est bien permis à l'âme de goûter ce plaisir, car c'est la nature elle-même qui l'attache à la bienveillance.

La sympathie comme la bienveillance se rapporte à un autre que nous : notre intérêt n'y a point de part. L'âme est faite de telle sorte qu'elle est capable de souffrir des souffrances d'un ennemi. Qu'un homme fasse une noble action, elle a beau contrarier nos intérêts, il s'élève en nous une certaine sympathie pour cette action et pour son auteur.

On a tenté d'expliquer la compassion que nous inspire la douleur d'un de nos semblables par la crainte que nous avons de la ressentir à notre tour. Mais souvent le malheur auquel nous compatissons est si éloigné de nous et nous menace si peu qu'il serait absurde de le craindre. Sans doute pour que la sympathie ait lieu, il faut avoir l'expérience de la souffrance : *non ignara mali*. Car comment voulez-vous que je sois sensible à des maux dont je ne me fais aucune idée ? Mais ce n'est là que la condition de la sympathie. Il n'en faut pas du tout conclure qu'elle ne soit que le ressouvenir de nos propres maux ou la crainte des maux à venir.

Nul retour sur nous-mêmes ne peut rendre compte

de la sympathie. D'abord elle est involontaire aussi bien que l'antipathie. Ensuite on ne peut supposer que nous sympathisons avec quelqu'un pour attirer sa bienveillance; car souvent celui qui en est l'objet ne sait pas ce que nous éprouvons. Quelle bienveillance recherchons-nous, quand nous sympathisons avec des hommes que nous n'avons jamais vus, que nous ne verrons jamais, avec des hommes qui ne sont plus?

L'égoïsme admet tous les plaisirs; il n'en repousse aucun; il peut, s'il est éclairé, s'il est devenu délicat et raffiné, recommander, comme plus durables et moins mélangés, les plaisirs du sentiment. La morale du sentiment se confondrait donc avec celle de l'égoïsme, si elle prescrivait d'obéir au sentiment pour le plaisir qu'on y trouve. Il n'y aurait plus aucun désintéressement : l'individu serait toujours le centre et l'unique fin de toutes ses actions. Mais il n'en va point ainsi. Le charme des plaisirs de la conscience vient précisément de ce qu'on s'est oublié soi-même dans l'action qui les a fait naître. De même si la nature a joint à la sympathie et à la bienveillance une vraie jouissance, c'est à la condition que ces sentiments resteront ce qu'ils sont, purs et désintéressés; il faut que vous ne songiez qu'à l'objet de votre sympathie ou de votre bienveillance, pour que la bienveillance et la sympathie reçoivent leur récompense dans le plaisir qu'elles donnent. Autrement, ce plaisir n'a plus sa raison d'être, et on le manque dès qu'on le cherche pour lui-même. Nulle métamorphose de l'intérêt ne peut faire éclore un plaisir attaché au seul désintéressement.

La morale de l'égoïsme n'est qu'un mensonge perpétuel : elle garde les noms consacrés par la morale, mais elle abolit la morale elle-même ; elle trompe l'humanité en lui parlant son langage, couvrant sous ce langage emprunté une opposition radicale à tous les instincts, à toutes les idées qui forment le trésor du genre humain. Au contraire si le sentiment n'est pas le bien lui-même, il en est le compagnon fidèle et l'utile auxiliaire. Il est comme le signe de la présence du bien, et il en rend l'accomplissement plus facile. Nous avons toujours des sophismes à notre disposition pour nous persuader que notre intérêt véritable est de satisfaire la passion présente ; mais le sophisme a moins de prise sur l'esprit quand l'esprit est en quelque sorte défendu par le cœur. Rien n'est donc plus salutaire que d'exciter et d'entretenir dans les âmes ces nobles sentiments qui nous enlèvent à l'esclavage de l'intérêt personnel. L'habitude de partager les sentiments des hommes vertueux dispose à agir comme eux. Cultiver en soi la bienveillance et la sympathie, c'est féconder la source de la charité et de l'amour ; c'est nourrir, c'est développer le germe de la générosité et du dévouement.

On le voit : nous rendons un sincère hommage à la morale du sentiment. Cette morale est vraie : seulement elle ne se suffit point à elle-même ; elle a besoin d'un principe qui l'autorise.

J'agis bien, et j'en éprouve de la satisfaction intérieure ; je fais mal et j'en éprouve du remords. Ce ne sont pas ces deux sentiments qui qualifient l'acte que je viens de faire, puisqu'ils le suivent. Nous serait-il possible de ressentir quelque satisfaction intérieure d'avoir bien agi, si nous ne jugions pas que nous avons bien agi? quelque remords d'avoir mal fait, si nous ne jugions pas que nous avons mal fait? En même temps que nous faisons tel ou tel acte, un jugement naturel et instinctif le caractérise, et c'est à la suite de ce jugement que notre sensibilité s'émeut. Le sentiment n'est pas ce jugement primitif et immédiat; loin de fonder l'idée du bien, il la suppose. C'est un cercle vicieux manifeste que de faire dériver la connaissance du bien de ce qui ne serait pas sans cette connaissance [1].

De même n'est-ce pas parce que nous trouvons une action bonne que nous sympathisons avec elle? N'est-ce pas parce que les dispositions d'un homme nous paraissent conformes à l'idée de la justice que nous inclinons à les partager avec lui? D'ailleurs si la sympathie était le vrai critérium du bien, tout ce pour quoi nous éprouvons de la sympathie serait bien. Mais la sympathie ne se rapporte pas seulement à quelque chose de moral : nous sympathisons avec la douleur et avec la joie, qui n'ont rien à voir avec la vertu et avec le crime. Nous sympathisons même avec les souffrances physiques. La sympathie morale n'est qu'un cas de la sympathie générale. Il faut même le reconnaître : la sympathie n'est pas toujours d'accord avec la raison.

---

1. Voyez plus haut Ire partie, leçon v, *Du Mysticisme*, p. 113, et IIe partie, leçon vi, sur le sentiment du beau, p. 142, etc. Voyez aussi, Ire série, t. IV, la réfutation détaillée des théories d'Hutcheson et de Smith.

Nous sympathisons quelquefois avec certains sentiments que nous condamnons, parce que sans être mauvais en eux-mêmes, ce qui empêcherait toute sympathie, ils mettent sur la pente des plus grandes fautes, par exemple l'amour, qui touche de si près au déréglement, et l'émulation qui conduit si vite à l'ambition.

La bienveillance aussi n'est pas toujours déterminée par le bien seul. Et encore lorsqu'elle s'applique à l'homme vertueux, elle suppose un jugement par lequel nous prononçons que cet homme est vertueux. Ce n'est pas parce que nous voulons du bien à l'auteur d'une action, que nous jugeons que cette action est bonne; c'est parce que nous avons jugé que cette action est bonne, que nous voulons du bien à son auteur. Il y a plus. Dans le sentiment de la bienveillance est enveloppé un jugement nouveau qui n'est pas dans la sympathie. Ce jugement est celui-ci : l'auteur d'une bonne action mérite d'être heureux, comme l'auteur d'une mauvaise action mérite de souffrir pour l'expier. Voilà pourquoi nous souhaitons à l'un du bonheur et à l'autre une souffrance réparatrice. La bienveillance n'est guère que la forme sensible de ce jugement.

Tous ces sentiments supposent donc un jugement antérieur et supérieur. Partout et toujours le même cercle vicieux. De ce que les sentiments que nous venons de rappeler ont un caractère moral, on en conclut qu'ils constituent l'idée du bien, tandis que c'est l'idée du bien qui leur communique le caractère que nous y apercevons.

Autre difficulté : les sentiments tiennent à la sensibilité, et lui empruntent quelque chose de sa nature relative et changeante. Il s'en faut de beaucoup que tous les hommes soient faits pour goûter avec la même délicatesse les plaisirs du cœur. Il y a des natures grossières et des natures d'élite. Si vos désirs sont impétueux et violents, l'idée des plaisirs de la vertu ne sera-t-elle pas en vous bien plus aisément vaincue par la force de la passion que si la nature vous avait donné un tempérament tranquille? L'état de l'atmosphère, la santé, la maladie émoussent ou avivent notre sensibilité morale. La solitude, en livrant l'homme à lui-même, laisse au remords toute son énergie : la présence de la mort la redouble; mais le monde, le bruit, l'entraînement, l'habitude, sans pouvoir l'étouffer, l'étourdissent en quelque sorte. L'esprit souffle à son heure. On n'est pas tous les jours en veine d'enthousiasme. Le courage lui-même a ses intermittences. On connaît le mot célèbre : Il fut brave un tel jour. L'humeur a ses vicissitudes qui influent sur nos sentiments les plus intimes. Le plus pur, le plus idéal tient encore par quelque côté à l'organisation. L'inspiration du poëte, la passion de l'amant, l'enthousiasme du martyr ont leurs langueurs et leurs défaillances qui dépendent souvent de causes matérielles très-misérables. Est-ce dans ces perpétuelles fluctuations du sentiment qu'il est possible d'asseoir une législation égale pour tous?

La sympathie et la bienveillance n'échappent pas aux conditions de tous les phénomènes de la sensibilité. Nous ne possédons pas tous au même degré le pouvoir de ressentir ce qu'éprouvent les autres. Ceux qui ont plus souffert comprennent mieux la souffrance, et par conséquent y compatissent plus vivement. Avec plus d'imagination, on se représente mieux aussi et on ressent davantage ce qui se passe dans l'âme de nos semblables. L'un éprouve plus de sympathie pour les plaisirs et les douleurs physiques, l'autre pour les plaisirs et les douleurs de l'âme; et chacune de ces sympathies a dans chacun de nous ses degrés et ses variations. Elles ne diffèrent pas seulement, souvent elles se combattent. La sympathie pour le talent affaiblit l'indignation que fait naître la vertu outragée. On passe quelque chose à Voltaire, à Rousseau, à Mirabeau, et on les excuse sur la corruption de leur siècle. La sympathie causée par la douleur d'un condamné rend moins vive la juste antipathie qu'excite son crime. Ainsi fléchit et chancelle à chaque pas cette sympathie que l'on veut ériger en arbitre suprême du bien. La bienveillance ne varie pas moins. On a l'âme naturellement plus ou moins affectueuse, plus ou moins aimante. Et puis, comme la sympathie, la bienveillance reçoit le contre-coup des passions diverses qui s'y mêlent. L'amitié, par exemple, nous rend souvent malgré nous plus bienveillants que la justice ne le voudrait.

N'est-ce pas une règle de la prudence de ne pas trop écouter, sans les dédaigner toutefois, les inspirations souvent capricieuses du cœur? Gouverné par la raison, le sentiment lui devient un appui admirable. Mais livré à lui-même, en peu de temps il dégénère en passion, et la passion est fantasque, excessive, injuste; elle donne à l'âme du ressort et de l'énergie, mais la plupart du temps elle la trouble et la dérègle. Elle n'est pas même fort loin de l'égoïsme, et c'est là d'ordinaire qu'elle se termine, toute généreuse qu'elle soit ou paraisse en commençant. Sans la vue toujours présente du bien et de l'obligation inflexible qui y est attachée, sans ce point fixe et immuable, l'âme ne sait où se prendre sur ce terrain mouvant qu'on appelle la sensibilité : elle flotte du sentiment à la passion, de la générosité à l'égoïsme, montée un jour au ton de l'enthousiasme, et le lendemain descendant à toutes les misères de la personnalité.

Ainsi la morale du sentiment, quoique supérieure à celle de l'intérêt, n'en est pas moins insuffisante : 1° elle donne pour fondement à l'idée du bien ce qui est fondé sur cette idée même ; 2° la règle qu'elle propose est trop mobile pour être universellement obligatoire [1].

Il est un autre système dont nous dirons aussi, comme du précédent, qu'il n'est pas faux, mais incomplet et insuffisant.

1. Ne nous lassons pas de citer M. Royer-Collard. Il a marqué les défauts de la morale du sentiment en une page vive et forte, à laquelle nous emprunterons quelques traits. *OEuvres de Reid*, t. III, p. 410-411 : « La perception des qualités morales des actions humaines est accompagnée d'une émotion de l'âme que nous appelons *sentiment*. Le sentiment est un secours de la nature qui nous invite au bien par l'attrait des plus nobles jouissances dont l'homme soit capable, et qui nous détourne du mal par le mépris, l'aversion, l'horreur qu'il nous inspire. C'est un fait qu'à la contemplation d'une belle action ou d'un noble caractère, en même temps que nous percevons ces qualités de l'action et du caractère, perception qui est un jugement, nous éprouvons pour la personne un amour mêlé de respect, et quelquefois une admiration pleine d'attendrissement. Une mauvaise action, un carac-

Des partisans de la morale de l'utilité et du bonheur ont tenté de sauver leur principe en le généralisant. Selon eux, le bien ne peut être que le bonheur; mais l'égoïsme a tort d'entendre par là le bonheur de l'individu; c'est le bonheur général qu'il faut entendre.

Constatons d'abord que le nouveau principe est entièrement opposé à celui de l'intérêt personnel, car, suivant les circonstances, il peut commander, non-seulement un sacrifice passager, mais un sacrifice irréparable, celui de la vie. Or, les plus savants calculs de l'intérêt personnel ne peuvent aller jusque-là.

Et pourtant ce principe est loin de renfermer la vraie morale et toute la morale.

Le principe de l'intérêt général porte au désintéressement, et c'est beaucoup assurément; mais le désintéressement est la condition de la vertu, non la vertu elle-même. On peut commettre une injustice avec le plus entier désintéressement. De ce qu'un acte ne profite pas à celui qui le fait, il ne s'ensuit pas qu'il ne

---

tère lâche et perfide, excitent une perception et un sentiment contraires. L'approbation intérieure de la conscience et le remords sont les sentiments attachés à la perception des qualités morales de nos propres actions.... Je n'affaiblis point la part du sentiment ; cependant il n'est pas vrai que la morale soit toute dans le sentiment ; si on le soutient, on anéantit les distinctions morales.... Que la morale soit toute dans le sentiment, rien n'est bien, rien n'est mal en soi ; le bien et le mal sont relatifs ; les qualités des actions humaines.... sont précisément telles que chacun les sent. Changez le sentiment, vous changez tout ; la même action est à la fois bonne, indifférente et mauvaise, selon l'affection du spectateur. Faites taire le sentiment, les actions ne sont que des phénomènes physiques; l'obligation se résout dans les penchants, la vertu dans le plaisir, l'honnête dans l'utile. C'est la morale d'Épicure : *Dii meliora piis!* »

puisse être en soi très-injuste. En recherchant avant tout l'intérêt général, on échappe, il est vrai, à ce vice de l'âme qui s'appelle l'égoïsme, mais on peut tomber dans mille iniquités. Ou bien il faut prouver que l'intérêt général est toujours conforme à la justice. Mais ces deux idées ne sont pas adéquates. Si très-souvent elles vont ensemble, quelquefois aussi elles sont séparées. Thémistocle propose aux Athéniens de brûler la flotte des alliés qui se trouvait dans le port d'Athènes, et de s'assurer ainsi la suprématie. Le projet est utile, dit Aristide, mais il est injuste; et sur cette simple parole, les Athéniens renoncent à un avantage qu'il faut acheter par une injustice. Remarquez que Thémistocle n'avait là aucun intérêt particulier; il ne pensait qu'à l'intérêt de sa patrie. Mais, eût-il hasardé ou donné sa vie pour arracher aux Athéniens un tel acte, il n'aurait fait que consacrer, ce qui s'est vu trop souvent, un dévouement admirable à une cause immorale en elle-même.

A cela on répond que si dans l'exemple cité la justice et l'intérêt s'excluent, c'est que l'intérêt n'était pas assez général; et on arrive à la maxime célèbre qu'il faut sacrifier soi-même à sa famille, la famille à la cité, la cité à la patrie, la patrie à l'humanité, qu'enfin le bien est le plus grand intérêt du plus grand nombre [1].

Quand vous iriez jusque-là, vous n'auriez pas encore atteint l'idée même de la justice. L'intérêt de l'humanité, comme celui de l'individu, peut s'accorder en

---

[1]. On reconnaît à cette formule le système de M. Bentham qui, quelque temps, a eu de nombreux partisans en Angleterre et même en France.

fait avec la justice, car il n'y a certes là nulle incompatibilité; mais les deux choses ne sont pas non plus identiques; en sorte qu'on ne peut dire avec exactitude que l'intérêt de l'humanité est le fondement de la justice. Il suffit d'un seul cas, même d'une seule hypothèse où l'intérêt de l'humanité ne s'accorderait pas avec le bien, pour en conclure que l'un n'est pas essentiellement l'autre.

Allons plus loin : si c'est l'intérêt de l'humanité qui constitue et mesure la justice, il n'y a d'injuste que ce que cet intérêt déclare tel. Mais vous ne pouvez affirmer absolument qu'en aucune circonstance l'intérêt de l'humanité ne commandera pas telle ou telle action : et s'il la commande, en vertu de votre principe, il faudra la faire, quelle qu'elle soit, et la faire en tant que juste.

Vous m'ordonnez de sacrifier l'intérêt particulier à l'intérêt général. Mais au nom de quoi me l'ordonnez-vous? Est-ce au nom seul de l'intérêt? Si l'intérêt, comme tel, doit me toucher, évidemment mon intérêt doit me toucher aussi, et je ne vois pas pourquoi je le sacrifierais à celui des autres.

Le but suprême de la vie humaine, c'est le bonheur, dites-vous. J'en conclus fort raisonnablement que le but suprême de ma vie est mon bonheur.

Pour me demander le sacrifice de mon bonheur, il faut en appeler à un autre principe que le bonheur même.

Considérez à quelle perplexité me condamne ce fameux principe du plus grand intérêt du plus grand nombre. Déjà j'ai bien de la peine à discerner mon vrai intérêt dans l'obscurité de l'avenir; en substituant à la voix infaillible de la justice les calculs incertains de l'intérêt personnel, vous ne m'avez pas rendu l'action facile[1]; mais elle devient impossible, s'il me faut rechercher, avant d'agir, quel est l'intérêt non pas seulement de moi, mais de ma famille, non pas seulement de ma famille, mais de ma patrie, non pas seulement de ma patrie, mais de l'humanité. Quoi! je dois embrasser le monde entier dans ma prévoyance! Quoi! la vertu est à ce prix! Vous m'imposez une science que Dieu seul possède. Suis-je dans ses conseils pour ajuster mes actions sur ses décrets? La philosophie de l'histoire et la plus savante diplomatie ne suffisent point alors à se bien conduire. Songez donc qu'il n'y a point de science mathématique de la vie humaine. Le hasard et la liberté déjouent les calculs les plus profonds, renversent les fortunes les mieux établies, relèvent les misères les plus désespérées, mêlent le bonheur et le malheur, confondent toutes les prévoyances.

Et c'est sur un fondement aussi mobile que vous voulez établir la morale? Que vous laissez de place au sophisme avec cette loi complaisante et énigmatique de l'intérêt général[2]! Il ne sera pas bien difficile de trouver toujours quelque raison éloignée d'intérêt général, qui nous dispensera d'être fidèles dans le moment pré-

---

1. Voyez plus haut, leçon XII, p. 288.
2. Ire série, t. IV, p. 174 : « Si le bien est cela seul qui doit être le plus utile au plus grand nombre, où trouver le bien et qui le peut discerner? Pour savoir si telle action, que je me propose de faire, est bonne ou mauvaise, il faut que je m'assure si, malgré son utilité visible et directe dans le temps présent, elle ne deviendra pas nuisible

sent à nos amis, dès qu'ils seront dans l'infortune. Cet homme dans la misère s'adresse à ma générosité. Mais ne pourrai-je pas faire de mon argent un emploi plus utile à l'humanité ? Demain la patrie n'en aura-t-elle pas besoin ? Gardons-le-lui vertueusement. D'ailleurs là même où l'intérêt de tous semble évident, il reste encore quelque chance d'erreur ; il vaut donc mieux s'abstenir. La sagesse sera toujours de s'abstenir. Oui, dès qu'il faudra, pour bien faire, être sûr de servir le plus grand intérêt du plus grand nombre, il n'y aura que des téméraires et des insensés qui oseront agir. Le principe de l'intérêt général enfantera, j'en conviens, de grands dévouements, mais il enfantera aussi de grands crimes. N'est-ce pas au nom de ce principe que les fanatiques de toute sorte, fanatiques de religion, fanatiques de liberté, fanatiques de philosophie, se faisant forts de connaître

---

dans un avenir que je ne connais pas encore. Je dois rechercher si, utile aux miens et à ceux qui m'entourent, elle n'aura pas des contre-coups fâcheux pour le genre humain, auquel je dois songer avant tout. Il importe que je sache si l'argent que je suis tenté de donner à cet infortuné qui en a besoin, ne serait pas plus utile autrement employé. En effet, la règle est ici le plus grand bien du plus grand nombre. Pour la suivre, quels calculs me sont imposés ! Dans les ténèbres de l'avenir, dans l'incertitude des conséquences un peu éloignées de toute action, le plus sûr est de ne rien faire qui ne se rapporte à moi, et le dernier résultat d'une prudence si raffinée est l'indifférence et l'égoïsme. Je suppose que vous ayez reçu un dépôt d'un opulent voisin, vieux et malade, une somme dont il n'a aucun besoin, et sans laquelle votre nombreuse et jeune famille court le risque de mourir de faim. Il vous redemande cette somme ; que devez-vous faire ? Le plus grand nombre est de votre côté et la plus grande utilité aussi ; car cette somme est insignifiante pour votre riche voisin, tandis qu'elle sauvera votre famille de la misère et peut-être de la mort. Père de famille, je voudrais bien savoir au nom de quel principe vous hésiteriez à reteles intérêts éternels de l'humanité, se sont portés à des actes abominables, mêlés souvent à un désintéressement sublime ?

Une autre erreur de ce système est de confondre le bien lui-même avec une seule de ses applications. Si le bien est le plus grand intérêt du plus grand nombre, la conséquence est claire : il n'y a qu'une morale publique et sociale et point de morale privée; il n'y a qu'une seule classe de devoirs, les devoirs envers les autres et point de devoirs envers nous-mêmes. Mais c'est retrancher précisément ceux de nos devoirs qui garantissent le plus sûrement l'exercice de tous les autres[1]. Les relations les plus constantes que je soutiens sont avec cet être qui est moi-même. Je suis ma société la plus habituelle. Je porte en moi, comme l'a très-bien dit Platon[2], une cité complète, tout un monde d'idées,

---

sir la somme qui vous est nécessaire. Raisonneur intrépide, placé dans l'alternative de tuer cet homme vieux et malade ou de laisser mourir de faim votre femme et tous vos enfants, vous le devez tuer en toute sûreté de conscience. Vous avez le droit, vous avez même le devoir de sacrifier le moindre avantage d'un seul au plus grand bien du plus grand nombre; et puisque ce principe est l'expression de la vraie justice, vous n'êtes que son ministre en faisant ce que vous dites. Un ennemi vainqueur ou un peuple furieux menacent de détruire une ville entière, si on ne leur livre la tête de tel homme, qui pourtant est innocent. Au nom du plus grand bien du plus grand nombre, on immolera cet homme sans scrupule. On pourra même soutenir qu'innocent la veille, il a cessé de l'être aujourd'hui, puisqu'il est un obstacle au bien public. La justice ayant été une fois déclarée l'intérêt du plus grand nombre, l'unique question est de savoir où est cet intérêt. Or, ici, le doute est impossible ; donc il est parfaitement juste d'offrir l'innocence en holocauste au salut public. Il faut accepter cette conséquence ou rejeter le principe. »

1. Voyez plus bas la leçon xv, *Morale privée et publique*.
2. Platon, *République*, t. IX et X de notre traduction.

de sentiments, de désirs, de passions, de mouvements, qui réclament une législation. Cette législation nécessaire est supprimée.

Disons encore un mot d'un système qui, sous de sublimes apparences, cache un principe vicieux.

Il y a des personnes qui croient relever Dieu en mettant dans sa volonté seule le fondement de la loi morale, et le souverain mobile de l'humanité dans les peines et les récompenses qu'il lui a plu d'attacher au respect et à la violation de sa volonté.

Entendons-nous bien dans une matière aussi délicate.

Il est certain, et bientôt nous l'établirons nous-mêmes pour le bien[1], comme nous l'avons fait pour le vrai et pour le beau[2], il est certain que d'explications en explications on en vient à se convaincre que Dieu est en définitive le principe suprême de la morale, en sorte qu'on peut très-bien dire que le bien est l'expression de sa volonté, puisque sa volonté est elle-même l'expression de la justice éternelle et absolue qui réside en lui. Dieu veut sans doute que nous agissions suivant la loi de la justice qu'il a mise dans notre entendement et dans notre cœur; mais il n'en faut pas du tout conclure qu'il ait institué arbitrairement cette loi. Loin de là, la justice n'est dans la volonté de Dieu que parce qu'elle a sa racine dans son intelligence et dans sa sagesse, c'est-à-dire dans sa nature et dans son essence la plus intime.

1. Plus bas, leçon XVI.
2. Plus haut, leçon IV et leçon VII.

En faisant donc toutes nos réserves sur ce qu'il y a de vrai dans le système qui fait reposer la morale sur la volonté de Dieu, nous devons montrer ce qu'il y a dans ce système, tel qu'on le présente, de faux, d'arbitraire, d'incompatible avec la morale elle-même [1].

D'abord il n'appartient point à la volonté, quelle qu'elle soit, d'instituer le bien, pas plus que le vrai ni le beau. Je n'ai nulle idée de la volonté de Dieu sinon par la mienne, bien entendu avec les différences qui séparent ce qui est fini de ce qui est infini. Or, je ne puis par ma volonté fonder la moindre vérité. Est-ce parce que ma volonté est bornée? Non; fût-elle armée d'une puissance infinie, elle serait à cet égard dans la même impuissance. Telle est la nature de ma volonté qu'en faisant une chose elle a la conscience de pouvoir faire le contraire; et ce n'est pas là un caractère accidentel de la volonté, c'est son caractère fondamental; si donc on suppose que la vérité, ou cette partie de la vérité qu'on appelle la justice, a été établie telle qu'elle est par un acte de volonté, humaine ou divine, il faut reconnaître

---

1. Cette polémique n'est pas nouvelle. L'école de saint Thomas l'a de bonne heure instituée contre la théorie d'Okkam, toute semblable à celle que nous combattons. Voyez notre *Esquisse d'une histoire générale de la philosophie*, IIe série, t. II, leç. IX, sur la scholastique. Voici deux passages décisifs de saint Thomas, Ier livre de la *Somme contre les Gentils*, chap. LXXXVII : « Per prædicta autem excluditur « error dicentium omnia procedere a Deo secundum simplicem volun- « tatem, ut de nullo oporteat rationem reddere, nisi quia Deus vult. « Quod etiam divinæ Scripturæ contrariatur, quæ Deum perhibet se- « cundum ordinem sapientiæ suæ omnia fecisse, secundum illud « Psalm. 103 : Omnia in sapientia fecisti. » *Ibid.*, livre II, chap. XXIV : « Per hoc autem excluditur quorumdam error qui dicebant omnia ex « simplici divina voluntate dependere aliqua ratione. »

qu'un autre acte eût pu l'établir autrement, et faire que ce qui est juste aujourd'hui fût injuste, et que ce qui est injuste fût juste. Mais une telle mobilité est contraire à la nature de la justice et de la vérité. En effet, les vérités morales sont aussi absolues que les vérités métaphysiques. Dieu ne peut faire qu'il y ait des effets sans cause, des phénomènes sans substance; il ne peut faire davantage qu'il soit mal de respecter sa parole, d'aimer la vérité, de modérer ses passions. Les principes de la morale sont des axiomes immuables comme ceux de la géométrie. C'est surtout des lois morales qu'il faut dire ce que dit Montesquieu des lois en général : ce sont des rapports nécessaires qui dérivent de la nature des choses.

Supposons que le bien et le juste dérivent de la volonté divine, c'est aussi sur la volonté divine que reposera l'obligation. Mais une volonté quelconque peut-elle fonder une obligation? La volonté divine est la volonté d'un être tout-puissant, et je suis un être faible. Ce rapport d'un être faible à un être tout-puissant ne renferme en soi aucune idée morale. On peut être forcé d'obéir au plus fort, on n'y est pas obligé. Les ordres souverains de la volonté de Dieu, si sa volonté pouvait être un seul moment séparée de ses autres attributs, ne contiendraient pas le moindre rayon de justice ; et par conséquent il n'en descendrait pas dans mon âme la moindre ombre d'obligation.

On s'écriera : Ce n'est pas la volonté arbitraire de Dieu qui fonde l'obligation et la justice; c'est sa volonté juste. Fort bien. Tout change alors. Ce n'est pas la pure volonté de Dieu qui nous oblige, c'est la raison même qui détermine sa volonté, c'est-à-dire la justice passée dans sa volonté. La distinction du juste et de l'injuste n'est donc pas l'œuvre de sa volonté.

De deux choses l'une. Ou vous fondez la morale sur la volonté seule de Dieu, et alors la distinction du bien et du mal, du juste et de l'injuste est gratuite, et l'obligation morale n'existe point. Ou bien vous autorisez la volonté de Dieu par la justice, laquelle, dans votre hypothèse, devait recevoir de la volonté de Dieu son autorité; et c'est une pétition de principe.

Autre pétition de principe plus évidente encore. D'abord vous êtes forcés, pour tirer légitimement la justice de la volonté de Dieu, de supposer cette volonté juste, ou je défie que cette volonté toute seule fonde jamais la justice. De plus, évidemment vous ne pouvez comprendre ce que c'est qu'une volonté juste en Dieu, si vous ne possédez déjà l'idée de la justice. Cette idée ne vient donc pas de celle de la volonté de Dieu.

D'une part, vous pouvez avoir et vous avez l'idée de la justice, sans connaître la volonté de Dieu; de l'autre, vous ne pouvez concevoir la justice de la volonté divine sans avoir conçu d'ailleurs la justice.

Est-ce assez de motifs, je vous prie, pour conclure que la seule volonté de Dieu n'est pas pour nous le principe de l'idée du bien?

Voici maintenant le couronnement naturel du système de morale que nous examinons : le juste et l'injuste est ce qu'il a plu à Dieu de déclarer tel en y attachant des récompenses et des peines dans une autre vie. La volonté divine ne se manifeste plus seulement ici par un ordre arbitraire; elle ajoute à cet ordre des promesses et des menaces.

Mais à quelle faculté humaine s'adressent la promesse et la menace des châtiments et des récompenses de l'autre vie? A la même qui dans cette vie craint la douleur et cherche le plaisir, fuit le malheur et désire le bonheur, c'est-à-dire la sensibilité animée par l'imagination, c'est-à-dire encore ce qu'il y a de plus changeant dans chacun de nous et de plus différent dans l'espèce humaine. Les joies et les souffrances de l'autre vie excitent en nous les deux passions les plus vives mais les plus mobiles, l'espérance et la crainte. Tout influe sur nos craintes et sur nos espérances, l'âge, la santé; le nuage qui passe, ce rayon de soleil, une tasse de café, et mille causes de ce genre. J'ai connu des hommes, même des philosophes, qui certains jours espéraient plus, et d'autres moins. Et voilà la base qu'on donnerait à la morale! Ensuite on ne fait autre chose que proposer à la conduite humaine un motif intéressé. Le calcul auquel j'obéis est plus sûr, si vous voulez; le bonheur qu'on me fait espérer est plus grand; mais je ne vois là ni justice qui m'oblige, ni vertu ni vice en moi qui sais ou qui ne sais pas faire ce calcul, faute d'une tête aussi forte que celle de Pascal[1], qui cède ou qui résiste à ces craintes et à ces espérances selon la disposition de ma sensibilité et de mon imagination sur laquelle je ne peux rien. Enfin,

---

[1]. Voyez le fameux calcul appliqué à l'immortalité de l'âme, *Des Pensées de Pascal*, t. Ier de la IVe série, p. 229-235, et p. 289-296.

les peines et les plaisirs de la vie future sont institués à titre de châtiments et de récompenses. Or on ne punit et on ne récompense que des actions bonnes ou mauvaises en elles-mêmes. S'il n'y a point déjà du bien en soi, une loi qu'on est en conscience obligé de suivre, il n'y a ni mérite ni démérite; la récompense alors n'est pas la récompense, ni la peine, la peine, puisqu'elles ne sont telles qu'à la condition d'être le complément et la sanction de l'idée du bien. Où cette idée ne préexiste pas, il ne reste, au lieu de la récompense et de la peine, que l'attrait du plaisir et la peur de la souffrance ajoutés à une prescription dépourvue en soi de moralité. Nous voilà revenus aux supplices de la terre inventés pour épouvanter les imaginations populaires, et appuyés seulement sur les décrets du législateur, abstraction faite du bien et du mal, du juste et de l'injuste, du mérite et du démérite. C'est la pire justice humaine, qui se trouve ainsi transportée dans le ciel. Nous le verrons[1] : l'immortalité de l'âme a des fondements un peu plus solides.

Ces différents systèmes, faux ou incomplets, écartés, nous arrivons à la doctrine qui est à nos yeux la vérité parfaite, parce qu'elle n'admet que des faits certains, n'en néglige aucun, et leur maintient à tous leur caractère et leur rang.

1. Plus bas, leçon XVI.

QUATORZIÈME LEÇON.

VRAIS PRINCIPES DE LA MORALE.

Description des faits divers qui composent le phénomène moral. — Analyse de chacun de ces faits : 1° Du jugement et de l'idée du bien. Que ce jugement est absolu. Rapport du vrai et du bien. — 2° De l'obligation. Réfutation de la doctrine de Kant qui tire l'idée du bien de l'obligation au lieu de fonder l'obligation sur l'idée du bien. — 3° De la liberté, et des notions morales attachées à celle de la liberté. — 4° Du principe du mérite et du démérite. Des peines et des récompenses. — 5° Des sentiments moraux. — Harmonie de tous ces faits dans la nature et dans la science.

La critique philosophique ne se borne point à discerner les erreurs des systèmes ; elle consiste surtout à reconnaître et à dégager les vérités mêlées à ces erreurs. Les vérités éparses dans les différents systèmes composent la vérité totale que chacun d'eux exprime presque toujours par un seul côté. Ainsi, les systèmes que nous venons de parcourir et de réfuter nous livrent en quelque sorte, divisés et opposés les uns aux autres, tous les éléments essentiels de la moralité humaine. Il ne s'agit plus que de les rassembler pour restituer le phénomène moral tout entier. L'histoire de la philosophie ainsi comprise prépare ou confirme l'analyse psychologique, comme elle en reçoit sa lumière. Interrogeons-nous donc en présence des actions humaines, et recueillons fidèlement, sans les altérer par aucun système préconçu, les idées et les sentiments de toute espèce que le spectacle de ces actions fait naître en nous.

Il est des actions qui nous sont agréables ou déplaisantes, qui nous procurent des avantages ou qui nous nuisent, en un mot qui s'adressent d'une manière ou d'une autre, directement ou indirectement, à notre intérêt. Nous nous réjouissons des actions qui nous sont utiles et nous fuyons celles qui peuvent nous nuire. Nous recherchons constamment et le plus possible ce qui nous semble notre intérêt.

Voilà un fait incontestable. En voici un autre qui ne l'est pas moins.

Il est d'autres actions qui n'ont aucun rapport à nous, que par conséquent nous ne pouvons apprécier et juger sur notre intérêt, et que pourtant nous qualifions de bonnes ou de mauvaises.

Je suppose que sous vos yeux un homme fort et armé se précipite sur un autre homme faible et désarmé, qu'il le maltraite et le tue pour lui enlever sa bourse. Une telle action ne vous atteint en aucune manière, et cependant elle vous pénètre d'indignation [1]. Vous faites tout ce qui est en vous pour qu'on arrête le meurtrier et qu'on le livre à la justice; vous demandez qu'il soit puni, et s'il l'est d'une manière ou d'une autre, vous pensez que cela est juste; votre indignation n'est apaisée qu'après qu'un châtiment proportionné est tombé sur le coupable. Je répète qu'ici vous n'espérez et vous ne craignez rien pour vous. Je vous

---

[1]. Sur l'indignation, voyez plus haut, leçon xi, p. 263 et 264

mets dans une forteresse inaccessible, du haut de laquelle vous assisteriez à cette scène de meurtre : vous n'en éprouveriez pas moins tous ces sentiments.

Ce n'est là qu'une peinture grossière de ce qui se passe en vous à la vue d'un crime. Appliquez maintenant un peu de réflexion et d'analyse aux différents traits dont se compose cette peinture, sans les dénaturer, et vous aurez toute une théorie philosophique.

Qu'est-ce qui vous frappe d'abord dans ce que vous avez éprouvé? C'est sans doute l'indignation, l'horreur instinctive que vous avez ressentie. Il y a donc dans l'âme une puissance de s'indigner qui est étrangère à tout intérêt personnel! Il y a donc en nous des sentiments dont nous ne sommes pas la fin! Il y a une antipathie, une aversion, une horreur qui ne se rapportent point à ce qui nous nuit, mais à des actes dont le contre-coup le plus lointain ne peut nous atteindre, et que nous détestons par cette seule raison que nous les jugeons mauvais!

Oui, nous les jugeons mauvais. Un jugement est enveloppé sous les sentiments que nous venons de rappeler. En effet, au milieu de l'indignation qui vous transporte, qu'on vienne vous dire que toute cette colère généreuse tient à votre organisation particulière, et qu'après tout l'action qui se passe est indifférente : vous vous révoltez contre une telle explication, vous vous écriez que l'action est mauvaise en soi; vous n'exprimez plus seulement un sentiment, vous prononcez un jugement. Le lendemain de l'action, quand les sentiments qui agitaient votre âme se sont apaisés, vous n'en jugez pas moins encore que l'action était mauvaise ; vous jugez ainsi six mois après, vous jugez ainsi toujours et partout ; et c'est parce que vous jugez que cette action est mauvaise en elle-même, que vous portez cet autre jugement qu'elle ne devait pas être faite.

Ce double jugement est au fond du sentiment ; sans quoi le sentiment serait sans raison. Si l'action n'est pas mauvaise en soi, si celui qui l'a faite n'était pas obligé de ne pas la faire, l'indignation que vous éprouvez n'est qu'un mouvement physique, une excitation des sens, de l'imagination, du cœur, un phénomène destitué de tout caractère moral, comme le trouble qui vous saisit devant quelque scène effrayante de la nature. Vous ne pouvez raisonnablement en vouloir à l'auteur d'une action indifférente. Tout sentiment de colère désintéressée contre l'auteur d'une action, suppose, dans celui qui l'éprouve, cette double conviction : 1° Que l'action est mauvaise en elle-même ; 2° qu'elle ne devait pas être faite.

Ce sentiment suppose encore que l'auteur de cette action a lui-même conscience du mal qu'il a fait et de l'obligation qu'il a violée ; car sans cela il aurait agi comme une force brutale et aveugle, non comme une force intelligente et morale, et nous n'aurions pas ressenti contre lui plus d'indignation que contre le rocher qui tombe sur notre tête, contre le torrent qui nous entraîne à l'abîme.

L'indignation suppose également dans celui qui en est l'objet un autre caractère encore, à savoir qu'il est libre, qu'il pouvait faire ou ne pas faire ce qu'il a fait.

Il faut évidemment que l'agent soit libre pour être responsable.

Vous voulez qu'on arrête le meurtrier et qu'on le livre à la justice, vous voulez qu'il soit puni ; quand il l'a été, vous êtes satisfait. Qu'est-ce à dire? Est-ce un mouvement capricieux de l'imagination et du cœur? Non. Calme ou indigné, au moment du crime ou longtemps après, sans aucun esprit de vengeance personnelle, puisque vous n'êtes pas le moins du monde intéressé dans cette affaire, vous n'en prononcez pas moins que le meurtrier doit être puni. Si, au lieu de recevoir une punition, le coupable se fait de son crime un marchepied à la fortune, vous prononcez encore que, loin de mériter le bonheur, il a mérité de souffrir en réparation de sa faute; vous protestez contre le sort, vous en appelez à une justice supérieure. Ce jugement, les philosophes l'ont appelé le jugement du mérite et du démérite. Il suppose, dans l'esprit de l'homme, l'idée d'une loi suprême qui attache le bonheur à la vertu, le malheur au crime. Otez l'idée de cette loi, le jugement du mérite et du démérite est sans fondement. Otez ce jugement, l'indignation contre le crime heureux et contre la vertu méconnue est un sentiment inintelligible, même impossible, et jamais, à la vue d'un crime, vous n'auriez songé à demander le châtiment du criminel.

Toutes les parties du phénomène moral se tiennent donc; toutes sont des faits aussi certains les uns que les autres : ébranlez-en un seul, et vous renversez de fond en comble le phénomène total. L'observation la plus vulgaire atteste tous ces faits, et la logique la moins subtile découvre aisément leur lien. Il faut renier jusqu'au sentiment, ou il faut avouer que le sentiment couvre un jugement, le jugement de la distinction essentielle du bien et du mal, que cette distinction entraîne une obligation, que cette obligation s'applique à un agent intelligent et libre ; il faut enfin avouer que la distinction du mérite et du démérite, qui correspond à celle du bien et du mal, contient le principe de l'harmonie naturelle de la vertu et du bonheur.

Qu'avons-nous fait jusqu'ici? Nous avons fait comme le physicien ou le chimiste qui soumet à l'analyse un corps composé et le ramène à ses éléments simples. La seule différence est ici que le phénomène auquel s'applique notre analyse est en nous, au lieu d'être hors de nous. D'ailleurs les procédés employés sont exactement les mêmes ; il n'y a là ni système ni hypothèse ; il n'y a que l'expérience et l'induction la plus immédiate.

Pour rendre l'expérience plus certaine, on peut la varier. Au lieu d'examiner ce qui se passe en nous quand nous sommes spectateurs des mauvaises ou des bonnes actions d'un autre, interrogeons notre propre conscience quand nous-mêmes nous faisons bien ou nous faisons mal. Dans ce cas, les divers éléments du phénomène moral sont plus saillants encore, et leur ordre paraît davantage.

Je suppose qu'un ami mourant m'ait confié un dépôt plus ou moins considérable, en me chargeant de le remettre après lui à une personne qu'il m'a désignée à moi seul, et qui elle-même ne sait point ce qui a été fait en sa faveur. Celui qui m'a confié le dépôt est mort, et a emporté avec lui son secret; celui pour lequel le dépôt m'a été remis ne se doute de rien; si donc je veux m'approprier ce dépôt, nul ne le pourra soupçonner. Tout cela étant, que dois-je faire? Il est difficile d'imaginer des circonstances plus favorables au crime. Si je ne consulte que l'intérêt, je ne dois point hésiter à retenir le dépôt. Si j'hésite, dans le système de l'intérêt, je suis un insensé, en révolte avec la loi de ma nature. Le doute seul, trahirait en moi, dans l'impunité qui m'est assurée, un principe différent de l'intérêt.

Mais naturellement je ne doute pas, je crois avec la plus entière certitude que le dépôt à moi confié ne m'appartient point, qu'il m'a été confié pour être remis à un autre, et que c'est à cet autre qu'il appartient. Otez l'intérêt, je ne penserais pas même à retenir ce dépôt : c'est l'intérêt seul qui me tente. Il me tente, il ne m'entraîne point sans résistance. De là la lutte de l'intérêt et du devoir, lutte remplie de troubles, de résolutions contraires, tour à tour prises et abandonnées : elle atteste énergiquement la présence d'un principe d'action différent de l'intérêt et tout aussi puissant.

Le devoir succombe, l'intérêt l'emporte. Je viole le dépôt qui m'avait été confié, je l'applique à mes besoins, à ceux de ma famille; me voilà riche, et heureux en apparence; mais je souffre intérieurement de cette souffrance amère et secrète qu'on appelle le remords[1]. Le

---

1. Sur le remords, voyez leçon XI, p. 266.

fait est certain ; il a été mille fois décrit ; toutes les langues contiennent le mot, et il n'y a personne qui, à divers degrés, n'ait éprouvé la chose, cette morsure cuisante que fait au cœur toute faute, grande ou petite, tant qu'elle n'est pas expiée. Ce ressouvenir douloureux me suit au milieu des plaisirs et de la prospérité. Les applaudissements de la foule ne sont pas capables de faire taire ce témoin inexorable. Il n'y a qu'une longue habitude du vice et du crime, une accumulation de fautes très-souvent renouvelées, qui puisse venir à bout de ce sentiment vengeur et réparateur tout ensemble. Quand il est étouffé, toute ressource est perdue, c'en est fait de la vie de l'âme ; tant qu'il dure, c'est que le feu sacré n'est pas tout à fait éteint.

Le remords est une souffrance d'un caractère particulier. Dans le remords, je ne souffre ni à cause de telle ou telle impression faite sur mes sens, ni dans mes passions naturelles contrariées, ni dans mon intérêt blessé ou menacé, ni par l'inquiétude de mes espérances et les angoisses de mes craintes : non, je souffre sans aucun motif qui vienne du dehors, et je souffre pourtant de la façon la plus cruelle. Je souffre par cette raison seule que j'ai la conscience d'avoir commis une mauvaise action que je me savais obligé de ne pas faire, que je pouvais ne pas faire, et qui me laisse après elle un châtiment que je sais mérité. Nulle exacte analyse ne peut enlever au remords, sans le détruire, un seul de ces éléments. Le remords renferme l'idée du bien et du mal, d'une loi obligatoire, de la liberté, du mérite et du démérite. Toutes ces idées étaient déjà dans la lutte entre le bien et le mal ; elles reparaissent dans le remords. En vain l'intérêt me conseillait de violer le dépôt qui m'avait été confié : quelque chose me disait et me dit encore que violer un dépôt, c'est mal faire, c'est commettre une injustice ; je jugeais et je juge ainsi, non pas tel jour mais toujours, non pas dans telle circonstance mais dans toutes. J'ai beau me dire que la personne à laquelle je dois remettre ce dépôt n'en a pas besoin et qu'il m'est nécessaire : je juge qu'un dépôt doit être respecté sans acception de personnes, et l'obligation qui m'est imposée me paraît inviolable et absolue. Soumis à cette obligation, je me crois par cela seul le pouvoir de l'accomplir ; il y a plus : j'ai la conscience directe de ce pouvoir, je sais de la science la plus certaine que je puis garder ce dépôt ou le remettre à son possesseur légitime ; et c'est précisément parce que j'ai la conscience de ce pouvoir, que je juge que j'ai mérité une punition, pour n'en avoir pas fait l'usage pour lequel il m'a été donné. C'est enfin parce que j'ai la conscience vive de tout cela, que j'éprouve ce sentiment d'indignation contre moi-même, cette souffrance du remords qui exprime en elle le phénomène moral tout entier.

Selon les règles de la méthode expérimentale, faisons l'opération inverse ; supposons qu'en dépit des suggestions de l'intérêt, malgré l'aiguillon pressant de la misère, pour être fidèle à la foi donnée, j'ai remis le dépôt à la personne qui m'avait été désignée : au lieu de la scène douloureuse qui tout à l'heure se passait dans la conscience, il s'en passe une autre tout aussi réelle mais bien différente. Je sais que j'ai bien fait ; je sais que je n'ai pas obéi à une chimère, à une loi artificielle et mensongère, mais à une loi vraie, universelle, obligatoire à tous les êtres intelligents et libres. Je sais que j'ai fait un bon usage de ma liberté : j'ai de cette liberté, par l'usage même que j'en ai fait, un sentiment plus distinct, plus énergique et en quelque sorte triomphant. L'opinion égarée m'accuserait en vain, j'en appelle à une justice meilleure, et déjà cette justice se déclare en moi par les sentiments qui se pressent dans mon âme. Je me respecte, je m'estime, je crois que j'ai droit à l'estime des autres ; j'ai le sentiment de ma dignité; je n'éprouve pour moi-même que des sentiments affectueux opposés à l'espèce d'horreur que tout à l'heure je m'inspirais à moi-même. A la place du remords, je ressens une jouissance incomparable que nul ne peut m'ôter, et qui, tout le reste me manquât-il, me console et me relève. Ce sentiment de plaisir est aussi pénétrant, aussi profond que l'était le remords. Il exprime la satisfaction de tous les principes généreux de la nature humaine, comme le remords en représentait la révolte. Il témoigne par le bonheur intérieur qu'il me donne de l'accord sublime du bonheur et de la vertu, tandis que le remords est le premier anneau de cette chaîne fatale, de cette chaîne d'airain et de diamant, qui, selon Platon[1], attache la peine à la faute, le trouble à la passion, la misère au désespoir, au vice et au crime.

---

[1] Voyez le *Gorgias*, avec l'*Argument*, t. III de notre traduction.

QUATORZIÈME LEÇON.

Le sentiment moral est l'écho de tous les jugements moraux et de la vie morale tout entière. Il est si frappant qu'il a pu suffire, aux yeux d'une analyse un peu superficielle, à fonder toute la morale; et cependant, nous venons de le voir, ce sentiment admirable ne serait pas sans les jugements divers que nous venons d'énumérer; il en est la conséquence, il n'en est pas le principe; il les suppose, il ne les constitue pas; il ne les remplace point, il les résume.

Maintenant que nous sommes en possession de tous les éléments de la moralité humaine, nous allons prendre un à un ces divers éléments et les soumettre à une analyse détaillée.

Ce qu'il y a de plus apparent dans le phénomène complexe que nous étudions, c'est le sentiment; mais son fond est le jugement.

Le jugement du bien et du mal est le principe de tout ce qui le suit; mais lui-même ne repose que sur la constitution même de la nature humaine, comme le jugement du vrai et le jugement du beau. Ainsi que ces deux jugements[1], celui du bien est un jugement simple, primitif, indécomposable.

Comme eux encore, il n'est pas arbitraire. Nous ne pouvons pas ne pas porter ce jugement en présence de certains actes; et en le portant, nous savons qu'il ne fait pas le bien ou le mal, mais qu'il le déclare. La réalité des distinctions morales nous est révélée par ce jugement, mais elle en est indépendante, comme la

---

1. Leçons I et VI.

beauté est indépendante de l'œil qui l'aperçoit, comme les vérités universelles et nécessaires sont indépendantes de la raison qui les découvre[1].

Le bien et le mal sont des caractères réels des actions humaines, bien que ces caractères ne puissent être ni vus de nos yeux ni touchés de nos mains. Les qualités morales d'une action ne sont pas moins certaines pour ne pouvoir être confondues avec les qualités matérielles de cette action. Voilà pourquoi des actions matériellement identiques peuvent être moralement très-différentes. Un meurtre est toujours un meurtre; cependant, si c'est souvent un crime, c'est souvent aussi une action légitime, par exemple quand elle est accomplie non par vengeance, non par intérêt, mais dans le cas rigoureux de la défense personnelle. Ce n'est pas le sang versé qui fait le crime, c'est le sang innocent. L'innocence et le crime, le bien et le mal ne résident pas dans telle ou telle circonstance extérieure déterminée une fois pour toutes. La raison les reconnaît avec certitude sous les apparences les plus diverses, dans les circonstances tantôt les mêmes et tantôt dissemblables.

Le bien et le mal nous apparaissent presque toujours engagés dans des actions particulières; mais ce n'est pas par ce qu'elles ont de particulier que ces actions sont bonnes ou mauvaises. Ainsi quand je prononce que la mort de Socrate est une injustice et que le dévouement de Léonidas est admirable, c'est la mort in-

___
1. Leçons II, III et VI.

juste d'un homme sage que je condamne, c'est le dévouement d'un héros que j'admire. Il n'importe pas que ce héros s'appelle Léonidas ou d'Assas, que le sage immolé s'appelle Socrate ou Bailly.

Le jugement du bien s'applique d'abord à des actions particulières, et il donne naissance à des principes généraux qui nous servent ensuite de règles pour juger toutes les actions du même genre. Comme après avoir jugé que tel phénomène particulier a telle cause particulière, nous nous élevons à ce principe général : tout phénomène a sa cause[1] ; de même nous érigeons en règle générale le jugement moral que nous avons porté à propos d'un fait particulier. Ainsi nous admirons d'abord la mort de Léonidas, et de là nous nous élevons à ce principe, qu'il est bien de mourir pour son pays. Nous possédions déjà le principe dans sa première application à Léonidas ; sans quoi cette application particulière n'eût pas été légitime ; elle n'eût pas même été possible ; mais nous le possédions implicitement ; bientôt il se dégage, nous apparaît sous sa forme universelle et pure, et nous l'appliquons à tous les cas analogues.

La morale a ses axiomes comme les autres sciences ; et ces axiomes s'appellent à juste titre, dans toutes les langues, des vérités morales.

Il est bien de ne pas trahir ses serments, et cela aussi est vrai. Il est en effet dans la vérité des choses qu'un serment soit tenu : il n'est prêté que dans cette fin.

---

1. Plus haut, Ire partie, leçon II, p. 40, etc.

Les vérités morales considérées en elles-mêmes n'ont pas moins de certitude que les vérités mathématiques. Soit donnée l'idée de dépôt, je demande si celle de le garder fidèlement ne s'y attache pas nécessairement, comme à l'idée de triangle s'attache celle que ses trois angles sont égaux à deux angles droits. Vous pouvez violer un dépôt; mais en le violant, ne croyez pas changer la nature des choses, ni faire qu'en soi un dépôt puisse jamais devenir une propriété. Ces deux idées s'excluent. Vous n'avez qu'un faux semblant de propriété ; et tous les efforts des passions, tous les sophismes de l'intérêt ne renverseront pas d'essentielles différences. Voilà pourquoi la vérité morale est si gênante : c'est que, comme toute vérité, elle est ce qu'elle est, et ne se plie à aucun caprice. Toujours la même et toujours présente, malgré que nous en ayons, elle condamne inexorablement d'une voix toujours entendue, mais non toujours écoutée, la volonté insensée et coupable qui croit l'empêcher d'être en la reniant, ou plutôt en feignant de la renier.

Les vérités morales se distinguent des autres vérités par ce caractère singulier : aussitôt que nous les apercevons, elles nous apparaissent comme la règle de notre conduite. S'il est vrai qu'un dépôt est fait pour être remis à son possesseur légitime, il faut le lui remettre. A la nécessité de croire s'ajoute ici la nécessité de pratiquer.

La nécessité de pratiquer, c'est l'obligation. Les vérités morales, nécessaires aux yeux de la raison, sont obligatoires à la volonté.

L'obligation morale, comme la vérité morale qui en est le fondement, est absolue. De même que les vérités nécessaires ne sont pas plus ou moins nécessaires[1], ainsi l'obligation n'est pas plus ou moins obligatoire. Il y a des degrés d'importance entre les obligations diverses ; mais il n'y a pas de degrés dans l'obligation même. On n'est pas à peu près obligé, presque obligé : on l'est tout à fait ou pas du tout.

Si l'obligation est absolue, elle est immuable et elle est universelle. Car si l'obligation d'aujourd'hui pouvait ne pas être celle de demain, si ce qui est obligatoire pour moi pouvait ne pas l'être pour vous, l'obligation différerait d'avec elle-même, elle serait relative et contingente.

Ce fait de l'obligation absolue, immuable, universelle, est si certain et si manifeste, malgré tous les efforts de la doctrine de l'intérêt pour l'obscurcir, que l'un des plus profonds moralistes de la philosophie moderne, particulièrement frappé de ce fait, l'a considéré comme le principe de toute la morale. En séparant le devoir de l'intérêt qui le ruine et du sentiment qui l'énerve, Kant a restitué à la morale son vrai caractère. Il s'est élevé bien haut dans le siècle d'Helvétius, en s'élevant jusqu'à la sainte loi du devoir ; mais il n'est pas remonté assez haut encore, il n'a pas atteint la raison même du devoir.

Le bien pour Kant, c'est ce qui est obligatoire. Mais logiquement, d'où peut venir l'obligation d'accomplir

---

[1] Leçon II, p. 45.

un acte, sinon de la bonté intrinsèque de cet acte? N'est-ce pas parce qu'il répugne absolument, dans l'ordre de la raison, qu'un dépôt soit une propriété, qu'on ne peut se l'approprier sans crime? Si un acte doit être accompli et si un autre ne doit pas l'être, c'est qu'apparemment il y a une différence essentielle entre ces deux actes. Fonder le bien sur l'obligation au lieu de fonder l'obligation sur le bien, c'est donc prendre l'effet pour la cause, c'est tirer le principe de la conséquence.

Si je demande à un honnête homme qui, malgré les suggestions de la misère, a respecté le dépôt qui lui avait été confié, pourquoi il a fait cela; il me répondra : Parce que c'était mon devoir. Si j'insiste, si je lui demande pourquoi c'était son devoir, il saura très-bien me répondre : Parce que c'était juste, parce que c'était bien. Arrivé là, toutes les réponses s'arrêtent; mais les questions s'arrêtent aussi. Personne ne se laisse imposer un devoir sans s'en rendre raison; mais dès qu'il est reconnu que ce devoir nous est imposé par la justice, l'esprit est satisfait; car il est parvenu à un principe au delà duquel il n'y a plus rien à chercher, la justice étant son principe à elle-même. Les vérités premières portent avec elles leur raison d'être. Or la justice, la distinction essentielle du bien et du mal dans les relations des hommes entre eux, est la vérité première de la morale.

La justice n'est pas une conséquence, puisqu'on ne peut pas remonter à un autre principe plus élevé; et le devoir n'est pas, à parler rigoureusement, un principe, puisque lui-même suppose un principe au-dessus de lui qui l'explique et qui l'autorise, à savoir la justice.

La vérité morale ne devient pas plus relative et subjective, pour reprendre un moment la langue de Kant, en nous paraissant obligatoire, que la vérité ne le devient en nous paraissant nécessaire; car c'est dans la nature même de la vérité et du bien qu'il faut chercher la raison de la nécessité et de l'obligation. Mais si on s'arrête à l'obligation et à la nécessité, ainsi que le fait Kant, en morale comme en métaphysique, sans le savoir et même contre son propre dessein on anéantit ou du moins on affaiblit la vérité et le bien [1].

L'obligation a son fondement dans la distinction nécessaire du bien et du mal; et elle-même est le fondement de la liberté. Si l'homme a des devoirs, il faut qu'il possède la faculté de les accomplir, de résister au désir, à la passion, à l'intérêt pour obéir à la loi. Il doit être libre, donc il l'est, ou la nature humaine est en contradiction avec elle-même. La certitude directe de l'obligation entraîne la certitude correspondante de la liberté.

Cette preuve de la liberté est bonne sans doute; mais Kant s'est trompé en la croyant la seule preuve légitime [2]. Il est inouï qu'il ait ici préféré l'autorité du raisonnement à celle de la conscience, comme si la première n'avait pas besoin d'être confirmée par la seconde; comme si, après tout, ma liberté ne devait pas

---

1. Plus haut, Ire partie, leçon III. Voyez aussi t. V de la Ire série, leçon VIII.
2. Ire série, t. V, leçon VII.

être un fait pour moi! Il faut avoir une grande peur de l'empirisme pour se défier du témoignage de la conscience ; et, après une telle défiance, il faut être bien crédule pour avoir une foi sans bornes dans le raisonnement. Nous ne croyons pas à notre liberté comme nous croyons au mouvement de la terre. La plus profonde persuasion que nous en ayons vient de l'expérience continuelle que nous en portons avec nous.

Est-il vrai qu'en présence d'un acte à faire je peux vouloir ou ne pas vouloir faire cet acte? Là est toute la question de la liberté.

Distinguons bien le pouvoir de faire d'avec celui de vouloir. La volonté a sans doute à son service et sous son empire la plupart de nos facultés ; mais cet empire, qui est réel, est très-limité. Je veux mouvoir mon bras, je le peux souvent : en cela réside le pouvoir en quelque sorte physique de la volonté ; mais je ne peux pas toujours mouvoir mon bras, si les muscles sont paralysés, si l'obstacle est trop fort, etc.; l'exécution ne dépend pas toujours de moi ; mais ce qui dépend toujours de moi, c'est la résolution même. Les effets extérieurs peuvent être empêchés, ma résolution elle-même ne peut jamais l'être. Dans son domaine propre, la volonté est souveraine.

Et ce pouvoir souverain de la volonté, j'en ai la conscience. Je sens en moi, avant sa détermination, la force qui peut se déterminer de telle manière ou de telle autre. En même temps que je veux ceci ou cela, j'ai conscience également de pouvoir vouloir le contraire ; j'ai conscience d'être le maître de ma résolution, de pouvoir l'arrêter, la continuer, la reprendre. L'acte volontaire a-t-il cessé, la conscience du pouvoir qui l'a produit ne cesse pas : elle demeure avec ce pouvoir lui-même, qui est supérieur à toutes ses manifestations. La liberté est donc l'attribut essentiel et toujours subsistant de la volonté [1].

La volonté, nous l'avons vu [2], n'est ni le désir, ni la passion : c'est précisément le contraire. La liberté de la volonté n'est donc pas le déchaînement des désirs et des passions. L'homme est esclave dans le désir et la passion, il n'est libre que dans la volonté. Il ne faut pas confondre en psychologie, pour ne les pas confondre ailleurs, l'anarchie et la liberté. Les passions s'abandonnant à leurs caprices, c'est l'anarchie. Les passions concentrées en une passion dominante, c'est la tyrannie. La liberté consiste dans le combat de la volonté contre cette tyrannie et cette anarchie. Mais il faut un but à ce combat, et ce but, c'est le devoir d'obéir à la raison, qui est notre souverain véritable, et à la justice que la raison nous révèle et nous prescrit. Le devoir d'obéir à la raison est la loi de la volonté, et la volonté n'est jamais plus elle-même que quand elle se soumet à sa loi. Nous ne nous possédons pas nous-mêmes, tant qu'à la domination du désir, de la passion, de l'intérêt, la raison n'a pas opposé le contre-poids de la justice. La raison et la justice nous affranchissent du joug des passions, sans nous en

---

1. Voyez, pour l'entier développement de la théorie de la liberté, Ire série, t. III, Ire leçon, *Locke*, p. 71 ; IIIe leçon, *Condillac*, p. 116, 149, etc.; t. IV, leçon XXIII, *Reid*, p. 541-574 ; IIe série, t. III, *Examen du système de Locke*, leçon XXV.
2. Plus haut, leçon XII, p. 281.

imposer un autre. Car, encore une fois, leur obéir, ce n'est pas abdiquer la liberté, c'est la sauver, c'est l'appliquer à son légitime usage.

C'est dans la liberté, et dans l'accord de la liberté avec la raison et la justice, que l'homme s'appartient, à proprement parler. Il n'est une personne que parce qu'il est un être libre éclairé par la raison.

Ce qui distingue la personne de la simple chose, c'est singulièrement la différence de la liberté et de son contraire. Une chose est ce qui n'est pas libre, ce qui par conséquent ne s'appartient point à soi-même, ce qui n'a pas de soi-même, et n'a qu'une individualité numérique, simulacre imparfait de la vraie individualité, qui est celle de la personne.

Une chose, ne s'appartenant pas, appartient à la première personne qui s'en empare et y met sa marque.

Nulle chose n'est responsable de mouvements qu'elle n'a point voulus et qu'elle ignore même. La personne seule est responsable, parce qu'elle est intelligente et libre ; et elle est responsable de l'usage de son intelligence et de sa liberté.

Une chose n'a point de dignité ; la dignité n'est attachée qu'à la personne.

Une chose n'a pas de valeur par soi ; elle n'a que celle que la personne lui confère. C'est un pur instrument dont tout le prix est dans l'usage qu'en tire la personne qui s'en sert[1].

L'obligation implique la liberté ; où la liberté n'est

1. Voyez Ire série, t. IV, la leçon sur Smith et sur le vrai principe de l'économie politique, p. 278-302.

pas, le devoir manque, et avec le devoir le droit manque aussi.

C'est parce qu'il y a en moi un être digne de respect, que j'ai le devoir de le respecter moi-même et le droit de le faire respecter de vous. Mon devoir est la mesure exacte de mon droit. L'un est en raison directe de l'autre. Si je n'avais pas le devoir sacré de respecter ce qui fait ma personne, c'est-à-dire mon intelligence et ma liberté, je n'aurais pas le droit de la défendre contre vos atteintes. Mais comme ma personne est sainte et sacrée en elle-même, il s'ensuit que, considérée par rapport à moi, elle m'impose un devoir, et que, considérée par rapport à vous, elle me confère un droit.

Il ne m'est pas permis de dégrader moi-même la personne que je suis en m'abandonnant à la passion, au vice et au crime, et il ne m'est pas permis de la laisser dégrader par vous.

La personne est inviolable : et elle seule l'est.

Elle l'est non-seulement dans le sanctuaire intime de la conscience, mais dans toutes ses manifestations légitimes, dans ses actes, dans les produits de ses actes, même dans les instruments qu'elle fait siens en s'en servant.

Là est le fondement de la sainteté de la propriété. La première propriété, c'est la personne. Toutes les autres propriétés dérivent de celle-là. Pensez-y bien. Ce n'est pas la propriété en elle-même qui a des droits, c'est le propriétaire, c'est la personne qui lui imprime, avec son caractère, son droit et son titre.

La personne ne peut cesser de s'appartenir sans se

dégrader : elle est inaliénable à elle-même. La personne n'a pas droit sur elle-même ; elle ne peut se traiter comme une chose, ni se vendre, ni se tuer, ni abolir d'une manière ou d'une autre sa volonté libre et sa raison, qui sont ses éléments constitutifs.

Pourquoi l'enfant a-t-il déjà quelques droits? Parce qu'il sera un être libre. Pourquoi le vieillard, revenu à l'enfance, pourquoi le fou lui-même ont-ils encore des droits? Parce qu'ils ont été des êtres libres. On respecte la liberté jusque dans ses premières lueurs ou dans ses derniers vestiges. Pourquoi, d'autre part, le fou et le vieillard imbécile n'ont-ils plus tous leurs droits? C'est qu'ils ont perdu la liberté. Pourquoi enchaîne-t-on un malade furieux? C'est qu'il a perdu la connaissance et la liberté. Pourquoi l'esclavage est-il une institution abominable? Parce que c'est un attentat à ce qui constitue l'humanité. Voilà pourquoi enfin certains dévouements extrêmes sont des fautes quelquefois sublimes, et qu'il n'est permis à personne de les offrir, encore bien moins de les demander. Il n'y a point de dévouement légitime contre l'essence même du droit, contre la liberté, contre la justice, contre la dignité de la personne humaine.

Nous n'avons pu parler de la liberté, sans indiquer un certain nombre de notions morales de la plus haute importance qu'elle contient et qu'elle explique ; mais nous ne pourrions poursuivre ce développement sans empiéter sur le domaine de la morale privée et publique et devancer la prochaine leçon.

Arrivons donc au dernier élément du phénomène moral, le jugement du mérite et du démérite.

En même temps que nous jugeons qu'un homme a fait une action bonne ou mauvaise, nous portons cet autre jugement tout aussi nécessaire que le premier, à savoir que si cet homme a bien agi, il a mérité une récompense, et s'il a mal agi, un châtiment. Il en est exactement de ce jugement comme de celui du bien. Il peut s'exprimer au dehors d'une manière plus ou moins vive, suivant qu'il est mêlé à des sentiments plus ou moins énergiques. Tantôt ce sera seulement une disposition bienveillante pour l'agent vertueux et défavorable à l'agent coupable; tantôt ce sera l'enthousiasme ou l'indignation. Il est des cas où soi-même on se ferait l'exécuteur du jugement que l'on porte, où l'on chargerait le héros de couronnes et le criminel de chaînes. Mais quand tous vos sentiments se sont apaisés, quand l'enthousiasme s'est refroidi ainsi que l'indignation, quand le temps et l'éloignement vous ont rendu une action presque indifférente, vous n'en persistez pas moins à juger que l'auteur de cette action mérite une récompense ou une peine, suivant la qualité de l'action. Vous prononcez que vous aviez raison dans les sentiments que vous éprouviez, et, tout éteints qu'ils sont, vous les déclarez légitimes.

Le jugement du mérite et du démérite est essentiellement lié au jugement du bien et du mal. En effet, celui qui fait une action sans savoir si elle est bonne ou mauvaise ne mérite ni ne démérite en la faisant. Il en est de lui comme de ces agents physiques qui accomplissent, sans qu'on puisse leur en savoir gré ou leur en vouloir, les œuvres les plus bienfaisantes ou les plus destructives. Pourquoi n'y a-t-il pas des peines pour les délits involontaires? C'est que par cela même ils ne sont pas supposés des délits. De là vient que la question de préméditation est si grave dans tout procès criminel. Pourquoi l'enfant, jusqu'à un certain âge, n'est-il passible que de peines légères? C'est que là où peuvent manquer l'idée du bien et la liberté, manquent aussi le mérite et le démérite, qui seuls autorisent la récompense et la peine. L'auteur d'un acte nuisible mais involontaire est condamné à une indemnité qui correspond au dommage causé; il n'est pas condamné à une peine proprement dite.

Telles sont les conditions du mérite et du démérite. Quand ces conditions sont remplies, le mérite et le démérite se manifestent et entraînent après eux la récompense et la peine.

Le mérite est le droit naturel que nous avons d'être récompensés; le démérite, le droit naturel qu'ont les autres de nous punir, et, si l'on peut parler ainsi, le droit que nous avons d'être punis. Cette expression peut sembler paradoxale; cependant elle est vraie. Un coupable qui, ouvrant les yeux à la lumière du bien, comprendrait la nécessité de l'expiation, non-seulement par le repentir intérieur, sans lequel tout le reste est vain, mais encore par une souffrance réelle et effective, un tel coupable aurait le droit de réclamer la peine qui seule peut le réconcilier avec l'ordre. Et de telles réclamations ne sont pas si rares. Ne voit-on pas tous les jours des criminels se dénoncer eux-mêmes et s'offrir à la vindicte publique? D'autres préfèrent satisfaire à la justice et n'ont pas recours au droit de grâce, que la loi place entre les mains du monarque pour représenter dans l'État la charité et la miséricorde, comme les tribunaux y représentent la justice. Preuve manifeste des racines naturelles et profondes de l'idée de peine et de récompense.

Le mérite et le démérite réclament impérieusement, comme une dette légitime, la peine et la récompense; mais il ne faut pas confondre la récompense avec le mérite, ni la peine avec le démérite; ce serait confondre la cause et l'effet, le principe et la conséquence. Quand même la récompense ou la peine n'auraient pas lieu, le mérite et le démérite subsisteraient. La peine et la récompense satisfont au mérite et au démérite, mais ne les constituent pas. Supprimez toute récompense et toute peine, vous ne supprimez pas pour cela le mérite et le démérite; au contraire, supprimez le mérite et le démérite, et il n'y a plus ni vraies peines ni vraies récompenses. Des biens et des honneurs immérités ne sont que des avantages matériels; la récompense est essentiellement morale, et sa valeur est indépendante de sa forme. Une de ces couronnes de chêne que les premiers Romains décernaient à l'héroïsme a plus de prix que toutes les richesses du monde, quand elle est le signe de la reconnaissance et de l'admiration d'un peuple. Récompenser, c'est donner en retour. Celui que l'on récompense a donc dû donner le premier quelque chose pour mériter d'être récompensé. La récompense accordée au mérite est une dette ; la récompense sans mérite est une aumône ou un vol. Il en est de même de la peine. Elle est le rapport de la douleur à la faute : c'est dans ce rapport et non dans la douleur seule qu'est la vérité comme aussi la honte du châtiment.

Le crime fait la honte et non pas l'échafaud.

Il y a deux choses qu'il faut répéter sans cesse, parce qu'elles sont également vraies : la première que le bien est bien en lui-même, et doit être accompli quelles qu'en soient les conséquences ; la seconde que les conséquences du bien ne peuvent manquer d'être heureuses. Le bonheur, séparé du bien, n'est qu'un fait auquel ne s'attache aucune idée morale ; mais, comme effet du bien, il entre dans l'ordre moral, il l'achève.

La vertu sans bonheur et le crime sans malheur sont une contradiction, un désordre. Si la vertu suppose le sacrifice, c'est-à-dire la souffrance, il est de la justice éternelle que le sacrifice généreusement accepté et courageusement supporté ait pour récompense le bonheur même qui a été sacrifié. De même, il est de l'éternelle justice que le crime soit puni par le malheur du bonheur coupable qu'il a tenté de surprendre.

Maintenant cette loi qui attache le plaisir et la douleur au bien et au mal, quand et comment s'accomplit-elle ? Même ici-bas la plupart du temps. Car l'ordre domine en ce monde, puisque le monde dure. L'ordre est-il quelquefois troublé, le bonheur et le malheur ne sont-ils pas toujours distribués dans une proportion légitime au crime et à la vertu ? le jugement absolu du bien, le jugement absolu de l'obligation, le jugement absolu du mérite et du démérite subsistent inviolables et imprescriptibles : nous demeurons convaincus que celui qui a mis en nous le sentiment et l'idée de l'ordre n'y peut faillir lui-même, et qu'il s'est réservé de rétablir tôt ou tard la sainte harmonie de la vertu et du bonheur par des moyens qui lui appartiennent. Mais le moment n'est pas venu de sonder ces perspectives mystérieuses[1]. Il nous suffit, mais il était nécessaire de les marquer, pour bien faire voir la nature et la fin de la vérité morale.

Terminons cette analyse des différentes parties du phénomène complexe de la moralité en rappelant la plus apparente de toutes, et qui pourtant n'est que l'accompagnement et pour ainsi dire le retentissement de toutes les autres, le sentiment. Le sentiment a pour objet de rendre sensible à l'âme le lien de la vertu et du bonheur. Il est l'application directe et vivante de la loi du mérite et du démérite. Il devance et il autorise les peines et les récompenses que la société institue. Il est le modèle intérieur sur lequel l'imagination, guidée par la foi, se représente les peines et les récompenses de la cité divine. Le monde que nous plaçons par delà celui-ci est en grande partie notre propre cœur transporté dans le ciel. Puisqu'il en vient, il est juste qu'il y ramène.

Nous n'insisterons pas sur les phénomènes divers du sentiment : nous les avons suffisamment exposés dans

---

1. Voyez plus bas, leçon XVI, *Dieu, principe de l'idée du bien.*

la dernière leçon. Quelques mots les remettront sous vos yeux.

Nous ne pouvons être témoins d'une bonne action, quel qu'en soit l'auteur, un autre ou nous-mêmes, sans éprouver un plaisir particulier, analogue à celui qui est attaché à la perception du beau ; et nous ne pouvons être témoins d'une mauvaise action sans éprouver un sentiment contraire, analogue aussi à celui qu'excite la vue d'un objet laid et difforme. Ce sentiment est profondément différent de la sensation agréable ou désagréable.

Est-ce nous qui sommes les auteurs de la bonne action? Nous ressentons une satisfaction que nous ne confondons avec aucune autre. Ce n'est pas le triomphe de l'intérêt ni celui de l'orgueil : c'est le plaisir de l'honnêteté modeste ou de la vertu fière qui se rend justice. Sommes-nous les auteurs de la mauvaise action ? Nous sentons gémir en nous la conscience offensée. Tantôt ce n'est qu'une réclamation importune, tantôt c'est une angoisse amère. Le remords est une souffrance d'autant plus poignante que nous la sentons méritée.

Le spectacle d'une bonne action faite par un autre a quelque chose aussi de délicieux à l'âme. La sympathie est un écho qui répond en nous à tout ce qu'il y a de noble et de bon dans les autres. Quand l'intérêt ne nous égare pas, nous nous mettons naturellement à la place de celui qui fait bien. Nous éprouvons dans une certaine mesure les sentiments qui l'animent. Nous nous élevons à la disposition où il est. N'est-ce pas déjà pou l'homme de bien une exquise récompense de faire passer ainsi dans le cœur de ses semblables les nobles sentiments qui le font agir lui-même? Le spectacle d'une mauvaise action, au lieu de la sympathie, excite une antipathie involontaire, un sentiment pénible et douloureux. Sans doute, ce sentiment n'est jamais aigu comme le remords. Il y a dans l'innocence quelque chose de serein et de paisible qui tempère jusqu'au sentiment de l'injustice, même alors que cette injustice tombe sur nous. On éprouve alors une sorte de honte pour l'humanité, on gémit sur la faiblesse humaine, et, par un retour mélancolique sur soi-même, on est moins porté à la colère qu'à la pitié. Quelquefois aussi la pitié est surmontée par une colère généreuse, par une indignation désintéressée. Si c'est, comme nous l'avons dit, une bien douce récompense d'exciter une noble sympathie, un enthousiasme presque toujours fertile en bonnes actions, c'est une punition cruelle que de soulever autour de soi la pitié, l'indignation, l'aversion et le mépris.

La sympathie pour une action bonne est accompagnée de bienveillance pour celui qui en est l'auteur. Il nous inspire une disposition affectueuse. Même sans le connaître, nous aimerions à lui faire du bien; nous lui souhaitons d'être heureux, parce que nous jugeons qu'il a mérité de l'être. L'antipathie passe aussi de l'action à la personne et engendre contre elle une sorte de mauvais vouloir que nous ne nous reprochons pas, parce que nous le sentons désintéressé et que nous le trouvons légitime.

La satisfaction morale et le remords, la sympathie, la bienveillance et leurs contraires sont des sentiments et non pas des jugements; mais ce sont des sentiments qui accompagnent des jugements, le jugement du bien, surtout celui du mérite et du démérite. Ces sentiments nous ont été donnés par le souverain auteur de notre constitution morale pour nous aider à bien faire. Dans leur diversité et leur mobilité, ils ne peuvent être les fondements de l'obligation absolue qui doit être égale pour tous, mais ils lui sont d'heureux auxiliaires, d'assurés et bienfaisants témoins de l'harmonie de la vertu et du bonheur.

Voilà les faits tels qu'une description fidèle les a présentés, tels qu'une analyse détaillée les a mis en lumière.

En dehors des faits, tout est chimère : sans leur distinction sévère tout est confusion; mais aussi, sans la connaissance de leurs rapports, au lieu d'une doctrine unique et vaste comme le phénomène total que nous avons tâché d'embrasser, il ne peut y avoir que des systèmes différents comme les différentes parties de ce phénomène, par conséquent des systèmes imparfaits et toujours en guerre les uns avec les autres.

Nous sommes partis du sens commun; car l'objet de la vraie science n'est pas de démentir le sens commun, mais de l'expliquer, et pour cela il faut commencer par le reconnaître. Nous avons peint d'abord dans sa naïveté, dans sa grossièreté même, le phénomène moral. Puis nous avons séparé ses éléments et marqué avec soin les traits caractéristiques de chacun d'eux. Il ne nous reste plus qu'à les recueillir tous, à saisir leurs rapports et à retrouver ainsi, mais plus précise et plus nette, l'unité primitive qui nous a servi de point de départ.

Sous tous les faits l'analyse nous a montré un fait primitif, qui ne repose que sur lui-même : le jugement du bien. Nous ne sacrifions pas les autres faits à celui-là, mais nous devons constater qu'il est le premier et en date et en importance.

Par ses profondes ressemblances avec le jugement du vrai et du beau, le jugement du bien nous a montré les affinités de la morale, de la métaphysique et de l'esthétique.

Le bien, si essentiellement uni au vrai, s'en distingue en ce qu'il est la vérité pratique. Le bien est obligatoire. Ce sont deux idées indivisibles, mais non pas identiques. Car l'obligation repose sur le bien : dans cette alliance intime, c'est à celui-ci que celle-là emprunte son caractère universel et absolu.

Le bien obligatoire, c'est la loi morale. Là est pour nous le fondement de toute morale. C'est par là que nous nous séparons et de la morale de l'intérêt et de la morale du sentiment. Nous admettons tous les faits, mais nous ne les admettons pas au même rang.

A la loi morale dans la raison de l'homme correspond dans l'action la liberté. La liberté se déduit de l'obligation, et de plus elle est un fait d'une évidence irrésistible.

L'homme, comme être libre et soumis à l'obligation, est une personne morale. L'idée de la personne contient plusieurs notions morales, entre autres celle de droit. La personne seule peut avoir des droits.

A toutes ces idées s'ajoute celle de mérite et de démérite qui leur sert de sanction.

Le mérite et le démérite supposent la distinction du bien et du mal, l'obligation, la liberté, et donnent naissance à l'idée de récompense et de peine.

C'est à la condition que le bien soit l'objet de la raison, que la morale peut avoir une base inébranlable. Nous avons donc insisté sur le caractère rationnel de l'idée du bien, mais sans méconnaître le rôle du sentiment.

Nous avons distingué cette sensibilité particulière, qui s'émeut en nous à la suite de la raison même, d'avec la sensibilité physique qui a besoin pour entrer en exercice d'une impression faite sur les organes.

Tous nos jugements moraux sont accompagnés de sentiments qui leur répondent. La vue d'une action que nous jugeons bonne nous fait plaisir : la conscience d'avoir accompli un acte obligatoire, et de l'avoir accompli librement, est encore un plaisir; le jugement du mérite et du démérite nous fait battre le cœur en prenant la forme de la sympathie et de la bienveillance.

Il faut l'avouer : la loi du devoir, quoiqu'elle doive être accomplie pour elle-même, serait un idéal presque inaccessible à la faiblesse humaine, si à ses austères prescriptions ne s'ajoutait quelque inspiration du cœur. Le sentiment est en quelque sorte une grâce naturelle qui nous a été donnée, soit pour suppléer à la lumière quelquefois incertaine de la raison, soit pour secourir la volonté chancelante en présence d'un devoir obscur ou pénible. Il faut, pour résister à la violence des passions coupables, le secours des passions généreuses; et quand la loi morale exige le sacrifice de sentiments naturels, des instincts les plus doux et les plus vifs, il est heureux qu'elle se puisse appuyer sur d'autres sentiments, sur d'autres instincts qui ont aussi leur charme et leur force. La vérité éclaire l'esprit; le sentiment échauffe l'âme et porte à agir. Ce n'est pas la froide raison qui détermine un Codrus à se dévouer pour ses concitoyens, un d'Assas à jeter, sous le fer de l'ennemi, le cri généreux qui lui donne la mort et sauve l'armée. Gardons-nous donc d'affaiblir l'autorité du sentiment; honorons et entretenons l'enthousiasme; c'est le foyer d'où partent les actions grandes et héroïques.

Et l'intérêt sera-t-il entièrement banni de notre système? Non; nous reconnaissons dans l'âme humaine un désir de bonheur qui est l'œuvre de Dieu même. Ce désir est un fait : il doit donc avoir sa place dans un système fondé sur l'expérience. Le bonheur est une des fins de la nature humaine; seulement il n'est ni sa fin unique ni sa fin principale.

Admirable économie de la constitution morale de l'homme! Sa fin suprême est le bien, sa loi, la vertu, qui souvent lui impose la souffrance, et par là il est la plus excellente des créatures que nous connaissions. Mais cette loi est bien dure et en contradiction avec l'instinct du bonheur. Ne craignez rien : l'auteur bienfaisant de notre être a mis dans notre âme, à côté de la loi sévère du devoir, la douce et aimable force du sentiment : il a attaché en général le bonheur à la vertu; et pour les exceptions, car il y en a, au terme de la route il a placé l'espérance[1] !

On connaît maintenant notre doctrine. Sa seule prétention est d'exprimer fidèlement chaque fait, de les exprimer tous, et d'en faire paraître à la fois les différences et l'harmonie.

Hors de là, il n'y a rien de nouveau à tenter en morale. N'admettre qu'un seul fait et lui sacrifier tous les autres, telle est la voie battue. De tous les faits que nous venons d'analyser, il n'y en a pas un qui n'ait à son tour joué le rôle de principe unique. Toutes les grandes écoles de philosophie morale n'ont vu chacune qu'un côté de la vérité : heureuses quand elles n'ont pas choisi parmi les faces diverses du phénomène moral, pour y appuyer leur système entier, celles-là précisément qui s'y prêtent le moins !

Qui pourrait aujourd'hui revenir à Épicure, et, contre les faits les plus manifestes, contre le sens commun, contre l'idée même de toute morale, fonder le devoir, la vertu, le bien sur le seul désir du bonheur? Ce serait la preuve d'un grand aveuglement et d'une grande stérilité. Au contraire immolera-t-on le besoin du bonheur, l'espoir de toute récompense, humaine ou divine, à l'idée abstraite du bien? Les stoïciens l'ont fait : on sait avec quelle grandeur apparente et quelle impuissance réelle. Renfermera-t-on, avec Kant, toute la morale dans l'obligation? C'est rétrécir encore un système déjà bien étroit. On peut d'ailleurs espérer de surpasser Kant

---

1. Voyez la leçon XVI.

par l'étendue des vues, par une connaissance plus complète et une représentation plus fidèle des faits ; on ne peut espérer d'être plus profond dans le point de vue qu'il a choisi. Ou bien, dans un autre ordre d'idées, rapportera-t-on à la seule volonté de Dieu l'obligation de la vertu, et fondera-t-on la morale sur la religion au lieu de donner la religion à la morale comme son couronnement nécessaire ? On n'invente rien encore, on ne fait que renouveler la morale des théologiens du moyen âge ou plutôt d'une école particulière qui a eu pour adversaires les docteurs les plus illustres. Enfin ramènera-t-on toute la moralité au sentiment, à la sympathie, à la bienveillance ? Il ne reste qu'à suivre les traces d'Hutcheson et de Smith, abandonnées par Reid lui-même, ou bien celles du célèbre adversaire de Kant, M. Jacobi[1].

Le temps des théories exclusives est passé ; les renouveler, c'est perpétuer la guerre en philosophie. Chacune d'elles, étant fondée sur un fait réel, refuse avec raison le sacrifice de ce fait ; et elle rencontre dans les théories ennemies un droit égal et une égale résistance. De là, le retour perpétuel des mêmes systèmes, toujours aux prises entre eux, et tour à tour vaincus et victorieux. Cette lutte ne peut cesser que par une doctrine qui concilie tous les systèmes en comprenant tous les faits qui les autorisent.

Ce n'est pas le dessein préconçu de concilier les sys-

---

1. Sur M. Jacobi, voyez le *Manuel de l'histoire de la philosophie*, de Tennemann, t. II, p. 318, etc.

tèmes dans l'histoire qui nous suggère l'idée de concilier les faits dans la réalité. C'est au contraire la pleine possession de tous les faits, analogues et différents, qui nous force d'absoudre et de condamner tous les systèmes, pour la vérité qui est en chacun d'eux et pour les erreurs que tous mêlent à la vérité.

Il importe de le redire sans cesse : rien n'est si aisé que d'arranger un système, en supprimant ou en altérant les faits qui embarrassent. Mais l'objet de la philosophie est-il donc de produire à tout prix un système, au lieu de chercher à connaître la vérité et à l'exprimer telle qu'elle est?

On objecte qu'une pareille doctrine n'a pas assez de caractère. Mais n'est-ce pas se jouer de la philosophie que de lui demander un autre caractère que celui de la vérité? Se plaint-on que la chimie moderne n'ait pas assez de caractère, parce qu'elle se borne à étudier les faits dans leurs rapports mais aussi dans leurs différences, et parce qu'elle n'aboutit pas à une substance unique? La vraie philosophie la seule qui convienne à un siècle revenu de toutes les exagérations, est un tableau de la nature humaine dont le premier mérite est d'être fidèle, et qui doit offrir tous les traits de l'original dans leur juste proportion et dans leur sincère harmonie. L'unité de la doctrine que nous professons est dans celle de l'âme humaine où nous l'avons puisée. N'est-ce pas un seul et même être qui aperçoit le bien, qui se sait obligé de l'accomplir, qui sait qu'il est libre en l'accomplissant, qui aime le bien, et qui juge que l'accomplissement ou la violation du bien amène justement après soi la récompense ou la peine, le bonheur ou le malheur ? Nous tirons encore une unité vraie du rapport intime de tous ces faits qui, nous l'avons vu, se supposent et se soutiennent les uns les autres. Mais de quel droit met-on l'unité d'une doctrine à ne souffrir en elle qu'un seul principe ? Une telle unité n'est possible que dans ces régions de l'abstraction mathématique, où l'on ne s'inquiète pas de ce qui est, où l'on retranche à volonté de l'objet que l'on étudie pour le simplifier sans cesse, et où tout se réduit à de pures notions. Dans la réalité, tout est déterminé, et par conséquent tout est complexe. Une science de faits n'est pas une série d'équations. Il faut que l'on retrouve en elle la vie qui est dans les choses, la vie avec son harmonie sans doute, mais aussi avec sa richesse et sa diversité[1].

---

1. Sur cette importante question de méthode, voyez plus haut, leçon xi, p. 279.

QUINZIÈME LEÇON.

MORALE PRIVÉE ET PUBLIQUE.

Application des principes précédents. — Formule générale du devoir : obéir à la raison. — Règle pour juger si une action est ou n'est pas conforme à la raison : élever le motif de cette action à une maxime de législation universelle. — Morale individuelle. Ce n'est pas envers l'individu, mais envers la personne morale qu'on est obligé. Principe de tous les devoirs individuels : respecter et développer la personne morale. — Morale sociale : devoirs de justice et devoirs de charité. — De la société civile. Du gouvernement. De la loi. Du droit de punir.

Nous savons qu'il y a du bien et du mal moral : nous savons que cette distinction du bien et du mal engendre une obligation, une loi, le devoir ; mais nous ne savons pas encore quels sont nos devoirs. Le principe général de la morale est posé ; il faut le suivre au moins dans ses plus grandes applications.

Si le devoir n'est que la vérité devenue obligatoire, et si la vérité n'est connue que par la raison, obéir à la loi du devoir, c'est obéir à la raison.

Mais, obéir à la raison est un précepte bien vague et bien abstrait : comment s'assurer que notre action est conforme ou n'est pas conforme à la raison?

Le caractère de la raison étant, comme nous l'avons dit, son universalité, l'action, pour être conforme à la raison, doit posséder quelque chose d'universel ; et comme c'est le motif même de l'action qui lui donne sa moralité, c'est le motif aussi qui doit, si l'action est bonne, réfléchir le caractère de la raison. A quel signe reconnaîtrez-vous donc qu'une action est conforme à la raison, qu'elle est bonne? A ce signe que le motif de cette action étant généralisé vous paraisse une maxime de législation universelle que la raison impose à tous les êtres intelligents et libres. Si vous ne pouvez généraliser ainsi le motif d'une action, et si c'est le motif contraire qui vous paraît une maxime universelle, votre action, étant opposée à cette maxime, est estimée par là opposée à la raison et au devoir : elle est mauvaise. Si ni le motif de votre action ni le motif contraire ne peuvent être érigés en une loi universelle, l'action n'est ni mauvaise ni bonne, elle est indifférente. Telle est la mesure ingénieuse que Kant a appliquée à la moralité des actions. Elle fait reconnaître avec la dernière clarté où est le devoir et où il n'est pas, comme la forme sévère et nue du syllogisme, en s'appliquant au raisonnement, en fait ressortir de la façon la plus nette l'erreur ou la vérité.

Obéir à la raison, tel est le devoir en soi, devoir supérieur à tous les autres, les fondant tous et n'étant fondé lui-même que sur le rapport essentiel de la liberté et de la raison.

On peut dire qu'il n'y a qu'un seul devoir, celui de rester raisonnable. Mais l'homme ayant des relations diverses, ce devoir unique et général se détermine et se divise en autant de devoirs paticuliers.

De tous les êtres que nous connaissons, il n'y en a pas avec qui nous soyons plus constamment en rapport qu'avec nous-mêmes. Les actions dont l'homme est à la fois l'auteur et l'objet ont leurs règles comme toutes les autres. De là cette première classe de devoirs qu'on a appelés devoirs de l'homme envers lui-même.

Au premier abord, il est étrange que l'homme ait des devoirs envers lui-même. L'homme, étant libre, s'appartient. Ce qui est le plus à moi, c'est moi-même : voilà la première propriété et le fondement de toutes les autres. Or, l'essence de la propriété n'est-elle pas d'être à la libre disposition du propriétaire, et par conséquent ne puis-je faire de moi ce qu'il me plaît ?

Non ; de ce que l'homme est libre, de ce qu'il n'appartient qu'à lui-même, il ne faut pas conclure qu'il a sur lui-même tout pouvoir. Bien au contraire, de cela seul qu'il est doué de liberté, comme aussi d'intelligence, je conclus qu'il ne peut, sans faillir, dégrader sa liberté pas plus que son intelligence. C'est un coupable usage de la liberté que de l'abdiquer. Nous l'avons dit : la liberté n'est pas seulement sacrée aux autres, elle l'est à elle-même. La soumettre au joug de la passion au lieu de l'accroître sous la libérale discipline du devoir, c'est avilir en nous ce qui mérite notre respect autant que celui des autres. L'homme n'est pas une chose ; il ne lui est donc pas permis de se traiter comme une chose.

Si j'ai des devoirs envers moi-même, ce n'est pas envers moi comme individu, c'est envers la liberté et l'intelligence qui font de moi une personne morale. Il faut bien distinguer en nous ce qui nous est propre de ce qui appartient à l'humanité. Chacun de nous contient en soi la nature humaine avec tous ses éléments essentiels ; et de plus tous ces éléments y sont d'une certaine manière qui n'est pas la même dans deux hommes différents. Ces particularités font l'individu, mais non pas la personne; et la personne seule en nous est respectable et sacrée, parce qu'elle seule représente l'humanité. Tout ce qui n'intéresse pas la personne morale est indifférent. Dans ces limites, je puis consulter mes goûts, même un peu mes fantaisies, parce qu'il n'y a rien là que d'arbitraire, et que le bien et le mal n'y sont nullement engagés. Mais dès qu'un acte touche à la personne morale, ma liberté est soumise à sa loi, à la raison qui ne permet pas à la liberté de se tourner contre elle-même. Par exemple, si par caprice, ou par mélancolie, ou par tout autre motif, je me condamne à une abstinence trop prolongée, si je m'impose des insomnies continues et au-dessus de mes forces, si je renonce absolument à tout plaisir, et que, par ces privations excessives, je compromette ma santé, ma vie, ma raison, ce ne sont plus là des actions indifférentes. La maladie, la mort, la folie peuvent devenir des crimes, si c'est nous qui volontairement les produisons.

Cette obligation imposée à la personne morale de se respecter elle-même, ce n'est pas moi qui l'ai établie, je ne puis donc pas la détruire. Le respect de moi-même est-il fondé sur une de ces conventions arbitraires, qui cessent d'être quand les deux parties contractantes y renoncent librement? Les deux contractants sont-ils ici moi et moi-même? Nullement; il y a un des contractants qui n'est pas moi, à savoir l'humanité, la personne morale. Et il n'y a ici ni convention ni contrat. Par cela seul que la personne morale est en nous, nous sommes obligés envers elle, sans convention d'aucune sorte, sans contrat qui se puisse résilier, et par la nature même des choses. De là vient que l'obligation est absolue.

Le respect de la personne morale en nous, tel est le principe général d'où dérivent tous les devoirs individuels. Nous en citerons quelques-uns.

Le plus important, celui qui domine tous les autres, est le devoir de rester maître de soi. On peut perdre la possession de soi-même de deux façons, soit en se laissant emporter, soit en se laissant abattre, en cédant aux passions enivrantes ou aux passions accablantes, à la colère ou à la mélancolie. De part et d'autre, égale faiblesse. Et je ne parle pas des conséquences de ces deux vices pour la société et pour nous : assurément ils sont très-nuisibles ; mais ils sont bien pis que cela, ils sont déjà mauvais en eux-mêmes parce qu'en eux-mêmes ils portent atteinte à la dignité morale, parce qu'ils diminuent la liberté et troublent l'intelligence.

La prudence est une vertu éminente. Je parle de cette noble prudence qui est la mesure en toutes choses, la prévoyance, l'à-propos, qui préserve à la fois de la négligence et de cette témérité qui se décore elle-même du nom d'héroïsme, comme quelquefois la lâcheté et l'égoïsme usurpent le nom de prudence. L'héroïsme, sans être raisonné, doit toujours être raisonnable. On peut être un héros par intervalle ; mais, dans la vie de tous les jours, il suffit d'être un homme sage. Il faut tenir soi-même les rênes de sa vie, ne pas se préparer des difficultés par insouciance ou par bravade, ni se créer des périls inutiles. Sans doute il faut savoir oser, mais c'est encore la prudence qui est, sinon le principe, au moins la règle du courage; car le vrai courage n'est pas un emportement aveugle, c'est avant tout le sang-froid et la possession de soi-même dans le danger. La prudence enseigne aussi la tempérance; elle maintient l'âme dans cette assiette modérée sans laquelle l'homme est incapable de reconnaître et de pratiquer la justice. Voilà pourquoi les anciens disaient que la prudence est la mère et la gardienne de toutes les vertus. La prudence est le gouvernement de la liberté par la raison, comme l'imprudence est la liberté échappée à la raison : d'un côté, l'ordre, la subordination légitime de nos facultés entre elles; de l'autre, l'anarchie et la révolte[1].

La véracité est encore une grande vertu. Le mensonge, en rompant l'alliance naturelle de l'homme avec la vérité, lui ôte ce qui fait sa dignité. Voilà pourquoi il n'est pas d'insulte plus grave qu'un démenti, et pourquoi les vertus les plus honorées sont la sincérité et la franchise.

On peut attenter à la personne morale en la blessant dans ses instruments. A ce titre le corps est pour l'homme l'objet de devoirs impérieux. Le corps peut devenir un obstacle ou un moyen. Si vous lui refusez ce qui le soutient et le fortifie, ou si vous lui demandez trop en l'excitant outre mesure, vous l'épuisez, et, en abusant de lui, vous vous en privez. C'est encore pis si vous le flattez, si vous accordez tout à ses désirs effrénés, si vous vous faites son esclave. C'est

---

1. Voyez la *République*, liv. IV, t. IX de notre traduction.

manquer à l'âme que d'affaiblir son serviteur ; c'est lui manquer bien plus encore que de l'y asservir elle-même.

Mais ce n'est pas assez de respecter la personne morale, il faut encore la perfectionner ; il faut travailler à rendre un jour à Dieu notre âme meilleure que nous ne l'avons reçue ; et elle ne le peut devenir que par un constant et courageux exercice. Partout, dans la nature, les êtres se développent spontanément, sans le vouloir et sans le savoir. Chez l'homme, si la volonté s'endort, les autres facultés se corrompent dans la langueur et l'inertie, ou, entraînées par le mouvement aveugle de la passion, elles se précipitent et s'égarent. C'est par le gouvernement et par l'éducation de lui-même que l'homme est grand.

L'homme doit s'occuper avant tout de son intelligence. C'est en effet l'intelligence qui seule nous peut donner la vue claire du vrai et du bien, et qui guide la liberté en lui montrant l'objet légitime de ses efforts. Nul ne peut se faire un autre esprit que celui qu'il a reçu, mais on dresse son esprit et on le fortifie comme le corps, en le mettant à la tâche en quelque sorte, en le réveillant quand il s'assoupit, en le retenant quand il s'emporte, en lui proposant sans cesse de nouveaux objets : car ce n'est qu'en s'enrichissant toujours qu'il ne s'appauvrit pas. La paresse engourdit et énerve l'esprit ; le travail réglé l'excite et le corrobore, et le travail est toujours en notre pouvoir.

Il y a une éducation de la liberté comme de nos autres facultés. C'est tantôt en domptant son corps, tantôt en gouvernant son intelligence, surtout en résistant à ses passions, qu'on apprend à être libre. Nous rencontrons le combat à chaque pas : il ne s'agit que de ne pas le fuir. A cette lutte de tous les instants, la liberté se forme et grandit, jusqu'à ce qu'elle devienne une habitude.

Enfin, il y a une culture de la sensibilité même. Heureux ceux qui ont reçu de la nature l'enthousiasme, le feu sacré ! Ils doivent religieusement l'entretenir. Mais il n'est pas d'âme qui ne recèle quelque veine heureuse. Il faut la surprendre et la suivre, écarter ce qui la gêne, rechercher ce qui la favorise, et, par une culture assidue, en tirer peu à peu quelques trésors. Si on ne peut se donner de la sensibilité, on peut au moins développer celle qu'on a. On le peut en s'y livrant, en saisissant toutes les occasions de s'y livrer, en appelant à son aide l'intelligence elle-même ; car, plus on connaît le beau et le bien, et plus on l'aime. Le sentiment ne fait en cela qu'emprunter à l'intelligence ce qu'il lui rend avec usure. L'intelligence trouve à son tour, dans le cœur, un rempart contre le sophisme. Les nobles sentiments, nourris et développés, préservent de ces tristes systèmes qui ne plaisent tant à certains esprits qu'en raison de la petitesse de leur âme.

L'homme aurait encore des devoirs, alors même qu'il cesserait d'être en rapport avec les autres hommes [1]. Tant qu'il conserve quelque intelligence et quel-

---

[1]. Sur nos principaux devoirs envers nous-mêmes, et sur cette er-

que liberté, l'idée du bien demeure en lui, et avec elle le devoir. Quand nous serions jetés dans une île déserte, le devoir nous y suivrait. Il serait trop étrange qu'il fût au pouvoir de certaines circonstances extérieures d'affranchir l'être intelligent et libre de toute obligation en-

reur trop accréditée au xviii® siècle de réduire la morale à nos devoirs envers les autres, voyez 1re série, t. III, les leçons sur la morale d'Helvétius et de Saint-Lambert, leçon vi, p. 235 : « Définir la vertu une disposition habituelle à contribuer au bonheur des autres, c'est concentrer la vertu dans une seule de ses applications, c'est en supprimer le caractère général et essentiel. Là est le vice fondamental de la morale du xviii® siècle. Cette morale est une réaction exagérée contre la morale un peu mystique de l'âge précédent qui, justement occupée de perfectionner l'homme intérieur, est souvent tombée dans un ascétisme qui n'est pas seulement inutile aux autres, mais qui est contraire à la vie humaine bien ordonnée. Par peur de l'ascétisme, la philosophie du xviii® siècle oublie le soin de la perfection intérieure et ne considère que les vertus utiles à la société. C'est retrancher bien des vertus, et les meilleures. Je prends, par exemple, l'empire sur soi-même. Comment en faire une vertu, quand on définit la vertu *une disposition à contribuer au bonheur des autres ?* Dira-t-on que l'empire sur soi-même est utile aux autres ? Mais cela n'est pas toujours vrai ; souvent cet empire s'exerce dans la solitude de notre âme sur des mouvements intérieurs et tout personnels ; et c'est là qu'il est et le plus pénible et le plus sublime. Fussions-nous dans un désert, ce nous serait encore un devoir de résister à nos passions, de nous commander à nous-mêmes et de gouverner notre vie comme il appartient à un être raisonnable et libre. La bienfaisance est une adorable vertu, mais ce n'est ni la vertu tout entière, ni même son emploi le plus difficile. Que d'auxiliaires n'avons-nous pas quand il s'agit de faire du bien à nos semblables, la pitié, la sympathie, la bienveillance naturelle ! Mais résister à l'orgueil, à l'envie, combattre au fond de notre âme un désir naturel, légitime en lui-même, coupable seulement dans son excès, souffrir et lutter en silence, c'est la tâche la plus rude de l'homme vertueux. J'ajoute que les vertus utiles aux autres ont leur garantie la plus sûre dans ces vertus personnelles que le xviii® siècle a méconnues. Qu'est-ce que la bonté, la générosité, la bienfaisance sans l'empire sur soi-même, sans la force de l'âme attachée à la religion du devoir ? Ce ne sont peut-être que des mouvements d'une belle nature placée en

vers sa liberté et son intelligence. Dans la solitude la plus profonde, il est toujours et il se sait sous l'empire d'une loi attachée à la personne même, qui, en l'obligeant à veiller sans cesse sur lui-même, fait à la fois son tourment et sa grandeur.

Si la personne morale m'est sacrée, ce n'est pas parce qu'elle est en moi, c'est parce qu'elle est la personne morale ; elle est respectable en soi ; elle le sera donc partout où nous la rencontrerons.

Elle l'est en vous comme en moi et au même titre. Relativement à moi elle m'imposait un devoir ; en vous elle devient le fondement d'un droit, et m'impose par là un devoir nouveau relativement à vous.

Je vous dois la vérité comme je me la dois à moi-même ; car la vérité est la loi de votre raison comme de la mienne. Sans doute il doit y avoir une mesure dans la communication de la vérité : tous n'en sont pas capables au même moment et au même degré ; il faut la leur proportionner pour qu'ils la puissent recevoir ; mais enfin la vérité est le bien propre de l'intelligence ; et c'est pour moi un devoir étroit de respecter le développement

---

d'heureuses circonstances. Otez ces circonstances, et peut-être les effets disparaîtront ou diminueront. Mais quand un homme qui se sait raisonnable et libre comprend qu'il est de son devoir de demeurer fidèle à la liberté et à la raison, quand il s'applique à se gouverner lui-même et à poursuivre sans cesse la perfection de sa nature à travers toutes les circonstances, vous pouvez compter sur cet homme ; il saura au besoin être utile aux autres, parce qu'il n'y a pas de vraie perfection pour lui sans justice et sans charité. Du soin de la perfection intérieure vous pouvez tirer toutes les vertus utiles, mais la réciproque n'est pas toujours vraie. On peut être bienfaisant sans être vertueux ; on n'est pas vertueux sans être bienfaisant »

de votre esprit, de ne point arrêter et même de favoriser sa marche vers la vérité.

Je dois aussi respecter votre liberté. Je n'ai pas même toujours le droit de vous empêcher de faire une faute. La liberté est si sainte que, même alors qu'elle s'égare, elle mérite encore jusqu'à un certain point d'être ménagée. On a souvent tort de vouloir trop prévenir le mal que Dieu lui-même permet. On peut abêtir les âmes à force de les vouloir épurer.

Je vous dois respecter dans vos affections qui font partie de vous-même ; et de toutes les affections il n'y en a pas de plus saintes que celles de la famille. Il y a en nous un besoin de nous répandre hors de nous, sans cependant nous disperser, de nous établir pour ainsi dire dans quelques âmes par une affection régulière et consacrée : c'est à ce besoin que répond la famille. L'amour des hommes est quelque chose de bien général. La famille, c'est presque encore l'individu et ce n'est pas seulement l'individu : elle ne nous demande que d'aimer autant que nous-même ce qui est presque nous-même. Elle attache les uns aux autres, par des liens doux et puissants, le père, la mère, l'enfant ; elle donne à celui-ci un secours assuré dans l'amour de ses parents, à ceux-là un espoir, une joie, une vie nouvelle dans leur enfant. Attenter au droit conjugal ou paternel, c'est attenter à la personne dans ce qu'elle a peut-être de plus sacré.

Je dois respect à votre corps, en tant que vous appartenant, en tant qu'instrument nécessaire de votre personne. Je n'ai le droit ni de vous tuer, ni de vous blesser, à moins d'être attaqué et menacé : alors ma liberté violée s'arme d'un droit nouveau, le droit de défense et même de contrainte.

Je dois respect à vos biens, car ils sont le produit de votre travail, je dois respect à votre travail qui est votre liberté même en exercice; et, si vos biens viennent d'un héritage, je dois respect encore à la libre volonté qui vous les a transmis[1].

Le respect des droits d'autrui s'appelle la justice : toute violation d'un droit quelconque est une injustice.

Toute injustice est une entreprise sur notre personne : retrancher le moindre de nos droits, c'est diminuer notre personne morale, c'est, par cet endroit du moins, nous rabaisser à l'état d'une chose.

La plus grande de toutes les injustices, parce qu'elle les comprend toutes, est l'esclavage. L'esclavage est l'asservissement de toutes les facultés d'un homme au profit d'un autre homme. L'esclave ne développe un peu son intelligence que dans un intérêt étranger : ce n'est pas pour l'éclairer, c'est pour le rendre plus utile qu'on lui permet quelque exercice de la pensée. L'esclave n'a pas la liberté de ses mouvements ; on l'attache à la terre, on le vend avec elle, ou on l'enchaîne à la personne du maître. L'esclave ne doit pas avoir d'affection, il n'a pas de famille, il n'a point de femme, il n'a point d'enfants : il a une femelle et des petits. Son activité ne lui appartient pas, car le produit de son travail est à un autre. Mais, pour que rien ne manque à l'esclavage, il faut aller

---

1. Sur le vrai fondement de la propriété, voyez la leçon précédente, p. 354.

plus loin : il faut abolir dans l'esclave jusqu'au sentiment inné de la liberté, il faut éteindre en lui toute idée de droit ; car, tant que cette idée subsiste, l'esclavage est mal assuré, et à un pouvoir odieux peut répondre le droit terrible de l'insurrection, cette raison dernière des opprimés contre les abus de la force[1].

La justice, le respect de la personne dans tout ce qui la constitue, voilà le premier devoir de l'homme envers son semblable. Ce devoir est-il le seul ?

Quand nous avons respecté la personne des autres, que nous n'avons ni contraint leur liberté, ni étouffé leur intelligence, ni maltraité leur corps, ni attenté à leur famille ou à leurs biens, pouvons-nous dire que nous ayons accompli toute la loi à leur égard ! Un malheureux est là souffrant devant nous. Notre conscience

1. La servitude volontaire ne vaut guère mieux que la servitude imposée par la force. Voyez plus haut, p. 355; voyez aussi Ire série, t. III, leçon VI, p. 240 : « Quand un autre aurait le désir de nous servir comme un esclave, sans conditions et sans limites, d'être pour nous une chose à notre usage, un pur instrument, un bâton, un vase, et quand nous aurions aussi le désir de nous servir de lui en cette manière, et de le laisser se servir de nous en la même façon, cette réciprocité de désirs ne nous autoriserait ni l'un ni l'autre à cet absolu sacrifice, parce que le désir ne peut jamais être le titre d'un droit, parce qu'il y a quelque chose en nous qui est au-dessus de tous les désirs, partagés ou non partagés, à savoir, le devoir et le droit, la justice. C'est à la justice qu'il appartient d'être la règle de nos désirs, et non pas à nos désirs d'être la règle de la justice. L'humanité tout entière oublierait sa dignité, elle consentirait à sa dégradation, elle tendrait les mains à l'esclavage, que la tyrannie n'en serait pas plus légitime ; la justice éternelle protesterait contre un contrat, qui, fût-il appuyé sur les désirs réciproques les plus authentiquement exprimés et convertis en lois solennelles, n'en est pas moins nul de plein droit, parce que, comme l'a très-bien dit Bossuet, il n'y a pas de droit contre le droit, point de contrats, de conventions, de lois humaines contre la loi des lois, la loi naturelle. »

est-elle satisfaite, si nous pouvons nous rendre le témoignage de n'avoir pas contribué à ses souffrances? Non; quelque chose nous dit qu'il est bien encore de lui donner du pain, des secours, des consolations.

Il y a ici une importante distinction à faire. Si vous êtes resté dur et insensible à l'aspect de la misère d'autrui, votre conscience crie contre vous; et cependant cet homme qui souffre, qui va mourir peut-être, n'a pas le moindre droit sur la moindre partie de votre fortune, fût-elle immense; et, s'il usait de violence pour vous arracher une obole, il commettrait une faute. Nous rencontrons ici un nouvel ordre de devoirs qui ne correspondent pas à des droits. L'homme peut recourir à la force pour faire respecter ses droits : il ne peut pas imposer à un autre un sacrifice, quel qu'il soit. La justice respecte ou elle restitue : la charité donne, et elle donne librement.

La charité nous ôte quelque chose pour le donner à nos semblables. Va-t-elle jusqu'à nous inspirer le renoncement à nos intérêts les plus chers? elle s'appelle le dévouement.

Certes on ne peut pas dire qu'il ne soit pas obligatoire d'être charitable. Mais il s'en faut que cette obligation soit aussi précise, aussi inflexible que l'obligation d'être juste. La charité, c'est le sacrifice; et qui trouvera la règle du sacrifice, la formule du renoncement à soi-même? Pour la justice, la formule est claire: respecter les droits d'autrui. Mais la charité ne connaît ni règle ni limite. Elle surpasse toute obligation. Sa beauté est précisément dans sa liberté.

Mais il faut le reconnaître : la charité aussi a ses dangers. Elle tend à substituer son action propre à l'action de celui qu'elle veut servir; elle efface un peu sa personnalité et se fait en quelque sorte sa providence : rôle redoutable pour un mortel ! Pour être utile aux autres, on s'impose à eux et on risque d'attenter à leurs droits naturels. L'amour, en se donnant, asservit. Sans doute il ne nous est pas interdit d'agir sur autrui. Nous le pouvons toujours par la prière et l'exhortation. Nous le pouvons aussi par la menace, quand nous voyons un de nos semblables s'engager dans une action criminelle ou insensée. Nous avons même le droit d'employer la force quand la passion emporte la liberté et fait disparaître la personne. C'est ainsi que nous pouvons, que nous devons même empêcher par la force le suicide d'un de nos semblables. La puissance légitime de la charité se mesure sur le plus ou moins de liberté et de raison de celui auquel elle s'applique. Quelle délicatesse ne faut-il donc pas dans l'exercice de cette vertu périlleuse ! Comment apprécier assez certainement le degré de liberté que possède encore un de nos semblables pour savoir jusqu'où on se peut substituer à lui dans le gouvernement de sa destinée? Et quand, pour servir une âme faible, on s'est emparé d'elle, qui est assez sûr de soi pour n'aller pas plus loin, pour ne passer pas de l'amour de la personne dominée à l'amour de la domination elle-même? La charité est souvent le commencement et l'excuse, et toujours le prétexte des usurpations. Pour avoir le droit de s'abandonner aux mouvements de la charité, il faut s'être affermi contre soi-même dans un long exercice de la justice.

Respecter les droits d'autrui et faire du bien aux hommes, être à la fois juste et charitable, voilà la morale sociale dans les deux éléments qui la constituent.

Nous parlons de la morale sociale, et nous ne savons pas encore ce que c'est que la société. Regardons autour de nous : partout la société existe, et où elle n'est pas, l'homme n'est pas un homme. La société est un fait universel qui doit avoir des fondements universels.

Écartons d'abord la question d'origine[1]. La philoso-

1. Sur le danger de rechercher d'abord l'origine des connaissances humaines, voyez plus haut, Ire partie, p. 37, la note de la page 39, et IIIe partie, p. 259. Voyez aussi Ire série, t. III, leçon sur Hobbes, p. 261 : « Hobbes n'est pas le seul qui ait pris la question de l'origine des sociétés pour le point de départ de la science politique. Presque tous les publicistes du xviiie siècle, Montesquieu excepté, procèdent de la même manière. Rousseau imagine d'abord un état primitif où l'homme n'étant plus sauvage, sans être encore civilisé, vivait heureux et libre sous l'empire des lois de la nature. Cet âge d'or de l'humanité venant à disparaître emporte avec lui tous les droits de l'individu, qui entre nu et désarmé dans ce que nous appelons l'état social. Mais l'ordre ne peut régner dans un État sans lois, et puisque les lois naturelles ont péri dans le naufrage des mœurs primitives, il faut en créer de nouvelles. La société se forme à l'aide d'un contrat dont le principe est l'abandon par chacun et par tous de leurs forces et de leurs droits individuels au profit de la communauté, de l'État, instrument de toutes les forces, dépositaire de tous les droits. L'État, pour Hobbes, ce sera un homme, un monarque, un roi ; pour Rousseau, l'État est la collection même des citoyens, qui tour à tour sont considérés comme sujets et comme gouvernants, en sorte qu'au lieu du despotisme d'un sur tous, on a le despotisme de tous sur chacun. La loi n'est point l'expression plus ou moins heureuse, plus ou moins fidèle de la justice naturelle ; elle est l'expression de la volonté générale. Cette volonté générale est seule libre; les volontés particulières ne le sont pas. L'une possède tous les droits, les autres n'ont que les droits que leur confère, ou plutôt que leur prête la première. La force, dans le traité *Du*

phie du dernier siècle se complaisait trop à ces sortes de questions. Comment demander la lumière à la région des ténèbres et l'explication de la réalité à une hypothèse? Pourquoi remonter à un prétendu état primitif pour se rendre compte d'un état présent qu'on peut étudier en lui-même dans ses caractères incontestables? Pourquoi rechercher ce qu'a pu être en germe ce qu'on peut apercevoir et ce qu'il s'agit de connaître achevé et parfait; D'ailleurs il y a un grave péril à débuter par la question de l'origine de la société. A-t-on trouvé telle ou telle origine? on arrange la société actuelle sur le type de la société primitive qu'on a rêvée, et la science politique est livrée à la merci des romans de l'histoire. Celui ci s'imagine que l'état primitif est la violence, et il part de là pour autoriser le droit du plus fort et con-

---

Citoyen, est le fondement de la société, de l'ordre, des lois, des droits et des devoirs que les lois seules instituent. Dans le *Contrat social*, la volonté générale joue le même rôle, remplit la même fonction. D'ailleurs, la volonté générale ne diffère guère en soi de la force. En effet, la volonté générale, c'est le nombre, c'est-à-dire la force encore. Ainsi des deux côtés, la tyrannie sous des formes diverses. C'est ici qu'on peut se donner le spectacle de la puissance de la méthode. Si Hobbes, si Rousseau surtout avaient étudié d'abord l'idée du droit en elle-même, avec les caractères certains sans lesquels nous ne pouvons la concevoir, ils auraient infailliblement reconnu que s'il y a des droits qui dérivent des lois positives, et particulièrement des conventions et des contrats, il en est qui ne dérivent d'aucun contrat, puisque les contrats les prennent pour principes et pour règles ; d'aucune convention, puisqu'ils servent de fondement à toutes les conventions pour que ces conventions soient réputées justes ; des droits que la société consacre et développe, mais qu'elle ne fait pas ; des droits inviolables aux caprices de la volonté générale ou particulière, qui appartiennent essentiellement à la nature humaine, et qui sont, comme elle, inviolables et sacrés. »

sacrer le despotisme. Celui-là croit trouver dans la famille la première forme de la société, et il assimile le gouvernement au père de famille et les sujets aux enfants ; la société est à ses yeux un mineur qu'il faut tenir en tutelle entre les mains de la puissance paternelle, qui, dans l'origine, est absolue et par conséquent doit demeurer telle. Ou bien se jette-t-on à l'extrémité de l'opinion contraire et dans l'hypothèse d'une convention, d'un contrat qui exprime la volonté de tous ou du plus grand nombre, on livre à la volonté mobile de la foule les lois éternelles de la justice et les droits inaliénables de la personne. Enfin, trouve-t-on dans le berceau des sociétés de puissantes institutions religieuses ; on en conclut que le pouvoir appartient de droit aux sacerdoces, lesquels ont le secret des desseins de Dieu et représentent son autorité souveraine. Ainsi une méthode vicieuse en philosophie conduit à une politique déplorable : on commence par l'hypothèse, on finit par l'anarchie ou la tyrannie.

La vraie politique ne dépend point de recherches historiques plus ou moins bien dirigées dans la nuit profonde d'un passé à jamais évanoui et dont il ne subsiste aucun vestige : elle repose sur la connaissance de la nature humaine.

Partout où la société est, partout où elle fut, elle a pour fondements : 1° le besoin que nous avons de nos semblables et les instincts sociaux que l'homme porte en lui ; 2° l'idée et le sentiment permanent et indestructible de la justice et du droit.

L'homme faible et impuissant, quand il est seul,

ressent profondément le besoin qu'il a du secours de ses semblables pour développer ses facultés, pour embellir sa vie et même pour la conserver[1]. Sans réflexion, sans convention, il réclame le bras, l'expérience, l'amour de ceux qu'il voit faits comme lui. L'instinct de la société est dans le premier cri de l'enfant qui appelle le secours maternel sans savoir qu'il a une mère, et dans

---

1. Ire série, t. III, p. 265. « Comment, dit quelque part Montesquieu, l'homme est partout en société, et on demande s'il est né pour la société! Qu'est-ce qu'un fait qui se reproduit dans toutes les vicissitudes de la vie de l'humanité, sinon une loi de l'humanité? Le fait universel et permanent de la société atteste le principe de la sociabilité. Ce principe éclate dans tous nos penchants, dans nos sentiments, dans nos croyances. Il est vrai que nous aimons la société pour les avantages qu'elle procure ; mais il n'est pas moins vrai que nous l'aimons aussi pour elle-même, et que nous la recherchons indépendamment de tout calcul. La solitude nous attriste ; elle n'est pas moins mortelle à la vie de l'être moral que le vide absolu à la respiration de l'être physique. Que deviendrait, sans la société, l'un des principes les plus puissants de notre âme, la sympathie, qui établit entre tous les hommes une communion de sentiments par laquelle chacun vit en tous et tous vivent en chacun ? Qui serait assez aveugle pour ne pas voir là un appel énergique de la nature humaine à la société? Et l'attrait des sexes, leur union, l'amour des parents pour les enfants, ne fondent-ils pas une sorte de société naturelle qui s'accroît et se développe par la puissance des mêmes causes qui l'ont produite? Divisés par l'intérêt, rapprochés par le sentiment, les hommes se respectent au nom de la justice. Ajoutons qu'ils s'aiment en vertu de la charité naturelle. Egaux en droit aux yeux de la justice, la charité nous inspire de nous considérer comme des frères, et de nous porter les uns aux autres secours et consolation. Chose admirable ! Dieu n'a pas laissé à notre sagesse ni même à notre expérience le soin de former et de conserver la société : il a voulu que la sociabilité fût une loi de notre nature, et une loi tellement impérieuse qu'aucune tendance à la singularité, aucun égoïsme, aucun dégoût même, ne pussent prévaloir contre elle. Il fallait toute la puissance de l'esprit de système pour faire dire à Hobbes que la société est un accident, et un incroyable accès de mélancolie pour arracher à Rousseau cette parole extravagante que la société est un mal. »

l'empressement de la mère à répondre aux cris de l'enfant. Il est dans les sentiments que la nature a mis en nous pour les autres, la pitié, la sympathie, la bienveillance. Il est dans l'attrait des sexes, dans leur union, dans l'amour des parents pour leurs enfants, et dans les liens de tout genre que ces premiers liens engendrent. Si la Providence a attaché tant de tristesse à la solitude, tant de charme à la société, c'est que la société est indispensable à la conservation de l'homme et à son bonheur, à son développement intellectuel et moral.

Mais si le besoin et l'instinct commencent la société, c'est la justice qui l'achève.

En présence d'un autre homme, sans aucune loi extérieure, sans aucun pacte[1], il suffit que je sache que c'est un homme, c'est-à-dire qu'il est intelligent et libre, pour savoir qu'il a des droits, et pour savoir que je dois respecter ses droits comme il doit respecter les miens. Comme il n'est pas plus libre que je ne le suis, ni moi plus que lui, nous nous reconnaissons l'un en-

---

1. Iʳᵉ série, t. III, p. 283 : « Nous ne tenons pas d'un pacte notre qualité d'homme, la dignité et les droits qui y sont attachés; ou plutôt il y a un pacte immortel qui n'est écrit nulle part, mais qui se fait sentir à toute conscience non corrompue, ce pacte qui lie tous les êtres intelligents, libres, sujets au malheur, par les liens sacrés d'un commun respect et d'une charité commune.... Les lois promulguent les droits ; mais elles ne leur donnent pas naissance ; elles ne pourraient les violer sans être injustes, et sans cesser de mériter le beau nom de lois, c'est à-dire des décisions de l'autorité publique dignes de paraître obligatoires à la conscience de tous. Cependant, bien que les lois n'aient d'autre vertu que de déclarer ce qui est avant elles, nous y plaçons souvent le fondement du droit et de la justice, au grand détriment de la justice elle-même et du sentiment du droit. Le temps et l'habitude

vers l'autre des droits et des devoirs égaux. S'il abuse de sa force pour violer l'égalité de nos droits, je sais que j'ai le droit de me défendre et de me faire respecter ; et si un tiers se trouve entre nous, sans aucun intérêt personnel dans la querelle, il sait que c'est son droit et son devoir d'user de la force pour protéger le faible, et même pour faire expier à l'oppresseur son injustice par un châtiment. Voilà déjà la société tout entière avec ses principes essentiels : justice, liberté, égalité, gouvernement, pénalité.

La justice est le garant de la liberté. La vraie liberté n'est pas de faire ce qu'on veut, mais ce qu'on a le droit de faire. La liberté de la passion et du caprice aurait pour conséquence l'asservissement des plus faibles aux plus forts, et l'asservissement des plus forts eux-mêmes à leurs désirs effrénés. L'homme n'est vraiment libre dans l'intérieur de sa conscience qu'en résistant à la passion et en obéissant à la justice ; là aussi est le type de la vraie liberté sociale. Rien n'est plus faux que cette opinion que la société diminue notre liberté naturelle ; loin de là, elle l'assure, elle la développe : ce qu'elle réprime, ce n'est pas la liberté, c'est

dépouillent la raison de son autorité naturelle pour la transporter à la loi. Qu'arrive-t-il alors ? Ou bien nous lui obéissons, même quand elle est injuste, ce qui n'est pas un très-grand mal, mais nous ne songeons point à la réformer peu à peu, n'ayant aucun principe supérieur qui nous permette de la juger : ou bien nous la changeons sans cesse, dans une impuissance invincible de rien fonder, faute de connaître la base immuable sur laquelle il faut asseoir le droit écrit. Dans l'une et l'autre hypothèse, tout progrès est impossible, parce que les lois ne sont pas rapportées à leur véritable principe, qui est la raison, la conscience, la justice souveraine et absolue. »

son contraire, la passion. La société ne nuit pas plus à la liberté que la justice, car la société n'est pas autre chose que l'idée même de la justice réalisée.

En assurant la liberté, la justice assure aussi l'égalité. Si les hommes sont inégaux par les forces physiques et par l'intelligence, ils sont égaux en tant qu'êtres libres, et par conséquent également dignes de respect. Tous les hommes, dès qu'ils portent le caractère sacré de la personne morale, sont respectables au même titre et au même degré[1].

La limite de la liberté est dans la liberté même; la limite du droit est dans le devoir. La liberté est respectable, mais pourvu qu'elle ne nuise pas à la liberté d'autrui. Je dois vous laisser faire ce qui vous plaira, mais à la condition que rien de ce que vous ferez ne portera atteinte à ma liberté. Car alors, en vertu même du droit de la liberté, je me verrais obligé de réprimer les écarts de la vôtre pour protéger la mienne et celle des autres. La société garantit la liberté de chacun, et si un citoyen attaque celle d'un autre, on l'arrête au nom de la liberté. Par exemple, la liberté religieuse est sacrée; vous pouvez même, dans le secret de la conscience, vous forger la plus extravagante superstition; mais, si vous voulez professer un culte immoral, vous menacez la liberté et la raison de vos concitoyens : une telle prédication est interdite.

De la nécessité de réprimer naît la nécessité d'une force répressive constituée.

1. Plus haut, leçon XII, p. 294, etc.

A la rigueur cette force est en moi : car si l'on m'attaque injustement, j'ai le droit de me défendre. Mais, d'abord je puis ne pas être le plus fort ; en second lieu nul n'est juge impartial dans sa propre cause, et ce que je regarde ou ce que je donne comme un acte de défense légitime peut être un acte de violence et d'oppression.

Ainsi la protection des droits de chacun réclame une force impartiale et désintéressée, qui soit supérieure à toutes les forces particulières.

Ce tiers désintéressé, armé de la puissance nécessaire pour assurer et défendre la liberté de tous, s'appelle le gouvernement.

Le droit du gouvernement exprime les droits de tous et de chacun. C'est le droit de défense personnelle transporté à une force publique, au profit de la liberté commune.

Le gouvernement n'est donc pas un pouvoir distinct et indépendant de la société ; il tire d'elle toute sa force. C'est ce que n'ont pas vu deux écoles opposées de publicistes : les uns qui sacrifient la société au gouvernement ; les autres qui considèrent le gouvernement comme ennemi de la société. Si le gouvernement ne représentait pas la société, il ne serait qu'une force matérielle, illégitime et bientôt impuissante ; et sans le gouvernement, la société serait une guerre de tous contre tous. C'est la société qui fait la puissance morale du gouvernement, comme le gouvernement fait la sécurité de la société. Pascal a tort[1] quand il dit que ne

---

1. Voyez IV⁰ série, t. I, p. 40.

pouvant pas faire que ce qui est juste fût fort, on a fait que ce qui est fort fût juste. Le gouvernement, en principe au moins, c'est précisément ce que voulait Pascal : la justice armée de la force.

C'est une triste et fausse politique que celle qui met aux prises la société et le gouvernement, l'autorité et la liberté, en les faisant venir de deux sources différentes, en les présentant comme deux principes contraires. J'entends parler souvent du principe de l'autorité comme d'un principe à part, indépendant, tirant de soi-même sa force et sa légitimité, et par conséquent fait pour dominer. Il n'y a pas d'erreur plus profonde et plus dangereuse. On croit par là affermir le principe de l'autorité; loin de là, on lui ôte son plus solide fondement. L'autorité, c'est-à-dire l'autorité légitime et morale, n'est autre chose que la justice, et la justice n'est autre chose aussi que le respect de la liberté; en sorte qu'il n'y a pas là deux principes différents et contraires, mais un seul et même principe, d'une certitude égale et d'une égale grandeur sous toutes ses formes et dans toutes ses applications.

L'autorité, dit-on, vient de Dieu : sans doute ; mais d'où vient la liberté, d'où vient l'humanité? C'est à Dieu qu'il faut rapporter tout ce qu'il y a d'excellent sur la terre; et rien n'est plus excellent que la liberté. La raison, qui dans l'homme commande à la liberté, lui commande selon sa nature; et la première loi qu'elle lui impose est de se respecter elle-même.

L'autorité est d'autant plus forte que son vrai titre est mieux compris; et l'obéissance est plus facile quand, au lieu de dégrader, elle honore ; quand, au lieu de ressembler à la servitude, elle est à la fois la condition et la garantie de la liberté.

La mission, la fin du gouvernement, c'est de faire régner la justice, protectrice de la liberté commune. D'où il suit que tant que la liberté d'un citoyen ne porte pas atteinte à la liberté d'un autre, elle échappe à toute répression. Ainsi le gouvernement ne peut sévir contre le mensonge, l'intempérance, l'imprudence, la mollesse, l'avarice, l'égoïsme, sinon quand ces vices deviennent préjudiciables à autrui. Il ne faut pas d'ailleurs renfermer le gouvernement dans des bornes trop étroites. Le gouvernement qui représente la société est aussi une personne morale ; il a un cœur comme l'individu ; il a de la générosité, de la bonté, de la charité. Il y a des faits légitimes, et même universellement admirés, qui ne s'expliquent pas, si on réduit la fonction du gouvernement à la seule protection des droits[1]. Le gouvernement doit aux citoyens, en une certaine mesure, de veiller à leur bien-être, de développer leur intelligence, de fortifier leur moralité, dans l'intérêt de la société et même dans l'intérêt de l'humanité. De là quelquefois pour le gouvernement le droit redoutable d'user de la force pour faire du bien aux hommes. Mais ici nous touchons à ce point délicat où la charité incline au despotisme. On ne peut donc réclamer trop d'intelligence et de sagesse

---

[1]. Voyez notre écrit : *Justice et Charité*, composé en 1848, au milieu des excès du socialisme, pour rappeler la dignité de la liberté, le caractère, la portée et les limites infranchissables de la vraie charité, privée et civile.

dans l'emploi d'un pouvoir nécessaire peut-être, mais dangereux.

Maintenant, à quelle condition le gouvernement s'exerce-t-il? Lui suffit-il d'un acte de sa volonté pour employer à son gré dans toute circonstance, comme il l'entendra, la puissance qui lui a été confiée? C'est ainsi qu'a dû s'exercer le gouvernement dans la société naissante et dans l'enfance de l'art de gouverner. Mais le pouvoir, exercé par des hommes, peut s'égarer de diverses manières, ou par faiblesse ou par excès de force. Il lui faut donc une règle supérieure à lui-même, une règle publique et connue; qui soit une leçon pour les citoyens et pour le gouvernement un frein et un appui : cette règle s'appelle la loi.

La loi universelle et absolue, c'est la justice naturelle, qui ne se peut écrire, mais qui parle à la raison et au cœur de tous. Les lois écrites sont des formules où l'on cherche à exprimer le moins imparfaitement possible ce que demande la justice naturelle dans telles et telles circonstances déterminées.

Si les lois se proposent d'exprimer en chaque chose la justice naturelle, qui est la justice universelle et absolue, une des conditions nécessaires d'une bonne loi est l'universalité de son caractère. Il faut examiner d'une façon abstraite et générale ce que demande la justice dans tel ou tel cas, afin que ce cas se présentant on le juge selon la règle posée, sans aucune acception des circonstances, du lieu, du temps, de la personne.

On appelle droit positif l'ensemble de ces règles ou

lois qui gouvernent les rapports sociaux des individus.
Le droit positif repose entièrement sur le droit naturel,
qui lui sert à la fois de fondement, de mesure et de limite. La loi suprême de toute loi positive est qu'elle ne
soit pas contraire à la loi naturelle : nulle loi ne peut
ni nous imposer un devoir faux ni nous enlever un
droit vrai.

La sanction de la loi, c'est la punition. Nous avons
déjà vu le droit de punir sortir de l'idée du démérite[1].

---

1. Plus haut, leçon xiv, p. 356, etc. Voyez sur la théorie de la peine,
le *Gorgias*, t. III de la traduction de Platon, et notre argument,
p. 367. q. La première loi de l'ordre est d'être fidèle à la vertu, et à
cette partie de la vertu qui se rapporte à la société, à savoir la justice ;
mais si l'on y manque, la seconde loi de l'ordre est d'expier sa faute,
et on ne l'expie que par la punition. Les publicistes cherchent encore
le fondement de la pénalité. Ceux-ci, qui se croient de grands politiques, le trouvent dans l'utilité de la peine pour ceux qui en sont les
témoins et qu'elle détourne du crime par la terreur de sa menace, par sa
vertu préventive. Et c'est bien là, il est vrai, un des effets de la pénalité, mais ce n'est pas là son fondement ; car la peine, en frappant l'innocent, produirait autant et plus de terreur encore, et serait tout
aussi préventive. Ceux-là, dans leurs prétentions à l'humanité, ne
veulent voir la légitimité de la peine que dans son utilité pour celui
qui la subit, dans sa vertu corrective : et c'est encore là, il est vrai, un
des effets possibles de la peine, mais non pas son fondement ; car pour
que la peine corrige, il faut qu'elle soit acceptée comme juste. Il faut
donc toujours en revenir à la justice. La justice ; voilà le fondement
véritable de la peine : l'utilité personnelle et sociale n'en est que la
conséquence. C'est un fait incontestable qu'à la suite de tout acte injuste l'homme pense, et ne peut pas ne pas penser qu'il a démérité,
c'est-à-dire mérité une punition. Dans l'intelligence, à l'idée d'injustice correspond celle de la peine ; et quand l'injustice a eu lieu dans la
sphère sociale, la punition méritée doit être infligée par la société. La
société ne le peut que parce qu'elle le doit. Le droit ici n'a d'autre
source que le devoir, le devoir le plus étroit, le plus évident et le plus
sacré, sans quoi ce prétendu droit ne serait que celui de la force, c'està-dire une atroce injustice, quand même elle tournerait au profit moral de qui la subit, et en un spectacle salutaire pour le peuple : ce qui

Dans l'ordre universel, Dieu seul se charge d'appliquer une peine à toutes les fautes, quelles qu'elles soient. Dans l'ordre social, le gouvernement n'est investi du droit de punir que pour protéger la liberté en imposant une juste réparation à ceux qui la violent. Toute faute qui n'est pas contraire à la justice et ne porte pas atteinte à la liberté échappe donc à la vindicte sociale. Le droit de punir n'est pas non plus le droit de se venger. Rendre le mal pour le mal, demander œil pour œil, dent pour dent, est la forme barbare d'une justice sans lumière; car le mal que je vous ferai n'ôtera pas celui que vous m'avez fait. Ce n'est pas la douleur ressentie par la victime qui réclame une douleur correspondante; c'est la justice violée qui impose au coupable l'expiation de la souffrance. Telle est la moralité de la peine. Le principe de la peine n'est pas la réparation du dommage causé. Si je vous ai causé un dommage sans le vouloir, je vous paye une indemnité; ce n'est pas là une peine, car je ne suis pas coupable; tandis que si j'ai commis un crime, outre l'indemnité matérielle du mal que j'ai fait, je dois une réparation à la

---

ne serait point alors; car alors la peine ne trouverait aucune sympathie, aucun écho, ni dans la conscience publique ni dans celle du condamné. La peine n'est pas juste parce qu'elle est utile préventivement ou correctivement; mais elle est utile et de l'une et de l'autre manière parce qu'elle est juste. Cette théorie de la pénalité, en démontrant la fausseté, le caractère incomplet et exclusif des deux théories qui partagent les publicistes, les achève et les explique, et leur donne à toutes deux un centre et une base légitime. Elle n'est sans doute qu'indiquée dans Platon, mais elle s'y rencontre en plusieurs endroits, brièvement mais positivement exprimée, et c'est sur elle que repose la théorie sublime de l'expiation. »

justice par une souffrance convenable, et c'est en cela que consiste véritablement la peine.

Quelle est l'exacte proportion des châtiments et des crimes? Cette question ne peut recevoir une solution absolue. Ce qu'il y a ici d'immuable, c'est que l'acte contraire à la justice mérite une punition, et que plus l'acte est injuste, plus la punition doit être sévère. Mais à côté du droit de punir est le devoir de corriger. Il faut laisser au coupable la possibilité de réparer son crime. L'homme coupable est un homme encore; ce n'est pas une chose dont on doive se débarrasser dès qu'elle nuit, une pierre qui tombe sur notre tête et que nous rejetons dans l'abîme afin qu'elle ne blesse plus personne. L'homme est un être raisonnable, capable de comprendre le bien et le mal, de se repentir et de se réconcilier un jour avec l'ordre. Ces vérités ont donné naissance à des ouvrages qui honorent la fin du xviiie siècle et le commencement du xixe. La conception des maisons de pénitence rappelle ces premiers temps du christianisme où le châtiment consistait en une expiation qui permettait au coupable de remonter par le repentir au rang des justes. Ici intervient, comme nous l'indiquions tout à l'heure, le principe de la charité, bien différent du principe de la justice. Punir est juste, améliorer est charitable. Dans quelle mesure ces deux principes doivent-ils s'unir? Rien de plus délicat, de plus difficile à déterminer. Ce qu'il y a de certain, c'est que la justice doit dominer. En entreprenant l'amendement du coupable, le gouvernement usurpe, d'une usurpation bien généreuse, sur les droits de la religion; mais il ne doit pas aller jusqu'à oublier sa fonction propre et son devoir rigoureux.

Arrêtons-nous sur le seuil de la politique proprement dite. Il n'y a de fixe et d'invariable que ces principes; tout le reste est relatif. Les constitutions des États ont quelque chose d'absolu par leur rapport aux droits inviolables qu'elles doivent garantir : mais elles ont aussi un côté relatif par les formes variables qu'elles revêtent selon les temps, selon les lieux, selon les mœurs, selon l'histoire. La règle suprême que la philosophie rappelle à la politique, c'est qu'elle doit, en prenant conseil de toutes les circonstances, rechercher toujours les formes sociales et les institutions qui réalisent le mieux ces principes éternels. Oui, ils sont éternels, parce qu'ils ne sont tirés d'aucune hypothèse arbitraire, mais qu'ils reposent sur la nature immuable de l'homme, sur les instincts tout puissants du cœur, sur la notion indestructible de la justice et l'idée sublime de la charité, sur la conscience de la personne, de la liberté et de l'égalité, sur le devoir et le droit, sur le mérite et le démérite. Voilà les fondements de toute société vraie, digne de ce beau nom de société humaine, c'est-à-dire formée d'êtres libres et raisonnables; voilà les maximes qui doivent diriger tout gouvernement digne de sa mission, qui sait qu'il n'a pas affaire à des bêtes mais à des hommes, qui les respecte et qui les aime.

Grâce à Dieu, la société française a toujours marché à la lumière de cet idéal immortel, et la dynastie qui est à sa tête depuis des siècles l'a toujours guidée dans ces voies généreuses. C'est Louis le Gros qui au moyen âge a émancipé les communes ; c'est Philippe le Bel qui a institué les parlements, une justice indépendante et gratuite ; c'est Henri IV qui a commencé la liberté religieuse ; c'est Louis XIII, c'est Louis XIV, qui, en même temps qu'ils entreprenaient de donner à la France ses frontières naturelles et qu'ils y parvenaient presque, travaillèrent à unir de plus en plus toutes les parties de la nation, à remplacer l'anarchie féodale par une administration régulière, et à réduire les grands vassaux à une simple aristocratie, de jour en jour dépouillée de tout autre privilége que de celui de servir au premier rang la patrie commune. C'est un roi de France qui, comprenant les besoins nouveaux et s'associant aux progrès du temps, a tenté de substituer à ce gouvernement représentatif très-réel, mais confus et informe, qu'on appelait les assemblées de la noblesse, du clergé et du tiers état, le vrai gouvernement représentatif qui convient aux grandes nations civilisées ; essai glorieux et infortuné qui, si la royauté eût alors été servie par un Richelieu, un Mazarin, ou un Colbert, aurait pu se terminer à une réforme nécessaire, et qui, par les fautes de tout le monde, a abouti à une révolution pleine d'excès, de violences et de crimes, rachetés et couverts par un courage incomparable, un patriotisme sincère et les plus éclatants triomphes. Enfin, c'est le frère de Louis XVI qui, éclairé et non découragé par les malheurs de sa famille, a spontanément donné à la France cette constitution libérale et sage que nos pères avaient rêvée, que Montesquieu avait décrite, et qui, loyalement pratiquée de part et d'autre et successivement développée, convient admirablement au temps présent et suffit au plus long avenir. Nous sommes heureux de retrouver dans la Charte les principes que nous venons d'exposer, et qui contiennent nos vœux et nos espérances pour la France et pour l'humanité [1].

---

1. Comme on le voit, nous nous sommes renfermé ici dans les principes les plus généraux. L'année suivante, en 1819, dans nos leçons sur Hobbes, Ire série, t. III, nous avons donné une théorie plus étendue des droits et des garanties civiles et politiques qu'ils réclament; nous avons même abordé la question des diverses formes de gouvernement, et établi la vérité et la beauté de la monarchie constitutionnelle. En 1828, IIe série, t. I, leçon xiii, nous avons expliqué et défendu la Charte dans ses parties fondamentales. Sous le gouvernement de Juillet, le rôle de défenseur de la liberté à la fois et de la royauté était facile. Nous l'avons continué en 1848; et quand, à la vue de ce débordement inattendu de démocratie, suivi bientôt d'une réaction passionnée en faveur d'une autorité absolue, bien des esprits, et des meilleurs, se demandaient si la jeune république américaine n'était pas appelée à servir de modèle à la vieille Europe, nous n'avons pas hésité à soutenir le principe de la monarchie dans l'intérêt de la liberté; et nous croyons avoir démontré que le développement des principes de 1789, et en particulier les progrès si nécessaires des classes inférieures ne se peuvent obtenir qu'à l'aide de la monarchie constitutionnelle, VIe série, Discours politiques, *avec une Introduction sur les principes de la révolution française et du gouvernement représentatif.*

SEIZIÈME LEÇON.

DIEU PRINCIPE DE L'IDÉE DU BIEN.

Principe sur lequel repose la vraie théodicée. Dieu dernier fondement de la vérité morale, du bien et de la personne morale. — Liberté de Dieu. — Justice et charité divine. — Dieu, sanction de la loi morale. Immortalité de l'âme; argument du mérite et du démérite; argument de la simplicité de l'âme; argument des causes finales. — Du sentiment religieux. — De l'adoration. — Du culte. — Beauté morale du christianisme.

L'ordre moral est assuré : nous sommes en possession de la vérité morale, de l'idée du bien et de l'obligation qui y est attachée. Maintenant le même principe qui ne nous a pas permis de nous arrêter à la vérité absolue[1], et nous a forcé d'en rechercher la raison suprême dans un être réel et substantiel, nous force encore ici de rapporter l'idée du bien à l'être qui en est le premier et dernier fondement.

La vérité morale, comme toute autre vérité universelle et nécessaire, ne peut demeurer à l'état d'abstraction. Dans nous elle n'est que conçue. Il faut qu'il y ait quelque part un être qui non-seulement la conçoive, mais qui la constitue.

De même que toutes les choses belles et toutes les choses vraies se rapportent, celles-ci à une unité qui est la vérité absolue, et celles-là une autre unité qui est

---

1. Leçon IV et leçon VII.

la beauté absolue, de même tous les principes moraux participent d'un même principe qui est le bien. Nous nous élevons ainsi à la conception du bien en soi, du bien absolu, supérieur à tous les devoirs particuliers, et qui se détermine dans ces devoirs. Or, ce bien absolu peut-il être autre chose qu'un attribut de celui qui seul est, à proprement parler, l'être absolu?

Serait-il possible qu'il y eût plusieurs êtres absolus, et que l'être en qui se réalisent le vrai absolu et le beau absolu ne fût pas aussi celui qui est le principe du bien absolu? L'idée même de l'absolu implique l'absolue unité. Le vrai, le beau et le bien ne sont pas trois essences distinctes : c'est une seule et même essence considérée dans ses attributs fondamentaux. Notre esprit les distingue parce qu'il ne peut rien comprendre que par division; mais, dans l'être où ils résident, ils sont indivisiblement unis; et cet être à la fois triple et un, qui résume en soi la parfaite beauté, la parfaite vérité et le bien suprême, n'est autre chose que Dieu.

Ainsi Dieu est nécessairement le principe de la vérité morale et du bien. Il est aussi le type de la personne morale que nous portons en nous.

L'homme est une personne morale, c'est-à-dire qu'il est doué de raison et de liberté. Il est capable de vertu, et la vertu a chez lui deux formes principales, le respect des autres et l'amour des autres, la justice et la charité.

Peut-il y avoir parmi les attributs que possèdent les créatures quelque chose d'essentiel que le Créateur ne possède pas ! D'où l'effet tire-t-il sa réalité et son être, sinon de sa cause? Ce qu'il possède, il l'emprunte et le reçoit. La cause contient au moins tout ce qu'il y a d'essentiel dans l'effet. Ce qui appartient singulièrement à l'effet, c'est l'infériorité, c'est le manque, c'est l'imperfection : par cela seul qu'il est dépendant et dérivé, il porte en lui les signes et les conditions de la dépendance. Si donc on ne peut pas conclure légitimement de l'imperfection de l'effet à celle de la cause, on peut et on doit conclure de l'excellence de l'effet à la perfection de la cause, sans quoi il y aurait dans l'effet quelque chose d'éminent qui serait sans cause.

Tel est le principe de notre théodicée. Il n'est ni nouveau, ni quintessencié ; mais il n'a pas encore été bien dégagé et mis en lumière, et il est à nos yeux d'une solidité à toute épreuve. C'est à l'aide de ce principe que nous pouvons pénétrer jusqu'à un certain point dans la vraie nature de Dieu.

Dieu n'est pas un être logique, dont on puisse expliquer la nature par voie de déduction et au moyen d'équations algébriques. Quand, en partant d'un premier attribut, on a déduit les attributs de Dieu les uns des autres, à la manière des géomètres et des scholastiques, que possède-t-on[1], je vous prie, sinon des abstractions ? Il faut sortir de cette vaine dialectique pour arriver à un Dieu réel et vivant.

La notion première que nous avons de Dieu, à savoir,

---

[1]. C'est là le vice commun de presque toutes les théodicées, sans excepter les meilleures, ni celle de Leibnitz, ni celle de Clarke, ni même la plus populaire de toutes, la *Profession de foi du vicaire savoyard*. Voyez notre petit écrit intitulé : *Philosophie populaire*, 3ᵉ édition, p. 82.

la notion d'un être infini, ne nous est pas elle-même donnée indépendamment de toute expérience. C'est la conscience de nous-même, comme être à la fois et comme être borné, qui nous élève immédiatement à la conception d'un être qui est le principe de notre être et qui lui-même est sans bornes. Ce solide et simple argument, qui est au fond celui de Descartes[1], nous ouvre une voie qu'il faut suivre, et où Descartes s'est trop vite arrêté. Si l'être que nous possédons nous force de recourir à une cause qui possède l'être à un degré infini, tout ce que nous aurons d'être, c'est-à-dire d'attributs substantiels, réclamera également une cause infinie. Dès lors, Dieu ne sera plus seulement l'infini, être abstrait ou du moins indéterminé dans lequel la raison et le cœur ne savent où se prendre[2] : ce sera un être réel et déterminé, une personne morale comme

---

1. Sur l'argument cartésien, voyez plus haut, Ire partie, leçon IV, p. 78; voyez aussi Ire série, t. IV, leçon XII, et surtout t. V, leçon VI.
2. *Fragments de philosophie cartésienne*, p. 24. « L'être infini, en tant qu'infini, n'est pas un moteur, une cause ; il n'est pas non plus, en tant qu'infini, une intelligence ; il n'est pas non plus une volonté ; il n'est pas non plus un principe de justice, ni encore bien moins un principe d'amour. On n'a pas le droit de lui imputer tous ces attributs en vertu de cet unique argument : Tout être contingent suppose un être qui ne l'est pas ; tout être fini suppose un être infini. Le Dieu que donne cet argument est le Dieu de Spinoza ; il est, à la rigueur ; mais il est presque comme s'il n'était pas, pour nous du moins qui l'apercevons à peine dans les hauteurs inaccessibles d'une éternité et d'une existence absolue, vide de pensée, de liberté, d'amour, semblable au néant même de l'existence, et mille fois inférieure, dans son infinité et son éternité, à une heure de notre existence finie et périssable, si pendant cette heure fugitive nous savons ce que nous sommes, si nous pensons, si nous aimons quelque autre chose que nous-mêmes, si nous nous sentons capables de sacrifier librement à une idée le peu de minutes qui nous ont été accordées. »

la nôtre ; et la psychologie nous conduit sans hypothèse à une théodicée tout ensemble sublime et rapprochée de nous[1].

Avant tout, si l'homme est libre, se peut-il que Dieu ne le soit pas? Nul ne conteste que celui qui est cause de toutes choses, et qui n'a de cause que lui-même, ne peut dépendre de quoi que ce soit. Mais en affranchissant Dieu de toute contrainte extérieure, Spinoza l'assujettit à une nécessité intérieure et mathématique, où il trouve la perfection de l'être. Oui, de l'être qui n'est pas une personne ; mais le caractère essentiel de l'être personnel est précisément la liberté. Si donc Dieu n'était pas libre, Dieu serait au-dessous de l'homme. Ne serait-il pas étrange que la créature eût ce merveilleux pouvoir de disposer de soi-même et de vouloir librement, et que l'être qui l'a faite fût soumis à un développement nécessaire, dont la cause n'est qu'en lui sans doute, mais dont la cause enfin est une sorte de puissance abstraite, mécanique ou métaphysique, mais bien inférieure à la cause personnelle et volontaire que nous sommes et dont nous avons la conscience la plus claire? Dieu est donc libre, puisque nous le sommes ; Mais il n'est pas libre comme nous le sommes ; car Dieu est à la fois tout ce que nous sommes et rien de ce que nous sommes. Il possède les mêmes attributs que nous,

---

1. Cette théodicée est ici, en résumé, et dans les leçons IV et V de la Ire partie, ainsi que dans la leçon qui suit. On trouvera les passages les plus importants de nos divers écrits, sur ce grand sujet, réunis et s'éclairant les uns les autres, dans l'*Appendice* à la leçon V du t. Ier de la IIe série.

mais élevés à l'infini. Il possède une liberté infinie, jointe à une intelligence infinie ; et, comme son intelligence est infaillible, exempte des incertitudes de la délibération et apercevant d'un seul coup d'œil où est le bien, ainsi sa liberté l'accomplit spontanément et sans nul effort[1].

De la même manière que nous transportons en Dieu la liberté qui est le fond de notre être, nous y transportons aussi la justice et la charité. Dans l'homme, la justice et la charité sont des vertus ; en Dieu, ce sont des attributs. Ce qui est en nous la conquête laborieuse de la liberté, est en lui sa nature même. Si le respect des droits est en nous l'essence même de la justice et le signe de la dignité de notre être, il est impossible que l'être parfait ne connaisse pas et ne respecte pas les droits des êtres les plus infimes, puis-

---

1. III⁰ série, t. IV, avertissement de la 3ᵉ édition. « Sans vaine subtilité, il y a une distinction réelle entre le libre arbitre et la liberté spontanée. Le libre arbitre, c'est la volonté avec l'appareil de la délibération entre des partis différents, et sous cette condition suprême que, lorsqu'à la suite de la délibération, on se résout à vouloir ceci ou cela, on ait l'immédiate conscience d'avoir pu et de pouvoir encore vouloir le contraire. C'est là que paraît plus énergiquement la liberté, mais elle n'y est point épuisée. J'ai cité souvent l'exemple de d'Assas. D'Assas n'a pas délibéré ; et pour cela d'Assas était-il moins libre et n'a-t-il pas agi avec une entière liberté ? Le saint qui, après le long et douloureux exercice de la vertu, en est arrivé à pratiquer comme par nature les actes de renoncement à soi-même qui répugnent le plus à la faiblesse humaine ; le saint n'est-il plus qu'un instrument passif et aveugle de la grâce, comme l'ont voulu mal à propos, par une interprétation excessive de la doctrine augustinienne, et Luther et Calvin ? Non ; il reste libre encore ; et, loin de s'être évanouie, sa liberté, en s'épurant, s'est élevée et agrandie. La spontanéité est essentiellement libre, bien qu'elle ne soit accompagnée d'aucune délibération, et que souvent, dans le rapide élan de son action inspirée, elle s'échappe à

que c'est lui d'ailleurs qui leur a départi ces droits. En Dieu réside une justice souveraine, qui rend à chacun ce qui lui est dû, non selon de trompeuses apparences, mais selon la vérité des choses. Enfin si l'homme, cet être borné, a le pouvoir de sortir de lui-même, d'oublier sa personne, d'aimer un autre que soi, et de se dévouer à son bonheur, ou, ce qui vaut mieux, à son perfectionnement, comment l'être parfait n'aurait-il pas, à un degré infini, cette tendresse désintéressée, cette charité, la vertu suprême de la personne humaine? Oui, il y a en Dieu une tendresse infinie pour ses créatures : elle s'est manifestée d'abord en nous accordant l'être qu'il eût pu se réserver, et tous les jours elle paraît dans les innombrables marques de sa divine providence. Platon a bien connu cet amour de Dieu, et il l'a exprimé dans ces grandes

elle-même et laisse à peine une trace dans les profondeurs de la conscience. Transportons cette exacte psychologie dans la théodicée, et nous reconnaîtrons sans hypothèse que la spontanéité est aussi la forme éminente de la liberté de Dieu. Oui, certes, Dieu est libre; car, entre autres preuves, il serait absurde qu'il y eût moins dans la cause première que dans un de ses effets, l'humanité; Dieu est libre, mais non de cette liberté relative à notre double nature, et faite pour lutter contre la passion et l'erreur, et engendrer péniblement la vertu et notre science imparfaite; il est libre d'une liberté relative à sa divine nature. Entre le juste et l'injuste, le bien et le mal, entre la raison et son contraire, Dieu ne peut délibérer, ni, par conséquent, vouloir à notre manière. Conçoit-on en effet qu'il ait pu prendre ce que nous appelons le mauvais parti? Cette supposition seule est impie. Il faut donc admettre que, quand il a pris le parti contraire, sa nature toute-puissante, toute juste, toute sage s'est développée avec cette spontanéité qui contient la liberté tout entière, et exclut à la fois les efforts et les misères de la volonté délibérante et encore bien plus l'opération mécanique de la nécessité. Tel est le vrai caractère de l'action divine. »

paroles : « Disons la cause qui a porté le suprême ordonnateur à produire et à composer cet univers : il était bon; et celui qui est bon n'a aucune espèce d'envie. Exempt d'envie, il a voulu que toutes choses fussent, autant que possible, semblables à lui-même [1]. »
Le christianisme a été plus loin : selon la divine doctrine, Dieu a tant aimé les hommes qu'il leur a donné son Fils unique. Dieu est inépuisable dans sa charité, comme il est inépuisable dans son essence. Il est impossible de plus donner à la créature; il lui donne tout ce qu'elle peut recevoir sans cesser d'être une créature; il lui donne tout, jusqu'à lui-même, autant qu'il est en lui et qu'il est en elle. En même temps il est impossible de moins perdre; car étant l'être absolu, il se répand et se donne éternellement sans en être diminué. Infinie toute puissance et charité infinie, qui tire du sein de son amour immense les grâces dont elle comble sans cesse et le monde et l'humanité, c'est à elle à nous apprendre que plus on donne et plus on possède. C'est l'égoïsme, dont la racine est au fond de tous les cœurs, à côté même de la charité la plus sincère, c'est l'égoïsme qui nous inculque cette erreur, que l'on perd à se dévouer : c'est lui qui nous fait appeler le dévouement un sacrifice.

Si Dieu est tout juste et tout bon, il ne peut rien vouloir que de bon et de juste; et, comme il est tout-puissant, tout ce qu'il veut il le peut, et par conséquent il le fait. Le monde est l'œuvre de Dieu; il est

---

1. *Timée*, p. 119, t. XII de notre traduction.

donc parfaitement fait, parfaitement approprié à sa fin.

Et cependant il y a dans le monde un désordre qui semble accuser la justice et la bonté de Dieu.

Un principe qui se rattache à l'idée même du bien nous dit que tout agent moral mérite une récompense quand il fait le bien, et une punition lorsqu'il fait le mal. Ce principe est universel et nécessaire, il est absolu. Si ce principe n'a pas son application dans ce monde, il faut, ou que ce principe soit menteur ou que ce monde soit mal ordonné.

Or, c'est un fait que le bien n'amène pas toujours à sa suite le bonheur, ni le mal le malheur.

Remarquons d'abord que si le fait existe, il est assez rare et semble présenter le caractère d'une exception.

La vertu est une lutte contre la passion, et cette lutte, pleine de dignité, est pleine aussi de douleur ; mais, d'un côté, le crime est condamné à des douleurs bien autrement dures ; de l'autre, celles de la vertu sont de peu de durée ; elles sont une épreuve nécessaire et presque toujours bienfaisante.

La vertu a ses peines, mais le plus grand bonheur est encore avec elle, comme le plus grand malheur est avec le crime ; et cela en petit et en grand, dans le secret de l'âme et sur le théâtre de la vie, dans les conditions les plus obscures et dans les situations les plus éclatantes.

La bonne et la mauvaise santé est, après tout, la plus grande partie du bonheur et du malheur. A cet égard, comparez la tempérance et son contraire, l'ordre et le désordre, la vertu et le vice ; j'entends une tempérance vraiment tempérante, et non pas un ascétisme atrabilaire, une vertu raisonnable et non pas une vertu farouche.

Le grand médecin Hufeland [1] remarque que les sentiments bienveillants sont favorables à la santé, et que les sentiments malveillants lui sont contraires. Les passions violentes et haineuses irritent, enflamment, portent le trouble dans l'organisation comme dans l'âme ; les affections bienveillantes entretiennent le jeu mesuré et harmonieux de toutes les fonctions.

Hufeland remarque encore que les plus grandes longévités appartiennent à des vies sages et bien réglées.

Ainsi, pour la santé, la force et la vie, la vertu vaut mieux que le vice : c'est déjà beaucoup, ce me semble.

Je veux bien ne parler de la conscience qu'après la santé ; mais enfin, avec le corps, notre hôte le plus assidu est la conscience. La paix ou le trouble de la conscience décide du bonheur ou du malheur intérieur. A ce point de vue, comparez encore l'ordre et le désordre, la vertu et le vice.

Et en dehors de nous, dans la société, à qui vont l'estime et le mépris, la considération et l'infamie ? Assurément l'opinion a ses méprises, mais elles ne sont pas longues. En général, si les charlatans, les intrigants, les imposteurs de toutes les espèces surprennent quelque temps les suffrages, il faut convenir qu'une honnêteté soutenue est le moyen le plus sûr, et

---

1. *De l'Art de prolonger sa vie*, etc.

à peu près infaillible, d'arriver à la bonne renommée.

Je regrette que le temps qui nous presse m'interdise tout développement. J'aurais aimé, après avoir distingué la vertu et le bonheur, à vous les montrer presque toujours unis par l'admirable loi du mérite et du démérite. J'aurais aimé à vous faire voir cette loi bienfaisante gouvernant déjà la destinée humaine, et appelée à y présider de jour en jour plus exactement par le progrès toujours croissant des lumières dans les gouvernements et dans les peuples, par le perfectionnement des institutions civiles et judiciaires. J'aurais voulu faire passer dans vos esprits et dans vos âmes cette consolante conviction, qu'après tout la justice est déjà dans ce monde, et que le plus sûr chemin du bonheur est encore la vertu.

C'était l'opinion de Socrate et de Platon ; c'est aussi celle de Francklin, et je la recueille de mon expérience personnelle et de l'examen attentif de la vie humaine. Mais je conviens qu'il y a des exceptions, et n'y en eût-il qu'une seule, il la faudrait expliquer.

Je suppose un homme jeune, beau, riche, aimable et aimé, qui, placé entre l'échafaud et la trahison d'une cause sacrée, monte volontairement à vingt ans sur un échafaud. Que faites-vous de cette noble victime? La loi du mérite et du démérite semble ici suspendue. Oserez-vous blâmer la vertu, ou comment en ce monde lui accorderez-vous la récompense qu'elle n'a pas cherchée mais qui lui est due?

En y regardant bien, vous trouverez plus d'un cas analogue à celui-là.

Les lois de ce monde sont générales ; elles ne fléchissent ni pour les uns ni pour les autres : elles poursuivent leur cours sans égard au mérite ou au démérite de chacun. Si un homme naît avec un mauvais tempérament, c'est en vertu de certaines lois physiques obscures mais certaines, qu'il subit comme l'animal et la plante ; et il souffrira toute la vie, quoique personnellement innocent. Il s'élève des fléaux, des épidémies, des calamités qui frappent au hasard les bons comme les méchants.

La justice humaine condamne peu d'innocents, il est vrai, mais elle absout, faute de preuves, plus d'un coupable. D'ailleurs elle ne connaît que de certains délits. Que de fautes, que de bassesses s'accomplissent dans l'ombre, auxquelles manque le châtiment mérité ! De même, que de dévouements obscurs dont Dieu seul est le témoin et le juge ! Sans doute rien n'échappe à l'œil de la conscience, et l'âme coupable ne peut se soustraire au remords. Mais le remords n'est pas toujours en rapport exact avec la faute commise ; sa vivacité peut dépendre d'un naturel plus ou moins délicat, de l'éducation, de l'habitude. En un mot, s'il est très-vrai qu'en général la loi du mérite et du démérite s'accomplit en ce monde, elle ne s'y accomplit pas avec une rigueur mathématique.

Que faut-il en conclure ? Que le monde est mal fait ? Non. Cela ne peut être et cela n'est pas. Cela ne peut être, car incontestablement le monde a un auteur juste et bon ; cela n'est pas, car en fait nous voyons l'ordre régner dans le monde ; et il serait absurde de méconnaître l'ordre manifeste qui éclate presque partout pour

DIEU PRINCIPE DE L'IDÉE DU BIEN.

quelques phénomènes que nous n'y pouvons ramener. L'univers dure, donc il est bien fait. Le pessimisme de Voltaire est encore plus contraire à l'ensemble des faits qu'un absolu optimisme. Entre ces deux extrémités systématiques que les faits démentent, le genre humain a placé l'espérance d'une autre vie. Il a trouvé très-peu raisonnable de rejeter une loi nécessaire à cause de quelques infractions; il a donc maintenu la loi; et des infractions il a conclu seulement qu'elles devaient être ramenées à la loi, qu'il y aura une réparation. Ou il faut admettre cette conclusion, ou il faut rejeter les deux grands principes préalablement admis, que Dieu est juste et que la loi du mérite et du démérite est une loi absolue.

Or, rejeter ces deux principes c'est renverser de fond en comble toute la croyance humaine.

Les maintenir, c'est implicitement admettre que la vie actuelle doit se terminer ou se continuer ailleurs.

Mais cette persistance de la personne est-elle possible? après la dissolution du corps, peut-il rester quelque chose de nous-même?

A la vérité la personne morale, qui agit bien ou mal et qui en attend la récompense ou la punition, est unie à un corps : elle vit avec lui, elle s'en sert et elle en dépend en une certaine mesure, mais elle n'est pas lui[1].

---

1. Sur la spiritualité de l'âme, voyez tous nos écrits. Nous nous bornerons à deux citations.—IIe série, t. III, leçon XXV, p. 359 : « Il est impossible de connaître quelque phénomène de conscience, les phénomènes de la sensation ou de la volition ou de l'intelligence, sans qu'à l'instant même nous les rapportions à un sujet un et identique qui est

Le corps est composé de parties, il peut diminuer ou augmenter; il est divisible, essentiellement divisible, et même divisible à l'infini. Mais ce quelque chose qui a ₌conscience de soi, et qui dit : *je*, *moi*, qui se sent libre et responsable, ne sent-il pas aussi qu'il n'y a pas en lui de division, ni même de division possible, qu'il est un être un et simple? Le moi est-il moi plus ou moins? y a-t-il une moitié de moi, un quart de moi? Je ne puis pas diviser ma personne. Elle est ce qu'elle est ou elle n'est pas. Elle demeure identique à elle-même sous la

---

nous-mêmes; de même, nous ne pouvons connaître les phénomènes extérieurs de la résistance, de la solidité, de l'impénétrabilité, de la figure, de la couleur, de l'odeur, de la saveur, etc., sans juger que ce ne sont pas là des phénomènes en l'air, mais des phénomènes qui appartiennent à quelque chose de réel, qui est solide, impénétrable, figuré, coloré, odorant, sapide, etc. D'un autre côté, si vous ne connaissiez aucun des phénomènes de conscience, vous n'auriez jamais la moindre idée du sujet de ces phénomènes; et si vous ne connaissiez aucun des phénomènes extérieurs de résistance, de solidité, d'impénétrabilité, de figure, de couleur, etc., vous n'auriez aucune idée du sujet de ces phénomènes : donc les caractères, soit des phénomènes de conscience, soit des phénomènes extérieurs, sont pour vous les seuls signes de la nature des sujets de ces phénomènes. Parmi les qualités des phénomènes sensibles, est au premier rang la solidité, laquelle vous est donnée dans la sensation de la résistance, et inévitablement accompagnée de la forme, etc. Au contraire, lorsque vous examinez les phénomènes de conscience, vous n'y trouvez pas ce caractère de résistance, de solidité, de forme, etc.; vous ne trouvez pas que les phénomènes de votre conscience aient une figure, de la solidité, de l'impénétrabilité, de la résistance; sans parler d'autres qualités qui leur sont également étrangères : la couleur, la saveur, le son, l'odeur, etc. Or, comme le sujet n'est pour nous que la collection des phénomènes qui nous le révèlent, plus une existence propre en tant que sujet d'inhérence de ces phénomènes, il s'ensuit que, sous des phénomènes marqués de caractères dissemblables et tout à fait étrangers les uns aux autres, l'esprit humain conçoit des sujets dissemblables et étrangers. Ainsi, comme la solidité et la figure n'ont rien à voir avec la sensation, la volonté et la pensée, comme tout solide est étendu pour nous, et que nous le pla-

diversité des phénomènes qui la manifestent. Cette identité, cette indivisibilité, cette unité de la personne, c'est sa spiritualité. La spiritualité est donc

çons nécessairement dans l'espace, tandis que nos pensées, nos volitions, nos sensations sont pour nous inétendues, et que nous ne pouvons pas les concevoir et les placer dans l'espace, mais seulement dans le temps, l'esprit humain en conclut, avec une rigueur parfaite, que le sujet des phénomènes extérieurs a le caractère de ceux-ci, et que le sujet des phénomènes de la conscience a le caractère de ceux-là; que l'un est solide et étendu, et que l'autre n'est ni solide ni étendu. Enfin, comme ce qui est solide et étendu est divisible, et comme ce qui n'est ni solide ni étendu n'est pas divisible, de là la divisibilité attribuée au sujet solide et étendu, et l'indivisibilité attribuée au sujet qui n'est ni étendu ni solide. Qui de nous, en effet, ne se croit pas un être indivisible, un et identique, le même hier, aujourd'hui, demain? Eh bien, le mot corps, le mot matière ne signifie pas autre chose que le sujet des phénomènes extérieurs, dont les plus éminents sont la forme, l'impénétrabilité, la solidité, l'étendue, la divisibilité. Le mot esprit, le mot âme ne signifient rien autre chose que le sujet des phénomènes de conscience, la pensée, le vouloir, la sensation, phénomènes simples, inétendus, non solides, etc. Voilà toute l'idée d'esprit et toute l'idée de matière. Voyez donc tout ce qu'il faut faire pour ramener la matière à l'esprit ou l'esprit à la matière : il faut prétendre que la sensation, la volition, la pensée, sont réductibles, en dernière analyse, à la solidité, à l'étendue, à la figure, à la divisibilité, etc., ou que la solidité, l'étendue, la figure, etc., sont réductibles à la pensée, à la volonté, à la sensation. » — Ire série, t. III, 1re leçon. *Locke.* « Locke prétend que nous ne pouvons nous assurer *par la contemplation de nos propres idées* que la matière ne peut pas penser; au contraire, c'est dans la contemplation même de nos idées que nous apercevons clairement que la pensée et la matière sont incompatibles. Qu'est-ce que penser? N'est-ce pas réunir un certain nombre d'idées sous une certaine unité? Le plus simple jugement suppose plusieurs termes réunis en un sujet un et identique qui est moi. Ce moi identique est impliqué dans tout acte réel de connaissance. On a démontré à satiété que la comparaison exige un centre indivisible qui comprenne les différents termes de la comparaison. Prenez-vous la mémoire? Il n'y a point de mémoire possible sans la persistance d'un même sujet qui rapporte à soi-même les différentes modifications dont il a été successivement affecté. Enfin, la conscience, cette condition indispensable de l'intelligence, n'est-elle pas le sentiment d'un être unique? C'est pourquoi chaque homme ne

l'essence même de la personne. La croyance à la spiritualité de l'âme est engagée dans la croyance à l'identité du moi que nul être raisonnable n'a jamais révoquée en doute. Ainsi il n'y a pas la moindre hypothèse à affirmer que l'âme diffère essentiellement du corps. Ajoutez que quand nous disons l'âme, nous voulons dire et nous disons expressément la personne, laquelle n'est pas séparée de la conscience des attributs qui la constituent, la pensée et la volonté. L'être sans conscience n'est pas une personne. C'est la personne qui est identique, une, simple. Ses attributs, en la développant, ne la divisent point. Indivisible, elle est indissoluble, et

peut penser sans dire moi, sans s'affirmer comme le sujet identique et un de ses pensées. Je suis moi et toujours moi, comme vous êtes toujours vous-même dans les actes les plus divers de votre vie. Vous n'êtes pas plus vous aujourd'hui qu'hier, et vous ne l'êtes pas moins. Cette identité et cette unité indivisible du moi, inséparable de la moindre pensée, c'est là ce qu'on appelle sa spiritualité, en opposition avec les caractères évidents et nécessaires de la matière. Par quoi en effet connaissez-vous la matière? C'est surtout par la forme, par l'étendue, par quelque chose de solide qui vous arrête, qui vous résiste sur divers points de l'espace. Mais un solide n'est-il pas essentiellement divisible? Prenez les fluides les plus subtils : pouvez-vous ne pas les concevoir susceptibles de division, de plus et de moins? Toute pensée a des éléments divers comme la matière, mais elle a de plus son unité dans le sujet pensant, et, le sujet ôté, qui est un, le phénomène total n'est plus. Loin de là, le sujet inconnu auquel vous rattachez les phénomènes matériels est divisible, et divisible à l'infini; il ne peut cesser d'être divisible sans cesser d'être. Voilà quelles idées nous avons, d'un côté, de la pensée, de l'autre, de la matière. La pensée suppose un sujet essentiellement un; la matière est divisible à l'infini. Qu'est-il besoin d'aller plus loin? Si une conclusion est légitime, c'est celle qui distingue la pensée et la matière. Dieu peut très-bien les faire coexister ensemble, et leur coexistence est un fait certain, mais il ne peut les confondre. Dieu peut réunir la pensée et la matière, il ne peut pas faire que la matière pense, que ce qui est étendu soit simple. »

elle peut être immortelle. Si donc, la justice divine pour s'exercer sur nous demande une âme immortelle, elle ne demande pas une chose impossible. La spiritualité de l'âme est le fondement nécessaire de l'immortalité. La loi du mérite et du démérite en est la démonstration directe. La première preuve s'appelle la preuve métaphysique; la seconde, la preuve morale : celle-là est la plus illustre, la plus populaire, la plus convaincante à la fois et la plus persuasive.

Que de motifs puissants s'ajoutent à ces deux preuves pour les fortifier dans les cœurs! Voici, par exemple, une présomption d'une grande valeur pour qui croit à la vertu du sentiment et de l'instinct.

Toute chose a sa fin. Ce principe est aussi absolu que celui qui rapporte tout événement à une cause[1]. L'homme a donc une fin. Cette fin se révèle dans toutes ses pensées, dans toutes ses démarches, dans tous ses sentiments, dans toute sa vie. Quoi qu'il fasse, quoi qu'il sente, quoi qu'il pense, il pense à l'infini, il aime l'infini, il tend à l'infini[2]. Ce besoin de l'infini est le grand mobile de la curiosité scientifique, le principe de toutes les découvertes. L'amour aussi ne s'arrête et ne se repose que là. Sur la route il peut éprouver de vives jouissances; mais l'amertume secrète qui s'y mêle lui en fait bientôt sentir l'insuffisance et le vide. Souvent, dans l'ignorance où il est de son objet véritable, il se demande d'où vient ce désenchantement fatal dont suc-

---

1. Plus haut, Ire partie, 1re leçon.
2. Plus haut, leçon v, *du Mysticisme*.

cessivement tous ses succès, tous ses bonheurs sont atteints. S'il savait lire en lui-même, il reconnaîtrait que si rien ici-bas ne le satisfait, c'est parce que son objet est plus élevé, et que le vrai terme où il aspire est la perfection infinie. Enfin comme la pensée et l'amour, l'activité humaine est sans limites. Qui peut dire où elle s'arrêtera? Voilà cette terre à peu près connue. Bientôt il nous faudra un autre monde. L'homme est en marche vers l'infini, qui lui échappe toujours et que toujours il poursuit. Il le conçoit, il le sent, il le porte pour ainsi dire en lui-même : comment sa fin serait-elle ailleurs? De là cet instinct indomptable de l'immortalité, cette universelle espérance d'une autre vie dont témoignent tous les cultes, toutes les poésies, toutes les traditions. Nous tendons à l'infini de toutes nos puissances; la mort vient interrompre cette destinée qui cherche son terme, elle la surprend inachevée. Il est donc vraisemblable qu'il y a quelque chose après la mort, puisqu'à la mort en nous rien n'est terminé. Regardez cette fleur qui demain ne sera plus. Du moins aujourd'hui elle est entièrement développée : on ne la peut concevoir plus belle en son genre; elle a atteint sa perfection. La mienne, ma perfection morale, celle dont j'ai l'idée claire et le besoin invincible, et pour laquelle je me sens né, en vain je l'appelle, en vain j'y travaille; elle m'échappe, et ne me laisse que l'espérance. Cette espérance serait-elle trompée? Tous les êtres atteignent leur fin; l'homme seul n'atteindrait pas la sienne! La plus grande des créatures serait la plus maltraitée! Mais un être qui demeurerait incomplet et inachevé, qui n'atteindrait pas la fin que tous ses instincts proclament, serait un monstre dans l'ordre éternel : problème bien autrement difficile à résoudre que les difficultés qu'on élève contre l'immortalité de l'âme. Selon nous, cette tendance de tous les désirs et de toutes les puissances de l'âme vers l'infini, éclairée par le principe des causes finales, est une confirmation sérieuse et considérable de la preuve morale et de la preuve métaphysique.

Quand on a recueilli tous les arguments qui autorisent la croyance à une autre vie, et qu'on est arrivé ainsi à une démonstration satisfaisante, il reste un obstacle à vaincre. L'imagination ne peut pas contempler sans effroi cet inconnu qu'on appelle la mort. Le plus grand philosophe du monde, dit Pascal, sur une planche plus grande qu'il ne faut pour aller sans danger d'un bout d'un abîme à l'autre, ne peut songer sans trembler à l'abîme qui est au-dessous. Ce n'est pas la raison, c'est l'imagination qui l'épouvante; c'est elle aussi qui produit en grande partie ce reste de doute, ce trouble, cette anxiété secrète que la foi la plus assurée ne parvient pas toujours à dompter, en présence de la mort. L'homme religieux éprouve cette terreur, mais il sait d'où elle vient, et il la surmonte en s'attachant aux solides espérances que lui fournissent la raison et le cœur. L'imagination est un enfant dont il faut faire l'éducation, en la mettant sous la discipline et sous le gouvernement de facultés meilleures; il faut l'accoutumer à venir au secours de l'intelligence au lieu de la troubler par ses fantômes. Reconnaissons-le : il y a là un pas terrible à franchir. La nature frémit en face de cette éternité inconnue. Il est sage de s'y présenter avec toutes ses forces réunies, la raison et le cœur se prêtant un mutuel appui, et l'imagination soumise ou charmée. Répétons-nous sans cesse que, dans la mort comme dans la vie l'âme est sûre de trouver Dieu, et qu'avec Dieu tout est juste et tout est bien[1].

Nous savons maintenant ce qu'est véritablement Dieu. Nous avions vu déjà deux de ses faces admirables, la vérité et la beauté. La plus auguste se révèle à nous, la sainteté. Dieu est le saint des saints, comme auteur de la loi morale et du bien, comme principe de la liberté, de la justice et de la charité, comme dispensateur de la peine et de la récompense. Un tel Dieu n'est pas un Dieu abstrait, c'est une personne intelligente et libre, qui nous a faits à son image, dont nous tenons la loi même qui préside à notre destinée, et dont nous attendons les jugements. C'est son amour qui nous inspire dans nos actes de charité ; c'est sa justice qui gouverne

---

1. IVe série, t. III, *Santa-Rosa*. « Après tout, il est une vérité plus éclatante à mes yeux que toutes les lumières, plus certaine que les mathématiques : c'est l'existence de la divine providence. Oui, il y a un Dieu, un Dieu qui est une véritable intelligence, qui par conséquent a conscience de lui-même, qui a tout fait et tout ordonné avec poids et mesure, dont les œuvres sont excellentes, et dont les fins sont adorables, alors même qu'elles sont voilées à nos faibles yeux. Ce monde a un auteur parfait, parfaitement sage et bon. L'homme n'est point un orphelin ; il a un père dans le ciel. Que fera ce Père de son enfant, quand celui-ci lui reviendra? Rien que de bon. Quoi qu'il arrive, tout sera bien. Tout ce qu'il a fait est bien fait ; tout ce qu'il fera, je l'accepte d'avance, je le bénis. Oui, telle est mon inébranlable foi, et cette foi est mon appui, mon asile, ma consolation, ma douceur dans ce moment formidable. »

notre justice, celle de nos sociétés et de nos lois. Si nous ne nous rappelions sans cesse qu'il est infini, nous dégraderions sa nature; mais il serait pour nous comme s'il n'était pas si son essence infinie n'avait pas des formes qui nous sont intimes à nous-mêmes, les propres formes de notre raison et de notre âme.

En pensant à un tel être, l'homme éprouve un sentiment, qui est le sentiment religieux par excellence. Tous les êtres avec lesquels nous sommes en rapport éveillent en nous des sentiments divers, suivant les qualités que nous y apercevons ; et celui qui possède toutes les perfections n'exciterait en nous aucun sentiment particulier ! Pensons-nous à l'essence infinie de Dieu, nous pénétrons-nous de sa toute-puissance, nous rappelons-nous que la loi morale exprime sa volonté et qu'il a attaché à l'accomplissement et à la violation de cette loi des récompenses et des peines dont il dispose avec une justice inflexible ; nous ne pouvons nous défendre d'une émotion de respect et de crainte à l'idée d'une telle grandeur. Puis, si nous venons à considérer que cet être tout-puissant a bien voulu nous créer, nous dont il n'a aucun besoin, qu'en nous créant il nous a comblés de bienfaits, qu'il nous a donné cet admirable univers pour jouir de ses beautés toujours nouvelles, la société pour agrandir notre vie dans celle de nos semblables, la raison pour penser, le cœur pour aimer, la liberté pour agir ; sans disparaître, le respect et la crainte se teignent d'un sentiment plus doux, celui de l'amour. L'amour, quand il s'applique à des êtres faibles et bornés, nous inspire de leur faire du bien ;

mais en lui-même il ne se propose pas l'avantage de la personne aimée : on aime un objet beau ou bon, parce qu'il est tel, sans regarder d'abord si cet amour peut être utile à son objet ou à nous-mêmes. A plus forte raison, l'amour, quand il remonte jusqu'à Dieu, est un pur hommage rendu à ses perfections : c'est l'épanchement naturel de l'âme vers un être infiniment aimable.

Le respect et l'amour composent l'adoration. L'adoration véritable n'est pas sans l'un et l'autre de ces deux sentiments. Si vous ne considérez que le Dieu tout-puissant, maître du ciel et de la terre, auteur et vengeur de la justice, vous accablez l'homme sous le poids de la grandeur de Dieu et de sa propre faiblesse, vous le condamnez à un tremblement continuel dans l'incertitude des jugements de Dieu, vous lui faites prendre en haine et ce monde et la vie et lui-même qui est toujours rempli de misères. C'est vers cette extrémité que penche Port-Royal. Lisez les *Pensées de Pascal*[1] : dans sa superbe humilité, Pascal oublie deux choses, la dignité de l'homme et la bonté de Dieu. D'un autre côté, si vous ne voyez que le Dieu bon et le père indulgent, vous inclinez à une mysticité chimérique. En substituant l'amour à la crainte, peu à peu avec la crainte on court risque de perdre le respect. Dieu n'est plus un maître, il n'est plus même un père ; car l'idée de père entraîne encore jusqu'à un certain point celle d'une crainte respectueuse ; il n'est plus

---

1. Voyez notre écrit des *Pensées de Pascal*, t. Ier de la IVe série

qu'un ami, quelquefois même un amant. La vraie adoration ne sépare pas l'amour et le respect : c'est le respect animé par l'amour.

L'adoration est un sentiment universel. Il diffère en degrés selon les différentes natures ; il prend les formes les plus diverses ; souvent même il s'ignore lui-même ; tantôt il se trahit par une exclamation partie du cœur, dans les grandes scènes de la nature de la vie : tantôt il s'élève silencieusement dans l'âme muette et pénétrée ; il peut s'égarer dans son expression, dans son objet même ; mais au fond il est toujours le même. C'est un élan de l'âme spontané, irrésistible ; et quand la raison s'y applique, elle le déclare juste et légitime. Quoi de plus juste, en effet, que de redouter les jugements de celui qui est la sainteté même, qui connaît nos actions et nos intentions, et qui les jugera comme il appartient à la suprême justice? Quoi de plus juste aussi que d'aimer la parfaite bonté et la source de tout amour? L'adoration est d'abord un sentiment naturel : la raison en fait un devoir.

L'adoration, contenue dans le sanctuaire de l'âme, est ce que l'on appelle le culte intérieur, principe nécessaire des cultes publics.

Le culte public n'est pas plus une institution arbitraire que la société et le gouvernement, le langage et les arts. Toutes ces choses ont leurs racines dans la nature humaine. L'adoration, abandonnée à elle-même, dégénérerait aisément en rêve et en extase, ou se dissiperait dans le torrent des affaires et des nécessités de chaque jour. Plus elle est énergique, plus elle tend à s'exprimer au dehors dans des actes qui la réalisent, à prendre une forme sensible, précise et régulière, qui, par un juste retour sur le sentiment qui l'a produite, le réveille quand il s'assoupit, le soutient quand il défaille, et le protége aussi contre les extravagances de tout genre auxquelles il pourrait donner naissance dans tant d'imaginations faibles ou effrénées. La philosophie pose donc le fondement naturel du culte public dans le culte intérieur de l'adoration. Arrivée là, elle s'arrête, également attentive à ne point trahir ses droits et à ne point les excéder, à parcourir, dans toute son étendue et jusqu'à sa limite extrême, le domaine de la raison naturelle, comme aussi à ne point usurper un domaine étranger.

Mais la philosophie ne croit pas empiéter sur la théologie; elle croit rester fidèle à elle-même, et poursuivre encore sa mission la plus vraie, qui est d'aimer et de favoriser tout ce qui tend à élever l'homme, lorsqu'elle applaudit avec effusion au réveil du sentiment religieux et chrétien dans toutes les âmes d'élite, après les ravages qu'a faits de toutes parts, depuis plus d'un siècle, une fausse et triste philosophie. Quelle n'eût pas été, en effet, je vous le demande, la joie d'un Socrate et d'un Platon s'ils eussent trouvé le genre humain entre les bras du christianisme! Combien Platon, si visiblement embarrassé entre ses belles doctrines et la religion de son temps, qui garde envers elle tant de ménagements, alors même qu'il s'en écarte, et qui s'efforce d'en tirer le meilleur parti possible à l'aide d'interprétations bienveillantes, combien n'eût-il pas été heureux d'avoir affaire à une religion qui présente à l'homme, comme son auteur à la fois et comme son modèle, ce sublime et doux crucifié dont il a eu un pressentiment extraordinaire, et qu'il a presque dépeint dans la personne du juste mourant sur une croix[1]; une religion qui est venue annoncer ou du moins consacrer et répandre l'idée de l'unité de Dieu et celle de l'unité de la race humaine, qui proclame l'égalité de toutes les âmes devant la loi divine, qui par là a préparé et soutient l'égalité civile, qui prescrit la charité encore plus que la justice, qui enseigne à l'homme qu'il ne vit pas seulement de pain, qu'il n'est pas renfermé tout entier dans ses sens et dans son corps, qu'il a une âme, une âme libre, qui est d'un prix infini et mille fois au-dessus des innombrables mondes semés dans l'espace; que la vie est une épreuve, que son objet véritable n'est pas le plaisir, la fortune, le rang, toutes choses qui ne sont point à notre portée et nous sont bien souvent plus dangereuses qu'utiles, mais cela seul qui est toujours en notre puissance, dans toutes les situations et dans toutes les conditions, d'un bout de la terre à l'autre, à savoir l'amélioration de l'âme par elle-même, dans la sainte espérance de devenir de jour en jour moins indigne des regards du père des hommes, de ses exemples et de ses promesses! Ah! si le plus grand moraliste qui fut jamais avait pu voir ces enseignements admirables, qui déjà étaient en

---

1. Voyez la fin du Ier livre de *la République*, t. IX de notre traduction.

germe au fond de son esprit et dont on peut retrouver plus d'un trait dans ses ouvrages, s'il les eût vus consacrés, maintenus, sans cesse rappelés au cœur et à l'imagination des hommes par des institutions sublimes et touchantes, quelle n'eût pas été sa tendre et reconnaissante sympathie pour une pareille religion ! Et s'il était venu de nos jours, dans ce siècle livré aux révolutions, où les âmes les meilleures sont atteintes de bonne heure par le souffle du scepticisme, à défaut de la foi d'un Augustin, d'un Anselme, d'un Thomas, d'un Bossuet, il aurait eu, nous n'en doutons pas, les sentiments au moins d'un Montesquieu[1], d'un Turgot[2], d'un Franklin[3], et bien loin de mettre aux prises la religion chrétienne et la bonne philosophie, il se serait efforcé de les unir, de les éclairer et de les fortifier l'une par l'autre. Ce grand esprit et ce grand cœur, qui lui ont dicté *le Phédon*, *le Gorgias*, *la République*, lui eussent appris aussi que de tels livres sont faits pour quelques sages, qu'il faut au genre humain une philosophie à la fois semblable et différente, que cette philosophie-là est une religion, et que cette religion désirable et nécessaire est l'Évangile. N'hésitons pas à le dire : sans la religion, la philosophie, réduite à ce

---

1. *Esprit des Lois, passim.*
2. OEuvres de Turgot, t. II, *Discours en Sorbonne sur les avantages que l'établissement du christianisme a procurés au genre humain*, etc.
3. Voyez dans la *Correspondance* la lettre au docteur Stiles, 9 mars 1790, écrite par Franklin quelques semaines avant sa mort : « Je suis convaincu que le système de morale et de religion que Jésus-Christ nous a transmis est ce que le monde a vu et peut voir de meilleur. »

qu'elle peut tirer laborieusement de la raison naturelle perfectionnée, s'adresse à un bien petit nombre, et court risque de rester sans grande efficacité sur les mœurs et sur la vie ; et sans la philosophie, la religion la plus pure n'est pas à l'abri de bien des superstitions, et par là elle peut voir lui échapper l'élite des esprits, qui peu à peu entraîne tout le reste, ainsi qu'il en a été au xviiie siècle. L'alliance de la vraie religion et de la vraie philosophie est donc à la fois naturelle et nécessaire ; naturelle par le fond commun des vérités qu'elles reconnaissent ; nécessaire pour le meilleur service de l'humanité. La philosophie et la religion ne diffèrent que par les formes qui les distinguent sans les séparer. Un autre auditoire, d'autres formes et un autre langage. Quand saint Augustin parle à tous les fidèles dans l'église d'Hippone, ne cherchez pas en lui le subtil et profond métaphysicien qui a combattu les Académiciens avec leurs propres armes, et qui s'appuie sur la théorie platonicienne des Idées pour expliquer la création. Bossuet, dans le traité *De la Connaissance de Dieu et de soi-même*, n'est plus et en même temps il est toujours l'auteur des *Sermons*, des *Élévations* et de l'incomparable *Catéchisme de Meaux*. Séparer la religion et la philosophie, ç'a toujours été, d'un côté ou d'un autre, la prétention des petits esprits, exclusifs et fanatiques ; le devoir, plus impérieux aujourd'hui que jamais, de quiconque a pour l'une ou pour l'autre un amour sérieux et éclairé, est de les rapprocher, de mettre ensemble, au lieu de les dissiper en les divisant, les forces de l'esprit et de l'âme, dans l'intérêt de la cause commune et du grand objet que la religion chrétienne et la philosophie poursuivent, chacune par les voies qui lui sont propres, je veux dire la grandeur morale de l'humanité[1].

1. Nous n'avons cessé de réclamer, d'appeler de tous nos vœux l'alliance du christianisme et de la philosophie, comme celle de la monarchie et de la liberté. Voyez particulièrement, III⁰ série, t. IV, *Philosophie contemporaine*, préface de la 2⁰ édition ; IV⁰ série, t. I⁰ʳ, *Pascal*, 1ʳᵉ et 2⁰ préface, *passim ;* V⁰ série, t. II, *Discours à la Chambre des Pairs pour la défense de l'Université et de la philosophie*. Partout nous professons la vénération la plus tendre pour le christianisme : nous n'avons jamais repoussé que la servitude de la philosophie, avec Descartes et avec les docteurs les plus illustres des temps anciens et des temps nouveaux, depuis saint Augustin et saint Thomas jusqu'au cardinal de La Luzerne et à l'évêque d'Hermopolis. Au reste, nous aimons à croire que ces querelles, nées en d'autres temps de la lutte déplorable du clergé et de l'Université, ne lui ont pas survécu, et qu'aujourd'hui tout ce qu'il y a d'amis sincères de la religion et de la philosophie se donneront la main pour travailler de concert à relever les âmes abattues et les caractères affaissés.

DIX-SEPTIÈME LEÇON.

RÉSUMÉ DE LA DOCTRINE.

Revue de la doctrine contenue dans ces leçons, et des trois ordres de faits sur lesquels cette doctrine repose, avec le rapport de chacun d'eux à l'école moderne qui l'a reconnu et développé, mais presque toujours exagéré. — Expérience et empirisme. — Raison et idéalisme. — Sentiment et mysticisme. — Théodicée. Défauts des divers systèmes connus. — Du procédé qui conduit à la vraie théodicée et du caractère de certitude et de réalité que ce procédé lui donne.

Arrivés au terme de ce cours, nous avons une dernière tâche à remplir : il faut vous en rappeler l'esprit général et les résultats les plus importants.

Dès la première leçon, je vous ai signalé l'esprit qui animerait cet enseignement : un esprit de libre recherche, reconnaissant avec joie la vérité partout où il la rencontre, mettant à profit tous les systèmes que le XVIIIe siècle a légués à notre temps, mais ne s'enfermant dans aucun d'eux.

Le XVIIIe siècle nous a laissé en héritage trois grandes écoles qui durent encore aujourd'hui : l'école anglaise et française, dont Locke est le chef, et dont Condillac, Helvétius et Saint-Lambert sont parmi nous les représentants les plus accrédités ; l'école écossaise, avec tant de noms célèbres, Hutcheson, Smith, Reid, Beattie, Ferguson et M. Dugald Stewart[1] ; l'école allemande,

---

1. Encore vivant en 1818, mort en 1828.

ou plutôt l'école de Kant, car, de tous les philosophes d'au delà du Rhin, celui de Kœnigsberg est à peu près le seul qui appartienne à l'histoire. Kant est mort au commencement du xixe siècle[1] ; les cendres de son plus illustre disciple, Fichte[2], sont à peine refroidies. Les autres philosophes renommés de l'Allemagne vivent encore[3] et échappent à notre appréciation.

Mais ce n'est là qu'une énumération ethnographique des écoles du xviiie siècle. Il faut surtout les considérer dans leurs caractères, analogues ou opposés. L'école anglo-française représente particulièrement l'empirisme et le sensualisme, c'est-à-dire une importance à peu près exclusive attribuée dans toutes les parties de la connaissance humaine à l'expérience en général, et surtout à l'expérience sensible. L'école écossaise et l'école allemande représentent un spiritualisme plus ou moins développé. Enfin, il y a des philosophes, par exemple Hutcheson, Smith et d'autres, qui, se défiant des sens et de la raison, donnent au sentiment la suprématie.

Telles sont les écoles philosophiques en présence desquelles est placé le xixe siècle.

Nous sommes forcés d'avouer qu'aucune d'elles ne contient, à nos yeux, la vérité tout entière. Il est démontré qu'une partie considérable de la connaissance

---

1. En 1804.
2. Mort en 1814.
3. On parlait ainsi en 1818. Depuis, M. Jacobi, M. Hegel, M. Schleiermacher, avec tant d'autres, ont disparu. M. Schelling reste seul debout sur les ruines de la philosophie allemande.

échappe à la sensation, et nous pensons que le sentiment n'est une base ni assez ferme ni assez large pour porter toute la science humaine. Nous sommes donc plutôt l'adversaire que le partisan de l'école de Locke et de Condillac, et de celle d'Hutcheson et de Smith. Sommes-nous pour cela disciple de Reid et de Kant? Oui, certes, nous déclarons nos préférences pour la direction imprimée à la philosophie par ces deux grands hommes. Nous considérons Reid comme le sens commun lui-même, et nous croyons par là lui décerner l'éloge qui le toucherait davantage. Le sens commun nous est le seul point de départ légitime et la règle constante et inviolable de la science. Reid ne s'égare jamais; sa méthode est la vraie, ses principes généraux sont incontestables, mais nous dirions volontiers à cet irréprochable génie : *Sapere aude*. Kant est un guide bien moins sûr que Reid. L'un et l'autre excellent dans l'analyse; mais Reid s'arrête là, et Kant bâtit sur l'analyse un système inconciliable avec elle. Il élève la raison au-dessus de la sensation et du sentiment; il montre avec un art infini comment la raison produit par elle-même, et par les lois attachées à son exercice, presque toute la connaissance humaine; il n'y a qu'un malheur, c'est que tout ce bel édifice est dépourvu de réalité. Dogmatique dans l'analyse, Kant est sceptique dans ses conclusions. Son scepticisme est le plus savant, le plus moral qui fut jamais; mais enfin c'est toujours le scepticisme. C'est dire assez que nous sommes loin d'appartenir à l'école du philosophe de Kœnigsberg.

En général, dans l'histoire de la philosophie, nous sommes pour tous les systèmes qui sont eux-mêmes pour la raison. Ainsi, dans l'antiquité, nous tenons pour Platon contre ses adversaires ; chez les modernes, pour Descartes contre Locke, pour Reid contre Hume, pour Kant contre Condillac à la fois et contre Smith. Mais en même temps que nous reconnaissons la raison comme une puissance supérieure à la sensation et au sentiment, comme étant par excellence la faculté de connaître en tout genre, la faculté du vrai, la faculté du beau, la faculté du bien, nous sommes persuadé que la raison ne se peut développer sans des conditions qui lui sont étrangères, ni suffire au gouvernement de l'homme sans le secours d'une autre puissance : cette puissance qui n'est pas la raison, et dont la raison ne peut se passer, c'est le sentiment ; ces conditions, sans lesquelles la raison ne se peut développer, ce sont les sens. On voit quelle est pour nous l'importance de la sensation et du sentiment ; comment, par conséquent, il nous est impossible de condamner absolument ni la philosophie de la sensation, ni encore bien moins celle du sentiment.

Tels sont les fondements très-simples de notre éclectisme. Il n'est pas en nous le fruit du besoin d'innover et de nous faire une place à part parmi les historiens de la philosophie ; non, c'est la philosophie elle-même qui nous impose nos vues historiques. Ce n'est pas notre faute si Dieu a fait l'âme humaine plus vaste que tous les systèmes, et nous sommes bien aise aussi, nous l'avouons, que tous les systèmes ne soient pas entièrement absurdes.

A moins de donner un démenti aux faits les plus certains que nous avions nous-même signalés et établis, il nous fallait bien, en les retrouvant épars dans l'histoire, les reconnaître et leur rendre hommage ; et si l'histoire de la philosophie, ainsi considérée, ne paraissait plus un amas de systèmes insensés, un chaos sans lumière et sans issue ; si au contraire elle devenait, en quelque sorte, une philosophie vivante, c'est là, ce semble, un progrès dont on pourrait se féliciter, une des conquêtes les plus heureuses du xixe siècle, le triomphe même de l'esprit philosophique.

Nous n'avons donc aucun doute sur l'excellence de l'entreprise ; toute la question est pour nous dans l'exécution. Voyons, comparons ce que nous avons fait avec ce que nous avons voulu faire.

Demandons-nous d'abord si nous avons été juste envers cette grande philosophie représentée dans l'antiquité par Aristote, et dont le modèle le meilleur parmi les modernes est le sage auteur de l'*Essai sur l'entendement humain* ?

Il y a dans la philosophie de la sensation le vrai et le faux. Le faux, c'est la prétention d'expliquer par les acquisitions des sens toute la connaissance humaine ; cette prétention-là, c'est le système même ; nous la repoussons, et le système avec elle. Le vrai, c'est que la sensibilité, considérée dans ses organes extérieurs et visibles, et dans ses organes intérieurs, sièges invisibles des fonctions vitales, est la condition indispensable du développement de toutes nos facultés, non-seulement des facultés qui tiennent évidemment à la sensibilité, mais de celles qui en paraissent le plus éloignées. Ce côté vrai du sensualisme, nous l'avons partout reconnu et mis en lumière dans la métaphysique, l'esthétique, la morale, la théodicée.

Pour nous la théodicée, la morale, l'esthétique, la métaphysique, reposent sur la psychologie, et le premier principe de notre psychologie est que tout exercice de l'esprit et de l'âme a pour condition une impression faite sur nos organes et un mouvement des fonctions vitales.

L'homme n'est pas un pur esprit ; il a un corps qui est à l'esprit tantôt un obstacle, tantôt un moyen, toujours un compagnon inséparable. Les sens ne sont pas, comme l'ont trop dit Platon et Malebranche, une prison pour l'âme, mais bien plutôt une fenêtre ouverte sur la nature, et par laquelle l'âme communique avec l'univers. Il y a toute une partie de la polémique de Locke contre la théorie des idées innées qui est à nos yeux parfaitement vraie. Nous sommes les premiers à invoquer l'expérience en philosophie. L'expérience sauve la philosophie de l'hypothèse, de l'abstraction, de la méthode exclusivement déductive, c'est-à-dire de la méthode géométrique. C'est pour avoir abandonné le terrain solide de l'expérience, que Spinoza, s'attachant à certains côtés du cartésianisme[1] et fermant les yeux à tous les autres, oubliant sa méthode, son caractère essentiel et ses principes les plus certains, a élevé un sys-

---

1. FRAGMENTS DE PHILOSOPHIE CARTÉSIENNE, p. 429 : *Des rapports du cartésianisme et du spinozisme.*

tème hypothétique, où, d'une définition arbitraire, il fait sortir avec la dernière rigueur toute une série de déductions, qui n'ont rien à voir avec la réalité. C'est aussi pour avoir échangé l'expérience contre une analyse systématique que Condillac, disciple infidèle de Locke, a entrepris de tirer d'un seul fait, et d'un fait mal observé, toute la connaissance, à l'aide d'une suite de transformations verbales dont le dernier résultat est un nominalisme, semblable à celui des derniers scholastiques. L'expérience ne renferme pas toute la science, mais elle en fournit les conditions. L'espace n'est rien pour nous sans les corps visibles et tangibles qui le remplissent, le temps sans la succession des événements, la cause sans ses effets, la substance sans ses modes, la loi sans les phénomènes qu'elle régit[1]. La raison ne nous révélerait aucune vérité universelle et nécessaire, si la conscience et les sens ne nous suggéraient des notions particulières et contingentes. Dans l'esthétique, tout en distinguant sévèrement le beau de l'agréable, nous avons fait voir que l'agréable est l'accompagnement constant du beau[2], et que si l'art a pour loi suprême d'exprimer l'idéal, il le doit exprimer sous une forme animée et vivante qui le mette en rapport avec nos sens, avec notre imagination, surtout avec notre cœur. En morale, si nous avons mis Kant et le stoïcisme bien au-dessus de l'épicuréisme et d'Helvétius, nous nous sommes défendu d'une insensibilité ou d'un ascétisme en

---

1. Ire partie, leçons Ire et IIe.
2. IIe partie.

contradiction avec la nature humaine. Nous n'avons pas donné à la raison le devoir ni le droit d'étouffer les passions naturelles, mais de les régler ; nous n'avons pas voulu arracher de l'âme l'instinct du bonheur, sans lequel la vie ne serait pas supportable un jour, ni la société possible une heure ; nous nous sommes proposé d'éclairer cet instinct, de lui montrer l'harmonie cachée mais réelle qu'il soutient avec la vertu, et de lui ouvrir des perspectives infinies[1].

Avec ces éléments empiriques, l'idéalisme est mis à l'abri de cet enivrement mystique qui peu à peu le gagne et le saisit quand il est tout seul, et le décrie auprès des esprits sains et sévères. Pourquoi ne le dirions-nous pas ? Dans nos travaux, nous avons souvent présenté la pensée de Locke que nous tenons pour un des hommes les meilleurs et les plus sensés qui aient été. Il est parmi ces conseillers secrets et illustres que nous donnons à notre faiblesse. Nous lui devons plus d'une inspiration ; et nous nous demandons souvent si des recherches dirigées avec la méthode circonspecte que nous tâchons d'apporter dans les nôtres ne pourraient pas être acceptées par sa sincérité et par sa sagesse. Locke est pour nous le vrai représentant, le plus original et tout ensemble le plus tempéré de l'école empirique. Dans les liens d'un système, il conserve encore une rare liberté d'esprit : sous le nom de réflexion, il admet une autre source de connaissance que la sensation ; et cette concession au sens commun est bien

---

1. III⁰ partie.

considérable. C'est Condillac qui en ôtant cette concession a outré et gâté la doctrine de Locke, et en a fait un système étroit, exclusif, entièrement faux, le sensualisme, à proprement parler. Condillac opère sur des chimères réduites en signes avec lesquels il se joue à son aise. On cherche en vain dans ses écrits, surtout dans les derniers, quelque trace de la nature humaine. On se croit en vérité dans le royaume des ombres, *per inania regna*[1]. L'*Essai sur l'entendement humain* produit l'impression contraire. Locke est un disciple de Descartes, que les excès de Malebranche ont jeté dans un excès contraire : il est un des fondateurs de la psychologie : c'est un des plus fins et des plus profonds connaisseurs de la nature humaine, et sa doctrine un peu chancelante, mais toujours modérée, est digne d'avoir une place dans un véritable éclectisme[2].

A côté de la philosophie de Locke, il en est une bien autrement grande, et qu'il importe de préserver de toute exagération pour la maintenir à toute sa hauteur. Fondé dans l'antiquité par Socrate, constitué par Platon, renouvelé par Descartes, l'idéalisme compte dans son sein, même parmi les modernes, les plus belles renommées. Il parle à l'homme au nom de ce qu'il y a de plus noble dans l'homme. Il revendique les droits de la raison ; il rétablit dans la science, dans l'art et dans la

1. Sur Condillac, Ire série, Ier vol., *passim*, et particulièrement t. III, leçons II et III.
2. Nous n'avons jamais parlé de Locke qu'avec un respect sincère, même en le combattant. Voyez Ire série, t. I, Cours de 1817, *Discours d'ouverture*, t. III, leçon Ire, et surtout IIe série, t. III, *passim*.

morale des principes fixes et invariables, et du sein de cette existence imparfaite il nous élève vers un autre monde, le monde de l'éternel, de l'infini, de l'absolu.

Cette grande philosophie a toutes nos préférences : on ne nous accusera pas de lui avoir fait une trop petite part dans ces leçons. Au xviii° siècle elle est surtout représentée à des degrés différents par Reid et par Kant. Nous acceptons Reid tout entier, moins ses vues historiques, qui sont par trop insuffisantes et souvent mêlées de graves erreurs[1]. Il y a dans Kant deux parties : la partie analytique et la partie dialectique, comme il les appelle[2]. Nous admettons l'une, nous repoussons l'autre. Dans tout ce cours, combien d'emprunts n'avons-nous pas faits à la *Critique de la raison spéculative*, à la *Critique du jugement*, à la *Critique de la raison pratique* ? Ces trois ouvrages sont à nos yeux d'admirables monuments du génie philosophique : ils sont remplis de trésors d'observation et d'analyse[3].

Avec Reid et Kant, nous reconnaissons la raison comme la faculté du vrai, du beau et du bien. C'est à sa vertu propre que nous rapportons directement la connaissance

---

1. Voyez Ire série, t. IV, les leçons sur Reid.
2. *Ibid.*, t. V.
3. Il y a une vingtaine d'années, nous avions songé à traduire et à publier ces trois *Critiques*, en y joignant un choix des *Petits écrits* de Kant. Le temps nous a manqué pour y mettre la dernière main ; mais un jeune et habile professeur de philosophie, sorti de l'Ecole normale, a bien voulu nous suppléer, et se charger de donner lui-même au public français une version fidèle et intelligente du plus grand penseur du xviii° siècle. M. Barni a dignement commencé l'utile et difficile entreprise que nous avions remise à son zèle, et il la poursuit avec courage et talent.

RÉSUMÉ DE LA DOCTRINE. 441

dans sa partie la plus humble et dans sa partie la plus élevée. Toutes les prétentions systématiques du sensualisme se brisent contre la réalité manifeste des vérités universelles et nécessaires qui sont incontestablement dans notre esprit. A chaque instant, que nous le sachions ou que nous l'ignorions, nous portons des jugements universels et nécessaires. Dans la plus simple des propositions est enveloppé le principe de la substance et de l'être. Nous ne pouvons faire un pas dans la vie sans conclure d'un événement à sa cause. Ces principes sont absolument vrais, ils le sont partout et toujours. Or l'expérience nous apprend ce qui arrive ici, là, aujourd'hui, demain ; mais ce qui arrive partout et toujours, surtout ce qui ne peut pas ne pas arriver, comment veut-on qu'elle nous l'apprenne, puisqu'elle-même est toujours limitée dans le temps et dans le lieu? Il y a donc dans l'homme des principes supérieurs à l'expérience.

De pareils principes peuvent seuls donner une base ferme à la science. Les phénomènes ne sont les objets de la science qu'en tant qu'ils révèlent quelque chose de supérieur à eux-mêmes, c'est-à-dire leurs lois. L'histoire naturelle n'étudie pas tel ou tel individu, mais le type générique que tout individu porte en lui, lequel demeure inaltérable, quand les individus passent et s'évanouissent. S'il n'y a point en nous d'autre faculté de connaître que la sensation, nous ne connaîtrons jamais que ce qu'il y a de passager dans les choses, et encore nous ne le connaîtrons que de la connaissance la plus incertaine, puisque la sensibilité en sera la seule mesure, la sensibilité si variable en elle-même et si différente dans les différents individus. Chacun de nous aura sa science, une science contradictoire et fragile, qu'un moment élève et qu'un autre détruit, mensonge autant que vérité, puisque ce qui est vrai pour moi est faux pour vous, et même sera faux pour moi tout à l'heure. Telle est la science et la vérité dans la doctrine de la sensation. Au contraire, des principes nécessaires et immuables fondent une science nécessaire et immuable comme eux. la vérité qu'ils nous donnent n'est ni la mienne ni la vôtre, ni la vérité d'hier, ni celle de demain, c'est la vérité en soi.

Le même esprit transporté dans l'esthétique nous a fait saisir le beau à côté de l'agréable, et au-dessus des beautés diverses et imparfaites que la nature nous offre, une beauté idéale, une et parfaite, sans modèle dans la nature et seul modèle digne du génie.

En morale, nous avons montré qu'il y a une distinction essentielle entre le bien et le mal ; que l'idée du bien est une idée absolue tout comme l'idée du beau et celle du vrai ; que le bien est une vérité universelle et nécessaire, marquée de ce caractère particulier qu'elle doit être pratiquée. A côté de l'intérêt, qui est la loi de la sensibilité, la raison nous a fait reconnaître la loi du devoir, qu'un être libre peut seul accomplir. De cette morale est sortie une politique généreuse, donnant au droit un fondement assuré dans le respect dû à la personne, établissant la vraie liberté et la vraie égalité, et invoquant des institutions, protectrices de l'une et de l'autre, qui ne reposent pas sur la volonté mobile et arbitraire du législateur, quel qu'il soit, peuple ou monarque, mais sur la nature des choses, sur la vérité et la justice.

De l'empirisme nous avons retenu cette maxime, qui en fait toute la force : les conditions de la science, de l'art, de la morale, sont dans l'expérience, et souvent même dans l'expérience sensible. Mais nous professons en même temps cette autre maxime : le fondement direct de la science, c'est la vérité absolue ; le fondement direct de l'art, c'est la beauté absolue ; le fondement direct de la morale et de la politique, c'est le bien, c'est le devoir, c'est le droit ; et ce qui nous révèle ces trois idées absolues du vrai, du beau et du bien, c'est la raison. Le fond de notre doctrine est donc l'idéalisme tempéré par une juste part d'empirisme.

Mais à quoi servirait d'avoir restitué à la raison le pouvoir de s'élever à des principes absolus placés au-dessus de l'expérience, bien que l'expérience en fournisse les conditions extérieures, si ces principes n'ont pas de valeur objective, pour parler le langage de Kant[1]? A quoi bon avoir déterminé avec une précision jusqu'alors inconnue le domaine respectif de l'expérience et de la raison, si, toute supérieure qu'elle est aux sens et à l'expérience, la raison est captive dans leur enceinte, et ne peut rien savoir au delà avec certitude! Nous voilà donc revenus, par un savant détour, au scepticisme, auquel le sensualisme nous conduisait directement et à moins de frais. Dire qu'il n'y a point de principe des causes, ou dire que ce principe n'a aucune force en de-

1. Ire partie, leçon III.

hors du sujet qui le possède, n'est-ce pas dire la même chose? Kant avoue que l'homme n'a pas le droit d'affirmer qu'il y ait hors de lui ni causes réelles, ni temps, ni espace, ni que lui-même ait une âme spirituelle et libre. Cet aveu suffirait parfaitement à Hume; peu lui importerait que, selon Kant, la raison de l'homme pût concevoir, et même ne pût pas ne pas concevoir les idées de cause, de temps, d'espace, de liberté, d'esprit, pourvu que ces idées ne s'appliquent à rien de réel. Je ne vois là qu'un tourment de plus pour la raison humaine, à la fois si pauvre et si riche, si pleine et si vide.

Il est une troisième doctrine qui, trouvant la sensation insuffisante, et mécontente aussi de la raison qu'elle confond avec le raisonnement, croit se rapprocher du sens commun en faisant reposer sur le sentiment la science, l'art et la morale. Elle veut qu'on se fie à l'instinct du cœur, à cet instinct plus noble que la sensation et moins subtil que le raisonnement. N'est-ce pas le cœur en effet qui sent le beau et le bien, n'est-ce pas lui qui, dans toutes les grandes circonstances de la vie, quand la passion et le sophisme obscurcissent à nos yeux la sainte idée du devoir et de la vertu, la fait briller d'une irrésistible lumière, et en même temps nous échauffe, nous anime, nous donne le courage de la pratiquer?

Nous aussi nous avons reconnu ce phénomène admirable qu'on nomme le sentiment; nous croyons même qu'on en trouvera ici une analyse plus précise et plus complète que dans les écrits où le sentiment règne seul. Oui, il y a un plaisir exquis attaché à la contemplation de la vérité, à la reproduction du beau, à la pratique du

RÉSUMÉ DE LA DOCTRINE.

bien; il y a en nous un amour inné pour toutes ces choses; et quand on ne se pique pas d'une grande rigueur, on peut très-bien dire que c'est le cœur qui discerne la vérité, que le cœur est et doit être la lumière et le guide de notre vie.

Aux yeux d'une analyse peu exercée, la raison dans son exercice naturel et spontané se confond avec le sentiment par une multitude de ressemblances[1]. Le sentiment est attaché intimement à la raison; il en est la forme sensible. Au fond du sentiment est la raison, qui lui communique son autorité, tandis que le sentiment prête à la raison son charme et sa puissance. La preuve la plus répandue et la plus touchante de l'existence de Dieu n'est-elle pas cet élan du cœur qui, dans la conscience de nos misères et à la vue des imperfections de tout genre qui nous assiégent, nous suggère irrésistiblement l'idée confuse d'un être infini et parfait, nous remplit, à cette idée, d'une émotion inexprimable, mouille nos yeux de pleurs ou même nous prosterne à genoux devant celui que le cœur nous révèle, alors même que la raison refuse d'y croire? Mais regardez-y de plus près : vous verrez que cette raison incrédule, c'est le raisonnement appuyé sur des principes d'une portée insuffisante; vous verrez que ce qui nous révèle l'être infini et parfait, c'est précisément la raison elle-même[2]; et que c'est ensuite cette révélation de l'infini

---

[1]. Plus haut, leçon v, du *Mysticisme*.
[2]. Cette prétendue preuve de sentiment est, en effet, la preuve cartésienne elle-même. Voyez plus haut, leçon iv et leçon xvi.

par la raison, qui, passant dans le sentiment, produit l'émotion et les ravissements que nous avons rappelés. A Dieu ne plaise que nous repoussions le secours du sentiment! Nous l'invoquons au contraire et pour les autres et pour nous. Nous sommes ici avec le peuple, ou plutôt nous sommes peuple nous-mêmes. C'est à la lumière du cœur, empruntée à celle de la raison, mais qui la réfléchit plus vive dans les profondeurs de notre être, que nous nous confions pour entretenir dans l'âme de l'ignorant toutes les grandes vérités, et pour les sauver même dans l'esprit du philosophe des égarements ou des raffinements d'une philosophie ambitieuse.

Nous pensons, avec Quintilien et Vauvenargues, que la noblesse des sentiments fait celle des pensées. L'enthousiasme est le principe des grands travaux comme des grandes actions. Sans l'amour du beau, l'artiste ne produira que des œuvres régulières peut-être mais froides, qui pourront plaire au géomètre, mais non pas à l'homme de goût. Pour communiquer la vie à la toile, au marbre, à la parole, il faut la porter en soi. C'est le cœur, mêlé à la logique, qui fait la vraie éloquence ; c'est le cœur, mêlé à l'imagination, qui fait la grande poésie. Songez à Homère, à Corneille, à Bossuet : leur trait le plus caractéristique, c'est le pathétique, et le pathétique est le cri de l'âme. Mais c'est surtout dans la morale qu'éclate la puissance du sentiment. Le sentiment, nous l'avons déjà dit, est comme une grâce divine qui nous aide à accomplir la loi sérieuse et austère du devoir. Combien de fois n'arrive-t-il pas qu'en des situations délicates, compliquées, difficiles, on ne sait pas démêler où est le vrai, où est le bien ! Le sentiment vient au secours du raisonnement qui chancelle; il parle, et toutes les incertitudes se dissipent. En écoutant ses inspirations, on peut agir imprudemment, mais rarement on agit mal : la voix du cœur, c'est la voix de Dieu.

Nous faisons donc une grande place à ce noble élément de la nature humaine. Nous croyons l'homme tout aussi grand par le cœur que par la raison. Nous rendons hommage aux généreux écrivains qui, dans le relâchement des principes et des mœurs au xviiie siècle, ont opposé la beauté du sentiment à la bassesse du calcul et de l'intérêt. Nous sommes avec Hutcheson contre Hobbes, avec Rousseau contre Helvétius, avec l'auteur de Woldemar[1] contre la morale de l'égoïsme ou celle de l'école. Nous leur empruntons ce qu'ils ont de vrai; nous leur laissons des exagérations inutiles ou dangereuses. Il faut joindre le sentiment à la raison; mais il ne faut pas remplacer la raison par le sentiment. D'abord, il est contraire aux faits de prendre la raison pour le raisonnement et de les envelopper dans la même critique. Et puis, après tout, le raisonnement est l'instrument légitime de la raison : il vaut ce que valent les principes sur lesquels il s'appuie. Ensuite la raison, et singulièrement la raison spontanée, est, comme le sentiment, immédiate et directe; elle va droit à son objet, sans passer par l'analyse, l'abstraction, la déduction, opérations excellentes sans doute, mais qui en supposent une première, l'aperception pure et simple

---

[1]. M. Jacobi; voyez plus haut, p. 368.

de la vérité[1]. Cette aperception, c'est à tort qu'on l'attribue au sentiment. Le sentiment est une émotion, non un jugement; il jouit ou il souffre, il aime ou il hait; il ne connaît pas. Il n'est pas universel comme la raison; et même, comme il touche encore par quelque côté à l'organisation, il lui emprunte quelque chose de son inconstance. Enfin le sentiment suit la raison, il ne la précède point. En supprimant la raison, on supprime donc le sentiment qui en émane, et la science, l'art et la morale manquent de fondements fermes et solides.

La psychologie, l'esthétique et la morale nous ont conduit à un ordre de recherches plus difficiles et plus relevées, qui se mêlent à toutes les autres et les couronnent, la théodicée.

La théodicée, nous le savons, est l'écueil de la philosophie. Nous pouvions l'éviter, nous arrêter dans les régions déjà bien hautes des principes universels et nécessaires du vrai, du beau et du bien, sans aller au delà, sans remonter jusqu'au principe de ces principes, à la raison de la raison, à la source de la vérité. Mais une telle prudence n'est, au fond, qu'un scepticisme déguisé. Ou la philosophie n'est pas, ou elle est la dernière explication de toutes choses. Est-il donc vrai que Dieu nous soit une énigme indéchiffrable, lui sans lequel tout ce que nous avons découvert jusqu'ici de plus certain nous serait une insupportable énigme? Si la philosophie est incapable d'arriver à la connaissance de Dieu, elle est impuissante; car si elle ne possède pas

---

[1]. Sur la raison spontanée et la raison réfléchie, voyez Ire partie, leçons II et III.

RÉSUMÉ DE LA DOCTRINE.

Dieu, elle ne possède rien. Mais nous sommes convaincu que le besoin de savoir ne nous a pas été donné en vain, et que le désir de connaître le principe de notre être témoigne du droit et du pouvoir que nous avons de le connaître. Ainsi, après vous avoir entretenus de la vérité, du beau et du bien, nous n'avons pas craint de vous parler de Dieu.

Plus d'un chemin peut conduire à Dieu. Nous ne prétendons en fermer aucun; mais il nous fallait suivre celui qui était devant nous, celui que nous ouvraient la nature et le sujet de notre enseignement.

Les vérités universelles et nécessaires ne sont pas des idées générales que notre esprit tire par voie d'abstraction des choses particulières; car les choses particulières sont relatives et contingentes, et ne peuvent renfermer l'universel et le nécessaire. D'un autre côté, ces vérités ne subsistent pas en elles-mêmes; elles ne seraient ainsi que de pures abstractions, suspendues dans le vide et sans rapport à quoi que ce soit. La vérité, la beauté, le bien, sont des attributs et non des êtres. Or il n'y a pas d'attributs sans sujet. Et comme ici il s'agit du vrai, du beau et du bien absolus, leur substance ne peut être que l'être absolu. C'est ainsi que nous arrivons à Dieu. Encore une fois, il y a bien d'autres moyens d'y parvenir; mais nous maintenons celui-là légitime et assuré.

Pour nous, comme pour Platon, que nous avons défendu contre une interprétation trop étroite[1], la vérité

---

1. Leçons IV et V

absolue est en Dieu : c'est Dieu même sous une de ses faces. Depuis Platon, les plus grands esprits, saint Augustin, Descartes, Bossuet, Leibnitz, s'accordent pour mettre en Dieu, comme dans leur original, les principes de la connaissance aussi bien que de l'existence. En lui les choses puisent à la fois leur intelligibilité et leur être. C'est par la participation de la raison divine que notre raison possède quelque chose d'absolu. Tout jugement de la raison enveloppe une vérité nécessaire, et toute vérité nécessaire suppose l'être nécessaire.

Si toute perfection appartient à l'être parfait, Dieu possédera la beauté dans sa plénitude. Père du monde, de ses lois, de ses ravissantes harmonies, auteur des formes, des couleurs et des sons, il est le principe de la beauté dans la nature. C'est lui que nous adorons, sans le savoir, sous le nom d'idéal, quand notre imagination, entraînée de beautés en beautés, appelle une beauté dernière où elle puisse se reposer. C'est à lui que l'artiste, mécontent des beautés imparfaites de la nature et de celles qu'il crée lui-même, vient demander des inspirations supérieures. C'est en lui que se résument les deux grandes formes de la beauté en tout genre, le beau et le sublime, puisqu'il satisfait toutes nos facultés par ses perfections et les accable de son infinitude.

Dieu est le principe de la vérité morale comme de toutes les autres vérités. Tous nos devoirs sont compris dans la justice et la charité. Ces deux grands préceptes, nous ne les avons pas faits; ils nous sont imposés; de qui donc peuvent-ils venir, sinon d'un législateur essentiellement juste et bon? C'est là, selon nous, une démonstration invincible de la justice et de la charité divines : cette démonstration éclaire et soutient toutes les autres. Dans cet immense univers dont nous entrevoyons une faible partie, malgré plus d'une obscurité, tout semble ordonné en vue du bien général, et ce plan atteste une Providence. A l'ordre physique qu'on ne peut guère nier de bonne foi, ajoutez la certitude, l'évidence de l'ordre moral que nous portons en nous-mêmes. Cet ordre suppose l'harmonie de la vertu et du bonheur; il la réclame donc. Sans doute cette harmonie paraît déjà dans le monde visible, dans les conséquences naturelles des bonnes et des mauvaises actions, dans la société qui punit et récompense, dans l'estime et le mépris public, surtout dans les troubles et dans les joies de la conscience. Toutefois cette loi nécessaire de l'ordre moral n'est pas toujours exactement accomplie; elle doit l'être pourtant, ou l'ordre moral n'est point satisfait, et la nature la plus intime des choses, leur nature morale, demeure violée, troublée, pervertie. Il faut donc qu'il y ait un être qui se charge d'accomplir, dans un temps qu'il s'est réservé et de la manière qui conviendra, l'ordre dont il a mis en nous l'inviolable besoin; et cet être, c'est encore Dieu.

Ainsi de toutes parts, de la métaphysique, de l'esthétique, surtout de la morale, nous nous élevons au même principe, centre commun, fondement dernier de toute vérité, de toute beauté, de tout bien. Le vrai, le beau et le bien ne sont que les révélations diverses d'un même être. L'intelligence humaine, interrogée sur toutes ces idées qui sont incontestablement en elle, nous fait toujours la même réponse ; elle nous renvoie à la même explication : au fond de tout, au-dessus de tout, Dieu, toujours Dieu.

Nous voici donc arrivés, de degrés en degrés, à la religion. Nous voici en communion avec les grandes philosophies qui toutes proclament un Dieu, et en même temps avec les religions qui couvrent la terre, avec la religion chrétienne, incomparablement la plus parfaite et la plus sainte. Tant que la philosophie n'est pas parvenue à la religion naturelle, et par là nous entendons, non la religion à laquelle l'homme peut arriver dans cet état hypothétique qu'on appelle l'état de nature, mais la religion que nous révèle la lumière naturelle accordée à tous les hommes; la philosophie demeure au-dessous de tous les cultes, même les plus imparfaits, qui du moins donnent à l'homme un père, un témoin, un consolateur, un juge. Une vraie théodicée emprunte en quelque sorte à toutes les croyances religieuses leur commun principe, et elle le leur rend entouré de lumière, élevé au-dessus de toute incertitude, placé à l'abri de toute attaque. La philosophie peut alors se présenter à son tour au genre humain : elle aussi elle a droit à sa confiance ; car elle lui parle de Dieu au nom de tous ses besoins et de toutes ses facultés, au nom de la raison et au nom du sentiment.

Remarquez que nous sommes arrivés à ces hautes conclusions sans aucune hypothèse, à l'aide de procédés à la fois très-simples et parfaitement rigoureux. Étant données des vérités de différent ordre, que nous n'avons pas faites et qui ne se suffisent pas à elles-mêmes, nous sommes remontés de ces vérités à leur auteur, de même qu'on va de l'effet à la cause, du signe à la chose signifiée, du phénomène à l'être, de la qualité au sujet. Ces deux principes, que tout effet suppose une cause et que toute qualité suppose un sujet, sont des principes universels et nécessaires. Ils ont été mis par nous dans une pleine lumière, et démontrés en la manière que peuvent l'être des principes indémontrables puisqu'ils sont primitifs. De plus, ces principes nécessaires, à quoi s'appliquent-ils? A des vérités métaphysiques et morales, nécessaires aussi. Il a donc bien fallu conclure l'existence d'une cause et d'un être nécessaire; ou bien il fallait nier, soit la nécessité du principe de la cause et du principe de la substance, soit la nécessité des vérités auxquelles nous les avons appliqués, c'est-à-dire renoncer à toutes les notions du sens commun; car ce qui compose le sens commun, ce sont précisément ces principes et ces vérités avec leur caractère d'universalité et de nécessité.

Non-seulement il est certain que tout effet suppose une cause et toute qualité un être, mais il l'est également qu'un effet de telle nature suppose une cause de la même nature, et qu'une qualité ou un attribut marqué de tels et tels caractères essentiels suppose un être dans lequel se retrouvent éminemment ces mêmes caractères. D'où il suit que nous avons conclu très-légitimement de la vérité à une cause et à une substance intelligente, de la beauté à un être souverainement beau, et d'une loi morale composée à la fois de justice et de charité à un législateur souverainement juste et souverainement bon.

Et nous n'avons pas fait de la géométrie et de l'algèbre en théodicée, à l'exemple de beaucoup de philosophes, et des plus illustres. Nous n'avons pas déduit les attributs de Dieu les uns des autres, comme on convertit les différents termes d'une équation, ou comme d'une propriété du triangle on déduit ses autres propriétés, ce qui aboutit à un Dieu tout abstrait, bon peut-être pour l'école, mais qui ne suffit pas au genre humain. Nous avons donné à la théodicée un plus sûr fondement, la psychologie. Notre Dieu, c'est sans doute aussi l'auteur du monde, mais c'est surtout le père de l'humanité; son intelligence, c'est la nôtre à laquelle on ajoute la nécessité de l'essence et la puissance infinie. De même notre justice et notre charité, rapportées à leur immortel exemplaire, nous donnent une idée de la justice et de la charité divines. Voilà un Dieu réel, avec lequel nous pouvons soutenir un rapport réel aussi, que nous pouvons comprendre et sentir, et qui à son tour peut comprendre et sentir nos efforts, nos souffrances, nos vertus, nos misères. Faits à son image, conduits jusqu'à lui par un rayon de son être, il y a entre lui et nous un lien vivant et sacré.

Notre théodicée est donc pure à la fois d'hypothèse et d'abstraction. En nous préservant de l'une, nous nous sommes préservés de l'autre. Ne consentant à reconnaître Dieu que dans ses signes visibles aux yeux, intelligibles à l'esprit, c'est sur d'infaillibles témoignages que nous nous sommes élevés à Dieu. Par une conséquence nécessaire, partant d'effets et d'attributs réels, nous sommes arrivés à une cause et à une substance réelles, à une cause ayant en puissance tous ses effets essentiels, à une substance riche d'attributs. J'admire la folie de ceux qui, pour mieux connaître Dieu, le considèrent, disent-ils, dans son essence pure et absolue, dégagée de toute détermination limitative. Je crois avoir ôté à jamais la racine d'une telle extravagance[1]. Non; il n'est pas vrai que la diversité des déterminations et par conséquent des qualités et des attributs détruise l'unité absolue d'un être; la preuve infaillible en est que mon unité n'est pas le moins du monde altérée par la diversité de mes facultés. Il n'est pas vrai que l'unité exclue la multiplicité et la multiplicité l'unité; car l'unité et la multiplicité sont unies en moi. Pourquoi donc ne le seraient-elles pas en Dieu? Il y a plus : loin d'altérer l'unité en moi, la multiplicité la développe et en fait paraître la fécondité. De même la richesse des déterminations et des attributs de Dieu est précisément le signe de la plénitude de son être. Négliger ses attributs, c'est donc l'appauvrir; nous ne disons pas assez, c'est l'anéantir : car un être sans attributs n'est pas; et l'abstraction de l'être, humain ou divin, fini ou infini, relatif ou absolu, c'est le néant.

La théodicée a deux écueils : l'un, que je viens de vous signaler, est l'abstraction, l'abus de la dialectique; c'est le vice de l'école et de la métaphysique. S'efforce-t-on d'éviter cet écueil, on court le risque d'aller se

---

[1]. Voyez particulièrement la leçon v.

briser contre l'écueil opposé, je veux dire cet effroi du raisonnement qui s'étend jusqu'à la raison, cette prédominance excessive du sentiment qui, développant en nous les facultés aimantes et affectueuses aux dépens de toutes les autres, nous jette dans un anthropomorphisme sans critique, et nous fait instituer avec Dieu un commerce intime et familier où nous oublions un peu trop l'auguste et redoutable majesté de l'être divin. L'âme tendre et contemplative ne peut ni aimer ni contempler en Dieu la nécessité, l'éternité, l'infinité, qui ne tombent point sous les prises de l'imagination et du cœur, mais qui se conçoivent seulement. Elle les néglige donc. Elle n'étudie pas non plus Dieu dans les vérités de toute espèce, physiques, métaphysiques et morales, qui le manifestent; elle considère en lui particulièrement les caractères auxquels s'attache l'affection. Dans l'adoration, Fénelon retranche toute crainte pour ne laisser subsister que l'amour, et Mme Guyon finit par aimer Dieu comme un amant.

On évite ces excès contraires d'une sentimentalité raffinée et d'une abstraction chimérique, en ayant sans cesse présents à la pensée et la nature de Dieu par laquelle il échappe à tout rapport avec nous, la nécessité, l'éternité, l'infinité, et en même temps ceux de ses attributs qui sont nos propres attributs transportés en lui par cette raison très-simple qu'ils en viennent.

Je ne puis concevoir Dieu que dans ses manifestations et par les signes qu'il me donne de son existence, comme je ne puis concevoir un être que par ses attributs, une cause que par ses effets, comme je ne me conçois moi-même que par l'exercice de mes facultés. Ôtez mes facultés et la conscience qui me les atteste, je ne suis pas pour moi. Il en est de même de Dieu : ôtez la nature et l'âme, tout signe de Dieu disparaît. C'est donc dans la nature et dans l'âme qu'il faut le chercher et qu'on peut le trouver.

L'univers, qui comprend la nature et l'homme, manifeste Dieu; est-ce à dire qu'il l'épuise? Nullement. Consultons toujours la psychologie. Je ne me connais que par mes actes; cela est certain; et ce qui ne l'est pas moins, c'est que tous mes actes n'épuisent ni n'égalent ma puissance ni ma substance; car ma puissance, celle au moins de ma volonté, peut toujours ajouter un acte à tous ceux qu'elle a déjà produits, et elle a la conscience, en même temps qu'elle s'exerce, de contenir en soi de quoi s'exercer encore. Aussi faut-il dire de Dieu et du monde ces deux choses en apparence contraires : nous ne connaissons Dieu que par le monde, et Dieu est essentiellement distinct et différent du monde. La cause première, comme toutes les causes secondes, ne se manifeste que par ses effets; elle ne se peut même concevoir que par eux; et elle les surpasse de toute la différence qui sépare le créateur de l'être créé, le parfait de l'imparfait. Le monde est indéfini; il n'est pas infini; car, quelle que soit sa quantité, la pensée y peut toujours ajouter. De quelques milliards de mondes que l'on compose la totalité du monde, on peut y ajouter des mondes nouveaux. Mais Dieu est infini, absolument infini dans son essence, et il répugne qu'une série indéfinie égale l'infini; car l'indéfini n'est autre chose que le fini plus ou moins multiplié et pouvant toujours l'être. Le monde est un tout qui a son harmonie; car un Dieu un n'a pu faire qu'une œuvre accomplie et harmonieuse. L'harmonie du monde répond à l'unité de Dieu, comme la quantité indéfinie est le signe défectueux de l'infinité de Dieu. Dire que le monde est Dieu, c'est n'admettre que le monde, et c'est nier Dieu. Donnez à cela le nom qu'il vous plaira, c'est au fond l'athéisme. D'un autre côté, supposer que le monde est vide de Dieu et que Dieu est séparé du monde, c'est une abstraction insupportable et presque impossible. Distinguer n'est point séparer. Je me distingue, je ne me sépare point de mes qualités et de mes actes. De même Dieu n'est pas le monde, bien qu'il y soit partout présent en esprit et en vérité [1].

---

1. Plaçons ici ce passage analogue sur la vraie mesure en laquelle on peut dire à la fois que Dieu est compréhensible et qu'il est incompréhensible. Ire série, t. IV, leçon xii, p. 12 : « Disons d'abord que Dieu n'est point absolument incompréhensible, par cette raison manifeste qu'étant la cause de cet univers, il y passe et s'y réfléchit, comme la cause dans l'effet : par là, nous le connaissons. « Les cieux racontent « sa gloire* », et, « depuis la création **, ses vertus invisibles sont ren-« dues visibles dans ses ouvrages » : sa puissance, dans les milliers de mondes semés dans les déserts infinis de l'espace; son intelligence, dans leurs lois harmonieuses; enfin, ce qu'il y a en lui de plus auguste, dans les sentiments de vertu, de sainteté et d'amour que contient le cœur de l'homme. Et il faut bien que Dieu ne nous soit point incompréhensible, puisque toutes les nations s'entretiennent de Dieu depuis le premier jour de la vie intellectuelle de l'humanité. Dieu donc, comme cause de l'univers, s'y révèle pour nous; mais Dieu n'est pas seulement la cause de l'univers, il en est la cause parfaite et infinie, possédant en

* Le Psalmiste.
** Saint Paul.

Telle est notre théodicée : elle rejette les excès de tous les systèmes, et elle contient, nous le croyons au moins, tout ce qu'ils ont de bon. Au sentiment elle emprunte un Dieu personnel comme nous sommes nous-mêmes une personne, et à la raison un Dieu nécessaire, éternel, infini. En présence de deux systèmes opposés, l'un, qui pour voir et sentir Dieu dans le monde, l'y absorbe, l'autre qui, pour ne pas confondre Dieu avec le monde, l'en sépare et le relègue dans une solitude inaccessible, elle leur donne à tous les deux une juste satisfaction en leur offrant un Dieu qui est en effet dans le monde, puisque le monde est son ouvrage, mais sans que son essence y soit épuisée, un Dieu qui est tout ensemble unité absolue et unité multipliée, infini et vivant, immuable et principe du mouvement, suprême intelligence et suprême vérité, souveraine justice et souveraine

soi, non pas une perfection relative qui n'est qu'un degré d'imperfection, mais une perfection absolue, une infinité qui n'est pas seulement le fini multiplié par lui-même en des proportions que l'esprit humain peut toujours accroître, mais une infinité vraie, c'est-à-dire l'absolue négation de toutes bornes dans toutes les puissances de son être. Dès lors, il répugne qu'un effet indéfini exprime adéquatement une cause infinie ; il répugne donc que nous puissions connaître absolument Dieu par le monde et par l'homme, car Dieu n'y est pas tout entier. Pour comprendre absolument l'infini, il faut le comprendre infiniment, et cela nous est interdit. Dieu, tout en se manifestant, retient quelque chose en soi que nulle chose finie ne peut absolument manifester, ni par conséquent nous permettre de comprendre absolument. Il reste donc en Dieu, malgré le monde et l'homme, quelque chose d'inconnu, d'impénétrable, d'incompréhensible. Par delà les incommensurables espaces de l'univers, et sous toutes les profondeurs de l'âme humaine, Dieu nous échappe dans cette infinité inépuisable d'où il peut tirer sans fin de nouveaux mondes, de nouveaux êtres, de nouvelles manifestations. Dieu nous est par là incompréhensible ; mais cette incompréhensibilité même, nous en avons une idée nette et précise ; car

bonté, devant lequel le monde et l'homme sont comme le néant, et qui pourtant se complaît dans le monde et dans l'homme, substance éternelle et cause inépuisable, impénétrable et partout sensible, qu'il faut tour à tour rechercher dans la vérité, admirer dans la beauté, imiter, même à une distance infinie, dans la bonté et dans la justice, vénérer et aimer, étudier sans cesse avec un zèle infatigable et adorer en silence!

Résumons ce résumé. Partis de l'observation de nous-mêmes pour nous préserver de l'hypothèse, nous avons trouvé dans la conscience trois ordres de faits. Nous leur avons laissé à chacun leur caractère, leur rang, leur portée et leurs limites. La sensation nous a paru la con-

---

nous avons l'idée la plus précise de l'infinité. Et cette idée n'est pas en nous un raffinement métaphysique; c'est une conception simple et primitive qui nous éclaire dès notre entrée en ce monde, lumineuse et obscure tout ensemble, expliquant tout et n'étant expliquée par rien, parce qu'elle nous porte d'abord au faîte et à la limite de toute explication. Quelque chose d'inexplicable à la pensée, voilà où tend la pensée; l'être infini, voilà le principe nécessaire de tous les êtres relatifs et finis. La raison n'explique pas l'inexplicable, elle le conçoit. Elle ne peut comprendre d'une manière absolue l'infinité, mais elle la comprend en quelque degré dans ses manifestations indéfinies, qui la découvrent et qui la voilent; et de plus, comme on l'a dit, elle la comprend en tant qu'incompréhensible. C'est donc une égale erreur de déclarer Dieu absolument compréhensible et absolument incompréhensible. Il est l'un et l'autre, invisible et présent, répandu et retiré en lui-même, dans le monde et hors du monde, si familier et si intime à ses créatures qu'on le voit en ouvrant les yeux, qu'on le sent en sentant battre son cœur, et en même temps inaccessible dans son impénétrable majesté, mêlé à tout et séparé de tout, se manifestant dans la vie universelle et y laissant paraître à peine une ombre de son essence éternelle, se communiquant sans cesse et demeurant incommunicable, à la fois le Dieu vivant et le Dieu caché, *Deus vivus et Deus absconditus.* »

dition indispensable, mais non le fondement de la connaissance. La raison est la faculté même de connaître ; elle nous a fourni des principes absolus, et ces principes absolus nous ont conduits à des vérités absolues. Le sentiment, qui tient à la fois de la sensation et de la raison, a trouvé place entre l'une et l'autre. Sortis de la conscience, mais toujours guidés par elle, nous avons pénétré dans la région de l'être ; nous sommes allés tout naturellement de la connaissance à ses objets par le chemin que suit le genre humain, que Kant a cherché en vain, ou plutôt qu'il a méconnu à plaisir, à savoir cette raison qu'il faut admettre ou qu'il faut rejeter tout entière, et qui nous révèle les existences tout comme les vérités. Après donc avoir rappelé toutes les grandes vérités métaphysiques, esthétiques et morales, nous les avons rapportées à leur principe : avec le genre humain nous avons prononcé le nom de Dieu, qui explique tout, parce qu'il a tout fait, que toutes nos facultés réclament, la raison, le cœur et les sens, parce qu'il est l'auteur de toutes nos facultés.

Cette doctrine est si simple, elle est tellement dans toutes nos puissances, elle est si conforme à tous nos instincts, qu'elle paraît à peine une doctrine philosophique ; et en même temps, si vous l'examinez de plus près, si vous la comparez avec toutes les doctrines célèbres, vous trouverez qu'elle s'en rapproche et qu'elle en diffère, qu'elle n'est aucune d'elles et qu'elle les embrasse toutes, qu'elle en exprime précisément le côté qui les a fait vivre et qui les soutient dans l'histoire. Mais ce n'est là que le caractère scientifique de la doctrine que nous vous présentons: elle en a un autre encore qui la distingue et vous la recommande bien davantage. L'esprit qui l'anime est celui qui inspira jadis Socrate, Platon, Marc Aurèle, qui vous fait battre le cœur quand vous lisez Corneille et Bossuet, qui a dicté à Vauvenargues ce petit nombre de pages qui ont immortalisé son nom, que vous sentez partout dans Reid soutenu par un bon sens admirable, et dans Kant même au milieu et au-dessus des embarras de sa métaphysique, à savoir le goût du beau et du bien en toutes choses, la passion de l'honnête, l'ardent désir de la grandeur morale de l'humanité. Oui, ne craignons pas de le répéter, c'est là que nous tendons par toutes les voies; c'est la fin à laquelle se rapportent toutes les parties de notre enseignement; c'est la pensée qui leur sert de lien et qui en est l'âme pour ainsi dire. Puisse cette pensée vous être toujours présente, et vous accompagner, comme une amie fidèle et généreuse, partout où le sort vous conduira, sous la tente du soldat, dans le cabinet du jurisconsulte, du médecin, du savant, de l'homme de lettres, comme aussi dans l'atelier de l'artiste! Puisse-t-elle enfin vous rappeler quelquefois celui qui en a été auprès de vous le bien sincère mais trop faible interprète!

APPENDICE

A LA LEÇON DIXIÈME SUR L'ART FRANÇAIS AU XVIIe SIÈCLE.

Page 200 : « Quelle destinée que celle d'Eustache Lesueur ! »

On le voit : nous avons suivi sur la mort de Lesueur la tradition ou plutôt le préjugé répandu en ces derniers temps, et qui a entraîné avant nous les meilleurs juges. Mais il vient de paraître dans un recueil nouveau et intéressant, les *Archives de l'art français*, t. III, des documents jusqu'alors inédits et entièrement irrécusables sur la vie et les ouvrages du peintre de saint Bruno, qui nous forcent de retirer quelques assertions empruntées à l'opinion commune et contraires à la vérité. L'acte de décès de Lesueur, tiré pour la première fois du *Registre des morts de l'église paroissiale de Saint-Louis en l'isle Notre-Dame*, conservé aux archives de l'hôtel de ville de Paris, établit péremptoirement que Lesueur n'a pas été mourir aux Chartreux, mais qu'il est mort en l'île Notre-Dame, où il demeurait, sur la paroisse Saint-Louis, et qu'il a été enterré dans cette église de Saint-Étienne du Mont où reposent Pascal et Racine. Il paraît bien aussi que Lesueur est mort avant sa femme, Geneviève Goussé, puisque le *Registre des naissances* de la paroisse Saint-Louis contient, à la date du 18 février 1655, l'acte de baptême d'un quatrième enfant de Lesueur, et que Geneviève Goussé aurait dû mourir bien peu de temps après ses couches, si elle était morte avant son mari, décédé le 1er mai suivant. Dans ce cas, on trouverait l'acte de décès de la femme au *Registre des morts* de l'année 1655, comme on y a trouvé l'acte de décès du mari. Or cette pièce, qui seule pourrait donner un démenti à la vraisemblance et maintenir l'opinion accréditée, cette pièce n'est point aux archives de l'hôtel de ville, ou du moins l'auteur des *Nouvelles Recherches* ne l'y a point rencontrée.

D'ailleurs tout le reste de l'histoire de Lesueur, telle que nous l'avons si rapidement rappelée, subsiste. Il n'a jamais été en Italie, et, dit la notice si longtemps restée manuscrite, de Guillet de Saint-Georges, il n'a pas voulu y aller. Il était pauvre, sage, pieux; il aimait tendrement sa femme; il vivait dans la plus étroite union avec ses trois frères et son beau-frère, qui tous lui étaient des élèves et des collaborateurs. Nous regardons même comme un grand luxe de critique de nier les relations si naturelles que l'opinion reçue met entre Lesueur et Poussin. Si nul document ne les atteste, nul aussi ne les contredit, et elles demeurent à nos yeux très-vraisemblables.

Tout le monde admet que Lesueur admirait et étudia le Poussin. Il serait étrange qu'il n'eût pas cherché à le connaître, et il le pouvait aisément quand Poussin vint à Paris et y séjourna de 1640 à 1642. Il était même difficile qu'ils ne se rencontrassent pas. Après la mort de Vouet, en 1641, Lesueur se fit de plus en plus une manière particulière; et, en 1642, âgé de vingt-cinq ans, libre de toute entrave, déjà plein de goût pour l'antique et pour

Raphaël, il devait aller fréquemment au Louvre où Poussin demeurait. Il est donc assez naturel de supposer qu'ils se virent et se connurent, et pour eux, avec toutes leurs sympathies de caractère et de talent, se connaître c'était s'estimer et s'aimer. Si les lettres de Poussin ne parlent pas de Lesueur, nous répondons qu'elles ne parlent pas non plus de Champagne, dont les rapports avec Poussin ne sont pas contestés. Et quant à l'argument que l'on tire du silence de la notice de Guillet de Saint-Georges, il est loin d'être convaincant ; car cette notice, destinée à être lue dans une séance académique, ne pouvait contenir que l'histoire de la carrière du grand artiste, et non pas une biographie assez détaillée pour que la mention de ses amitiés y trouvât place. Enfin il est impossible de ne pas reconnaître que Poussin a exercé une véritable influence sur Lesueur, et il nous semble au moins probable que cette influence est due aux conseils de Poussin autant qu'à ses exemples.

Pag. 237 : « Mais la merveille du tableau est la figure de saint Paul. »

Nous avons vu tout récemment, à Hamptoncourt, les sept cartons de Raphaël. On n'en peut parler, on n'en peut faire la moindre critique qu'à genoux. Voilà bien Raphaël arrivé au faîte de son art, dans les dernières années de sa vie ! Et ce n'étaient là que des dessins pour des tapisseries ! Ces dessins seuls mériteraient le voyage d'Angleterre, quand même les figures du fronton du Parthénon ne seraient point au *British Museum*. On ne se lasse pas de contempler ces grandes pages à la rare lumière de cette salle mal éclairée. Rien de plus noble, de plus magnifique, de plus imposant, de plus majestueux. Quelles draperies, quelles attitudes, quelles figures! Quoique la couleur soit absente, l'effet est immense : l'esprit est saisi, charmé à la fois et transporté; mais l'âme, avouons-le, la nôtre au moins, demeure presque insensible. Nous supplions qu'on veuille bien comparer le sixième carton, évidemment un des plus beaux, représentant la prédication de saint Paul à Éphèse, avec le tableau de Lesueur que nous venons de décrire. L'un, du premier coup et dès le premier aspect, vous emporte dans les régions de l'idéal; l'autre frappe moins d'abord, mais attendez, considérez le bien, étudiez tous les détails, puis revenez sur l'ensemble : peu à peu l'émotion vous gagne, et elle va sans cesse en augmentant. Examinez surtout, dans l'un et dans l'autre, le personnage principal, saint Paul. Ici, il vous présente les beaux et longs plis de la grande robe qui enveloppe et découvre sa haute taille; mais la figure est dans l'ombre, et le peu qu'on en aperçoit n'a rien de merveilleux. Là, elle vous apparaît de face, inspirée, terrible, majestueuse. Soyez sincère et dites de quel côté est l'effet moral.

Pag. 241 : « Les grands ouvrages de Lesueur, de Poussin et de tant d'autres dispersés en Europe.... »

De tous les tableaux de Lesueur qui sont en Angleterre, celui que nous regrettons le plus de n'avoir pu voir est *Alexandre et son médecin*, peint pour M. de Nouveau, directeur général des postes, qui passa de l'hôtel Nouveau, à la place Royale, dans la galerie d'Orléans, de là en Angleterre, et qui a été acheté par lady Lucas, à la grande vente de Londres, en 1800. Voyez le catalogue de cette vente, avec les prix et les noms des acquéreurs, à la fin du tome Ier de l'excellent ouvrage de

M. Waagen, *OEuvres d'art et Artistes en Angleterre*, 2 volumes, Berlin, 1837 et 1838. Nous avons été consolé et bien agréablement surpris, à notre retour, en rencontrant dans la précieuse galerie de M. le comte d'Houdetot, ancien pair de France et membre libre de l'Académie des beaux-arts, un autre Alexandre et son médecin Philippe, où la main de Lesueur ne peut pas être méconnue. La composition de toute la scène est de la dernière perfection. Le dessin est exquis. Il y a des draperies qui par l'ampleur et la noblesse rappellent celles de Raphaël. Le corps d'Alexandre est d'une admirable langueur. La personne du médecin Philippe est grave et imposante. Le coloris n'est pas très-fort, mais il y a une parfaite unité de ton. Maintenant où est le véritable original, chez M. d'Houdetot ou en Angleterre? Le tableau vendu à Londres en 1800 venait très-certainement de la galerie d'Orléans, qui devait bien, ce semble, posséder l'original. D'un autre côté, le tableau de M. d'Houdetot ne peut pas être une copie. Il reste que les deux ouvrages soient également de Lesueur, qui, encore ici, aura traité deux fois le même sujet, comme il a fait pour la prédication de saint Paul. Il y a en effet une autre *Prédication* plus petite que celle du Louvre, mais non moins admirable, à la Place-Royale, chez M. Girou de Buzareingues, correspondant de l'Académie des sciences [1].

Empruntons à M. Waagen l'indication précise des œuvres de Lesueur que l'éminent critique a trouvées dans les collections anglaises et qu'il a décrites : *la Reine de Saba* de-

---

[1]. C'est l'esquisse même que vante avec tant de raison Félibien, v⁰ part., p. 37 de la 1ʳᵉ édit. in-4⁰.

vant Salomon, chez le duc de Devonshire, t. Ier, p. 245; *le Christ au pied de la croix soutenu par sa famille*, chez le comte de Schrewsbury, t. II, p. 463, « sentiment profond et vrai », dit M. Waagen; *la Madeleine répandant des parfums sur les pieds de Jésus-Christ*, chez lord Exeter, t. II, p. 485, « tableau du plus pur sentiment »; enfin, chez M. Miles, une *Mort de Germanicus*, « riche et noble composition, tout à fait dans le goût du Poussin », dit encore M. Waagen, t. II, p. 356. Ajoutons que ce dernier ouvrage n'est indiqué dans aucun catalogue, ancien ou moderne. Nous nous demandons si ce ne serait pas une copie du Germanicus de Poussin que Lesueur aurait faite ou qu'on lui aura attribuée.

L'auteur des *Musées d'Allemagne et de Russie* (Paris, 1844) signale à Berlin un *Saint Bruno adorant la croix dans sa cellule, ouverte sur un paysage*, et il prétend que ce tableau est aussi pathétique que les meilleurs Saint Bruno du musée de Paris. C'est vraisemblablement une esquisse, comme nous en avons une, ou un des volets qui nous manquent; car pour les tableaux mêmes, il n'y en a jamais eu que vingt-deux aux Chartreux, et ils sont encore au Louvre; à moins peut-être que ce ne soit le tableau que Lesueur avait fait pour M. Bernard de Rozé, selon Florent Lecomte, t. III, p. 98, et qui représentait un chartreux dans une cellule. A Saint-Pétersbourg, le catalogue de l'Ermitage indique sept tableaux de Lesueur, sur lesquels l'auteur que nous venons de citer en admet un d'authentique, *Moïse enfant exposé sur les eaux du Nil*. Serait-ce l'un des deux Moïse que Lesueur avait peints pour M. de Nouveau, comme nous l'apprend Guillet de Saint-Georges? Si M. Viardot ne s'est pas trompé, s'il n'a pas pris une copie pour une œuvre originale, nous déplorons qu'on ait laissé un véritable Lesueur s'égarer jusqu'à Saint-Pétersbourg, avec plusieurs Poussin, les plus beaux Claude (voyez ci-dessous, p. 474), des Mignard, des Sébastien Bourdon, des Gaspre, des Stella, des Valentin.

Il y a quelques années, à la vente de la galerie du cardinal Fesch, nous pouvions acquérir une des meilleures pièces de Lesueur, faite pour l'église Saint-Germain l'Auxerrois, arrivée, on ne sait comment, en la possession du chancelier Pontchartrain, puis en celle de l'oncle de l'empereur, *Jésus-Christ chez Marthe et Marie*, tableau célèbre qui formait, à Saint Germain-l'Auxerrois, le pendant du *Martyre de saint Laurent*. Est-il possible que le gouvernement français ait manqué cette bonne fortune, et qu'il ait abandonné ce petit chef-d'œuvre au roi de Bavière? On a pensé sans doute que c'était bien assez d'en avoir une bonne copie à Marseille, et on a laissé l'original aller retrouver, dans la galerie de Munich, le *Saint Louis à genoux entendant la messe*, que le catalogue de cette galerie attribue à Lesueur, nous ignorons sur quel fondement.

Rappelons, en terminant, qu'il y a au musée de Bruxelles un charmant petit Lesueur, *le Sauveur donnant sa bénédiction*, et dans les musées de Grenoble et de Montpellier quelques fragments de *l'Histoire de Tobie* peinte pour M. de Fieubet.

Pag. 226 : « Il ne s'est pas trouvé un gouvernement qui ait entrepris au moins de racheter (les chefs-d'œuvre) que nous avons perdus, et de ressaisir les grands ouvrages de Poussin, de Lesueur et de tant d'autres, dispersés en Europe, au lieu de prodiguer des millions pour acquérir des magots de Hollande, comme disait Louis XIV, ou des toiles espagnoles, à la vérité d'une admirable couleur, mais sans noblesse et sans expression morale. »

Voulez-vous un exemple tout récent du peu de cas que nous semblons faire de Poussin? La rougeur monte au front quand on pense que nous avons laissé passer en Angleterre, en 1848, l'admirable galerie de M. de Montcalm. Un tableau avait échappé; il a été mis en vente à Paris, le 25 mars 1850. C'était un Poussin ravissant, de la plus parfaite authenticité, provenant de la galerie d'Orléans, et longuement décrit dans le catalogue de Dubois de Saint-Gelais. Il représentait *la Naissance de Bacchus*, et par la variété des scènes et la multitude des idées, il attestait le meilleur temps du Poussin. Rendons justice à la Normandie, à la ville de Rouen : elle fit effort pour l'acquérir; mais le gouvernement ne la soutint pas, et cette composition toute française a été adjugée à Paris pour dix-sept mille francs à un étranger, M. Hope.

Contraste affligeant! On vient de donner cinq ou six cent mille francs pour une Vierge de Murillo qui fait aujourd'hui tourner toutes les têtes. J'avoue que la mienne y a parfaitement résisté. Je rends hommage à la fraîcheur, à la suavité, à l'harmonie de la couleur; mais toutes les autres qualités bien supérieures qu'on attendait dans un tel sujet manquent ici ou du moins m'échappent. L'extase n'a point transfiguré ce visage sans noblesse et sans grandeur. L'aimable enfant qui est devant mes yeux n'a pas l'air de se douter du profond mystère qui s'accomplit en elle. Qu'a-t-elle donc qui frappe tant la foule, cette Vierge si vantée? Elle est soutenue par des anges charmants, et elle a une jolie robe, d'une couleur éblouissante, qui fait le plus agréable effet du monde.

Pag. 228 : « Tâchons de nous consoler d'avoir perdu *les Sept Sacrements*, et de n'avoir pas su disputer à l'Angleterre et à l'Allemagne tant d'autres productions du Poussin, englouties aujourd'hui dans les collections étrangères.... »

Après avoir exprimé le regret de ne connaître *les Sept Sacrements* que par les gravures de Pesne, nous avons fait une course à Londres pour y voir de nos yeux et apprécier par nous-mêmes ces tableaux fameux, ainsi que plusieurs autres de notre grand compatriote, tombés entre les mains de l'Angleterre, grâce à notre coupable indifférence, et que nous signalait M. Waagen.

Dans le peu de jours qu'il nous était permis de donner à ce petit voyage, nous nous sommes réduits à l'examen de quatre galeries : la Galerie nationale, qui répond à notre musée, celles de lord Ellesmere et du marquis de Westminster, et, à quelques milles de Londres, la galerie, très-célèbre en Angleterre et trop peu connue en Europe, du collége de Dulwich.

Nous avons aussi visité une autre collection relevant d'une institution qu'il serait aisé de transporter en France, au grand profit de l'art et du goût. Il s'est formé en Angleterre une société appelée Institution britannique pour l'avancement des beaux-arts dans le Royaume-Uni (*British Institution for promoting the fine arts in the united Kingdom*). Elle fait chaque année, à Londres, une exposition de tableaux anciens, où les galeries particulières envoient successivement leurs plus belles pièces ; en sorte que dans un certain nombre d'années passent sous les yeux du public les plus remarquables tableaux que possède l'Angleterre. Sans cette exposition annuelle, que de richesses demeureraient ensevelies dans les châteaux de l'aristocratie ou dans les cabinets ignorés d'amateurs de province! La société, ayant à sa tête les plus grands noms de l'Angleterre, jouit d'une certaine autorité, et dans tous les rangs on s'empresse de répondre à son appel. Nous avons sous les yeux la liste des personnes qui, cette année, ont contribué à l'exposition. Nous y voyons, avec Sa Majesté la reine, les ducs de Bedfort, de Devonshire, de Newcastle, de Northumberland, de Sutherland, les comtes de Derby, de Suffolk, et beaucoup d'autres grands seigneurs, avec des banquiers, des négociants, des savants, des artistes. L'exposition est publique, mais non gratuite ; on paye pour entrer; on paye aussi pour avoir le catalogue imprimé de l'exhibition; avec cet argent on suffit aisément aux dépenses nécessaires, et ce qui reste est employé à acheter des tableaux dont on fait cadeau à la Galerie nationale.

A l'exposition de cette année nous avons vu trois Claude Lorrain dignes de la renommée de ce maître : *Apollon gardant les troupeaux d'Admète*, un *Port de mer*, tous deux appartenant au comte de Leicester, et *Psyché et l'Amour*, appartenant à M. Perkins; un prétendu Lesueur, la *Mort de la Vierge*, qui vient du comte de Suffolk ; sept Sébastien Bourdon, *les Sept OEuvres de miséricorde*[1], pré-

---

1. Ce grand travail est depuis longtemps en Angleterre, car Mariette en fait déjà la remarque ; voyez l'*Abecedario*, tout récemment publié, article S. BOURDON, t. 1er, p. 171. Il paraît que c'était un des ouvrages de prédilection de Bourdon, puisqu'il l'a gravé lui-même ; voyez de Piles, *Abrégé de la Vie des Peintres*, 2e édit., p. 494, et le *Peintre graveur français*, de M. Robert Dumesnil, t. 1er, p. 131, etc. Les planches des *Sept OEuvres de miséricorde* sont encore à la chalcographie du Louvre.

tés par le comte de Jarborough ; un paysage de Gaspard Poussin, mais pas un seul morceau de son illustre beau-frère.

Nous avons été plus heureux à la Galerie nationale.

Là, d'abord, que d'admirables Claude! Nous en avons compté jusqu'à dix, parmi lesquels il en est du plus haut prix. Nous nous bornerons à en citer trois, l'embarquement de sainte Ursule, un grand paysage, et l'embarquement de la reine de Saba.

1° *L'Embarquement de sainte Ursule*, peint pour les Barberini, orna leur palais à Rome jusqu'en 1760, où un amateur anglais l'acheta à la princesse Barberini avec d'autres ouvrages du premier ordre : ce tableau a 3 pieds 8 pouces de haut, 4 pieds 11 pouces de large.

2° Le grand paysage a 4 pieds 11 pouces de haut, 6 pieds 7 pouces de large. On y voit Rebecca, avec ses parents et ses domestiques, attendant l'arrivée d'Isaac, qui de loin s'avance pour célébrer leur mariage.

3° *L'Embarquement de la reine de Saba* allant visiter Salomon formait le pendant du tableau précédent, et il a les mêmes dimensions. C'est à la fois une marine et un paysage. M. Waagen déclare que c'est le plus beau morceau de ce genre qu'il connaisse et que le Lorrain y est arrivé à la perfection, t. Ier, p. 211. Ce chef-d'œuvre avait été fait par Claude pour son protecteur, le duc de Bouillon. Il est signé : « Claude GE. I. V., faict pour son Altesse le duc de Bouillon, anno 1648. » Il s'agit ici évidemment du grand duc de Bouillon, le frère aîné de Turenne. Voilà donc un ouvrage français et destiné à la France, qui est à jamais perdu pour elle, ainsi que ce fameux livre de vérité, *Libro di verità*, où Claude mettait les dessins de tous les tableaux qu'il entreprenait, dessins qui sont eux-mêmes des tableaux achevés. Ce monument précieux a été longtemps, comme l'*Embarquement de la reine de Saba*, entre les mains d'un marchand français qui l'aurait très-volontiers cédé au gouvernement, et qui, faute de trouver des acheteurs à Paris au dernier siècle, l'a vendu presque pour rien en Hollande d'où il a passé en Angleterre[1]. L'auteur des *Musées d'Allemagne et de Russie* cite, à Saint-Pétersbourg, dans la galerie de l'Ermitage, parmi une foule de Claude dont il semble admettre l'authenticité, quatre morceaux qu'il n'hésite pas à déclarer égaux aux plus célèbres chefs-d'œuvre du même maître qui soient à Paris et à Londres : *le Matin*, *le Midi*, *le Soir* et *la Nuit*. Ils proviennent de la Malmaison. Ainsi c'est la vente de la galerie d'une impératrice qui, de nos jours, a enrichi la Russie, comme vingt-cinq ans auparavant la vente de la galerie d'Orléans avait enrichi l'Angleterre.

Signalons encore à la Galerie nationale, à côté des paysages si sereins et si harmonieux du Lorrain, cinq Gaspre qui nous représentent la nature sous un tout autre aspect : des sites âpres et sauvages ou des tempêtes. Un des plus remarquables est celui d'Énée et Didon se réfugiant contre un orage dans une grotte. Les figures sont de la main de l'Albane, et le tableau appartint longtemps au palais Falconieri. Deux autres paysages viennent du palais Corsini, deux autres du palais Colonna.

---

1. Le *Libro di Verità* appartient aujourd'hui au duc de Devonshire. M. Léon de Laborde en a donné une description détaillée *Archives de l'art français*, t. Ier, p. 435 et suiv.

Mais c'est au Poussin qu'il faut arriver et nous arrêter. Il y a huit tableaux de sa main à la Galerie nationale, qui tous méritent d'être mentionnés. Nous allons les faire connaître avec quelque détail, M. Waagen s'étant contenté d'en donner une appréciation générale.

Sur ces huit tableaux, un seul appartient à l'histoire sainte, celui qui est inscrit dans le catalogue imprimé sous le n° 165, et qui représente la peste d'Ashdod. Les Israélites ayant été battus par les Philistins, l'arche sainte fut prise et placée par les vainqueurs dans le temple de Dagon, à Ashdod. En présence de l'arche, l'idole s'écroule, et les Philistins sont frappés de la peste. Cette toile a 4 pieds 3 pouces de hauteur, 6 pieds 8 pouces de largeur. C'est une esquisse ou une répétition de la *Peste des Philistins* qui est au musée du Louvre et qui a été gravée par Picard. Il est rare, en effet, que Poussin n'ait pas traité plusieurs fois le même sujet : Il y a deux suites des *Sept Sacrements*, deux *Arcadie*[1], deux ou trois *Moïse frappant le rocher*, etc. Ici la science du dessin s'est complu à faire ressortir toute l'horreur de la scène et à étaler les effets les plus hideux de la peste. Il semble que, dans ce petit cadre, Poussin ait voulu lutter contre Michel-Ange, même aux dépens de la beauté. On dit que cet ouvrage avait été demandé par le cardinal Barberini, et il vient du palais Colonna.

Les sept autres tableaux de la Galerie nationale appartiennent à la mythologie, et on pourrait les rapporter presque tous à cette première époque de la carrière du

1. La première composition de l'*Arcadie*, qu'il eût été si précieux d'avoir au Louvre à côté de la seconde et de la meilleure, est en Angleterre, chez le duc de Devonshire.

Poussin, où il paye le tribut au génie encore subsistant du seizième siècle et subit l'influence du Marini.

N° 39. *L'Éducation de Bacchus*, sujet sur lequel Poussin s'est plus d'une fois exercé. C'est une petite toile de 2 pieds 6 pouces de hauteur, de 3 pieds et 1 pouce de largeur.

N° 40. Encore un petit tableau de 2 pieds 6 pouces de haut, de 3 pieds 4 pouces de large : *Phocion se lavant les pieds à une fontaine publique*, touchant emblème de la pureté et de la simplicité de sa vie. Pour relever cette scène rustique et lui donner sa signification, le peintre a représenté les trophées du noble guerrier suspendus au tronc d'un arbre à une certaine distance. Toute cette composition est pleine d'esprit et de distinction. Nous ne croyons pas qu'elle ait jamais été gravée. Elle s'ajoute heureusement aux deux autres compositions que le Poussin a consacrées à Phocion, et que Baudet a si admirablement gravées, *Phocion porté hors de la ville d'Athènes* et *le Tombeau de Phocion*.

N° 42. Voici maintenant une des trois bacchanales que Poussin avait peintes pour le duc de Montmorency. Les deux autres sont, dit-on, dans la collection de lord Asburnham. Cette bacchanale a 4 pieds 8 pouces en hauteur, 3 pieds et 1 pouce en largeur. Dans un chaud paysage, Bacchus dort entouré de nymphes, de satyres et de centaures, et l'on voit Silène sous une feuillée soutenu par des sylvains.

N° 62. Autre bacchanale, qui peut être considérée comme un des chefs-d'œuvre du Poussin. M. Waagen dit que ce tableau vient de la collection Colonna; mais le catalogue, qui a un caractère officiel (*by authority*), affirme qu'il appartint d'abord au comte de Vaudreuil, puis qu'il passa chez M. de Calonne, et que de là il vint en Angleterre et finit par tomber entre les mains d'un M. Hamlet, auquel le gouvernement, autorisé par le parlement, l'a acheté (*purchased by parliament*) pour le placer dans la Galerie nationale. Il a 3 pieds 8 pouces de haut, 4 pieds 8 pouces de large. Le sujet est une danse joyeuse de faunes et de bacchantes interrompue par un satyre qui se jette sur une nymphe et cherche à s'en rendre maître. Outre le sujet principal, il faut remarquer plusieurs épisodes spirituels et gracieux, particulièrement deux enfants qui tâchent de recevoir dans une coupe le jus d'une grappe de raisin soutenue en l'air et pressée par une bacchante de la taille la plus svelte et la plus fine. La composition est à la fois pleine de feu, d'énergie et d'esprit. Il n'y a pas un des groupes, ni même une des figures, qui ne soit digne d'une sérieuse étude. M. Waagen n'hésite point à dire que ce tableau est un des plus beaux du Poussin. Il admire la vérité et la variété des têtes, la fraîcheur du coloris et le ton lumineux (*die Färbung von seltenster Frische, Helle und Klarheit in allen Theilen*). Il y en a une gravure de Huart, reproduite au trait dans l'ouvrage de Landon, sous le nom de *Danse de Faunes et de Bacchantes*.

N° 65. *Céphale et l'Aurore*. L'Aurore, éprise de la beauté de Céphale, entreprend de le détacher de sa femme Procris; n'y pouvant réussir, dans sa fureur jalouse elle donne à Céphale le javelot qui doit causer la mort de son épouse adorée. 3 pieds 2 pouces de haut, 4 pieds 3 pouces de large.

N° 83. Un assez grand tableau de 5 pieds 6 pouces de

haut et de 8 pieds de large : *Phinée et ses compagnons changés en pierres à la vue de la Gorgone.* Persée, ayant délivré Andromède du monstre marin, avait obtenu sa main de son père Céphée, qui donna un festin magnifique pour célébrer leurs noces. Mais Phinée, à qui Andromède avait été fiancée, se jette dans la salle du festin à la tête d'une troupe armée; un combat s'engage, et Persée, près de succomber, présente à ses ennemis la tête de Méduse qui les métamorphose immédiatement en pierres. Cette composition est pleine de vigueur, d'une couleur assez vive, mais un peu crue. Elle n'est indiquée nulle part, et nous n'en connaissons pas de gravure.

N° 91. Charmant petit tableau de 2 pieds 2 pouces de hauteur, d'un pied 8 pouces de largeur : *une Nymphe dormant, surprise par l'Amour et des satyres.* Gravé par Daullé et reproduit dans l'ouvrage de Landon.

Quand on quitte la Galerie nationale pour celle de Bridgewater, on rencontre une autre face du génie du Poussin; on passe du disciple de Marini au disciple de l'Évangile, et les grâces de la mythologie font place à l'austérité et à la sublimité du christianisme. Voilà ce que nous étions venu voir. Nous attendions beaucoup : notre attente a été surpassée.

La galerie Bridgewater est ainsi appelée du nom de son fondateur, le duc de Bridgewater, qui la forma au milieu du xviiie siècle, et la légua à son frère, le marquis de Stafford, sous la condition de la transmettre à son second fils, lord Francis Égerton, qui s'appelle aujourd'hui lord Ellesmere. Du vivant du marquis de Stafford, elle a été en très-grande partie gravée par Ottley, sous le nom de *Galerie de Stafford,* en 4 volumes in-folio

Elle tient le premier rang en Angleterre parmi toutes les galeries particulières, grâce à la multitude de chefs-d'œuvre qu'elle possède de l'école italienne, de l'école hollandaise et de l'école française. Elle a recueilli un très-grand nombre de tableaux de la galerie d'Orléans, et nous n'avons pu nous défendre d'un sentiment pénible en retrouvant à Cleveland-square bien des chefs-d'œuvre qui jadis appartenaient à la France et qui sont gravés dans deux ouvrages célèbres : 1° *La Galerie du duc d'Orléans au Palais-Royal*, 2 volumes in-folio; 2° *Recueil d'estampes d'après les plus beaux tableaux et dessins qui sont en France dans le cabinet du roi et celui de Monseigneur le duc d'Orléans*, 1729, 2 volumes in-folio; recueil précieux qui est connu aussi sous le nom de *Cabinet de Crozat*. Cette admirable collection est placée dans un bâtiment digne d'elle, dans un véritable palais, et elle compte à peu près trois cents tableaux. L'école française y est dignement représentée. On y trouve un Valentin, *la Partie de musique*, venant de la galerie d'Orléans et gravée dans *la Galerie du Palais-Royal;* trois Bourguignon, quatre Gaspre, quatre beaux Claude, que M. Waagen s'est complu à décrire, tome 1er, page 331; les deux premiers inscrits dans le catalogue sous les n°s 11 et 41, peints en 1664 pour M. de Bourlemont, gentilhomme lorrain : l'un, *Démosthène au bord de la mer*, qui offre le touchant contraste de ruines majestueuses et de la nature éternellement jeune et fraîche; l'autre, *Moïse dans le buisson ardent*, auquel Dieu apparaît; un troisième, n° 103, de l'année 1657, destiné aussi à un Français, M. de Lagarde, et qui représente *la Métamorphose d'Apulée en berger;* enfin, un quatrième, n° 97, l plus fraîche idylle qui fut jamais, une *Vue des cascatelles de Tivoli.*

Mais, nous l'avouons, l'impression de ces compositions charmantes s'est bien vite effacée à la vue des huit grands tableaux de Poussin inscrits sous les n°ˢ 62 à 69, *les Sept Sacrements* et *Moïse frappant le rocher de sa baguette.*

Nous aurions de la peine à rendre l'émotion religieuse dont nous avons été saisi devant *les Sept Sacrements.* Non, quoi qu'en dise M. Waagen, il n'y a rien là de théâtral. La beauté de la statuaire antique y est animée et vivifiée par l'esprit chrétien et le génie même de la peinture. L'expression, et nous entendons par là l'expression morale, y est portée au plus haut degré. Cette expression est encore moins dans les détails que dans l'ensemble, et elle sort surtout de la composition. C'est par la composition en effet que Poussin est particulièrement grand, et, sous ce rapport, nous ne lui connaissons pas de supérieur, même dans l'école florentine et romaine. Comme chacun des *Sacrements* est une vaste scène où les moindres détails conspirent à l'effet du tout, ainsi *les Sept Sacrements* forment un ensemble harmonieux, une seule et même œuvre qui nous présente le développement de la vie chrétienne à travers ses plus augustes cérémonies, de même que les vingt-deux *Saint Bruno* de Lesueur expriment tous la vie monastique, la variété n'étant là que pour mieux faire sentir l'unité. A parler sincèrement, en peut-on dire autant des *Stanze* du Vatican? Ont-elles un sentiment commun? Ce sentiment est-il bien profond, et est-il le sentiment chrétien? Nul doute que Raphaël n'élève l'âme, comme tout ce qui est vraiment beau; il la touche même, mais à la surface, *circum præcordia ludit ;* il ne pénètre pas dans ses profondeurs ; il n'y va pas remuer les fibres les plus intimes de notre être, parce que lui-même il n'est pas ému ; il nous ravit à la terre pour nous transporter dans les régions sereines de l'éternelle beauté ; mais les côtés douloureux de la vie ou les élans sublimes du cœur, la magnanimité, l'héroïsme, en un mot, la grandeur morale, il ne l'exprime point, parce qu'il ne la sent point, ne la possédant pas en lui-même et ne l'ayant pu rencontrer autour de lui dans l'Italie du xvie siècle, dans cette société à moitié païenne, superstitieuse et impie, livrée à tous les vices et à tous les désordres, que Luther ne put entrevoir sans frémir d'horreur et rêver une révolution. Sur ce fond corrompu, mal recouvert par le vernis d'une politesse mensongère, se détachent deux grandes figures, Michel-Ange et Vittoria Colonna. Mais la noble veuve du marquis de Pescaire n'était pas de la compagnie de la Fornarine ; et qu'avait de commun le chaste amant de cette autre Béatrice, le Dante de la peinture et de la sculpture, l'intrépide ingénieur qui défendit Florence, le mélancolique auteur du *Jugement dernier* et du *Laurent de Médicis*, avec des hommes tels que le Pérugin, professant hautement l'athéisme en même temps qu'il faisait, au plus haut prix possible, les plus délicates madones, et son digne ami l'Arétin, athée aussi et de plus hypocrite, écrivant de la même main ses sonnets infâmes et la vie de la Sainte Vierge, et Jules Romain qui prêtait son crayon à des débauches effrénées, et Marc-Antoine qui les gravait? Tel est le monde où Raphaël vécut, qui de bonne heure lui enseigna le culte de la beauté matérielle, le goût du dessin le plus pur, sinon le plus fort, des grandes lignes, des contours suaves, de la lumière, de la couleur, mais qui lui voila toujours la beauté suprême, la beauté morale. Le Poussin appartient à un monde bien différent. Grâce à Dieu, il avait pu connaître en France d'autres âmes que celles d'artistes sans mœurs et sans foi, d'élégants amateurs, de riches prélats, de beautés faciles. Il avait vu, de ses yeux, des héros, des saints, des hommes d'État. Il a dû rencontrer à la cour de Louis XIII, de 1640 à 1642, le jeune Condé et le jeune Turenne, saint Vincent de Paul, Mlle du Vigean et Mlle de Lafayette. Il a tenu dans ses mains celles de Richelieu, de Lesueur, de Champagne, et sans doute aussi de Corneille. Comme ce dernier, il est grave et mâle; il a l'instinct du grand, et il y pousse. Si, avant tout, il est artiste, si sa longue carrière est une étude assidue et infatigable de la beauté, c'est surtout la beauté morale qui le frappe; et quand il représente des scènes héroïques ou chrétiennes, on sent qu'il est là, comme l'auteur du Cid, de Cinna et de Polyeucte, dans son élément naturel. Il montre assurément bien de l'esprit et de la grâce en ses mythologies, comme Corneille encore dans plusieurs de ses élégies et dans la déclaration de l'Amour à Psyché; mais, ainsi que lui, c'est dans le genre noble et réfléchi que Poussin excelle; c'est par le côté moral qu'il a un rang à part et très-élevé dans l'histoire des arts.

Nous ne voulons pas décrire *les Sept Sacrements*; d'autres l'ont fait, et mieux que nous ne pourrions le faire. Nous demanderons seulement si Bossuet lui-même, parlant du sacrement de *l'Ordre*, aurait déployé plus de gravité et de majesté que Poussin dans l'imposant tableau, si bien conservé, de la galerie de lord Ellesmere.

Remarquez qu'ici, comme dans les autres tableaux de la belle époque du Poussin, le paysage est admirablement uni à l'histoire. Tandis que sur le premier plan est la grande scène où le Christ transmet son pouvoir à saint Pierre devant les apôtres assemblés[1], dans les lointains et sur les hauteurs on aperçoit des édifices qui s'écroulent et des édifices qui s'élèvent. Sans doute l'*Extrême-Onction* est plus pathétique, et c'est le morceau qui nous touche et nous attache le plus par les qualités les plus diverses, surtout par je ne sais quelle grâce austère répandue sur les images de la mort[2]; mais malheureusement cette profonde composition a presque disparu sous la teinte noirâtre qui peu à peu a gagné sur les autres couleurs et offusque tout le tableau, en sorte que nous en sommes presque réduits à

1. Dans la première suite des *Sept Sacrements*, faite pour le chevalier del Pozzo, qui est aussi en Angleterre, chez le duc de Rutland, et que nous connaissons seulement par les gravures, le Christ était sur un des côtés, à gauche; il était moins dominant, moins imposant, et le centre paraissait un peu vide; dans la seconde suite, destinée à M. de Chanteloup, et faite cinq ou six ans après la première, Poussin a mis Jésus-Christ au milieu; et cette disposition nouvelle a changé tout l'effet du tableau. Quand Poussin traitait une seconde fois le même sujet, il ne se répétait pas, il se corrigeait, il tendait sans cesse à la perfection. De là ce grand mot qui doit être présent à tous les artistes, peintres, sculpteurs, poëtes et prosateurs, ce mot que Poussin dit un jour, lorsqu'on lui demandait comment il était parvenu si haut : « Je n'ai rien négligé. »
2. Poussin écrivait à M. de Chanteloup, le 25 avril 1644 (Lettres de Poussin, Paris, 1824) : « Je travaille gaillardement à l'*Extrême-Onction*, qui est en vérité un sujet digne d'un Apelles, car il se plaisait fort à représenter des mourants. » Il ajoute, avec une vivacité qui semble indiquer une prédilection particulière pour ce tableau : « Je ne le quitterai point, pendant que je me trouve bien disposé, que je ne l'aie mis en bon terme pour une ébauche. Il contiendra dix-sept figures d'hommes, de femmes et d'enfants, jeunes et vieux, dont une partie se consument en pleurs, tandis que

la gravure de Pesne et au beau dessin conservé au musée du Louvre[1].

Chose déplorable ! un procédé technique vicieux, dont aujourd'hui le dernier des peintres ne se servirait pas, a enlevé à la postérité la moitié du Poussin. Il avait l'habitude de mettre sur la toile une préparation rouge qui avec le temps pousse au noir, absorbe les autres couleurs et détruit l'effet de la perspective aérienne. Il n'en est pas ainsi, comme tout le monde sait, lorsqu'on emploie une préparation blanche, qui, au lieu de ronger les couleurs, les maintient longtemps dans leur premier état. C'est apparemment ce dernier procédé dont Poussin fit usage dans le *Moïse frappant le rocher de sa baguette*, incomparablement le plus beau de tous les *Frappements du rocher* sortis de sa main. Ce chef-d'œuvre est fort

les autres prient pour le moribond. Je ne veux pas vous le décrire avec plus de détail, car ce serait l'office non d'une plume mal taillée comme la mienne, mais d'un pinceau doré et bien emmanché. Les premières figures ont deux pieds de hauteur, et le tableau sera environ de la grandeur de votre *Manne*, mais de plus belle proportion. » Félibien, un des amis et des confidents du Poussin, dit aussi (*Entretiens*, etc., IVe partie, p. 293) que *l'Extrême-Onction* était un des tableaux qui lui plaisaient davantage. Nous voyons dans la suite des lettres du Poussin qu'il l'acheva et l'envoya en France dans cette même année 1644. Félibien atteste qu'il termina en 1646 *la Confirmation*, en 1647 *le Baptême, la Pénitence, l'Ordre* et *l'Eucharistie*, et qu'il envoya le dernier sacrement, celui du *Mariage*, au commencement de l'année 1648. Bellori (*le Vite de Pittori*, etc., Rome, 1672) donne une description étendue et détaillée de *l'Extrême-Onction*; et comme il avait vécu avec Poussin, on peut croire que ses explications sont un peu celles que lui-même avait reçues du grand artiste.

[1]. Le dessin de *l'Extrême-Onction* est au Louvre ; les dessins de cinq autres sacrements sont dans le riche cabinet de M. de La Salle, et le dessin du septième sacrement appartient à un marchand de gravures bien connu, M. Defer.

connu, grâce à la gravure de Baudet, et il a passé, avec *les Sept Sacrements*, de la galerie d'Orléans dans la galerie de Bridgewater. Quelle puissante unité dans cette vaste composition! et aussi quelle variété dans les actions, les poses, les traits de tous les personnages! Il y a là vingt tableaux différents, et pourtant il n'y a qu'un seul tableau, et l'on n'ôterait pas un de ces épisodes sans nuire considérablement à l'ensemble. En même temps quel excellent coloris! L'empâtement est à la fois solide et léger, et toutes les couleurs sont liées le plus heureusement du monde. Assurément elles pourraient avoir un plus grand éclat; mais l'austérité du sujet admet fort bien ce ton modéré. Il importe de le rappeler : d'abord tout sujet a sa couleur propre; et de plus, il y a dans les sujets graves un degré de coloris qu'il faut atteindre, mais qu'il ne faut pas excéder. Le coloris n'est pas la première partie de l'art, mais il serait insensé d'en faire peu de cas; autrement il suffirait de dessiner, il ne serait pas besoin de peindre. En trop flattant les yeux, on court le risque de ne point aller au delà, et de ne pénétrer pas jusqu'à l'âme. D'autre part, l'absence de coloris, ou, ce qui est peut-être pis, un coloris heurté, cru, mal fondu, en blessant l'œil, empêche ou trouble l'effet moral, et ôte son charme à la beauté même. Il en est de la couleur en peinture comme de l'harmonie en poésie et même en prose. Trop et trop peu d'harmonie sont presque un égal défaut, et la même harmonie continuée est un défaut grave. Quand Corneille est bien inspiré, son harmonie est, comme sa langue, d'une vérité, d'une beauté, d'une variété admirable. Il a les tons les plus différents selon les différents personnages qu'il fait parler, en demeurant toujours dans les conditions d'harmonie que la poésie impose. Se néglige-t-il ? il devient rude, inculte, quelquefois intolérable. L'harmonie de Racine est un peu monotone; les hommes chez lui parlent comme les femmes, et sa lyre n'a guère qu'un ton, celui d'une élégance à la fois naturelle et savante. Un seul homme parmi nous a tous les tons et tous les langages, des couleurs et des accents pour tous les sujets, naïf et sublime, d'une correction austère et du naturel le plus abandonné, d'une douceur digne de Racine lorsqu'il pleure Madame, mâle et vigoureux comme Corneille ou Tacite s'il vient à peindre Retz ou Cromwell, éclatant comme la trompette guerrière lorsqu'il chante Rocroy et Condé, ou rappelant l'harmonie majestueuse du cours égal et varié d'un grand fleuve dans le Discours sur l'histoire universelle, et dans cette Histoire des variations qui, pour la grandeur et l'étendue de la composition, les difficultés vaincues, la profondeur de l'art sans que l'art paraisse jamais, la parfaite unité et en même temps la diversité presque infinie de ton et de style, est peut-être l'ouvrage le plus accompli qui soit sorti de la main des hommes.

Revenons à Poussin, et hâtons-nous de dire qu'à Hamptoncourt, où, à côté des sept cartons de Raphaël, des neuf magnifiques Mantegna représentant le triomphe de César, et des plus beaux portraits d'Albert Durer et d'Holbein, l'art français fait une si petite figure, il y a un Poussin [1] particulièrement admirable de couleur, *Des*

---

1. On y trouve aussi un charmant François II tout enfant de la main de Clouet, et le portrait de Fénelon par Rigaud, qui est peut-être l'original même ou qui du moins n'est pas inférieur au tableau de la galerie de Versailles.

Satyres découvrant une Nymphe. Le corps transparent et lumineux de la belle Nymphe est tout le tableau. C'est une étude de dessin et de coloris, évidemment de l'époque où Poussin, pour se perfectionner dans toutes les parties de son art, faisait des copies du Titien.

Le temps nous manque pour donner la moindre idée de la riche galerie du marquis de Westminster dans Groswenor-street. Nous renvoyons à ce qu'en a dit M. Waagen, t. II, p. 113-130. Ce qui domine en cette galerie est l'école flamande et hollandaise. On y voit dans toute leur gloire les trois grands maîtres de cette école, Rubens, Van Dyck, Rembrandt, escortés d'une suite nombreuse de maîtres inférieurs, aujourd'hui fort à la mode, Hobbéma, Cuyp, Both, Potter et autres, qui, selon nous, pâlissent bien devant une demi-douzaine de Claude de toutes les dimensions, de toute espèce de sujets, et presque tous du meilleur temps du grand paysagiste, de 1651 à 1661. De ces tableaux, le plus vaste et le plus important peut-être est *le Sermon de Jésus-Christ sur la montagne.* Poussin paraît dignement à côté du Lorrain dans la galerie de Groswenor. M. Waagen admire particulièrement *Calisto changée en ourse et mise par Jupiter parmi les constellations*, surtout une *Vierge avec l'enfant Jésus et entourée d'anges ;* il relève dans ce dernier morceau l'extraordinaire limpidité du coloris, le sentiment noble et mélancolique de la nature, avec un ton chaud et puissant. M. Waagen place ce tableau au rang des chefs-d'œuvre du peintre français (*gehört zu dem vortrefflichsten was ich von ihm kenne*). En adhérant pleinement à ce jugement, nous demandons la permission de signaler encore dans la même galerie deux autres toiles du Poussin, deux délicieux tableaux de chevalet, d'abord un épisode touchant du *Moïse frappant le rocher* de la galerie de lord Ellesmere, une mère qui, s'oubliant elle-même, s'empresse de donner à boire à ses enfants pendant que leur père s'incline et remercie Dieu ; puis *des Enfants qui jouent*. Jamais scène plus gracieuse n'est sortie du pinceau de l'Albane : deux enfants se regardent en riant ; un autre à droite tient un papillon sur son doigt ; un quatrième cherche à atteindre un papillon qui s'enfuit ; un cinquième penché prend des fruits dans une corbeille.

Mais quittons les galeries de Londres pour aller visiter celle qui fait l'ornement du collége situé dans le charmant village de Dulwich.

Le roi de Pologne Stanislas avait chargé un amateur de Londres, M. Noël Desenfans, de lui former une collection de tableaux. Les malheurs de Stanislas et le démembrement de la Pologne laissèrent aux mains de M. Desenfans tout ce qu'il avait rassemblé : il en fit don à un peintre de ses amis, M. Bourgeois, qui enrichit encore cette riche collection et après sa mort la légua au collége de Dulwich. Elle est là dans un bâtiment très-convenable et bien éclairé, et elle se compose d'à peu près trois cent cinquante tableaux. M. Waagen, qui l'a visitée, la juge un peu sévèrement. Le catalogue en est mal fait, il est vrai, mais comme beaucoup d'autres catalogues ; le médiocre y est mêlé à l'excellent, et des copies y sont souvent données pour des originaux : c'est le sort de plus d'une galerie. Celle-ci a pour nous le mérite particulier de renfermer un assez bon nombre de tableaux français, parmi lesquels il y en a auxquels M. Waagen ne peut refuser son admiration.

Mentionnons d'abord, sans les décrire, un Lenain, deux Bourguignon, trois portraits de Rigaud ou d'après Rigaud, un Louis XIV, un Boileau, et un autre personnage qui nous est inconnu, deux Lebrun, *le Massacre des Innocents* et *Horatius Coclès défendant le pont*, où M. Waagen trouve d'heureuses imitations du Poussin, trois ou quatre Gaspre et sept Claude Lorrain dont plusieurs sont d'une beauté qui garantit assez leur authenticité, avec une très-jolie *Fête champêtre* de Watteau, et une *Vue près de Rome* de Joseph Vernet. Quant aux Poussin, le catalogue en indique jusqu'à dix-huit dont voici la liste :

N° 115. *Éducation de Bacchus*; 142, *un paysage*; 249, *une Sainte Famille*; 253, *l'Apparition des anges à Abraham*; 260, *un paysage*; 269, *la Destruction de Niobé*; 279, *un paysage*; 291, *l'Adoration des Mages*; 292, *un paysage*; 295, *l'Inspiration du poëte*; 300, *l'Éducation de Jupiter*; 305, *le Triomphe de David*; 310, *la Fuite en Égypte*; 315, *Renaud et Armide*; 316, *Vénus et Mercure*; 325, *Jupiter et Antiope*; 336, *l'Assomption de la Vierge*; 352, *des Enfants*.

Sur ces dix-huit tableaux, M. Waagen en distingue cinq, qu'il caractérise ainsi :

« *L'Assomption de la Vierge*, n° 336. Dans un paysage d'une poésie puissante, la Vierge est enlevée au ciel sur des nuages d'or : petit tableau dont le sentiment est noble et pur, la couleur forte et lumineuse (*in der Farbe kraftiges und klaares Bild*). — *Des Enfants*, n° 352. Plein d'amabilité et de charme. — *Le Triomphe de David*, n° 305. Riche tableau, mais théâtral dans les motifs. — *Jupiter allaité par la chèvre Amalthée*, n° 300. Composition charmante et d'un ton lumineux. — *Un paysage*, n° 260. Paysage aux belles lignes, où respire un sentiment profond de la nature, mais qui est devenu un peu noir. »

Il nous est impossible de reconnaître dans *le Triomphe de David* le caractère théâtral qui a choqué M. Waagen. Loin de là, nous y trouvons une expression forte et presque sauvage, et beaucoup de mouvement avec beaucoup d'ordre. Un triomphe a toujours quelque apparat, mais il y en a ici le moins possible, et ce qui nous a frappé est le naturel et la vigueur. La tête du géant au bout d'un épieu est du plus grand effet. Nous croyons que l'habile critique allemand se sera laissé aller cette fois encore aux préjugés de l'Allemagne, qui, dans sa passion pour ce qu'elle appelle la réalité, est portée à voir du théâtral partout où il y a de la noblesse. A la fin du xviie siècle, sous Louis XIV et Lebrun, la noblesse est devenue théâtrale et académique, nous en convenons; mais, sous Louis XIII et la Régence, au temps de Corneille et de Poussin, le genre académique et théâtral était entièrement inconnu. Nous prions le savant critique de ne pas oublier cette distinction des deux parties du xviie siècle, et de ne pas confondre le maître avec ses disciples grands encore mais un peu dégénérés, et sur lesquels a pesé le goût de Louis XIV.

Mais le plus grave reproche que nous nous permettrons d'adresser à M. Waagen est de n'avoir pas remarqué à Dulwich plusieurs morceaux du Poussin qui méritaient bien d'attirer son attention, entre autres une *Adoration des Mages* fort supérieure, par le coloris, à celle du musée de Paris, surtout un tableau qui nous paraît un chef-d'œuvre dans l'art difficile de rendre une idée philosophique sous la forme vivante d'un mythe, d'une allégorie.

Le Poussin a excellé dans cet art : il est par-dessus tout un artiste philosophe, un penseur servi par une admirable science du dessin. Il a toujours une idée qui conduit sa main, et qui est son objet principal. Ne nous lassons pas de le répéter : c'est la beauté morale qu'il recherche partout, dans la nature aussi bien que dans l'humanité. Comme nous l'avons dit à l'occasion du sacrement de *l'Ordre*, les paysages de Poussin sont presque toujours destinés à relever et à faire mieux paraître les grandes scènes de la vie humaine, tandis que Claude est essentiellement un paysagiste, et que chez lui l'histoire et l'humanité sont au service de la nature. Les sujets empruntés au christianisme conviennent merveilleusement à Poussin, parce que ces sujets lui offrent des types incomparables de la grandeur morale où il se complaît, sans toutefois qu'on sente en lui l'exquise piété d'un Lesueur et d'un Champagne; et si la grandeur chrétienne parle à son âme, c'est, ce semble, au même titre que celle de Phocion, de Scipion, de Germanicus. Quelquefois même l'histoire sacrée ou profane ne lui suffit pas : il invente, il imagine, il a recours à l'allégorie morale et philosophique. C'est là peut-être qu'il est le plus original, et que sa pensée se déploie dans toute sa liberté et dans toute son élévation. *L'Arcadie* est une leçon de haute philosophie sous la forme d'une idylle. *Le Testament d'Eudamidas* peint la sublime confiance de l'amitié. *Le Temps arrachant la Vérité aux atteintes de l'Envie et de la Discorde*, le *Ballet de la vie humaine*, sont des modèles célèbres de ce genre.

Nous avons eu la bonne fortune de rencontrer à Dulwich une œuvre de Poussin, à peu près ignorée et dont nous ne soupçonnions pas même l'existence, où brillent à la fois et le caractère dont nous venons de parler, et les qualités les plus éminentes du chef de l'école française.

Cette œuvre, entièrement nouvelle pour nous, est un tableau d'une assez petite dimension, inscrit sous le n° 295, et qui dans le catalogue est appelé *l'Inspiration du poëte*, sujet charmant et traité de la plus charmante manière. Représentez-vous le plus frais paysage. Sur le premier plan, un groupe harmonieux de trois personnages. Le poëte à genoux porte à ses lèvres la coupe sacrée que lui tend le dieu de la poésie, Apollon. A mesure qu'il boit, l'inspiration s'empare de lui, son visage se transfigure, et la sainte ivresse se fait sentir dans le mouvement de ses mains et dans tout son corps. A côté d'Apollon, la Muse s'apprête à recueillir les chants du poëte. Au-dessus de ce groupe un génie, se jouant dans les airs, prépare une couronne, et d'autres génies répandent des fleurs. Dans le lointain, les horizons les plus purs. Grâce, esprit, profondeur, cette composition ravissante réunit tout. Ajoutez que la couleur en est bien fondue et d'un éclat suffisant.

Il est bien singulier que Bellori et Félibien, qui tous deux ont vécu dans l'intimité du Poussin, et qui sont encore ses meilleurs historiens, ne disent pas un mot de cet ouvrage. Ni le catalogue de Florent Lecomte, ni celui de Gault de St-Germain, ni celui de Castellan ne l'indiquent, et M. Waagen lui-même, qui a été à Dulwich, et qui a dû l'y voir, n'en fait pas la moindre mention. Nous ignorons donc dans quelle année, à quelle occasion et pour qui cette délicieuse petite peinture a été faite. Mais la main du Poussin y est partout, dans le dessin, dans la composition, dans l'expression. Rien de théâtral et rien de vulgaire : la vérité s'y rencontre avec la beauté. La scène entière est du plus parfait agrément, et l'impression qu'on ressent est à la fois sereine et profonde. Il nous semble qu'on peut mettre *l'Inspiration du poëte* à peu près au même rang que *l'Arcadie*.

Et pourtant *l'Inspiration* n'a jamais été gravée, ou du moins nous ne l'avons trouvée dans aucune des plus riches collections de gravures de Poussin que nous avons pu consulter, celle de M. de Baudicour, celle de M. Gatteaux, membre de l'Académie des beaux-arts, celle enfin du cabinet des estampes à la Bibliothèque nationale. Puissent ce peu de mots suggérer l'idée à quelque graveur français d'entreprendre un bien facile pèlerinage à Dulwich, et de faire connaître aux amis de l'art national une ingénieuse et touchante production du Poussin, égarée et comme perdue dans une collection étrangère !

FIN.

TABLE DES MATIÈRES

CONTENUES DANS CE VOLUME.

AVANT-PROPOS.. Page 1

Discours d'ouverture : DE LA PHILOSOPHIE AU XIXe SIÈCLE......... 1

Esprit et principes généraux du cours. — Objet des leçons de cette année : application des principes exposés aux trois problèmes du vrai, du beau et du bien.

Ire PARTIE : DU VRAI.

Ire Leçon : DE L'EXISTENCE DE PRINCIPES UNIVERSELS ET NÉCESSAIRES. 19

Deux grands besoins, celui de vérités absolues, et celui de vérités absolues qui ne soient pas des chimères. Satisfaire ces deux besoins est le problème de la philosophie de notre temps. — Des principes universels et nécessaires. — Exemples de tels principes en différents genres. — Distinction des principes universels et nécessaires et des principes généraux. — Que l'expérience est incapable d'expliquer toute seule les principes universels et nécessaires, et aussi de s'en passer même pour arriver à la connaissance du monde sensible. — De la raison comme étant celle de nos facultés qui nous découvre ces principes. — Que l'étude des principes universels et nécessaires nous introduit dans les parties les plus hautes de la philosophie.

IIe Leçon : DE L'ORIGINE DES PRINCIPES UNIVERSELS ET NÉCESSAIRES. 36

Résumé de la leçon précédente. Question nouvelle : de l'origine des principes universels et nécessaires. — Danger de cette question et sa nécessité. — Des diverses formes sous lesquelles se présente à nous la vérité, et de l'ordre successif de ces formes : théorie de la spontanéité et de la réflexion.— De la forme primitive des principes ; de l'abstraction qui les en dégage et leur donne leur forme actuelle. — Examen et réfutation de la théorie qui tente d'expliquer l'origine des principes par une induction fondée sur des notions particulières.

IIIᵉ Leçon : De la valeur des principes universels et nécessaires. 55

Examen et réfutation du scepticisme de Kant. — Retour sur la théorie de la spontanéité et de la réflexion.

IVᵉ Leçon : Dieu principe des principes...................... 68

Objet de la leçon : Quel est le dernier fondement de la vérité absolue ? — Quatre hypothèses : La vérité absolue peut résider ou dans nous, ou dans les êtres particuliers et dans le monde, ou en elle-même, ou en Dieu. 1⁰ Nous apercevons la vérité absolue, nous ne la constituons pas. 2⁰ Les êtres particuliers participent de la vérité absolue, mais ils ne l'expliquent pas ; réfutation d'Aristote. 3⁰ La vérité n'existe pas en elle-même ; apologie de Platon. 4⁰ La vérité réside en Dieu. Platon ; saint Augustin ; Descartes ; Malebranche ; Fénelon ; Bossuet ; Leibnitz. — La vérité médiatrice entre Dieu et l'homme. — Distinctions essentielles.

Vᵉ Leçon : Du mysticisme................................ 105

Distinction de la philosophie que nous professons et du mysticisme. Le mysticisme consiste à prétendre connaître Dieu sans intermédiaire. — Deux sortes de mysticisme. — Mysticisme du sentiment. Théorie de la sensibilité. Deux sensibilités, l'une extérieure, l'autre tout intérieure et qui correspond à l'âme comme la sensibilité extérieure correspond à la nature. — Part légitime du sentiment. — Ses égarements. — Mysticisme philosophique. Plotin : Dieu, ou l'unité absolue aperçue sans intermédiaire par la pensée pure. — Extase. — Mélange de la superstition et de l'abstraction dans le mysticisme. — Conclusion de la première partie du cours.

IIᵉ PARTIE : DU BEAU.

VIᵉ Leçon : Du beau, dans l'esprit de l'homme................. 133

Méthode qui doit présider aux recherches sur le beau et sur l'art: ici, comme dans la recherche du vrai, commencer par la psychologie.— Des facultés de l'âme qui concourent à la perception du beau. — Les sens ne donnent que l'agréable, la raison seule donne l'idée du beau. — Réfutation de l'empirisme, qui confond l'agréable et le beau. — Prééminence de la raison. — Du sentiment du beau ; différent de la sensation et du désir. — Distinction du sentiment du beau et de celui du sublime. — De l'imagination. — Influence du sentiment sur l'imagination. — Influence de l'imagination sur le sentiment. — Théorie du goût.

VII⁰ Leçon : Du beau dans les objets.................... 155

Réfutation de diverses théories sur la nature du beau : que le beau ne peut pas se ramener à ce qui est utile. — Ni à la convenance. — Ni à la proportion. — Caractères essentiels du beau. — Différentes espèces de beautés. Du beau et du sublime. Beauté physique. Beauté intellectuelle. Beauté morale. — De la beauté idéale : qu'elle est surtout la beauté morale. — Dieu, premier principe du beau. — Théorie de Platon.

VIII⁰ Leçon : De l'art.. 173

Du génie : son attribut est la puissance créatrice. — Réfutation de l'opinion que l'art est l'imitation de la nature. — M. Émeric David et M. Quatremère de Quincy. — Réfutation de la théorie de l'illusion. Que l'art dramatique n'a pas seulement pour but d'exciter les passions de la terreur et de la pitié. — Ni même directement le sentiment moral et religieux. — L'objet propre et direct de l'art est de produire l'idée et le sentiment du beau ; cette idée et ce sentiment épurent et élèvent l'âme par l'affinité du beau et du bien, et par le rapport de la beauté idéale à son principe, qui est Dieu. —Vraie mission de l'art.

IX⁰ Leçon : Des différents arts............................. 188

L'expression est la loi générale de l'art. — Division des arts. — Distinction des arts libéraux et des métiers. — L'éloquence elle-même, la philosophie et l'histoire ne font pas partie des beaux-arts. — Que les arts ne gagnent rien à empiéter les uns sur les autres, et à usurper réciproquement leurs moyens et leurs procédés. — Classification des arts : son vrai principe est l'expression. — Comparaison des arts entre eux. — La poésie le premier des arts.

X⁰ Leçon : De l'art français au xvii⁰ siècle 206

Que l'expression ne sert pas seulement à apprécier les différents arts, mais les différentes écoles. Exemple : l'art français au xvii⁰ siècle. — Poésie française : Corneille. Racine. Molière. La Fontaine. Boileau. — Peinture : Lesueur. Poussin Le Lorrain. Champagne. — Gravure. — Sculpture : Sarrazin. Les Anguier. Girardon. Pujet. — Le Nôtre — Architecture.

III⁰ PARTIE : DU BIEN.

XI⁰ Leçon : Premières notions du sens commun................. 255

De l'étendue de la question du bien. — Position de la question selon la méthode psychologique : Quelle est, relativement au bien, la croyance naturelle du genre humain ? — Qu'il ne faut pas chercher les croyances naturelles de l'humanité dans un prétendu état de nature. — Étude des sentiments et des idées de l'homme dans les langues, dans la vie, dans la conscience. — Du désintéressement et du dévouement. — De la liberté. — De l'estime et du mépris. — Du respect. — De l'admiration et de l'indignation. — De la dignité. — De l'empire de l'opinion. — Du ridicule. — Du regret et du repentir. — Fondements naturels et nécessaires de toute justice. — Distinction du fait et du droit. — Le sens commun, la vraie et la fausse philosophie.

XIIe Leçon : DE LA MORALE DE L'INTÉRÊT....................... 274

Exposition de la doctrine de l'intérêt. — Ce qu'il y a de vrai dans cette doctrine. — Ses défauts. 1° Elle confond la liberté et le désir, et par là abolit la liberté. 2° Elle ne peut expliquer la distinction fondamentale du bien et du mal. 3° Ni l'obligation et le devoir. 4° Ni le droit. 5° Ni le principe du mérite et du démérite. — Conséquences de la morale de l'intérêt : qu'elle ne peut admettre une Providence et qu'elle conduit au despotisme.

XIIIe Leçon : AUTRES PRINCIPES DÉFECTUEUX..................... 309

De la morale du sentiment. — De la morale fondée sur le principe de l'intérêt du plus grand nombre. — De la morale fondée sur la seule volonté de Dieu. — De la morale fondée sur les peines et les récompenses futures.

XIVe Leçon : VRAIS PRINCIPES DE LA MORALE..................... 334

Description des faits divers qui composent le phénomène moral. — Analyse de chacun de ces faits : 1° Du jugement et de l'idée du bien. Que ce jugement est absolu. Rapports du vrai et du bien. — 2° De l'obligation. Réfutation de la doctrine de Kant qui tire l'idée du bien de l'obligation au lieu de fonder l'obligation sur l'idée du bien. — 3° De la liberté, et des notions morales attachées à celle de la liberté. — 4° Du principe du mérite et du démérite. Des peines et des récompenses. — 5° Des sentiments moraux. — Harmonie de tous ces faits dans la nature et dans la science.

XVe Leçon : MORALE PRIVÉE ET PUBLIQUE....................... 371

Application des principes précédents. — Formule générale du devoir : obéir à la raison. — Règle pour juger si une action est ou n'est pas conforme à la raison : élever le motif de cette action à une maxime de législation universelle. — Morale individuelle. Ce n'est pas envers l'individu, mais envers la personne morale qu'on est obligé. Principe de tous les devoirs individuels : respecter et développer la personne morale. — Morale sociale : devoirs de justice et devoirs de charité. — De la société civile. Du gouvernement. De la loi. Du droit de punir.

XVIe Leçon : Dieu principe de l'idée du bien...................... 403

Principe sur lequel repose la vraie théodicée. Dieu dernier fondement de la vérité morale, du bien et de la personne morale. — Liberté de Dieu. — Justice et charité divine. — Dieu, sanction de la loi morale. Immortalité de l'âme ; argument du mérite et du démérite ; argument de la simplicité de l'âme ; argument des causes finales. — Du sentiment religieux. — De l'adoration. — Du culte. — Beauté morale du christianisme.

XVIIe Leçon : Résumé de la doctrine... 431

Revue de la doctrine contenue dans ces leçons, et des trois ordres de faits sur lesquels cette doctrine repose, avec le rapport de chacun d'eux à l'école moderne qui l'a reconnu et développé, mais presque toujours exagéré. — Expérience et empirisme. — Raison et idéalisme. — Sentiment et mysticisme. — Théodicée. Défauts des divers systèmes connus. Du procédé qui conduit à la vraie théodicée et du caractère de certitude et de réalité que ce procédé lui donne.

Appendice a la leçon dixième sur l'art français au XVIIe siècle. 463

FIN DE LA TABLE DES MATIÈRES.

AUTRES OUVRAGES DE M. COUSIN.

LA JEUNESSE DE MADAME DE LONGUEVILLE. Nouvelles études sur les femmes illustres de la société du xviie siècle, 1 vol. in-8°.

Ire Série. COURS DE L'HISTOIRE DE LA PHILOSOPHIE MODERNE, de 1815 à 1820, 5 volumes in-18.

IIe Série. COURS DE L'HISTOIRE DE LA PHILOSOPHIE MODERNE, de 1828 à 1830, 3 volumes in-18.

IIIe Série. FRAGMENTS PHILOSOPHIQUES POUR FAIRE SUITE AUX COURS DE L'HISTOIRE DE LA PHILOSOPHIE, 4 vol. in-18; plus, les FRAGMENTS DE PHILOSOPHIE CARTÉSIENNE, 1 vol. in-18.

IVe Série. LITTÉRATURE, 3 vol. in-18.
- 1er vol. Blaise Pascal.
- 2e — Jacqueline Pascal.
- 3e — Fragments littéraires.

Ve Série. INSTRUCTION PUBLIQUE.
- DE L'INSTRUCTION PUBLIQUE EN FRANCE SOUS LE GOUVERNEMENT DE JUILLET, 3 vol. in-18.
- DE L'INSTRUCTION PUBLIQUE EN ALLEMAGNE, 2 vol. in-8°.
- DE L'INSTRUCTION PUBLIQUE EN HOLLANDE, 1 vol. in-8°.

VIe Série. DISCOURS POLITIQUES, avec une Introduction sur les principes de la Révolution française et du gouvernement représentatif, 1 vol. in-18.

ÉDITIONS ET TRADUCTIONS.

MANUEL DE L'HISTOIRE DE LA PHILOSOPHIE, traduit de l'allemand de Tennemann, deuxième édition, 2 vol. in-8°.
OEUVRES COMPLÈTES DE PLATON, 13 vol. in-8°.
PROCLI OPERA INEDITA, 6 vol. in-8°.
ABELARDI OPERA, 2 vol. in-4°.
OEUVRES INÉDITES D'ABÉLARD, 1 vol. in-4°.
OEUVRES COMPLÈTES DE DESCARTES, 11 vol. in-8°.
OEUVRES PHILOSOPHIQUES DU PÈRE ANDRÉ, 1 vol. in-18.
OEUVRES DE M. DE BIRAN, 4 vol. in-8°.

Imprimerie de Ch. Lahure (ancienne maison Crapelet), rue de Vaugirard, 9, près de l'Odéon.

www.ingramcontent.com/pod-product-compliance
Lightning Source LLC
Chambersburg PA
CBHW071707230426
43670CB00008B/931